中華姓氏文化大典

总论

《中华姓氏文化大典》编纂委员会　编
李　吉　著

大象出版社

图书在版编目（CIP）数据

中华姓氏文化大典．总论 / 李吉著 ；《中华姓氏文化大典》编纂委员会编．-- 郑州 ：大象出版社，2014.11

ISBN 978-7-5347-8194-0

Ⅰ．①中… Ⅱ．①李… ②中… Ⅲ．①姓氏—文化研究—中国 Ⅳ．①K810.2

中国版本图书馆 CIP 数据核字（2014）第 239337 号

中华姓氏文化大典·总论

李 吉 著

《中华姓氏文化大典》编纂委员会 编

出 版 人　王刘纯
责任编辑　郑强胜
书籍设计　杜晓燕
责任校对　钟 骄

出版发行　大象出版社（郑州市开元路 16 号　邮政编码 450044）
发行科 0371-63863552　总编室 0371-63863572
网　　址　www.daxiang.cn
经　　销　各地新华书店
印　　刷　郑州新海岸电脑彩色制印有限公司
版　　次　2014 年 12 月第 1 版　2014 年 12 月第 1 次印刷
开　　本　889×1194　1/16
印　　张　30
字　　数　350 千字
定　　价　218.00 元

若发现印、装质量问题，影响阅读，请与承印厂联系调换。
印厂地址　郑州市文化路 56 号金国商厦 7 楼
邮政编码　450002　电话　0371-63601610

书名题字　许嘉璐

《中华姓氏文化大典》编委会名单

总顾问　许嘉璐

高级顾问　吴基传　翟泰丰　于友先　贾连朝　张建中　葛纪谦　温尚光

顾问　王鹤鸣　何光岳　陈建华　刘道兴　侯相恩　董锦燕　崔援朝　林　坚　翟金成　尹绪明

编委会主任　赵德润

常务副主任　张希清

副主任　王树成　赵建军

总编辑　李　吉　赵建军

编审　郑强胜

编委会办公室主任　王小燕

编委委员（按姓氏笔划排）

马金章　马善田　王振中　毛国杰　艾得利　甘承国　卢华南　台振江　吕世杰

总 策 划 赵建军 燕昭安 赵王贤 陈西普 严 萍
胡焕萍 陈建魁 朱炳国
祝远芳 张素萍 关献策
徐王清 张书勇 刘增智
高力平 张省会 芮栓文
黄运庚 杨 柳 李 乔
程远荃 金明德 吴修成
程相逢 岳秋杉 芦秀娥
温建峰 赵子来 宋会斌

策 划 王小燕 余 勇 刘贵翘 常呈斌 项续朗 侯相恩 程相逢 黄赟伟

弘扬姓氏文化的优秀基因
践行社会主义核心价值观

序

习近平总书记在二〇一四年五四青年节与北京大学师生座谈的讲话中明确指出：『人类社会发展的历史表明，对一个民族、一个国家来说，最持久、最深层的力量是全社会共同认可的核心价值观。核心价值观承载着一个民族、一个国家的精神追求，体现着一个社会评判是非曲直的价值标准。』

中华民族历来以炎黄二帝为人文始祖。无论是大一统时期的封建王朝，还是雄起边陲的少数民族政权；无论是久居中原的华夏儿女，还是飘零异域的华裔侨胞，世世代代都以炎黄子孙自称，人人都以龙的传人为荣。正是这种以人文始祖的文化认同，以血缘姓氏为载体的传承纽带，构建了中华民族多元一体大家庭的格局，成为维系国家统一和民族团结的强大凝聚力，奠定了文明古国统一性、连续性的伟大基石。

姓氏是人类社会文明进化的历史表征，姓氏文化是中华民族绵延数千年的根祖文脉。根据文献记载以及人类社会学的综合考察，中华民族是最早使用姓氏的民族，中国是最先确立姓氏制度的国家。早在母系氏族社会，中华先民在认识自然、适应环境的进程中就借助万物有灵、图腾崇拜的原始宗教观念，绘制了各自的氏族符号和图形徽记，用以认知和表达人与自然、人与社会以及人与人之间的相互关系，从而孕育了中华姓氏的原始雏形，成为中华先民『远禽兽，别婚姻』，进而由群婚杂处的原始蒙昧进入文明社会的重要基因和第一标志。及至夏、商、周三代，家国同构，宗君合一，中华姓氏又以『封邦建国，胙土命氏』『姓别婚姻，氏明贵贱』的文化内涵，成为构建国家政体、创立礼制宗法的重要基础，以制度文化、礼仪文化、民俗文化、精神文化的多种形式，贯穿两千多年的封建社会。从某种意义上讲，五千多年的中华文明，就是不同血缘姓氏的家族在各个历史时期繁衍生息、播迁交融、兴衰更替的总汇。也可以说，姓氏文化是优秀传统文化中发祥最早、蕴含量最大、凝聚力最强、生命力最旺盛的文化体系。在历史发展的长河中，中华姓氏传承、发展、升华，已凝练为内涵丰厚、体例完备、超越历史时空、跨越地域、包容各个民族的文化体系，并以其人人皆备的普及性，世代传承的连续性，贯穿中华文明的历史进程，涵盖了社会群体的各个层面，见证了历代王朝的治乱兴衰，载录了各个家族的历史渊源和传承谱系，因而中华姓氏也成为解读历史、传承文明、剖视社会的独特视角和微观窗口。

时至今日，中华姓氏已经历了几千年的风雨沧桑，但其世代相承的延续性，与时俱进的生命力，仍永葆青春，依然是人们现实生活中的重要标记和社交载体。举凡订立合同、签署书证、函电往来、信息沟通，无一不以姓氏为重要凭借。『按姓氏笔画为序』，已成为重要的社交场合、军国大事及各类活动中排列、组合相关人士的惯例。而『贵姓』一词，更是日常社交场合的第一礼仪用语。这都充分表明，姓氏文化已经是现实生活中不可或缺的文化元素。正如民俗学学者钟敬文先生所说：『姓氏文化是每个国民必不可缺的文化知识。』

『价值观是人类在认识、改造自然和社会的过程中产生与发挥作用的。不同民族、不同国家由于其自然条件和发展历程不同，产生和形成的核心价值观也各有特点。』习近平总书记在『五四讲话』中还精辟地指出：『一个民族、一个国家，必须知道自己是谁，是从哪里来的，要到哪里去，想明白了、想对了，就要坚定不移朝着目标前进。』可以说，姓氏文化就是中华先民在认知、改造自然和社会的进程中产生并发挥作用的价值体系，是解析中华民族从哪里来，要到哪里去的不可缺失的历史根脉。

姓氏文化所具备的这些理念和价值，不论过去、现在还是将来，都有其鲜明的民族特色，都有其永不褪色的时代价值。这些思想理念，随着时间的推移和时代的变迁而不断地与时俱进，既有其自身连续性、稳定性的传承体系，又有为百姓常用而不觉的价值体系，成为中华民族的文化基因，植根于中国人的内心世界，潜移默化地影响着国人的思维方式和行为方式，从而把公民个体与国家、社会的利益休戚、精神追求有机地联结在一起。

党的十八大倡导的『富强、民主、文明、和谐、自由、平等、公正、法治、爱国、敬业、诚信、友善』的社会主义核心价值观，充分体现了对中华优秀传统文化的传承和升华，把涉及国家、社会、公民的价值要求融为一体，既体现了社会主义本质的要求，继承了中华优秀传统文化，又吸收了世界文明有益成果，充分体现了时代精神。在践行社会主义核心价值观的历史洪流中，姓氏文化也必然会在时代的发展中，得以传承和升华。

为传承姓氏文化的优秀基因，践行社会主义核心价值观，中华炎黄文化研究会、河南省炎黄姓氏历史文化基金会经过多年的准备和精心策划，邀请国内外知名学者和社会各界精英，组织编纂这套《中华姓氏文化大典》。

《大典》是一部创新体例、填补空白的鸿篇巨制。其编纂宗旨是依据姓氏文化『多元一体』的科学体系，以党的十八大精神为指导，运用『跨学科综合研究』的创新理念，借助网络数据化的高科技手段和最新成果，采用『资源整合、融会贯通、转化成果、开发运用』的编纂模式，对姓氏文化进行科学、系统的认知和解读，为践行社会主义核心价值观，实现中华民族的伟大复兴，提供丰厚的文化资源。

《大典》总计十二卷，二百六十分册，涵盖了姓氏文化的基本理论、基本知识、基本文献三大领域，贯穿了姓氏文化产生发展、传承演变、升华凝练的历史轨迹，解析了历代姓氏制度的利弊得失，将科学性、系统性、民族性、大众性熔为一炉，集学术性、通俗性、实用性、珍藏性于一体。其中，既有专家学者的专题论著，也有不同姓氏、不同民族的谱系演绎；既有历代姓氏的文献集成，也有当今姓氏的社会考察和民俗采风。

《大典》的第一至第三卷，分别为《总论》《谱牒文化通释》《姓氏渊源》，系姓氏文化研究的基本理论，由国内享有盛誉的姓氏学家担纲撰写；第四至第八卷为《家风、家训、字辈、楹联》《客家姓氏源流》《少数民族姓氏特色》《河洛文化与台湾姓氏》《海外华人谒祖寻根》，是解读姓氏文化必备的基本知识，由学有专长的著名学者专题著述；第九卷为《历代姓氏文献集成》，为姓氏文化的基本文献，广邀各大图书馆、博物馆及科研单位和高等院校集体编纂；第十卷《姓氏采风集锦》，由河南省炎黄姓氏历史文化基金会组织实施，邀约众多新闻媒体、海内外宗亲组织和各地、各界有志之士，实地考察，摄录制作；第十一卷《姓氏文化图表附录》，为解读研究姓氏文化必备的辅助工具，由《大典》编委会工作人员广收博采，编纂辑录，第十二卷《姓氏通鉴》、由众多的单姓分卷构成。前一百大姓，每姓一部；中小姓氏和稀少姓氏，数姓一部。请各姓氏具有代表性的宗亲组织和社会人士分别纂辑，以展示各姓氏的历史渊源、传承播迁、英贤俊杰、社会功业和文化特色。

《大典》篇幅浩繁，工程巨大，唯有全球炎黄子孙群策群力，才能共铸千秋大业。期望更多的炎黄子孙、仁人志士，踊跃参与，大力扶持《大典》的编纂工作，传承、弘扬姓氏文化的优秀基因，践行社会主义核心价值观，促进祖国统一，增强民族团结，为实现中华民族伟大复兴的中国梦贡献一份力量。同时，也真诚希望并欢迎广大读者对本丛书的内容和写法多提宝贵意见，以便我们今后进行修订、补正。

谨以为序，并以此向对姓氏文化和本《大典》编纂给予关心、支持和做出贡献的专家学者、各位同仁表示敬意！

贾连朝

目录

绪论

世界上每个民族都有自己的文化根脉和传承体系，由此构成本民族特有的思想理念和价值取向，并在其文化传承、升华凝练的过程中，逐步形成其文化认同、文化崇拜、文化自信、文化自立的精神支柱和民风习俗，进而维护民族团结和社会进步，提升国民素质和综合国力，实现国家昌盛和民族振兴的核心价值体系。

中华民族是世界上最伟大的优秀民族，有着悠久的历史、璀璨的文明，享有四大文明古国的美誉，也具有现代文化强国的潜质。姓氏文化作为中华传统文化中发祥最早、蕴含量最大、使用率最高、凝聚力最强、普及面最广、生命力最旺的核心价值体系，是任何文化体系、任何宗教信仰、任何学术流派都无可比拟、无可取代的根祖文脉，不仅是中华民族的瑰宝和骄傲，而且也是中华民族对人类文明和世界文化的重大贡献。

一、中华姓氏作为世界上最古老的文化体系，不仅是中华文明起源的重要标志，而且也是中华民族对人类文明和世界文化的一大贡献。

中华民族是世界上最早使用姓氏的民族，中国是世界上最早确立姓氏制度的文明古国。据古老传说、文献记载、考古发现及人类社会学的田野考察，早在一万年前旧石器时期的母系氏族社会，中华先民出于对大自然的敬畏之心和关注生命之源的初始宗教观念，借助『图腾物象』和『祖灵祭祀』等多种形式，绘制了标志各自氏族的符号和图形徽记，用以表达和认知人与自然、人与社会，以及人与人之间的相互关系，从而孕育了中华姓氏的原始雏形。在考古发现的史前岩画、陶文印记中就发现有太阳神鸟、龙、凤、鱼、蛙、虎、狼、牛、羊、犬等图腾物象的族徽标记和生殖崇拜、祖灵崇拜的图腾徽记，比文明社会的重要标志——文字出现的历史还要早数千年。在中国最早的一部神话故事和历史传说图画集《山海经》中，有许多半人半兽、半神半兽的珍禽异兽，也被学术界公认为是远古氏族（部族）的图腾标志。至于各地出土的伏羲、女娲的画像石刻以及民间广为流传的『兄妹相婚，抟土造人』的神话传说，都印证了中华姓氏源远流长的悠久历史。而在距今三千年的商周甲骨文、金文中更是有了系统、成熟的姓氏记载和传承谱系。中华姓氏已成为中华民族文明起源和社会进化的重要标志，形成世界上最古老的文化体系。

相形之下，世界各文明古国和欧美等地，其姓氏的发祥和使用，较中华民族要晚几个世纪，甚至一两千年。

如古罗马，在公元前三世纪罗马共和时代（相当于中国的战国时期），才有了『家族名』的出现，即姓氏的雏形。到公元前一世纪罗马帝国时代，才形成了有固定格式、可世代相承的姓氏。

之后，由于日耳曼人的入侵，古罗马及欧洲人在长达四五百年的历史时期又陷入了有名无姓的境地。直到九世纪时，意大利各城邦市民才逐渐恢复姓氏。十一世纪时，英国贵族开始使用姓氏；法国人的姓氏定型于十五世纪；德国人的姓氏形成于十六世纪；苏格兰、爱尔兰等民族直到十八世纪尚未普遍使用姓氏；而犹太人直到一八〇八年才正式有了姓氏……

在亚洲的文明古国中，印度使用姓氏是在十八世纪末十九世纪初。日本虽然在三世纪到五世纪时已有姓氏，但多为贵族专用；直到明治维新以后，实行『壬申户籍法』时，才由政府于一八七〇年、一八七五年两次颁发政令，日本国民才冠有姓氏。至于朝鲜、韩国、越南使用姓氏，是十世纪左右，相当于中国的晚唐、五代时期，而且多是由中国传入或演变而来。姓氏文化成为中华民族对人类文明和世界文化的一大贡献，当之无愧矣！

古老的姓氏，象征着一个民族、一个国家的历史悠久和文明进步。从某种意义上讲，数千年的中华文明，就是不同姓氏的血缘宗族在各个历史时期繁衍生息、播迁交融、兴衰更替的总汇。从伏羲、女娲『兄妹相婚』，传衍人种的历史传说，到夏、商、周三代『封邦建国，胙土命氏』的文献记载，从历代王朝的兴衰更替，到世家大族的延续传承，无论是功业显赫的帝王将相，还是默默无闻的庶民百姓，无不植根于血缘姓氏的家庭体系，无一超然于宗族交融的社会网络。因而中华姓氏就成为我们认知历史、剖视社会的微观窗口，成为我们传承文明，继往开来的根祖文脉。

时至今日，中华姓氏已经历了几千年的风雨沧桑，但其世代相传的延续性，与时俱进的生命力仍永葆青春。举凡订立合同，签署书证，函电往来，交流沟通，无一不以姓氏名讳作为重要凭借。『按姓氏排列』『以姓氏笔画为序』，已成为日常生活、社交场合、学术活动乃至重大活动中排列有关人士名字的惯例。凡此种种，都说明中华姓氏不仅是社会历史发展的产物、人类文明的积淀，也是现实生活中人人皆备、事事皆需的文化符号和信息载体，具有无可取代、不可忽视的社会功能和现实意义。

二、中华姓氏源远流长，博大精深，纵贯了中华文明的历史进程，蕴含了多种形态的文化元素，奠定了中华民族『多元一体』的文化格局，形成了传统文化的核心价值体系。

纵观中华姓氏的发展轨迹，它萌生于母系氏族社会『图腾崇拜』『因生赐姓』的原始宗教观念，植根于『姓别婚姻，氏明贵贱』的人类初始文明，发展于『封邦建国，胙土命氏』的封建宗法体系，定型于大一统的秦、汉帝国，鼎盛于『胡、汉互化』的民族交融，凝练为炎黄子孙的血缘纽带，升华为民族复兴的人文情结，从而把形态文化、礼仪文化、制度文化、精神文化融为一体，涵盖了人类生育、生存、生活、生产的诸多领域和各个层面，构成了传统文化的核心价值体系。

首先，从中华姓氏的表层文化形态来看，它『取法万物，象义表征』。上至日月星辰、天体物象，下及江河湖海、地理山川，中蕴典章礼制、民风习俗，旁及五谷六畜、飞禽走兽……万物万象都曾采撷或借用作姓氏。据历代学者统计和最新的《中华姓氏大词典》载录，曾经使用和仍在使用的古今姓氏达两万多个，比我们常用的汉字还要多出数倍，几乎涵盖了自然科学、社会科学、人文科学的各个领域和诸种元素，是解析人与自然、人与社会以及人类自身发展、社会文明进步的微观窗口和知识宝库。

其次，从中华姓氏深层次的文化内涵来看，它蕴含了多种形态的文化基因，具有促进人类文明进步，推动历史发展的社会功能和巨大作用。

如：由图腾崇拜产生的中华古姓姬、姜、嬴、姒、风、妘、妊（任）、媿（隗）……即是中华先民崇尚自然、关爱生命、敬天祭祖、维系血亲等原始宗教观和世界观的升华和凝练，是『崇恩爱，厚亲亲，远禽兽，别婚姻』的伦理观念和文明礼仪的集中体现，是中华先民由『群婚杂处』的原始蒙昧，进入文明社会的重要基因和第一标志。及至夏、商、周三代，『家国同构，宗君合一』，中华姓氏又以『封邦建国，胙土命氏』『姓别婚姻，氏明贵贱』的文化内涵，构建了国家政体，创立了宗法礼制，以『制度文化』的形态纵贯了两千年的封建社会。从某种意义上讲，姓氏文化既是封建社会的助产士，也是封建社会的奠基石。

再次，从中华姓氏的核心价值体系来看，它具有民族性、大众性、科学性、先进性、普及性、传承性的普世价值，也具有兼容并蓄、与时俱进的生命活力，是构建中华民族『多元一体』大家庭的血缘纽带和精神支柱，是海内外炎黄子孙认同中华文明的共同基石。

中华民族是一个多民族的大家庭，古有『戎夷蛮狄』『三苗九黎』与中原华夏族同生共处，今有五十六个兄弟民族齐聚一堂。在历史发展的长河中，各兄弟民族的姓氏制度和民俗礼仪通过政治、经济、军事、文化多种渠道，交流、传播、涵化、辐射，以『夷夏交融』『华夷一体』『胡姓汉化』『汉姓胡化』『赐姓改姓』『改土归流』等多种模式，逐步形成了以中原华夏族即汉族为主体的中华姓氏体系。如：先秦时的『夷夏交融』、华夏族形成；魏晋南北朝时的民族交融，北魏孝文帝推行汉化政策，第一项重大措施就是『胡姓汉化』，致使鲜卑族的一百四十四个传统姓氏，就有一百三十多个改为汉姓；到大唐王朝，则先后有西域的『昭武九姓』『突厥十姓』『高车十二姓』『巴蛮七姓』『南诏六姓』等数十个少数民族姓氏改为汉姓。及至宋、辽、金、元和明、清两代，更有众多的少数民族姓氏融入了汉族姓氏，仅『满洲八旗』就有数十个姓氏演化为汉族姓氏，从而使中华姓氏形成了以汉民族姓氏为主体，以兼容并蓄为特色，以大一统格局为民族理念的中华姓氏体系。正是这种以炎黄二帝为人文共祖的文化认同，以『大一统』为民族理念的价值取向，奠定了中华民族『多元一体』大家庭的政治格局和精神支柱，从而使姓氏文化成为中华传统文化中凝聚力最强、感召力最大、融含面最广、生命力最旺的核心价值体系，成为维护国家统一，促进民族团结，推动社会发展进步的强大动力和文化命脉，成为海内外炎黄子孙认同中华文明的血缘纽带和共同基石。

五千年来，特别是近百年来，无论是世居中原的华夏儿女，还是僻处边疆的兄弟民族，也无论是港澳台同胞，还是飘零异域的华裔侨胞，子子孙孙都牢记着根在中华的祖庭圣地，世世代代都传承着炎黄共祖的血缘文脉。每当国难当头、民族危亡的紧急时刻，或是民族复兴、振兴中华的历史关头，『同是炎黄子孙，同是龙的传人』，这种同源同根、血浓于水的人文情结和思想理念，就转化为强烈的爱国主义情操和自强自立的民族信念，成为维系民族团结、国家统一的精神纽带。海内外炎黄子孙或同仇敌忾，抗敌御侮，或同心同德，共建家园，从而使具有五千年文明的中华民族、中华大国从未亡国灭族，从未沦入列强外寇手中，一直傲然屹立于世界民族之林。这是中华民族的骄傲，是中华传统文化的魅力，也是中华姓氏文化的核心价值所在。

三、姓氏文化作为中华民族社会文明进步的历史积淀，姓氏研究就是解析和探索中华民族姓氏起源、发展演变及其文化内涵和社会功能的传统学科。

姓氏文化是事关国家政体、社会制度、伦理观念、宗法继嗣、民风习俗等『存亡继绝』的家国大事，历来都受到社会各界的高度重视，故历朝历代都有『奠世系，掌谱牒』的专职机构和内史、小史、宗伯、宗正、盲瞽、巫师等专业人员。如春秋时，『善论姓氏者，鲁有众仲，晋有胥臣，郑有行人子羽，皆能探讨本源，自炎、黄而下，如指诸掌』。在《诗》《书》《礼》《易》《左传》《国语》《楚辞》及诸子百家著作中也不乏姓氏的记述，甚而在《山海经》等神话历史传说中，也可见到有关姓氏的记述。秦汉以降，迄于明清，更是代有专人，屡有佳作，形成一个学人众多、著述颇丰的姓氏学学科体系。

由于姓氏文化内容广博、蕴含丰厚，往往与历史学、地理学、社会学、人类学、人口学、民族学、民俗学、谱牒学等多学科相互交叉。而历代学者因历史条件和文献资料所限，或出发点不同，视角各异，形成了不同的学术流派和研究特色。

现在所能见到的存世最早的姓氏谱系学著作，是战国晚期的《世本》辑录。其内容有帝系、传谱、氏姓、创制等十五个篇目，是『古史官记黄帝以来迄春秋帝王公卿、诸侯大夫谱系』，对先秦的姓氏源流所做的系统整理和表述，具有很高的史料价值。西汉太史公司马迁编纂中国第一部纪传体史书《史记》时，即大量采用或参阅了《世本》的姓氏谱系资料。《世本》一书，实是姓氏学中『谱系类』著述的开山之作。

到东汉时，有王符的《潜夫论·志氏姓》、应劭的《风俗通·姓氏》及班固的《白虎通义》、对先秦的姓氏源流、姓氏制度作了系统的梳理和评述。但其出发点是『赞圣贤之后』『别尊卑之分』，开创了以姓氏研究为门第等级服务的先河，创立了姓源类、姓系类的姓氏学体系。到魏晋南北朝时，更进而发展成『姓分等级，族标郡望』的门阀制度，形成了以『地望论氏』的学术流派，对后世的姓氏学研究产生了重大而深远的影响。历代有关姓氏研究的著述，往往都在姓氏之后标注郡望，即是这种风气的传衍。

隋、唐两代废除门阀制度，创立科举制度，遂有《大唐氏族志》《姓系录》《元和姓纂》的问世，姓氏研究开始由社会等级、门阀制度等政治性浓烈的制度文化研究，向历史渊源、文化传承等学术方向倾斜和转移。及至宋代，先后有郑樵的《通志·氏族略》、邓名世的《古今姓氏书辩证》等专著出现，奠定了姓氏分类学的学科体系。

明、清两代姓氏研究继续发展，先后有《万姓统谱》《姓氏解纷》《姓氏寻源》《姓氏考略》等一大批姓氏学专著刊行，还有陶宗仪的《南村辍耕录》、顾炎武的《日知录》、章学诚的《文史通义》及徐珂的《清稗类钞》等笔记、杂著、文集、类钞相关论著传世，从而形成了『考源类』、『考辨类』及姓氏评论学等新的学科体系。

近现代以来，随着中西文化的交流，图腾文化学、人类社会学、田野考古学、人类遗传学等新的社会科学理论和研究方法相继传入，姓氏研究进入科学的、系统的、跨学科综合研究的全新时期，产生了一批新型的学术论著。如：吴其昌的《金文氏族谱》、董家遵的《古姓与生肖同为图腾考》、鲁实先的《卜辞姓氏通释》、袁业裕的《中国古代姓氏制度研究》、潘光旦的《中国家谱学略史》、丁山的《甲骨文所见氏族及其制度》、姚薇元的《北朝胡姓考》等皆是代表性论著。

二十世纪八十年代以来，随着改革开放的深入发展和全球寻根热的兴起，中华姓氏研究进入迅猛发展的历史时期，姓氏研究的学术论著大量涌现，达数百种之多。大致可分为七种类型：一是辞书性编著，如袁义达、杜若甫的《中华姓氏大辞典》，巫惠声的《中华姓氏大典》等；二是单一姓氏的系列丛书，如海南出版社、东方出版社、现代出版社的《中华姓氏通书》《中华姓氏通史》《中华姓氏谱》等；三是有关姓氏制度、姓名学的专门著述，如张联芳的《中国人的姓名》、雁侠的《中国早期姓氏制度研究》；四是有关少数民族的姓氏研究，如陈连庆的《中国古代少数民族姓氏研究》、魏德新的《中国回族姓氏溯源》；五是通俗性、综合性的姓氏丛书，如高剑峰的《中国一百大姓》、徐寒主编的《中国百家姓秘典》；六是姓氏源流史研究，如何光岳的《中华姓氏源流史》及《炎黄源流史》等；七是姓氏寻根与旅游开发，姓氏发祥祖地和名人故里，均成为开发热点。

新时期姓氏研究虽然有了长足的进步和发展，呈现出学人众多、著述颇丰的发展势头，但有关姓氏学的理论体系尚未确立，姓氏文化的学科体系尚未健全，姓氏文化的资源共享体系尚未形成，中华姓氏的核心价值体系有待进一步充实和完善。也就是说，姓氏研究尚需更加全面、系统、科学、深入的探讨和开拓。如何更进一步发挥、转换姓氏文化在新时代的社会功能和价值作用，使之适应时代创新发展的需求，建立健全姓氏文化的『四大体系』，仍然任重道远，亟待姓氏文化工作者和全社会长期的共同努力，不断地探索和追求。

第一章 姓氏的起源与形成

人类进化与社会发展有两大法则：一是人类自身的生殖繁衍，延续生命；二是人类的社会生产，生存发展。生殖繁衍以血缘为标志，生存发展以地缘为依托。因而生育与生存，即血缘与地缘分别构成了人类文明进化的两大要素，也是中华姓氏产生的主要源头。『因生赐姓，胙土命氏』，『姓别婚姻，氏明贵贱』，就是对中华姓氏的起源、发展、文化内涵及其社会功能的高度概括，就是中华民族文明进化的标志和产物，也是中国社会发展的真谛所在和历史演进的轨迹。

中华姓氏源远流长，博大精深，是中华民族的原生文化，根祖文脉。它萌芽于原始社会的图腾崇拜，植根于文明初始的氏族繁衍，发展于夏、商、周三代的分封制度，确立于大一统的秦汉帝国，演变于『胡汉互化』的民族交融，凝练为多元一体的文化格局。

对中华姓氏的解读，古今学者多有论述，但囿于历史文献的局限，或出于认知角度和治学方法的不同，仁者见仁，智者见智，众说纷纭，聚讼不已。争论的焦点，一是姓氏的起源和形成，二是姓氏的内涵和社会功能，三是姓氏之间的相互关系和区别差异。

近代以来，随着中西文化的交流，科学技术的进步，人类社会学、田野考古学、图腾文化学、民族民俗学、姓氏遗传学等新兴学科被引入和运用于姓氏研究领域，从而使我们拓宽了视野，更新了理念，改进了方法，完善了体系，在各个相关领域都有创新和突破，对姓氏研究有了新的认识和解读。

第一，我们认识到，姓氏的起源和形成，是一个多元复合的文化体系，是自然法则和社会法则的有机统一。它包含了人类生活、生产的各个领域和文化元素，是人类文明起源的重要标志，是奠定中华文明的第一基石。

第二，我们认识到，姓氏的发展演变，是一个『层累迭进』的历史进程。它受到了宗教文化、礼仪文化、制度文化、地域文化、民族文化诸多因素的影响和渗透，打上了历史的烙印和社会的印痕。因而姓、氏的称谓和传承，在不同的历史阶段，不同的社会背景下，具有不同的文化内涵和发展轨迹。

第三，我们也对姓、氏二者的相互关系有了较为清晰的辨析。二者既有相似、相近、相辅、相成的密切联系，也有『姓自是姓，氏自是氏』『姓别婚姻，氏明贵贱』『姓氏双规，姓氏并行』的诸多差异。

第四，我们对姓氏文化的丰厚内涵和普世价值有了更为深刻的评判和体认。姓氏的称谓不仅是标示家族、宗族系统的文化符号，社会交往的信息载体，而且也是人类文明进化的产物和文化基因，它纵贯了中华文明的历史进程，涵盖了社会生活的各个层面，是我们解读历史、传承文明，实现民族振兴的根祖文脉和重要源泉。

第一节　因生赐姓　姓出多元

中华民族是世界上最早使用姓氏的民族，中国是世界上最早确立姓氏制度的国家。据历史传说、文献记载、考古发现和人类社会学的调查考察，早在原始氏族社会，中华先民出于对大自然的敬畏之心和关注生命起源的初始宗教观念，即借助图腾崇拜、生殖崇拜、祖先崇拜、英雄崇拜等多种形式，绘制、使用了标志各自氏族的符号和图形徽记，用以表达和认知人与自然、人与社会乃至人类自身发展、族群差异的相互关系，从而孕育了中华姓氏的原始雏形。

这些姓氏的原始雏形，既有崇尚自然、万物有灵的天体物象、山川地貌，也有生物、动植物的图腾化身；既有祖先崇拜、英雄崇拜的神话史诗，同时也有民族宗教信仰和民风习俗文化内涵……举凡与人类生育、生存、生活、生产有关的万事万物、万类万象，都曾被作为姓氏的雏形。故曰『因生赐姓』，使中华姓氏具备了多源并起、多元一体的历史渊源，也体现出异彩纷呈、品类繁多、内涵丰富的文化特色。

一　图腾感生　演化为姓

『图腾感生，演化为姓』，是近代颇为流行的一种观点，认为中华古姓同世界各民族一样，也是起源于图腾崇拜。这是从生物进化角度，用较为宽泛的自然法则来解读姓氏的起源，表达了人类敬畏自然、万物有灵的初始宗教观念，较之历史文献中『女生为姓，姓从母出』的诠释，更为古老，更为科学，更为接近姓氏起源的初始本意，是国际学术界较为公认的解读方法。

『图腾』一词，来源于印第安语，原意为『超自然保护神及其亲族』。图腾崇拜是世界各民族普遍存在的原始宗教的信仰形式，我们中华民族也不例外。在原始社会中，由于生产力水平和认知程度十分低下，人类既不了解人类与大自然的关系，也不了解自身和氏族组织的起源，感到人类每个氏族、部落都与某种自然现象、动植物、生物有着某种神秘的亲缘关系。如日月星辰、风云雷电、山川岩石、花草树木、熊罴虎豹、牛羊犬马、禽鸟龙蛇……只需该氏族的始祖母与之接触感应，即会衍生后代。所以图腾物象就成为本氏族的祖先，成为本氏族所共有的标志和徽号，即族徽。这种对自然崇拜、生育崇拜、祖先崇拜的原始宗教信仰形式和偶像即图腾名称，便成为最早的社会组织氏族的名称，进而演化为该氏族共有的姓源。中国最早的一批古姓，即由氏族图腾演化而来。正如马克思所说：『图腾一词表示氏族的标志和符号。』〔二〕

依据考古发现和国内学者研究，华夏图腾文化发生于旧石器中晚期到新石器时期，处于母系氏族社会向父系氏族社会过渡的一个漫长的历史时期。在陕西西安半坡及青海柳湾出土的陶器上就发现了人面鱼纹、鱼蛙纹的图形。

学者们认为，这种鱼蛙图形，即是女娲时代母系氏族社会氏族的图形徽记。蛙是一种产子很多的动物，『蛙』『娲』同音、同意，表示女娲造人，为人类始祖母的象征。而这些图腾形象既是族徽的标记，也是姓氏的雏形。

甘肃省甘谷县西坪庙底沟出土的一件彩陶瓶上所绘的『人面鲵纹』图案，与《山海经·海外西经》描绘的『轩辕之国，人面蛇身，尾交于首上』的记载完全吻合。所以袁珂在《山海经校注》中说：『古传黄帝或亦当作此形貌也。』也就是说，『大鲵』曾作为黄帝部族的图腾标志，而后逐步演化为龙的形象。

我国各民族中的图腾祖先形象，有的是自然界中存在的动植物、生物或自然现象，有的是虚幻的半人半神、半人半兽形象。在我国第一部神话传说故事集《山海经》中，就有许多这种半人半神或半神半兽的各个氏族部落的图腾物象。各民族的神话传说与历史文献中，都有许多图腾崇拜、图腾感生的事例。在有关炎黄部族起源的历史文献中，都说炎帝神农氏之母为安登，因感应神龙绕身而生炎帝于姜水，炎帝『人身牛首』，因而炎帝神农氏以姜为姓，以牛为图腾。黄帝轩辕之母附宝，因在大野中见雷电绕北斗枢星，『履巨人之迹』，感而有孕，生黄帝于轩辕之丘，育于姬水之畔，故以姬为姓。『巨』字实为熊之足迹，故黄帝为有熊氏之子，以熊为图腾。《史记·五帝本纪》称：黄帝『教熊、罴、貔、貅、貙、虎，以与炎帝战于阪泉之野』。又因其有景云之瑞，故又曰缙云氏，『以云师、云纪』。夏祖女志梦流星落地，化为神珠薏苡（车前子），后而有孕，生下大禹，故夏人以薏苡为图腾，以姒为姓（姒即苡的演化）。

商祖简狄则是因吞食玄鸟之卵而生契，故以鸟为图腾，以子为姓（子即卵）；周祖姜嫄因践巨人之迹（熊迹）而生后稷，故周人以熊为图腾，以姬为姓（巨为熊迹之形，巨从女旁而为姬）。据文献记载，在我国氏族社会末期，各个氏族部落都有自己的图腾。在东南沿海一带，诸部落以鸟为图腾，史称鸟夷。据《左传·昭公十七年》郯子所述，少昊部族即有凤鸟氏、玄鸟氏、青鸟氏、丹鸟氏等二十多个名称；在中原诸部落中，炎帝族以牛为图腾，黄帝族以龙为图腾，并有熊、罴、虎、貙、貔、貅等族属。

在其他少数民族中，图腾崇拜与图腾感生的传说更是屡见不鲜，甚至有的一直流传至今，还成为一种独特的民族习俗。如东夷部族以鸟为图腾，以鸟为官名，以鸟为姓氏。南蛮人传说其祖父是龙犬盘瓠，突厥人说他们的始祖母是一匹母狼，古夜郎人相信他们的始祖出自一支三节大竹，党项人自称源自猕猴，达斡尔族传说其始祖母是一只美丽的狐狸，苗族人认为枫木是自己的始祖，怒族人传说其祖先是蜜蜂变的，鄂伦春人认母熊为其始祖母，壮族则认为自己是青蛙的后裔，傈僳族、白族、彝族则认为虎是他们的祖先……时至今日，在这些少数民族地区，仍保存着原始图腾的传说、习俗，仍可以找到图腾为姓的事例。

近代最早发现中国姓氏与图腾有关的学者是美国的人类社会学家罗伯特·哈特。他在一八六〇年由广州寄给摩尔根的信中说：『中国人称民众为百姓……意指一百个家族的姓……我发现其中有些姓与动物、果实、金属、自然事物有关。』他又列举了马、牛、羊、鱼、凤、鸟、李、花、叶、云、毛、皮等姓氏。

二十世纪以来，我国不少学者运用近代科学的观点和方法，重新对传说的历史文献进行了系统的研究，并结合考古发现和社会实践调查，在姓氏与图腾的关系的研究上有了重大突破和新的认识。我国最早介绍和研究图腾文化的学者首推严复。他在一九〇三年翻译英国学者甄克思的《社会通诠》一书时，首次把『图腾』一词引入中国，成为中国学术界的通用译语。他在该书按语中指出『图腾是群体的标志，旨在区分不同的族群』，并认为中国古代也存在与北美印第安人、澳大利亚人相似的图腾现象。他说：『古书称闽为蛇神，盘瓠犬种，诸此类说，皆以宗法之意，推言图腾。而蛮夷之俗，实亦有笃信图腾为其先者。十口相传，不自知其为怪诞也。』从而正确地解释了中国早期神话传说和历史文献中的怪诞说法。严复之后，中国不少学者也程度不同地研究过图腾文化。如学术大师郭沫若在二十世纪二十年代写的《甲骨文字研究》中就指出凤姓起源于鸟图腾：『卜辞凤字均作凤……古有凤姓之国，春秋时有任、宿、须句、颛臾皆凤姓。古云，太昊之胤。案其实乃以凤为图腾之古民族也。』也即古代东夷部族以鸟为图腾的典型代表。文化学家黄文山认为：『中国古姓多为图腾之遗留。如秦嬴，是瑞兽之名；周姓姬，是鳄鱼的意义；季札之姓狸；夏姓姒，为妊娠的药草……』〔二〕

社会学家李玄伯也说：『姓即图腾的结果，在文字内现在尚能看见种种遗痕。凤——凤姓之图腾；羊——姜姓之图腾；扈鸟——扈姓之图腾；祝融八姓亦源于图腾；蛇（巳）——巳姓之图腾；龙——董姓之图腾；虫——妘姓之图腾；鼓——彭姓之图腾……』〔三〕

历史学家吕振羽也指出：『在女子没有把自己的姓氏作为子女的姓氏之前，图腾标志便是图腾成员共同的标志，又是其成员各个人的名称……所谓伏羲氏、金天氏、神农氏、有熊氏等等，在最初不仅是其氏族的名称，而且是每个成员的名称。』也就是说，图腾是姓氏的雏形，是族群的共同标志，也是每个氏族成员的标志，更是氏族首领常用的称谓。吕振羽先生还进一步指出：『在中国今日的姓氏中，也保留着不少的原始图腾名称的遗迹，如马、牛、羊、猪、鸟、凤、梅、李、桃、花、叶、林、河、山、水、云、沙、石、毛、皮、龙、冯、蛇等等。』〔四〕

上述学者尽管意见不完全一致，但都认为：中华古姓源于图腾，是图腾崇拜的产物。当代学者王泉根先生还依据前人的研究成果将图腾感生划分为三大类别：

履迹
- 华胥履大人迹而生伏羲。
- 姜嫄履大人迹而生后稷。

吞物
- 禹母吞薏苡而生禹。
- 简狄吞燕卵而生契。

遇异
- 附宝感北斗而生黄帝。
- 安登感神龙而生炎帝。
- 女节感流星而生少昊。
- 女枢感虹光而生颛顼。
- 庆都感赤龙而生伊耆（尧）。[五]

在当代学者中，对图腾文化研究较为全面、系统的是何星亮先生。在他的学术专著《中国图腾文化》一书中，提出了颇多创见的新颖观点。他认为图腾文化是中华民族最早的原始文化形态之一；图腾的产生是原始社会人类敬畏自然，祈求保佑的心理意识，是最早的初始宗教观念；图腾亲属观念是最早的祖先崇拜；图腾的生育观念是最早的生殖崇拜；图腾的名称是最早的社会组织名称；图腾物象是最早的种群标志和符号；姓氏、人名、地名、族名、官名都起源于图腾名称……为我们从事姓氏研究提供了重要借鉴。

他说：『图腾产生之前的人类，浑浑噩噩，无群体自我意识，无你、我、他之分。图腾产生之后，人类才意识到各群体之间的不同。首先用来区分（群体）的标志和名称，便是图腾的名称。当时的图腾的名称，也就是现在的姓。』而『最古老的姓氏或即图腾名称，或是由图腾演化而来。姓氏源于图腾名称，是姓氏形成的一条重要途径』。

他还运用民族学、社会学的研究成果，列举了许多少数民族姓氏的来源。如：古夜郎人以竹为姓；骆越人以『雒』（雁）为姓；台湾高山族以『太阳』『蝉』『狸』为姓。东北的满族人以『尼玛哈』（鱼）、『钮祜禄』（狼）、『阿克昌』（雷）为姓；西南地区的苗、瑶等少数民族则以盘瓠神犬为姓……一些分支较多的少数民族，则因为崇拜不同的图腾物象而形成了不同的姓氏。如白族以虎为图腾便姓虎，以鸡为图腾便姓鸡，以鱼为图腾便姓鱼……

这些以图腾为姓的少数民族，在与汉族的长期交往中，受汉文化的影响，将图腾原姓改为汉族音义相近的姓氏。如彝族之饭箩族改为『范』姓，绵羊族、崖羊族改为『杨』姓，獐子族改为『张』姓，黄牛族改为『黄』姓，龙族改为『龙』姓。傈僳族之耗子族改为『贺』姓、李子族改为『李』姓、熊族改为『熊』姓、羊族改为『羊』姓、蜂氏族改为『风』姓、竹氏族改为『祝』姓、鱼氏族改为『余』姓……从而为我们提供了一幅古姓起源、形成、发展、演变的生动画面和历史轨迹，也为『姓出多源』提供了理论依据和实际例证。

对中国图腾文化研究造诣较深的另一位学者是林河先生。在其洋洋五十万字的《中国巫傩史》一书中，以探索中华文明基因为宗旨，以大量的社会调查实践为依据，以巫文化为专题，从民俗文化的角度系统地论述了图腾文化（巫傩文化）起源、发展的历史轨迹和丰厚内涵，充分肯定了图腾文化（巫傩文化）对中华文化的巨大贡献和核心价值，也剖析了图腾文化（巫傩文化）与其他文化的相互关系，收录了大量的珍贵的第一手资料，提出了一系列『圣贤文化』未曾涉及或弃之不用的新颖创见，为我们解读姓氏文化提供了科学的历史借鉴和丰厚的珍贵资源。

林河先生认为，图腾崇拜始于原始氏族社会人类由自然采集到渔猎时代这一历史时期，距今已有一万年以上的历史。著名的『植物图腾』有花图腾、瓠图腾（葫芦图腾）、竹图腾三种；著名的动物图腾有鸟图腾、虎图腾、狗图腾，以及熊、狼、蛇、蛙等多种动物图腾。最为中华民族所崇拜的龙、凤图腾则是各种鸟兽图腾的综合和升华。而龙（蛇）、凤（鸟）、犬、虎则被视为图腾物象的四大灵物。

依据林先生的观点，图腾崇拜依次为『自然崇拜』、『植物崇拜』、『动物崇拜』、『生殖崇拜』、『祖先崇拜』……

这些图腾崇拜反映了人与自然、人与社会以及人类自身发展的历史进程，都与人类的姓氏起源、发展、传承、演变密切相关。有的图腾物象常常被直接用于代表氏族、部族的族徽标记，即姓氏符号。

在自然神灵的崇拜中，以太阳神、太阳鸟最为盛行。据考古发现，太阳鸟的崇拜大约产生于距今八千年前农耕文化初期，且已有了明显的图腾性质。如湖南洪江市高庙新石器时期遗址距今已有七千四百年的历史。在出土的陶制礼器上就绘有以太阳为母体的多头鸟纹。这些由太阳产门中生出的诸多鸟头，既是太阳崇拜的象征，也是生殖崇拜的象征。

略晚于高庙遗址的长沙南院乡的大塘遗址，浙江余姚的河姆渡遗址，都有太阳鸟纹的文物出土。在距今四千多年前的良渚文化遗址中，出土了一件布满太阳鸟纹的牛首玉雕，而这些都是炎帝部族的族徽标记。据《白虎通》记载：『炎帝者，太阳也。祝融者，其精为鸟，离为鸾。』所以炎帝后裔有的以鸟（凤）为姓，有的以牛为姓，有一支因迁居于陕西姜水河畔而以姜为姓。

在植物图腾的崇拜中，则以瓠（葫芦）崇拜最为盛行，流传地域最广，传说也最多。因为葫芦之类的食物，是中华先民在原始社会采集为生的一大发现。它既可作为食物充饥，也可将之剖为瓠形（瓢）作为器用，受到先民的尊崇和怀念，由此而产生了一系列葫芦崇拜的神话传说，在南方广大地区，特别是苗蛮部族中被尊为始祖之神。

我国著名的学者闻一多先生从民族民俗学和人类社会学的角度，提出了葫芦崇拜是古代先民图腾崇拜的产物，并将之与伏羲、女娲传衍人种的神话故事联系起来加以解读。

他说，葫芦是『瓠』（甜葫芦）和『匏』（苦葫芦）的俗称，伏羲又称『匏羲氏』，即是以葫芦为图腾的氏族。据传说，『瓠匏』原是雷公的两颗门牙。雷公被伏羲、女娲之母华胥氏捉住后，准备用来煮食，伏羲兄妹于心不忍，偷偷放走雷公。雷公为报恩，临走时留下两颗门牙，让他们种于土中，发芽后，长成葫芦。雷公升天后连降大雨淹没了整个大地，只有伏羲兄妹躲在大葫芦里得以生存，传衍人种。这也是世界上众多国家和民族『洪水神话』中的一个版本。在其他的一些民族和地区同样流传着葫芦神话和伏羲、女娲的传说。其中影响最大、流传甚广的则是较上述葫芦神话更为生动具体的伏羲、女娲兄妹成婚，传衍人种的历史故事。

传说宇宙初开之时，世上只有伏羲、女娲兄妹二人生活在昆仑山上，为繁衍后代，兄妹俩只得自相婚配，结为夫妇。但他们又自感羞愧，难以决断，于是通过占卜的方法来判定天意。先是兄妹在两个山头，各自烧起火堆，并对天祷告：『如上天有意让我兄妹二人成婚，就让两股青烟相合；如并无此意，就使烟消云散。』刚说完，只见两股青烟合为一起，直冲云霄。兄妹二人仍狐疑不决，又约定，从各自山头滚下一扇磨盘，如石磨脐、眼相合，则可结为夫妻，否则各奔东西。说来也巧，自高山推下的两扇磨盘落到沟底后，竟然脐、眼相合。于是伏羲、女娲便在上天认可下结为夫妻，传下后代，并根据子女的出生情况和散落居处，将其分为不同的族姓，规定凡同一族姓的男女不得自相婚配。

这一历史传说，不仅在汉族文献中屡有记载，在苗、瑶、壮、彝、黎、侗、布依等少数民族中也广为流传，大同小异。如瑶族《伏羲兄妹故事》中说，他们成婚后，妹妹生下一个冬瓜般的肉团，他们把肉团砍碎，到处抛撒，落在平地的成为汉人，落在森林、山坳等处的变成了瑶山五族。

另一种与之相近的说法是只有女娲，没有伏羲。说女娲补天后，深感寂寞，便用黄泥仿造自己的形象造了许多小人，后来嫌效率太低，便用草绳沾着泥浆，用力甩出，溅出的泥浆也化为小人，落在石头上的便姓石，落在树叶上的便姓叶，落在花朵上的便姓花，落在河里的便姓何（河），落在池塘里的便姓池……

基于对伏羲、女娲这一历史传说的认同心理，伏羲、女娲被后世尊为『创世人祖』和『人祖奶奶』，在中华大地至今仍留存着许多相关的纪念性遗址、遗迹。如：甘肃西和县仇池山的伏羲仙崖、天水市的伏羲神庙；陕西临潼的女娲宫；山西洪洞县的女娲庙、女娲陵，吉县的人祖山；河南淮阳的太昊（伏羲）陵、伏羲庙，河北涉县的娲皇宫……尤为珍贵的是山东嘉祥武梁祠中的汉代画像石、四川崇庆的画像石和新疆吐鲁番古墓群出土文物中，都有『伏羲、女娲执矩图』。图中伏羲、女娲都是人首蛇身，面对面地手持圆规、矩尺，表示伏羲『正姓氏，别婚姻』，没有规矩不成方圆的哲理。尤为传神的是，伏羲、女娲下身的两条蛇尾相互交缠在一起，中间有一小孩，十分形象地表现了伏羲、女娲传衍人类的主题。

虽说神话传说并不能等同历史，但神话传说中往往包含合理的历史内核，反映了历史阶段的社会特征。通过伏羲兄妹成婚，传衍后代的历史传说，我们不仅可以了解到中华民族的初始时期，曾经历过血亲乱婚向族外群婚进化的历史进程，也可以看到由母系氏族社会向父系氏族社会进化的轨迹，并由此折射出中华古姓起源的历史信息。

在动物崇拜中则以盘瓠龙犬的故事流传最广。据瑶族民间传说，在古帝高辛王时代，宫中有一老妪耳内生一小虫，后结为茧，取出后置于五彩龙盘之中，以瓠覆之。七日后茧化为一五色斑斓的龙犬。因诞育于盘瓠之中，故名为盘瓠。忽一日有强敌来攻，高辛王出兵屡战不胜，于是挂榜招贤：凡能斩敌酋之首，退得强敌者，当以三公主招为驸马。数日后盘瓠衔敌酋之首来献。高辛王大喜，但因盘瓠是一犬类不能婚配，不愿履行诺言，只以美食佳肴喂养盘瓠。而盘瓠不饮不食，常随行三公主左右。于是三公主向父王进言，愿与盘瓠结缘，『嫁鸡随鸡，嫁狗随狗』。高辛王只得允诺。盘瓠也口吐人言，对三公主说：『我乃天上龙犬下凡，你将我放在蒸笼里蒸上七天七夜，我便可将身上毛皮变成人身。』三公主依言照办，盘瓠果然变成一壮美男子，高辛王马上封他为十殿盘瓠王，与公主成婚。后生下六男六女。高辛王给他们每人赐一姓氏：盘、蓝（包）、房、李、邓、周、赵、胡、唐、雷、冯、沈。并颁给他们一券榜牒：凡盘瓠子孙所居山地，任其开垦种植，免除一切粮赋徭役。这就是瑶家世代传抄珍藏的传家之宝《过山榜》。有的传说中将高辛王称为『评皇』，故《过山榜》也称《评皇券牒》。

得到《过山榜》之后，盘瓠王带着妻子儿女回归山林，过起耕织狩猎的山地生活。儿女长成后，各自成家，繁衍子孙，形成了人丁兴旺的瑶族族群。瑶族一般不与外族通婚，招赘婚俗较为普遍。所以瑶家十二姓代代相传。

多年后，官府不顾《过山榜》的规定，派兵攻打瑶族，抢占了瑶民辛苦开垦的家园。于是瑶民在首领盘翁的带领下，抛弃家园流浪到他乡谋生。为便于日后子孙相认，传衍瑶家血脉，盘翁把供奉盘王的香炉打烂成十二块，每姓一块；又把发号施令的牛角锯成十二截，然后共喝鸡血酒，发下誓言：『铜打香炉三斤半，黄金四两五钱三，瑶家各姓拿一块，过海流落去逃难。牛角锯成十二截，每姓一截各自飞，香炉牛角合得拢，来日子孙又杀回！』从此，十二瑶姓各奔前程，分别流落于广西、湖南、广东、贵州等地，开荒劈岭重建家园。瑶山十二姓一直流传至今。

这段远古的历史神话传说，不仅使我们对图腾演化为姓的历史渊源有了形象、生动的理解，同时也为我们揭开了少数民族姓氏神秘面纱的一角。

像这类自然崇拜、动植物崇拜、演化为姓氏的神话故事和历史传说，在各民族之间都流传甚广，并由此而形成许多奇特的民风习俗和宗教信仰，直到新中国成立之初，在少数民族中仍然十分盛行，成为中华姓氏研究中的绚丽华章。

二　女生为姓　姓从母出

『女生为姓，姓从母出』这个中华古姓起源的传统说法，是从人类学的自然法则和血缘传承的角度，对姓之起源所做的认定，是依据历史文献的记载对『姓』字结构、声形、音义进行的诠释。从史前传说时代开始，『姓』就被作为生命延续、血缘传承的核心符号。『同姓』即意味着拥有共同的血缘始祖，使用共同的族群标志。由于在母系氏族社会里，群婚杂处，『民人只知其母，不知其父』，血缘传承，世系的区分，只能以母系来识别，『姓』只能从母系取得，因而姓的初始本义就是『女之所生』，这是延续生命的标志，是生殖崇拜观念的体现。东汉经文学家许慎在《五经异义》中就曾指出：『圣人皆无父，感天而生。』在其所著《说文解字》第十二（下）『女部』，对此也有明晰的解释：『姓，人所生也。古之神圣，母感天而生子，故称天子。因生以为姓，从女，从生，生亦声。』

班固《白虎通·德论》卷八『姓名』亦说：『姓者，生也。人禀天气所以生者也。』从『姓』字的形、声结构来看，姓的古文作『眚』，由『生』、『自』两部分组成。『自』是古文『鼻』字的简写，《方言·十二》称：『梁、益之间，谓鼻为初，或谓之祖。』故后世称初祖为『鼻祖』。

在商、周甲骨文和金文中，『生』也写作『往』，意思为人之所生是为『姓』。嗣后，随着文字的发展和规范，『㚔』演化为『姓』，由女、生二字组成。在距今二千三百多年的秦国《诅楚文》中，即出现了由女、生二字合成的『姓』字。但女字在右，生字在左。在公元前二四一年魏国用古文、小篆、隶书三种字体写成的《三体石经》中，古文『姓』字的结构变成了『女』字在左，『生』字在右，成为一个既是形声又是会意的规范汉字，一直流传、使用至今。

在一些历史典籍中，也常将『姓』字写成『生』字。如《尚书·舜典》中即有『帝厘下土，方设居方，别生分类』。孔颖达疏云：『生，姓也。别其姓族，分其类，使相从。』称『子姓』为『子生』，称『百姓』为『百生』，有『里君百生』、『里君百姓』的表述。故徐颢的《说文解字注笺》说：『姓之本义谓生，故古通作生。其后因生以赐姓，遂为姓氏字耳。』

由『姓之本义谓生』引申而出，『姓』也有了子孙之含义，可直接表达为子孙之意。如《礼记·大记》云：『卿大夫、父、子姓。』郑玄注曰：『子姓，谓众子孙也。』孔颖达疏云：『子之所生，则孙是也。』这种以『姓』作为子孙代称的做法，直至明、清两代的文献典籍中还经常使用。如存世众多的明清族谱的谱序中常说：『宗谱之辑，上溯先人，下及子姓，而为敬宗收族之计也。』由此可见，『姓』的本义即是源于同一女性始祖血缘系统的族属、子孙所共有的符号和标志。

对于『姓』的本义即为『生』的解读和『姓』字结构的诠释，实际上是远古先民生殖崇拜的认知意识。中国各个民族从古至今都存在着生殖崇拜的现象和习俗。『不孝有三，无后为大』就是中国伦理观念中十分重要的传统。在中华民族社会生活中，传宗接代，继嗣有人，延续血脉，传承香火，被视为人生高于一切的重要职责，万事再无，不能无后，『有子万事足，无病一身轻』，被视为平安、幸福的象征。人们历来祈求『子孙满堂、多子多福』、『百子千孙，人丁兴旺』。为生殖繁衍，人们常常求神拜佛，乐善好施。生殖崇拜成为人类社会生活中最为重要的宗教信仰和精神理念。至今民间仍流传着『拴泥娃』『捞石子』『偷罗汉』『食面燕』等祈求子孙的民风习俗。

人类的生殖崇拜，起源很早，在原始时代已经盛行。当时，人类的生存条件十分恶劣，人的存活率很低，寿命很短。自然界的水火瘟病，动物界的弱肉强食，人类间的相互争斗，都能令一个氏族、部落灭亡。只有氏族的繁衍昌盛，才能使氏族生存发展。因此，早在原始母系氏族社会，人类便有了女性生殖崇拜的多种形式。据考古发现，在距今五千年前辽宁牛河梁女神庙遗址中出土了一批陶塑裸体女神，其丰硕的乳房和怀孕的大肚子都十分传神，自当是女性生殖崇拜的产物。此外，在云南元江的它克岩画、新疆的呼图壁县康家石门子岩画、西藏阿里地区任姆栋岩画以及贺兰山岩画、广西花山岩画中，都有生殖崇拜、女阴崇拜等图画。

在中国民间祭祀和一些民风习俗中，生殖崇拜更是无所不在。如：沅湘民俗中的《庆鼓坛》、南岭深处的《萨巴祭》、大西南地区的《跳木鼓》，以及西南地区少数民族的裸体舞等，都是生殖崇拜的遗风。

就连至圣先师孔夫子在总结了人的天性之后，也说：『食、色，性也。』这表明了生殖与生存，是人类极为重视的自然规律。

中华古姓之所以『从女，从生』，『姓从母出』，也正反映了这种自然规律和母系氏族社会的特色。因为在母系氏族社会里，人类的生存环境十分恶劣，生产力水平十分低下，『人民少而禽兽众，人们不胜禽兽虫蛇』，群生聚处。一个氏族组织由一位老祖母及其衍生的女性后代子孙组成，人类正处于野合杂交的血族群婚时代，人们只知其母而不知其父。血缘世系只能按母系来计算，所以中华古姓多从母姓，姓的本意强调生育观念。流传至今的中华古姓多带有女字偏旁。如前述所列的『上古八姓』——姜、姬、妫、姒、嬴、姞、姚、妘和『十二古姓』——姜、姬、姞、姒、嬴、姚、妫、妘、姺、嬿、玻、娸，便是其例。

关于中华古姓来源于母系的说法，不仅在历史典籍中屡有记载，在我国最早的文学作品、第一部诗歌总集《诗经》中也有所反映。如《玄鸟》篇说『天命玄鸟，降而生商』；《生民》篇说『厥初生民，时维姜嫄』；《闷宫》篇说『赫赫姜嫄，其德不回。上帝是依』……这些诗篇都是商、周祭祀祖庙的乐章，都是赞颂他们的始祖母，而没有他们的始祖父，这是地道的母系氏族社会历史遗踪。

大约到了旧石器时代晚期，随着生产力的发展，人类的认识水平有了很大提高，对直系血亲的无限制乱交产生了厌恶，并从实践中逐渐地感受到『男女同姓，其生不蕃』的生物学原理，认识到同一血统的人相互婚配不利于后代。于是，首先要求对不同的血统加以区分。同时，由于种族的不断繁衍，居住地域不断扩大，职业身份的不断变化，同一姓族之内依据血缘世系的亲疏、居住地域的远近，就形成了若干个分支，对各个氏族及若干分支加以区分的特殊标志就是『姓』。姓由此成为从氏族的内婚制发展到族外婚制的一个重要标志，也即文明起源的最初标志。

在班固等人编撰的《白虎通义·姓名》篇中对此有一段精辟的论述：『人所以有姓者何？所以崇恩爱，厚亲亲，远禽兽，别婚姻也。』『故礼别类，同姓不得娶，皆为重人伦也。』『姓别婚姻』作为中华古姓的主要社会功能，是中华姓氏史上的重大发展和进步。

然而千百年来，对『姓』的解读和诠释仍然不够明晰。所谓『因生赐姓』『女生为姓』『感天而生』，仍然是较为笼统、神秘的概念。近年来，何星亮、林河先生运用图腾文化学的原理，对此作出了新的解读。认为在原始氏族社会，人类的认知水平十分有限，故把人类的生育现象归之于『图腾之物入居妇女体内的结果』，新生婴儿是图腾之子。因而『因生赐姓』就是以『生其之物（图腾）为姓』。中国各族许多姓氏即图腾名称，或由图腾名称演化而来。〔六〕

明末清初的顾炎武先生从《春秋》经传中考订出了二十二个古姓：妫、姒、子、姬、风、姜、任（妊）、姞、祁、芈、曹、妘、董、嬴、己、偃、归、曼、熊、隗、漆、允。其中包括『戎、夷、蛮、狄』四夷之姓，并把各姓起源追溯到传说中的『三皇五帝』时代。〔七〕近代一些专家学者指出，上述二十二个古姓中，在金文中多带有女字偏旁，如『曼』为『嫚』，『隗』为『媿』，『允』为『妘』，而『风』即是『妃』，多因文字上的假借，通用而来。这进一步论证了『女生为姓，姓从母出』的历史渊源和姓字多带有女旁的原因。也有学者认为，顾氏所列的二十二个古姓，尚远远不能反映上古姓氏的全貌。

早在东汉时期经文学家郑玄就曾经说过，仅羲皇其世，共有五十九姓。当代著名的社会学家、历史学家董家遵先生依据《国语》和《说文解字》两书的记载和注疏，判定我国初始的古姓只有十二个，是由『十二生肖』的图腾演化而来。如『偃』，亦作『匽』，从日从女，意同匿，即藏匿，释义为『昼伏夜出』，正是鼠的特征。再如『姜』，从女从羊，是羊生肖的图腾。

当代另一学者袁玉骝先生在其所著《中国姓名学》中，则认为顾氏所列的二十二个古姓，都是『五帝』时期的姓氏，若加上『五帝』以外的姓氏，中华古姓当在五十个以上。

完颜绍元先生在其《姓氏百问》一书中，曾对上述有关中华古姓的种种说法，经过梳理、爬剔，对上古至春秋时代的三十二个古姓，依据其历史渊源作了排列：

上古至春秋时代的古姓

姓称	历史渊源	专家认同	姓称	历史渊源	专家认同
风	太皞（伏羲氏）	二	董	颛顼（高阳氏）	一
妀	同上	一	嬴	少皞	四
姜	炎帝（神农氏）	三	祁	尧（陶唐氏）	一
姬	黄帝	四	偃	皋陶	三
娸	同上	一	姚	舜（有虞氏）	二
己	同上	二	姺		二
任	同上	一	[illegible]		一
姞	同上	三	[illegible]		一
似	颛顼（高阳氏）	二	[illegible]		一
姒	同上	一	改		一
妫	同上	四	归		一
子	帝喾（高辛氏）	一	曼		二
妘	祝融	四	熊		一

续表

姓称	历史渊源	专家认同	姓称	历史渊源	专家认同
娲	同上	一	隗		二
芈	同上	一	漆		一
曹	同上	一	允		一

显然，表中所列三十二个姓氏，远远不能反映原始氏族社会七八千年间中华古姓的整体风貌和实际数字，定有许多遗漏和缺失。何光岳先生在其《中华姓氏源流史》中，开列的伏羲氏、女娲氏传承的古姓即达八十多个。

【注释】

〔一〕马克思：《摩尔根〈古代社会〉一书摘要》，第一百三十四页，人民出版社，一九六五年版。

〔二〕〔三〕〔四〕〔六〕何星亮：《中国图腾文化》，第四章，中国社会科学出版社，一九九二年版。

〔五〕王泉根：《中国姓氏文化的解析》，第二十一页，团结出版社，二〇〇〇年版。

〔七〕顾炎武：《日知录》。

第二节　命氏之制　由来已久

标志家族、宗族系统的文化符号，除『姓』之外，还有『氏』的称谓。二者皆具有家号、族号、宗号之含义，既有诸多相似、相近、相辅、相成的共同之处，又有其文化内涵和社会功能上的本质区别和重大差异。尤其是在先秦时期，『姓』『氏』是两个不同的概念。所谓『男子称氏』，『妇人称姓』，『姓别婚姻，氏明贵贱』，正是对姓氏不同内涵、社会功能及其产生的历史渊源的高度概括。正如《国语·周语》所云：『姓者，生也，以此为祖，令人相生，虽下及百世，而此姓不改。族者，属也，其子孙共相连属，其旁支别属，则各自为氏。』也就是说，姓表示宗族的起源、出处，是原有的大宗的族号；氏是后起的，是分支的小宗的族号。先有姓，后有氏，姓大于氏，氏统于姓；姓是氏的源头，氏是姓的分支。然而，姓与氏的区别，不仅仅是源与流的简单关系，其本质上的区别在于：姓是血缘传承的标志，氏是社会地位和地域区分的符号。姓侧重于血缘关系，氏强调地域概念。『因生赐姓，胙土命氏』（胙，此处为赏赐的意思），高度概括了『姓』与『氏』的本质区别和文化内涵。一个『因生』，一个『因土』。『因生』是生育观念，是生命的产生、延续，血缘的进化传承；『因土』是生存观念，是人类生存发展的社会环境、谋生方式，是历代先民在大地母亲的怀抱中，在生活、生产中的社会实践。因而在历史发展的长河中，『氏』被赋予大量的时代性、制度性、宗教性、宗法性、伦理性、等级性等文化内涵和社会功能，呈现出『一源多氏、一氏多义、一氏多变』的形态，经历了『姓氏相别、姓氏双轨、姓氏合一』的曲折发展的历史进程。因而历代学者对『氏』的解读分歧较大，概括起来主要有『地缘说』和『事功说』两大流派。

一　析族拓地　居处为氏

在原始氏族社会时期，辽阔的土地及自然资源是人类赖以生存和发展的第一要素。因而崇尚土地、占有土地就成为人类的第一天性，也是『氏』之产生的第一源泉。纵观『氏』的产生和命氏制度的形成，都以获得、占有、开拓、使用土地为基本条件。每当一个族群、部族、氏族、家族与土地发生占有、使用和管理关系时，氏之称谓也随之产生。因而氏的出现由来已久。

对于『氏』的解析，文字学家认为：『氏』是最早产生的汉字之一，与『姓』字产生同样古老。在罗振玉《殷墟书契前编》《殷墟书契后编》中收录的甲骨文已有『氏』字。在商、周青铜器『散氏盘』『毛公鼎』等铭文中也都有『氏』的记载。东汉文字学家、经文学家许慎的《说文解字》中，对『氏』字也有专条诠释：『氏，巴蜀山名，岸胁之旁著，欲落堕者曰氏。』段玉裁注曰：『小阜之旁（傍）著于山岸胁，而状欲落堕者曰氏，其字亦作坻。』

新版《辞海》中对『坻』的解释，为『坻』的本字：『坻（坻），山的倾斜面，侧坡。』『坻，水中的小洲或高地。』

由此可见，『氏』是古代『坻』字的假借和转写，二者同义。『坻』既然是小洲、小丘，『氏』也应当是小洲、小丘的指代名词。《诗经·秦风·蒹葭》中有『宛在水中坻』的诗句，『坻』字即指由山崖、岸旁主体崩裂、坠落而形成的小洲、小丘。据王泉根先生解析，《左传》中的许多『丘』字，大都可以作为氏族名称。如平丘即平氏，乘丘即乘氏。[一]

反之，古代的『氏』字也可用作小丘、小洲，是该氏族新取得的赖以生存、居住的土地。也就是说族群通过分支、离析并取得新的土地时，就形成一个新的氏族。『析族拓地』是氏之产生的主要根源。正如刘师培先生在《左庵集·释氏》中对『胙土命氏』所作的解释那样：『氏即所居之土，无土则无氏……土失则氏亡，唯有土者斯有氏。』可见氏之产生和依存，是以地为先决条件，以地为符号和标志的。

段玉裁、刘师培等学术大师又进一步指出：古代『氏』『是』同音同义，『氏』的本义作『是』，表示存在的实体，意指某一族群生活、聚居于某一土地。从血缘标志的角度来讲，可称为『某姓』；从地缘标志的角度来讲，可称为『某氏』。

由此推断，在远古姓氏起源之时，姓氏可谓同源并起，相提并论。『姓』表血缘，氏明地缘，姓是氏之产生的母体本源，氏是姓之分支地域，没有无姓之氏，也没有无氏之姓，姓氏是血缘与地缘相辅相成的统一关系，不应人为地强调孰先孰后，孰大孰小，孰主孰从。

近代以来，部分学者从图腾与地名，即图腾与『氏』的关系上作了进一步解读，认为最早的地名即图腾之名，图腾之名即地域的象征，也就是说，『氏』之起源于图腾，与图腾为姓同一原理。

如李玄伯先生就曾指出『最早的地名就是图腾名字』，并列举了中外的具体事例加以说明。他说：『最初只有图腾之分，而无地域之别。所谓先有英吉利后有英格兰，英吉利名字得自英吉利人，但有了英格兰之后，又变为相反的，英吉利人又变作英格兰人』；『我国最早的地名，大都是图腾。使用这种图腾的族团（族群），固定居住在某一地，就用图腾以名其地』。而居住在某一地的图腾族群，又以地名来作为族群的称谓，亦即氏族之名。[一]

在文中，李玄伯先生还列举了许多地名与氏族的关系加以说明：虞地得名因驺虞（仁兽）氏族定居，扈地得名因扈鸟氏族定居，燕地得名因玄鸟（燕子）氏族定居，氐丘、泜水得名因鸱（鸟名）氏族所居，而蓟地得名因蓟氏族所居，亳地得名因乇（植物）氏族定居，涂山得名因余

（蟾蜍）氏族所居，郝地，洙水得名因蜘蛛氏族所居，楚丘得名因荆楚（植物）氏族所居，桑林得名因桑氏族所居……[三]

此外，尚有众多学者以亲身的实地考察或多年的研究成果，论述了古代地名与图腾的关系，列举了许多『氏』之起源于地缘的例证。

如，对于虎氏的起源，丁山先生认为商代因虎氏族居于虎牢之地而来，至今虎牢一带仍有七虎涧、虎溪涧的地名；何光岳先生则认为《山海经·中山经》中所载首阳山之虎尾山，涧水东之虎首山，今湖北省襄阳市西南之虎头山，安陆县之虎子岩，京山县西南之虎爪山，荆门县西南之虎牙山，鄂城之白虎矶、白虎镇，江陵县之虎渡河和虎渡口，湖南桑植县之向虎塔、白虎堂、白虎溪，重庆市奉节县之虎须滩、合川市之虎头寨，均是古代虎氏族居住过的地方。

潘光旦先生、彭英明先生也认为今之土家族即为古代巴人之后裔，巴人以虎为图腾圣物，巴字即虎之意思，因而巴人所居之地多带虎字。他们又列举了数十个带有虎字或巴字的山名、水名、地名。

以虎为图腾的彝族、纳西族，其所分布散居的地区，几乎都带有虎字或与虎相关，数量之多难以一一列举。

又如，以鸡为图腾的云南白族地区，不少山名、地名、村名、寺名都带有鸡字。如上鸡邑、下鸡邑、鸡村、鸡登、鸡坪、鸡山、金鸡寺、鸡岩寺、金鸡山、鸡鸣寺等等，也是不胜枚举。

由此可见，许多地名，尤其是较古的地名都与图腾有关，都可看作氏的起源。由此也可见『以地为氏』是氏的主要来源，『一氏多源』是『氏』文化的一个重要特色。

二 崇尚功业 尊者为氏

人类社会的历史表明，生产力的发展和生产关系的调节，是社会发展进步的重要因素和基本动力。尤其是在原始氏族社会，每一种生产工具的创制，社会分工的形成，以及社会管理机制和组织体系的产生，都需要社会群体漫长的积累和艰辛的探索，都会对人类的生存和发展产生重大影响。久而久之，这些因职业、技艺、社会分工而组成的社会群体、社会阶层，便形成了各自的族群符号，即『氏』的称谓。而这些氏族族群的首领人物，由于在本氏族中拥有相当的政治、经济权利和社会地位，氏族的重大事项和对外交往，由他们出面处理，因而氏的称号多由氏族首领享有。而这种以事、功为特色的『氏』号，既是整个族群的标志，也是族群首领的称号。

这种崇尚功业，尊者为氏的习俗和称谓，早在上古时期已经形成。如历史传说中开天辟地的盘古氏，传衍人种的伏羲、女娲氏，构木为巢的有巢氏，钻木取火的燧人氏，架栏为屋的大庭氏，教民稼穑的神农氏（炎帝），多项发明创制的轩辕氏（黄帝）、仓颉氏、祝融氏、共工氏、防风氏、羲和氏等等，都是对人类生存、发展和文明进化做出重大贡献的英雄人物。

由于这些享有『氏』号的英雄人物既是部族群体的象征，也是历史积淀的结晶，其功德业绩、发明创制或职业分工，对人类的生存发展和文明进步产生了巨大影响，被视为具有超乎常人的神奇力量，因而常常被想象和塑造成半神半人、半人半兽的奇特形象。其中相当一部分被视为部族的祖灵之神来祭祀、崇拜，形成了『人神杂糅』、『人神同位』、『人兽相杂』的图腾物象，即各部族姓氏起源的雏形。

我国第一部神话故事集《山海经》中就生动形象地载录、描绘了多个部族半神半人、半人半兽图腾物象和诸神（部族）起源的谱系，并得到了历史文献和考古发现的印证和诠释，可谓对史前神话传说和姓氏起源的概括和总结。如《海外西经》说：『轩辕之国在此穷山之际，其不寿者八百岁，在女子国北，人面蛇身，尾交首上。』袁珂注曰：『古传黄帝或亦当作此形貌也。』〔四〕

『轩辕之国』即黄帝轩辕氏部族。徐旭初先生在《中国古史传说时代》中指出，炎黄集团的发源地在昆仑山下，东迁到关陇黄土高原时，开始强大，后来成为华夏族的始祖。二十世纪八十年代在甘肃秦安大地湾发现了原始宫殿的遗址，确有原始王国的气魄。在甘肃甘县西坪遗址出土的一件庙底沟类型的彩陶瓶上有一『人面鲵纹』的图案，人面、鲵身，圆首大眼睛，张嘴龇牙，躯体屈折，首尾相交，颈部画蛇腹纹，通体网络龙鳞。这与《海外西经》描述之轩辕黄帝族的图腾物象十分吻合。〔五〕

大鲵为两栖类动物，其习性与蛇相近，喜欢潜伏在泥中，夏夜爬上岸边觅食飞蛾虫类，被远古先民视为象征地母神与水神的圣物。故黄帝以『土德而王』，寓意占有土地，开发土地。

黄帝部族中有一支系『颛顼氏』，则是以水德而王。《大荒西经》说：『有神，人面无臂，两足反属于头上，名曰嘘。颛顼生老童，老童生重及黎。帝令重献上天，令黎邛下地。下地是生噎，处于西极，以行日月星辰之行次。』郭璞注曰：嘘，『言嘘啼也』。他又说：『虚也，颛顼之虚』，『颛顼水德，位在北方』。

日月山在今青海。青海民和县山城出土了一件人头彩陶壶，人头捏塑，面部涕泪横流，似在号啕大哭，头下连接蛙肢纹，作八字分开，又绕至后脑部位，很像是两足屈至脑后之杂技动作。

有的专家学者推断，此即《大荒西经》中之『嘘』，即颛顼的图腾物象。在甲骨文、金文和帛书中也发现了颛顼的象形文字。

在《山海经》中载录、描述较多的还有古代戎、狄等边远部族崇拜神犬为始祖的图腾物象和历史神话。

《大荒北经》载：『大荒之中，有山名曰融父山，顺水入焉。有人名曰犬戎。黄帝生苗龙，苗龙生融吾，融吾生弄明，弄明生白犬，白犬有牝牡，是为犬戎，肉食。』

《大荒南经》也载：『凡南次山经之首，自天虞之山以至南禺之山，凡十四山，六千五百三十里，其身皆龙身而人面，其祀皆一白狗。』

《海内北经》又称：『犬封国曰犬戎国，状如犬。』

从考古发现来看，距今六千九百年前的浙江河姆渡遗址出土的陶器上，就塑有狗神的图像。在距今四千多年的湖南怀化市高坎垅遗址，还出土了一件双犬连体的神像，神像带有底座，表明它是放在神龛上供人祭拜的神像。值得注意的是，四千年前正是高辛王（帝喾）统治时期，出土地点湖南怀化又正是历史上武溪蛮地区，可印证历史上确有武夷蛮部族。

在历代史志文献中，也多有狗崇拜的记载。如《五代史·四夷附录》载：『狗国，人身狗首，长毛不衣……语为犬吠……穴居食生。』

《辽东志》载：『若夷人男少女多，女始生，男不问老少，先以狗为定，年及十岁即娶。』

《异域志》记狗国说：『其国在女真之北。』即今东北地区。同书记载的盘瓠神犬的传说则在今大西南地区。如此广大的地域内都有犬图腾崇拜，说明在渔猎、游牧时代，犬类在人类的生活中占有十分重要的地位，对人类的生存和发展做出过巨大贡献。至今在西南地区苗、瑶等民族中，仍存在有崇尚狗图腾的民俗习惯。

对于这种半人半神、半人半兽的图腾现象，闻一多先生在《从人首蛇身像到龙与图腾》一文中推测：当图腾祖先观念产生之后，人们便依据传说猜想始祖的形象，打扮成图腾模样，以求得庇佑，但这种打扮，只能作为半人半兽。《山海经》中多种半人半兽的描述，也正是来源于此。当今少数民族的服饰中仍保留了许多兽形装饰和图案。

这种将创世神话和英雄史诗演绎为半人半神、半人半兽的现象，实质上是远古初民原始宗教观念的体现，是巫傩文化与祖先崇拜的产物。《国语·楚语》称之为『家为巫史』。韦昭注曰：『巫，主接神。史，次位序。』鲁迅先生在《汉文学史纲要》中也说：『巫以记神事，更进，则史以记人事。』也就是说，各个氏族、家族，都有主管祭神、祭祖和传颂家族『神事和人事』的巫师。『神事』即与本家族、氏族有关的神话谱系、神话传说；『家事』则是本家族、氏族可知的祖先业绩和历史渊源，也即姓氏起源的历史文脉。

古代先民在极度缺乏科学知识的情况下，将口耳相传的神话视为历史。尤其是对本民族、家族的起源、生存发展，血脉传承、地域分布及祖宗业绩，更是代代相传，并在祭神祭祖时由巫师和神职人员演唱、讲述，成了口耳相传的创世史诗和英雄史诗。

流传至今的蒙古族的《江格尔》、藏族的《格萨尔》、柯尔克孜族的《玛纳斯》、瑶族的《盘王歌》等四大史诗，即是口耳相传的各族史诗和古老谱系。《诗经》《九歌》《天问》，更是被奉为经典的传世之作，是我们解读历史、传承文明的重要资源。

当然，神话传说和英雄史诗，并不等同于历史。徐旭先生在《中国古史的传说时代》一书中就指出：『传说与神话是很相邻近却互有分别的两种事情，不能混为一谈』，但『很古时代的传说总有历史方面的素质、核心，并不是向壁虚造的』。

李学勤先生在《中国古史寻证·走出疑古与古史溯源》中也说：『在对待神话传说上，必须要有科学的态度和历史唯物主义的态度，切忌简单化。神话传说年代久远，而且总是史事和神话糅合在一起，甚至哪些是人、哪些是神也不容易区分。我们应当把反映传说和有根据可凭的史实区别开来。如果不加区别，把传说的人物事迹写得和历史时期一样确凿，这也是一种失真，会导致读者的误读。』但这并不是要否定古史传说的价值，传说往往蕴含着十分重要的史实，断不可通盘否定。古代一个民族关于本身先世的传说，绝不是凭空虚构的故事，他在古人心目中有重大意义，传说的传述更是很严肃的事情；『特别是炎黄二帝的传说，不能单看成是神话故事』。[六]

因此，正确地理解和诠释有关姓、氏、宗、族起源的传说，并与考古发现、文献记载、社会考察有机地结合起来，相互印证，辨析异同，去伪存真，去粗取精，就成为姓氏文化研究必须遵循的基本原则。

【注释】

〔一〕 王泉根：《中国姓氏的文化解析》，团结出版社，二〇〇〇年版。

〔二〕〔三〕 李玄伯：《中国古代社会新研》，开明书店，一九四九年版。

〔四〕 郭璞、郝懿行、袁珂注：《山海经》，台湾古籍出版社有限公司，一九七七年一月版。

〔五〕 陆思贤：《神话考古》，文物出版社，一九九五年十二月版。

〔六〕李学勤、郭志坤：《中国古史寻证》，上海科技教育出版社，二〇〇二年五月版。

第三节　史前姓氏　口耳相传

史前姓氏是指三代以前氏族社会里用以标示和区分不同的氏族群体的符号，即三皇五帝时期各个氏族集团或部落联盟的称谓，常常由部族首领承袭、使用。其中掺杂了许多神话传说，使用了神谱、人谱、部族、地域、图腾等多种称谓，显得十分庞杂、原始。在文字没有形成前的原始社会，远古先民主要是通过口耳相传的神话故事和历史传说，一代又一代地传承、描述远古的历史。上至开天辟地的虚拟遥想，下至万物有灵的自然崇拜，远溯人类起源的神秘基因，陈述洪水猛兽的各种灾异，可谓大千世界，无所不包。但其中最主要的内容，则是关于本氏族所崇仰奉祀的天神、地祇和始祖神灵，而且往往把天神与祖神同位并列。举凡与人类生育、生存、生活、生产有关的自然现象、社会现象、发明创制、祖宗功业，种种能体现和标志本氏族特色的各种物象，从不同的角度选为族徽标记，即姓氏的雏形。也就是说，姓氏的起源是多元并起，同位并存。

随着历史的进程，各氏族、部落的相互交融，文化的相互渗透，多个氏族、部落奉祀的天神、祖神，被人为地以『血缘、地缘、神缘、业缘、物缘』归纳为若干神谱和人谱，并赋予诸多社会因素，划分为若干个姓氏集团，致使史前姓氏既杂糅了大量的神话故事和历史传说，又融入了大量的社会法则，同时也具备了世代相承的历史文脉。

从我们所能见到的先秦文献来看，有关史前姓氏的神话故事和历史传说，大体可分为三种类型：

一是《山海经》《天问》《九歌》等神话色彩较浓的文学作品。我们只能从图腾文化和初始宗教观念的角度去解读，剔除其荒诞、怪异的神话色彩，从中搜求史前姓氏的相关资源。

二是先秦诸子引证或后人整理编纂，托古、充古的神话传说和各种论著。我们应严肃谨慎地、全面地理解其引证、传述神话的出发点和意图，辨识其凭空杜撰、借古讽今的虚构成分和引经据典的可信程度。

三是《诗》《书》《礼》《易》《左传》《国语》《帝系》《世本》《竹书纪年》等较为可信的始祖传说和姓源谱系，从『六经皆史』的角度详加考辨，并结合正史和方志的文献记载、考古发现、社会调查等相关资料，相互补充印证，去粗取精，去伪存真，有信传信，有疑存疑，探索和解读史前姓氏。

史前姓氏中关于『三皇五帝』的称谓有多种说法，一是以《史记·五帝本纪》和《补史记·三皇本纪》为代表，尊伏羲、女娲、炎帝（神农氏）为『三皇』，尊黄帝、颛顼、帝喾、尧、舜为『五帝』；二是以《帝王世纪》为代表，尊伏羲、炎帝、黄帝为『三皇』，尊少昊、颛顼、帝喾、唐尧、虞舜为『五帝』。此外尚有将燧人氏列为天皇、伏羲为人皇、神农氏为地皇的『三皇』之说，也有将女娲与伏羲并列，称之为『娲皇』、女希、女帝……而通常民间所称开天辟地之『盘古』，则是在东汉末年、三国初才有的说法，且与『盘瓠神犬』的传说相互杂糅，故未列入『三皇五帝』之系列。

由此可见，从母系氏族社会到夏、商、周三代之前，凡对人类的生存和发展做出过重大贡献和发明创制的各类『圣人』，无论男女，也不分族别，都被加以『氏』的尊号，都可视作中华姓氏的起源和雏形。虽然其中掺杂了许多神话故事，但也包含了重要的历史元素。值得注意的是，这些被神化了的、享有『氏』的称号的英雄人物、创世始祖，既有男性，也有女性。如被视为『华人』始祖母的华胥氏，被尊为『娲皇』的女娲氏，以及这些男性始祖的母族和配偶都被称之为氏。如炎、黄二帝的母族有蛴氏、黄帝之妻西陵氏、方雷氏……都是在人类繁衍、生存、发展史上有重大贡献的女性人物，大都只有氏的尊号而不见姓的称谓。

这种男女均以『氏』称，女子不以姓显的现象，表明在三皇五帝时期，氏并非男子的专利，女子也享有氏的尊荣。而氏只是一种氏族、部族标记，也就是说姓、氏同源同位，『男子称氏、妇人称姓』的姓氏制度尚未形成。因而有的学者认为氏的本义是『木本』之意。如清代学者朱骏声在《说文通训定声》中即说：氏的本义为『木本』，从甲骨文等『氏』字古文字形来看像是植物之根，取木本水源之意。既不是血缘本姓之分支，也不是地域区分的标志，而是祖先崇拜、英雄崇拜的产物，凡是功业卓著的先祖圣人，不分男女均可称氏，这是母系氏族社会向父系氏族社会过渡的一种姓氏形态。

现将三皇五帝时期与姓氏起源有关的各类『圣人』、『圣母』和著名的姓氏集团分述于下，以期探索史前姓氏的概略渊源。

一　有巢氏与燧人氏

有巢氏既是见之于文献典籍中最早称『氏』的族群首领，更是列于三皇五帝之前的且被考古发现证实的一段历史传说。

据《庄子·盗跖》记载：『古者禽兽多而人少，于是民皆巢居以避之。昼拾橡栗，暮栖木上，故名之曰「有巢氏之民」；古者，民不知衣服，夏多积薪，冬则炀之，故命之曰「知生之民」。』对原始氏族社会先民的生活作了真实、直白的描述。而《韩非子·五蠹》则将这种巢居与取火的创造进行了人格化的表述，并将之归于『圣人』名下，作为其族群首领的称谓，即『氏』的起源。该文称：『上古之世，人民少而禽兽众，人民不胜禽兽虫蛇，有圣人作，构木为巢，以避群害，而民悦之，使王天下，号之曰有巢氏；民食果蓏蜯蛤，腥臊恶臭，而伤害腹胃，民多疾病。有圣人作，钻燧取火，以化腥臊，而民悦之，使王天下，号之曰燧人氏。』

这些记载，形象生动地描述了农业发明以前，远古初民巢居穴处，采集渔猎的生活时代，并在考古发现中得到印证。在云南佤族自治县的史前岩画中就发现了有架木为巢的干栏式建筑及原始人群的聚落。在湖南澧县官亭乡和洪江市高庙山也发现了旧石器和新石器时期的干栏式建筑遗址。在浙江余姚河姆渡遗址发现的距今七千年以前的干栏式建筑，其构巢方式兼用绑扎和榫卯结构，已有相当高的技术水平，在建筑史上有很高的历史价值。〔一〕

由野居穴处到构木为巢，是人类文明进化的一大创举，极大地改善了人类的生存条件，后世将之归于有巢氏名下，也有的称之为『大巢氏』。如《太平御览》卷八七即说：『上古皆穴处，有圣人教之巢居，号大巢氏。今南方人巢居，北方人穴处，古之遗俗也。』

后世之大庭氏、中庭氏、有巢氏，以及与宫室、居舍有关的姓氏，可能都与之有关。如在商周甲骨文中发现的一大批以建筑物为图形的文字：『官、宫、郭、京、亭、安、南、高』，都是后世的姓氏，与有巢氏有何关联，尚需进一步研究和探讨。

继有巢氏之后的另一位圣人是『燧人氏』。据考古发现，人类在旧石器时代已有用火的痕迹。但人工钻木取火、摩擦取火则是旧石器时期末期或新石器时代早期，即燧人氏时期。《太平御览》等多种历史文献中对此有大同小异的描述：『燧人氏始钻木取火，炮生为熟，令人无腹疾，有异于禽兽，燧天之意，故为燧人。』并具体地描述了燧人氏受啄木鸟的启示而钻木取火的情况：『申明国去都万里，有燧明国……有燧人树……折枝相钻则火出矣。后世圣人……目此树表有鸟若鸮，以口啄树，粲然火出。圣人感焉，因取小枝以钻火，号燧人。』〔一〕后世取其『燧天之意』的本义，称之为『天皇氏』或『燧皇氏』。

人工取火的发明对于改善人类的生活、生产条件，提高人类身体素质，延长人类寿命产生了重大影响，因而燧人氏被赋予『氏』的尊号。

在考古发现的史前岩画上、新旧石器时代的陶器上、商周青铜器上常常见到太阳光华、火焰纹饰和火凤凰等图形徽记，即是燧人氏族的遗迹。炎帝烈山氏、火神祝融氏等历史传说人物及族群，也必然与燧人氏有某种历史渊源。虽然我们无法排出他们之间的传承谱序，但也可以想见燧人氏在中华民族的文明进化和姓氏发展史上的重要地位和巨大作用。

二　圣母华胥氏

华胥氏是燧人氏晚期的一个母系氏族的称号，虽然未列入『三皇五帝』的尊位，但却与『华夏族』和『中华民族』的起源、称谓密切相关，被视为『华族』、『华人』的来源。据历史文献所载，华胥氏是伏羲氏、女娲氏之母。皇甫谧《帝王世纪》载称：『太昊帝庖牺氏，风姓也。燧人之世有巨人迹出于雷泽，华胥以足履之，有娠，生伏羲于成纪，蛇身人首，有圣德。』《补史记·三皇本纪》《太平御览》等历史文献中也有相关记述。《三坟》中则称：『伏羲氏，燧人子也，因风而生，故风姓。』据此，华胥氏可能是燧人氏之妻或妻族。这反映了远古先民已由『只知其母不知其父』的母系氏族社会，开始向既知其母又知其父的父系氏族社会过渡的历史进程。

华胥氏因系燧人氏之妻族，故崇拜象征火之日月光华；因其以采集植物为主要生活方式，又崇拜植物之花、果精华，故以『华』『花』为其氏族名称，即『华族』。中华民族被称为『华人』『华裔』『华胄』，即源于此。华胥氏当是中华民族之初始圣母、民族之母，是第一个专用于母系氏族的族徽标记。『华』姓的起源，也即中华民族有姓氏之始。

章太炎先生认为『华夏』民族的称谓，乃是由华山、夏水二名而来。〔二〕华山因华胥氏族所居而得名，夏水因夏禹部族所居而得名。华夏民族均奉华胥氏子女伏羲、女娲为传衍人种的『人文初祖』和『人祖奶奶』。伏羲、女娲之后又衍生了诸多氏族、部族。包括炎、黄二族和东夷少昊及苗蛮戎狄，皆尊伏羲、女娲为始祖、始母。

据何光岳《中华姓氏源流史·华胥氏》一节中开列的华胥氏及伏羲、女娲传衍的姓氏即达八十六个之多。追本溯源，华胥氏即是其各氏族、各部落、各姓氏集团的初始祖母。

在历史文献中，也常常看到与华胥氏有关的山川、地名和华胥氏族人的记载。《白虎通》云：『西方华山，少阳，用事万物生华，故曰华山。』说明华山因花而得名，正是华胥氏以花为图腾之义，为华胥氏所居之地。当地也有华阴县、华阳乡、华清池、华清宫等名称。

由于华胥氏后裔的播迁流徙，以华为名的邑名、地名、族名、人名多散见于各种史志文献。《庄子·天地篇》载称：『尧观乎华，华封人祝尧多福、多寿、多男子。』即著名的『华封三祝』。注疏者认为『华』之地名当为华川，一说应是华谷，即今山西稷山之华谷。华族后人在向东播迁过程中，曾在河南新郑一带聚居，建立华子国。《逸周书·史记解》记载，夏朝末年，因桀无道，『邪人专国政，禁而生乱，华氏以亡』。商朝灭夏后，封其子姓宗族于此，建华子国。此即《路史·国名记》所曰：『郑十邑有华』之华子国。

华氏族人有一支随夏桀南逃，辗转播迁江南地区，成为夏、商所建越国的臣属，在江南地区留下了以『华』为名的地名，如江阴之华墅镇、华西镇，句容之华山，上海松江之华亭县等。

周武王灭商，子姓华国被灭，族人又投奔同姓宋国，居于华邑。《世本》《元和姓纂》等姓氏书载称：『华氏，宋戴公子考父说，食于华，因氏焉。』其被后世视为华氏的发祥渊源。嗣后，随着历代的兴亡和不断的迁徙，华氏族人遂遍布全国各地，成为中华民族大家庭中的一员，延续了数千年的根祖文脉。

从上述华胥氏的生活时代、婚姻状况、子孙传衍的记述来看，华胥氏正处于母系氏族社会向父系氏族社会过渡的转型时期，在中华民族的发展史和姓氏史上具有深远而重大的影响，是一个值得深入系统地研究、探索的重要议题。

三 伏羲氏与女娲氏

伏羲氏，也写作伏牺氏。亦称庖牺氏、包牺氏、牺氏、太皞（昊）氏。传说因伏羲氏与其妹女娲氏『兄妹相婚，传衍人种』，被视为中华民族的人文初祖和人祖奶奶。因而伏羲被尊为『人皇』，亦称『牺皇』。

有关伏羲氏的记载，最早见之于《三坟》：『伏羲氏，燧人子也，因风而生，故风姓。』『因风而生』，是远古先民看到火借风势越烧越旺的现象而产生的一种认知。古代『风』与『凤』可通假借用，风姓，即是以凤鸟为图腾的古老氏族，诸多姓氏书均将『风』姓列为中国父系氏族社会的第一古姓。

伏羲之母为华胥氏，诸多历史文献中都有『大迹出雷泽，华胥氏履之，生宓牺（伏羲）』的记述。

伏羲既然是燧人氏与华胥氏之子，必然也崇拜日月光华，因而不断地由甘陇高原沿着黄河中下游向太阳升起的东方播迁，并在山东泰山地区形成了崇拜太阳鸟的东夷部族。故伏羲又称泰皇、太皞（昊），皞本义即崇尚太阳（日光）。其后裔少皞金天氏，即是这个以鸟为图腾的部族首领。因其系太皞氏之后，故名为少皞（昊）。

太皞氏在向东迁移的过程中，不断地吸收和融汇了其他部族的文化，其氏族图腾随之不断地演进。因此历史文献中对于伏羲的形象也有多种描述。有的说伏羲是『蛇身九首』，有的说是『龙身牛首』，有的说是『人首蛇身』……最后，汇集了各种图腾形象，定格为龙的图腾。《通鉴外纪》对此有较为详尽的描述：『太昊时有龙马负图之瑞出于河，因而名官，始以龙纪，号曰龙师。命朱襄为飞龙氏，造书契；昊为潜龙氏，造甲历；大庭为居龙氏，治居庐；混沌为降龙氏，驱民害；阴康为土龙氏，治田里；栗陆为北龙氏，繁殖草木，疏导泉源。又命五官：春官为青龙氏，夏官为赤龙氏，秋官为白龙氏，冬官为黑龙氏，中官为黄龙氏。』

这段描述，虽然掺入了后世阴阳五行说的成分，但也使我们看到了以龙为图腾的各个氏族共创文明的历史画面。所以后世说伏羲氏结网罟、制衣革，观天象制历法、画八卦，观鸟兽之迹创造文字，结绳记事，驯服牺牲，置嫁娶，定婚姻……诸多发明创造，都是氏族全体成员的共同努力和长期积累，也是氏族社会远古先民渔猎、游牧生活的历史写照。

伏羲氏在东迁过程中也留下了许多广为后人所敬仰的圣迹遗址。如甘肃天水之伏羲庙、伏羲崖；河南淮阳之太昊陵，商水县之伏羲祠，上蔡县之伏羲庙；山东金乡、单县、邹县、鱼台、嘉祥、滕州等县市也均有伏羲陵、庙和伏羲、女娲画像石。伏羲氏所传风姓后裔任、宿、须句、颛臾诸国一直传衍到春秋时期。

伏羲氏之妹（一说为妻）名女娲，即传说中炼石补天、抟土造人之『人祖奶奶』。在《楚辞·天问》《列子》《三皇本纪》《山海经》《路史》等古籍文献中多有记述，称其为华胥氏之女，伏羲之妹，蛇首人身，佐伏羲氏以治国。其主要业绩有三：

一是炼石补天。

《三皇本纪》称：『伏羲氏之后，有女娲继而为王，史称娲皇。当其（女娲）末年也，诸侯有共工氏，任智刑以强，霸而不王。从水乘木，乃与祝融战。不胜而怒，乃触不周山崩，天柱折，地维缺。女娲乃炼五色石以补天，断鳌足以立四极，聚芦灰以淫水，以济冀州，于是地平天成，不改旧物。』《淮南子·览冥训》《列子·汤问》《路史·后纪》中均有相似记载。近人多将之解释为抗地震、治洪水，与自然灾害斗争的历史。

二是抟土造人。

传说上古时洪水为灾，人类都被淹死，只留下伏羲、女娲兄妹二人，于是他们遵从天意，结为夫妻，传衍了人类。因而女娲也被称之为媒妁女神，与伏羲『制俪皮，以为嫁娶』的传说传之后世。在汉族和壮、侗、苗、瑶、彝、土家、布依、仡佬、畲、毛南、德昂、普米、诺基、景颇、苦聪、布朗、纳西、水、羌、佤、白、傈僳、藏族中都广泛传颂，均尊女娲为人类起源的始祖奶奶，并作为民风习俗或传统节日流传至今。

三是制造器物。

《世本·作篇》与《风俗通》等古籍均载有『女娲作笙』，即今西南地区少数民族吹奏的芦笙。也有的称，民间妇女常用的簸箕、箥箩、扫帚等生活用具也为女娲所发明。

总而言之，女娲被尊为创世女神、人类祖母，在全国各地都可见到纪念女娲的历史遗址、遗迹。如甘肃、陕西、山西等地的『娲皇庙』『女娲宫』『高禖庙』『奶奶庙』等，历代多有修建，香火十分旺盛。至于出土的汉代画像石刻、石棺帛画、墓雕等，更是遍及新疆、四川、陕西、山东、湖广等多个省份。这些珍稀的画像石刻，虽然在形制上有所差异，但大都将女娲描绘为蛇首人身，与伏羲缠绕相交的形象，表明女娲是以蛇为图腾的母系氏族。也有的地区以『葫芦』和『蛙』作为女娲氏族的图腾，寓意其传衍人种的历史功绩。

据《帝王世纪》《通鉴外纪》等历史典籍所载：『女娲没后，大庭氏王天下，次有柏皇氏，中庭氏、栗陆氏、骊连氏、赫胥氏、尊卢氏、祝融氏、混沌氏、昊英氏、有巢氏、葛天氏、阴康氏、朱襄氏、无怀氏，凡十五代，皆袭庖牺氏之号。』也就是说庖牺（伏羲）氏这一『氏』号沿袭使用的时间长达十五世之久，至少包括了十五个姓氏集团。而每一个世代或每一个姓氏集团所蕴含或使用的绝不止一个姓氏，如风姓即包含了任、须句、宿、颛臾四姓，祝融一氏又分为『芈、曹、妘、彭、秃、斟、己、董』八大姓氏。其中『风』姓被历代姓氏书和姓氏学家定位为中华第一古姓。何光岳先生《中华姓氏源流史》一书中，开列的伏羲、女娲传衍姓氏达八十六个。至于其他少数民族地区与伏羲、女娲有传承渊源的姓氏尚未一一统计。

四 炎帝神农氏

农业生产是人类进化中的一大创举，是推动社会历史发展的重要因素。最初，农业生产由妇女主宰。农业生产的劳动力和支配权转移到男性手中后，将这一伟大发明的代表人物人格化、神格化为炎帝神农氏。

炎帝与神农，先秦时原是两个不同的人格化的圣人，一为炎帝，一为后稷，秦汉时期开始混杂，到《汉书·古今人表》时，正式合二为一。

关于炎帝神农氏的事迹，历代典籍多有评述。有的将之与『有巢氏』『燧人氏』『伏羲氏』并列为『太古四氏』，都是以功德业绩享有氏号的历史传说人物。有的文献将之列为『三皇五帝』的三皇之一——『地皇』；更多的则是将之与黄帝同位并称，称『炎黄二帝』，被视作中华民族的人文初祖，并将人类进化的许多重大发明归于炎帝身上，尊其为农业之神、医药之祖。

关于炎帝的身世和生活的时代，史书上多称之为少典氏、有蟜氏之子，因生长于姜水之泮，以姜为姓。《庄子·盗跖》说『神农之世，卧则居居，起则于于，民知其母，不知其父，与麋鹿共处，耕而食，织而衣，无有相害之心』，描述了一幅母系氏族社会的历史画面。《国语·鲁语上》则以烈山氏为神农：『昔烈山氏之有天下，其子曰柱，能植百谷、百蔬。』《易·系辞下》亦云：『神农氏作，斫木为耜，揉木为耒，耒耨之利，以教天下。盖取诸益，日中为市，致天下之民，聚天下之货，交易而退，盖取诸噬嗑。』

文中所述之耜耒农具之发明和日中为市之情景，都是新石器中晚期即父权制确立后的事物和场景。也就是说，炎帝神农氏经历了由母系氏族社会解体、父系氏族社会确立的漫长历史时期，所以史书上称：『神农氏有天下十七世。』也有的称：『炎帝传八世至榆罔，共五百三十岁。』马啸的《绎史》中还排出了其传承谱系：炎帝柱—帝魁—帝承—帝明—帝直—帝来—帝里—帝榆罔。八世而有五百三十年，显然不太可能，其间必有漏记、缺失。

据文献记载，炎帝神农氏是一个支族众多、姓氏庞杂的部落联盟，既有华夏族诸姜，也有戎氏等边远诸姜。据《世本》所载：先秦时神农氏之裔即达一百零七氏，其中最为著名的有共工、四岳、夸父等族群。而共工氏时曾『伯九有』，即为九州霸主，与颛顼、帝喾、祝融争夺天下，失败后怒触不周山，致使天塌地陷，可见其战争之惨烈，也可见共工氏之势力。共工之子后土，『能平九土，故祀为社』，与周族始祖后稷，被后世并列为『社稷』之神，成为江山社稷、国家兴亡的象征。

炎帝神农氏的另一支裔『四岳』，因助夏禹治水有功，『皇天嘉之……祚四岳国，命以侯伯，赐姓曰姜，氏曰有吕』，先后创立了申、吕、齐、许等国。〔三〕

另据《路史·国名记》所载，炎帝还有三支著名的后裔：钜、伯陵、祝庸。钜为黄帝师，胙土命氏为封钜，下传封氏、钜氏、富氏、巨氏；伯陵为黄帝臣，传逢氏、殳氏、延氏、齐氏、氏氏；祝庸为黄帝司徒，这一支最为繁盛，传占氏、姜（羌）氏、申氏、许氏、戎氏……

据何光岳先生《中华姓氏源流史》统计，炎帝后裔繁衍的姓氏达四百多个，由炎帝后裔所创立的国家也有申、吕、齐、许、谢、纪、焦、赖、孤竹等数十个之多。其发明创制更是难以胜数，是当之无愧的中华民族的人文始祖之一。

五　黄帝轩辕氏

黄帝轩辕氏是与神农氏同位并称的中华民族两大始祖，也是中华民族被称为炎黄子孙的历史渊源。

据文献所载，黄帝与炎帝同为少典氏——有蟜氏部落之子，是地域相邻、累世通婚的『双胞族』，具有同源共祖、文化认同的亲缘关系，因而常常被称为『炎黄集团』，与东夷少昊集团和苗蛮集团，构成了中国传说时代的三大集团。

据《国语·晋语》所载：『昔少典娶于有蟜，生黄帝、炎帝。黄帝以姬水成，炎帝以姜水成，成而异德，故黄帝为姬，炎帝为姜。』

据何光岳先生《炎黄源流史》考证，黄帝生长的姬水，即今陕西岐山县南横水河；炎帝所居的姜水则在今宝鸡市南七里姜水城，今名姜城堡，城南有姜水。则姬水与姜水相邻，正符合炎黄为亲缘双胞族的历史渊源。

有的史书上称黄帝生于寿丘，居轩辕之丘，受国于有熊，故称轩辕氏，亦称有熊氏。据《水经·渭水注》云：上邽城东七十里有轩辕谷；鲁国东门之北有寿丘。《史记·集解》则认为『有熊，今河南郑州是也』。

上述这些地名横跨了陕甘高原、黄河中下游直到山东地区，实则上是黄帝部落长期以来不断由西向东播迁发展的活动区域和聚居之地。

历经数千年的播迁繁衍，黄帝部落分支出多个氏族，形成一个庞大的黄帝姓氏集团。据《史记·五帝本纪》和《帝王世纪》等史书所载，黄帝有四妃、二十五子：『元妃西陵氏女，曰累祖，生昌意；次妃方雷氏女，曰女节，生青阳；次妃彤鱼氏女，生夷鼓，一名苍林；次妃嫫母，班在三人之下。』也就是说黄帝部族与这四个部族有通婚关系。

在黄帝二十五子中，得姓者十四人，分为十二姓：姬、酉、祁、己、滕、箴、任、荀、僖、佶、儇、依。其中二人同为己姓，二人同为姬姓，故十四人为十二姓。这表明黄帝部族有十四个分支氏系。除二人为姬姓氏，其余皆为母系之姓，说明黄帝正处于由母系氏族向父系氏族过渡的历史时期。

关于黄帝的传承世系，《春秋命历序》称：『黄帝传十世，一千五百二十岁。』说明黄帝部族经历了一个漫长的历史时期。但在各种典籍中载明的只有昌意、颛顼、帝喾、挚四个世系，显然其中必有错讹、缺失、断代之处，或因传承了母系姓氏而未能载录。

黄帝的后裔支系十分庞大，功业也十分显赫，五帝中的颛顼高阳氏、帝喾高辛氏、舜帝有虞氏、尧帝陶唐氏，均与黄帝有血缘关系。夏族始祖大禹、周族始祖弃，也出自黄帝支裔。据何光岳先生《中国姓氏源流史》统计，黄帝后裔支系的姓氏竟达四百多个。

在黄帝集团众多支系中，有两支最为著名，一支是颛顼高阳氏，一支是帝喾高辛氏。关于颛顼高阳氏、帝喾高辛氏的身世和传承谱系，在《山海经》《大戴礼记·帝系》及《世本》等先秦文献中多有记载，但各说不一，多有歧义。太史公司马迁编纂《史记》时，采撷诸家，辨析异同，作了较为系统的整理。《史记·五帝本纪》称：『黄帝居轩辕之丘，而娶于西陵之女，是为嫘祖。嫘祖为黄帝正妃，生二子，其后皆有天下。其一曰玄嚣，是为青阳。青阳降居江水。其二曰昌意，降居若水。昌意娶蜀山氏女，曰昌仆，生高阳。高阳有圣德焉。黄帝崩，葬桥山，其孙昌意之子高阳立，是为帝颛顼也。』『帝颛顼生子曰穷蝉。颛顼崩，而玄嚣之孙高辛立，是为帝喾。帝喾高辛者，黄帝之曾孙也。』说明颛顼、帝喾先后继承了黄帝的帝位，成为黄帝集团的首领人物。

关于颛顼高阳氏的身世有两种说法：《吕氏春秋·古乐》说：『帝颛顼生自若水，实处空桑。』空桑亦作穷桑，在今山东曲阜附近。《历代帝王年表》则说：『颛顼高阳氏，黄帝孙昌意子，生于若水，姓姬，以水德王。初国高阳，都于帝丘。』故颛顼以国为氏，号高阳氏。今河南杞县高阳乡即高阳故城。

关于颛顼的功业及创造发明，《大戴礼记·五帝德》称他：『洪渊以有谋，疏通而知事；养财以任地，履时以象天。依鬼神以制义，治气以教氏，洁诚以祭祀……』看来，他是已有一定知识素养，善于理财教民，并制定了一些原始礼仪的首领。在《山海经》中记载他的次数超过了黄帝和其他战功显赫的神话人物。

徐旭生先生认为，颛顼之所以受到重视，正是因为他在宗教礼仪方面所起的作用。即他『命南正重司天以属神，火正黎司地以属民』，以期达到『绝天地通』的效用。也就是把远古以来一直流传杂糅的神话传说加以梳理，把『神事』和『人事』加以区分，并赋予不同的祭祀礼仪和方式，由专职人员分管其事，促进了人类对自然界的认识。所以颛顼以后，关于『开天辟地』，人类起源的神话传说日趋减少，并逐步为英雄史诗所取代，有关姓氏传承的『神谱世系』，也逐步演化为『人谱世系』。[四]

颛顼受到推崇的另一个重要原因，还在于他强化了父权制的权利，实施了一些男女有别、男尊女卑的举措。

如《淮南子·齐俗训》说：『帝颛顼之法，妇人不辟男子于路者，拂于四达之衢。』此处的『拂』字同『祓』字，有纯正、规范风俗、除邪扶正之意。韦昭注曰：『祓，犹拂也。』意思是说，女子如在路上与男子相遇，如不主动避让，将在通衢大道上当众举行一定的惩戒仪式，以维护男女有别、男尊女卑的社会风气。徐旭生先生认为，在颛顼之前，母系制度虽然已逐渐为父系制度所取代，但男尊女卑的风气尚未形成；到颛顼时，才以宗教的势力明确规定男重于女，父系制度才确实建立。

这种男女有别、男尊女卑的观念，对姓氏的发展和形成产生了深刻的重大影响。首先是造成了『三代以前，男子称氏，妇人称姓』的两极分化和姓氏相别的界限，其次是削弱了『女生为姓，姓从母出』的女性权利，强化了由父系传承氏号的趋势。因而在颛顼之后，再未见到像华胥氏、女娲氏那样，女子因功德、事业而享有氏号的尊荣，甚至连标示『女生为姓』的带有女字偏旁的初始古姓也极少产生，使之停滞局限在原有的带有女字偏旁的数十个古姓。凡此种种都表明颛顼时代是父权制强化、确立并取代母系社会的历史转折时期，也是《山海经》中多次提到他，并超越黄帝等圣王的原因。

正是由于这一历史时代的因素，颛顼后裔的姓氏多以父系命氏的方式产生。即以国为氏、以邑为氏、以职为氏、以谥命氏、以字命氏……其中最著名的八大姓氏有苍舒、陨鼓、祷戴、大林、龙降、廷坚、仲容、叔达，号称『八恺』。据倪民先生在《三皇五帝》一书中统计，出自颛顼及其后裔的一百六十三个姓氏中，钱、朱、严、曹、邹、苏、苗、彭、廉、倪、伍、项、童、英、程、靳、上官、司马等六十七个姓氏，以及姓源中有一支来自颛顼后裔的姓氏，周、潘、韦、罗、邬、平、黄、和、屈、季、颜、路、鄂、白、庞、边、温、濮、寿、连、利、司寇等四十个姓氏，两项总计为一百零七姓，几乎全部是『以氏代姓』。〔五〕因此，对颛顼在中国姓氏文化史上的创制和作用，是值得认真探索和评估的一项重要议题。

帝喾高辛氏是黄帝集团另一支族系繁多、姓氏庞杂的宗支后裔。《世本帝系》云：『帝喾年十五岁，佐颛顼有功，封为诸侯，邑于高辛。』故帝喾以邑为氏，称高辛氏。辛亦作莘，今河南商丘市高辛集即高辛故城。有关帝喾的生平事迹载录不多，即便在以搜罗宏富而著称的纬书《路史》中亦说：『帝喾之治天下，其迹之闻于世者，初无赫赫之功。』其又说：『喾之政亦唯仁柔无苟而已。』也就是说，帝喾是一个没有多大作为的守成之君。他所依赖的社会基础是号称『八元』的八大氏族集团，即伯奋、仲堪、叔献、季仲、伯虎、仲熊、叔豹、季狸。

然而帝喾高辛氏的子孙却出了几个古帝圣王。如帝喾正妃姜嫄，生子名弃（后稷），为周朝始祖；次妃有娀氏简狄，生子名契，为商朝始祖；三妃陈锋氏，生子为尧帝；四妃訾娵氏，生子名挚，也曾在尧帝之前称帝数年。

这样，帝喾后裔就形成了子姓商王朝、姬姓周王朝和帝尧陶唐氏三大姓氏集团。据倪民先生统计，直接出自帝喾后裔的姓氏达一百六十二个；某一姓氏中有一姓源来自帝喾后裔的也有七十一个姓，两项总计二百三十三姓。

由颛顼、帝喾传衍的三百三十六个姓氏，大都流传于世，大都收入在宋代的《百家姓》中，成为人口较多的常见姓氏，构成中华汉族姓氏的主体。追源溯流，他们都是黄帝的子孙。黄帝是中华民族当之无愧的人文初祖。

黄帝部落在长期发展的进程中，不断地向周边地区拓展、辐射，也不断地吸纳、兼容其他部族，通过涿鹿之战、阪泉之战等大大小小的多次战争，先后击败了以蚩尤为首的九黎部落及三危九苗蛮夷部族，最终取代炎帝部族，成为中原华夏族的盟主，从而奠定了以中原华夏族为主体，兼容多个边远部族的中华民族多元一体的格局，在中华民族的发展史上具有无可取代的历史地位和深远的重大影响。

六　少昊金天氏

少昊，在先秦及汉晋古籍中，又作少皞、小皞，是以鸟为图腾的东夷部落，因自认为太昊伏羲之后，故名少昊。

关于少昊氏的起源及其内部的族系组织、社会分工、官爵封号，《左传·昭公十七年》郯子对鲁昭公有一段系统的论述：『我高祖少昊挚之立也，凤鸟适至，故纪于鸟，为鸟师而鸟名：凤鸟氏，历正也；玄鸟氏，司分者也；伯赵氏，司至者也；青鸟氏，司启者也；丹鸟氏，司闭者也。祝鸠氏，司徒也；雎鸠氏，司马也；鸤鸠氏，司空也；爽鸠氏，司寇也；鹘鸠氏，司事也。五鸠，鸠民者也。五雉，为五工正。』

上述这段论述，共列举了十五个以鸟为氏的部落或氏族，其中有的高居君位，为部落首领；有的位列官爵，各司其事；有的作为平民；也有的从事百工技艺，有严格的等级区分和明确的社会分工，表明了阶级分化现象，也描述了由氏族部落转化为酋邦国家的原始雏形，同时也展示了由图腾崇拜到社会分工的命氏制度的发展轨迹。

少昊后裔中，最著名的有蚩尤、后羿、皋陶、伯益等历史传说的神话人物，以及偃姓、嬴姓等众多的诸侯之国和姓氏集团。据《史记·五帝本纪》记载：偃姓始祖为皋陶，为舜帝时辅佐大臣。因他生于曲阜，曲阜为偃地，故（舜）帝因之而赐姓曰偃。曲阜为少昊（皋）之墟，故又称皋陶。其后裔建立了英、六二国和群舒之国。因其曾任舜帝时大理（司法）之职，子孙世代相袭，以职为氏称理氏，后演化为李、里、相里等众多姓氏，被奉为李氏『得姓受氏』的血缘鼻祖。

嬴姓始祖是为伯益，亦写作伯翳，为皋陶之子。《路史·后纪七》说他『能训鸟兽，知其语言，以事虞、夏，始食于嬴，为嬴氏』。《帝王世纪》亦说：『伯翳为舜王畜多，故赐姓嬴氏。』其所封之地在今山东莱芜市西北四十里之嬴乡，因南有嬴水而得名。一些学者认为伯益与皋陶为父子关系，『偃、嬴』二字当为语音之转换，或同字异写。如郭沫若先生在《中国史稿》第一册中即说：『皋陶是偃姓，伯益是嬴姓。偃、嬴，一音之转，当是从两个近亲氏族部落发展下来的。』

伯益后裔衍生姓氏较多，被奉为秦、赵、徐、江、葛、黄、费、谭、钟离等姓始祖。春秋时皆为诸侯之国。因秦国崛起于西方，以秦汉时阴阳五行说，西方属金，故少昊又享『金天氏』的称号，被列为『金、木、水、火、土』五帝之一。

少昊集团因长期生活于山东、辽海地区，被中原华夏族视为东夷部族，后融入黄帝集团。故《帝王世纪》称少昊帝名挚，字青阳，姬姓也。实质上是黄帝集团的姬姓酋长成为少昊部落首领后，沿袭使用了少昊的称号，并从其习俗，保留了其以鸟为氏的图腾。挚即鸷鸟，是一种猛禽。由姬姓青阳取代嬴姓少昊是东西两大部落联盟融合、交汇的产物。

少昊金天氏的后裔，即东夷集团的支系也十分庞大，姓氏众多。据何光岳先生《东夷源流史》考证，除了上述提到的秦、赵、徐、江、葛、黄、群舒等之外，尚有淮夷、夫余、肃慎、月氏、康居、义渠、苦方、秽貊等百余个支系姓氏，而且涉及众多民族，是中华民族多元一体格局中的重要因素。

综上所述，中华姓氏的起源、发展和形成，是一个漫长的历史进程，从『图腾崇拜』的原始雏形，到『女生为姓』的血缘传承，再到『男子称氏』的命氏法则，经历了母系氏族社会解体，父权制确立，国家政体初步形成的数千年岁月。中华姓氏的起源、发展和形成，是一种多元文化的复合结晶，呈现出多元并起，同位并存，吸纳涵化，凝练升华的诸多特色，构建了内涵丰厚、博大精深的价值体系，伴随着中华文明的曙光，日渐形成。中华姓氏既是构成中华文明的重要基因，也是中华文明起源的标志和产物，更是中华民族文化认同的根祖文脉。

【注释】

〔一〕林河：《中国巫傩文化》，花城出版社，二〇〇一年八月版。

〔二〕章太炎：《章太炎文集》，线装书局，二〇〇九年九月版。

〔三〕《国语·周语下》。

〔四〕徐旭生：《中国古史的传说时代》，广西师范大学出版社，二〇〇三年十月版。

〔五〕倪民：《三皇五帝追踪》，旅游教育出版社，一九九八年一月版。

第二章　姓氏制度的确立和社会功能

世界上任何文化制度的确立和演变，必然依托于经济基础的发展和社会体制的变革。中国姓氏制度的确立和演变，也是伴随着阶级的出现、国家政体的形成和社会体制的变革而逐步演进的。

依据中国历史的发展进程和姓氏文化的发展轨迹，中国姓氏制度草创于『父传子，家天下』的奴隶制大夏王朝，经殷商王朝数百年的发展演进，到西周时期，便形成了以封建宗法为文化基因，以『姓别婚姻，氏明贵贱』为社会功能，以『姓氏双轨』为传承体系的社会化、等级化、制度化和礼仪化的姓氏制度。到春秋战国之际，又随着世族社会的解体和秦汉大一统格局的形成，由『姓氏双轨』演变成为『姓氏合一』，确立了以汉民族为主体的姓氏体系，历经两千年的发展、演变、充实、完善，延续使用至今，成为现实生活中使用率最高、涉及面最广、蕴含量最大的信息体系和社交网络。

第一节　夏代的姓氏制度

夏代是中国历史上的第一个奴隶制王朝。随着国家的出现，氏族社会逐步解体，社会的组织结构和管理模式也发生了重大变化。作为社会组织细胞——宗族标志的姓氏也必然会有重大的变革。一方面它仍然受到氏族社会传统习俗的巨大影响，另一方面又必然有所创新和发展，以适应时代的需求。

夏代的姓氏制度，既缺乏系统、翔实的文献记载，也尚未见到相关论著。但从零星的史料梳理和历史传说的内核中，仍然可以看出夏代姓氏制度的基本框架和文化特色。

一　『父传子，家天下』

在夏王朝建立前后，母系制的残存势力与父权制的新兴力量的争斗，表现得十分激烈。据《山海经·海内经》载称：『鲧复（腹）生禹。』说大禹是在鲧死后，从鲧的肚腹中裂变而出。鲧是尧、舜的大臣，是一个赫赫有名的男子，何以能怀胎产子？在屈原的《天问》中即对此提出质疑：『伯鲧腹禹，夫何以变化？』故有人怀疑鲧是禹母，不是男性。但《吴越春秋·越王扶余外传》却记载说『鲧娶于有莘氏之女，名曰女嬉』；《世本》也说『鲧娶有辛氏女，谓之女志』；《帝王世纪》的记载更为具体，说『鲧妻修己，见流星贯昴，梦接意感，又吞神珠薏苡而生禹』，故禹为姒（苡）姓。看来鲧确是有妻之夫，并非女性。《天问》之问，是人类无法理解远古历史现象的质疑。『伯鲧腹禹』的『腹』字解读，当是母系氏族社会『产翁制』的风俗。即《太平广记》所云：『南方有僚妇，生子便起，其夫卧床褥，饮食皆如乳妇。』并进一步解释说：『越俗，其妻或诞子，经三日便澡身于溪河，返，具糜以饷婿，婿拥衾抱雏，坐于寝榻，称作产翁。』至今一些少数民族中仍保留有这种风俗。而越乃夏朝后裔，产翁制实际是夏代风俗的遗迹。其实质是父系氏族社会时期，以产翁制的形式，达到确认和维护父系血缘关系，加强父权的目的。

这种社会现象，在夏禹与其子启的关系中也曾如出一辙地重演。《淮南子》等古籍记载，禹与涂山氏女成婚后前往治水，十三年中三过家门而不入，正是母系社会中男子不得居于妇家的母系社会的习俗。大禹在治水时化身为熊，开山筑石。涂山氏前往送食，无意中看到禹化身为熊，『惭而去，至嵩高山下化为石，方生启。禹曰：「归我子。」石破北方而生启』。除去其中图腾崇拜、禹化为熊的神话色彩和『石破而生启』的神话外衣，我们所看到的是父系与母系争夺子女所有权的历史画面。亦即父权制与母权制争夺姓氏传承权利的斗争，最终父权制取代了母权制。自启之后，历十七世四百余年，皆是『父传子，家天下』的男性统治和父系传承，从而确立了父系传承姓氏的体制。以父系姓氏、宗族为结构的社会组织，构成了国家政体的基本细胞和核心元素。

二　『赐土姓，置宗邑』

『以地命氏』是姓氏产生的重要途径，在舜帝时已有记载。《左传·昭公二十九年》云：『昔有飂叔安，裔子董父……乃扰畜龙，以事帝舜。帝赐之姓曰董，氏曰豢龙，封诸鬷川。』文中董父得姓、受氏，既不是出于血缘的传承，也不是以居处为氏，而是以『扰畜龙』之功业技艺而得姓受氏，说明在父系氏族社会时期『禅让制度』盛行之时，部落联盟的首领已经拥有了赐姓命氏的权力。

到舜帝末年，这种赐姓命氏制度得到进一步的推广和实施。大禹之得姓受氏，乃至于取得天下，即源于此。《国语·周语下》中，周灵王太子晋进谏灵王时即引述了这一史实。

太子晋说：『昔共工弃此道也……皇天弗福，庶民弗助，祸乱并兴，共工用灭。其在有虞（即舜帝）有崇伯鮌，播其淫心，称遂共工之过，尧用殛之于羽山。其后伯禹念前之非度……疏川道滞……合通四海……莫非嘉绩，克厌帝心。皇天嘉之，祚以天下，赐姓曰「姒」，氏曰「有夏」。谓其能以嘉祉殷富生物也。』共工从孙四岳，也因助禹治水有功，被舜帝祚四岳国，『命以侯伯，赐姓曰「姜」，氏曰「有吕」。谓其能为禹股肱心膂，以养物丰民人也。此一王四伯，岂緊多宠，皆亡王之后世也。唯能厘举嘉义，以有胤在下，守祀不替其典。有夏虽衰，杞、鄫犹在；申、吕虽衰，齐、许犹在。唯有嘉功，以命姓受祀，迄于天下。及其失之也，必有慆淫之心间之，故亡其姓氏』。

太子晋的这段论述，表明在父系氏族社会解体、国家政体形成之时，『氏』已经成为帝王酬劳功臣、赏赐官员的重要举措。『氏』可从功业而获得，也可因失职、获罪而失去氏号和国邑。氏成为可得、可失、可袭、可变，别贵贱、明尊卑，标志社会地位权势的象征，蕴含了血缘、地缘之外的诸多社会元素，具备了制度文化的基本特色，姓氏制度也由此而萌生。

夏王朝无疑继承和发展了这一做法，并进而将之创新为『赐土姓，置宗邑』，封土又分民的『赐命制度』。在《尚书·禹贡》中就有『九州攸同，四隩既宅，九山刊旅，九川涤源，九泽既陂，四海会同。六府孔修，庶土交正，厎慎财赋，咸则三壤成赋，中邦赐土、姓，祗台德先，不距朕行』的记载，也有『甸服、侯服、绥服、要服、荒服』五等之封的内容。

也就是说，经过大禹的艰辛治理，九州四海得以统一，四夷八荒俱来朝会，庶民土地得到治理，各种规章礼制得以健全，于是在中央政府直接统辖的范围内，依据功德赐土、命氏，在边远地区分别设置五等侯国。

对于文中『中邦赐土、姓』一语的解读，专家、学者多认为『授土封民』，即对有功的大臣封赏给土地作为食邑领地和封爵氏号。同时，将该土地上的庶民百姓、奴隶臣工一同赐予。也就是『既封土又分民』，使之成为受封功臣及其宗族的私有领地和附属臣民。这是与氏族社会的一大区别，也是夏王朝奴隶制社会的一大特色，为后世的『封邦建国，胙土命氏』开创了历史先河。

三 『分疆划野，收众固邦』

夏王朝在创建国家组织，择立王都城邑之时，既有经济地理位置的优先选择，也有政治方面的因素，即『分疆划野，收众固邦』。《夏训》称：『民惟邦本，本固邦宁。』〔一〕

夏王朝的几代先君在取得天下，创建国家的历史经验中，已认识到政权的得失和国土的稳固，有赖于人心的向背。《夏书》云：『众非元后（元首）何戴，后非众无与守邦。』〔二〕因而夏代早期的都邑迁徙十分频繁，从夏禹到孔甲八次迁都，后期才相对稳定，迁都立邑都以『收众固邦』为宗旨，以『赐土姓，置宗邑』为措施。

据《史记·夏本纪》载称：『禹为姒姓，其后分封，用国为姓。故有夏后氏、有扈氏、有男氏、斟寻氏、彤城氏、褒氏、费氏、杞氏、缯氏、辛氏、冥氏、斟（氏）戈氏。』

其所封之国，以同姓为主，也有夏王朝的姻亲和重臣等异姓，以及前代古帝圣王之裔。如封帝尧之子丹朱、帝舜之子商均各为其部落酋长。对祝融八姓之己、董、彭、秃、妘、曹、斟、芈，也都『赐土封民』，建立了苏、顾、温、董、豕、韦、昆吾、大彭等国邑。辅助大禹有功的皋陶之后也被封于英、六、许、舒等地，立国建邑。少康之外戚有仍氏封于有虞。与此同时，夏王朝又依据边远各部族之地域位置，道里远近，历史渊源，民风习俗，立国置邑，予以分封，『令天子之国以外五百里甸服……甸服外五百里侯服……侯服外五百里绥服……绥服外五百里要服……要服外五百里荒服』。这样分等分级的层层分封，使夏朝拥有了众多的屏藩、属国。史称大禹在会稽大会诸侯时，『执玉帛者万国』。

由于夏王朝注重『分疆划野，收众固邦』的分封之制，因而初创之国家政体有了较为深厚的根基，所以在太康失国之后，其遗腹子少康依托其母族有仍氏及纶邑等民众的支持，又夺回了帝位，史称少康中兴。

此外，夏王朝又依据社会分工，对执事百官、百工技艺，以职业技艺命姓授氏，赐土立邑，形成了『百姓群体』。如造车之奚仲封于薛邑，御龙之刘累赏给刘邑，奉守会稽之少子封于东越……据何光岳先生《中华姓氏源流史》统计，由夏王室及其后裔衍生、传承的姓氏达一百七十多个。

总而言之，夏代作为中国历史上出现的第一个国家政体，在创建政治、经济、军事、文化多种制度之时，借助姓氏的原始基因和社会功能，构建了『父传子，家天下』『家国同构』的政体模式，同时也为姓氏制度的创立提供了坚实的社会基础，中国姓氏制度的创立应以夏王朝为发轫之始。姓氏制度的创立成为国家出现的重要标志。

【注释】

〔一〕〔二〕宋镇豪：《中国风俗通史·夏商卷》，第十九页，上海文艺出版社，二〇〇一年十一月版。

第二节　商代的姓氏制度

商代是典型的奴隶制王朝，国家政体和组织制度日趋成熟。据文献记载，商王朝的族系来源是西羌、炎黄部族与少昊东夷部族的混血种族。其父系帝喾为黄帝裔孙，其始祖母简狄为有娀氏之女，是以鸟为图腾的少昊后裔，因吞食玄鸟之卵而生商祖契，故商族为子姓。商之名称则因帝舜有虞氏之子义均封于商而得名。及至契的孙子相土迁至商地后，遂立国号为商。商国初居之地在商州商洛，即今河南商丘一带。因曾多次迁徙，在山东、陕西及河南多地留下商的历史遗迹，近代考古中也有多处发现。

据《史记·殷本纪》所载，商的先世从契至汤凡十四世，从汤灭夏建立商朝，到商纣王失国，传十七世、三十一王，共六百四十四年。

在长达六百四十四年的统治时期，商王朝的各项政治、经济、军事、文化制度都有很多建树，姓氏制度也在夏代的基础上有了发展和创新。

一　『度地乍邑，立君利群』

『度地乍邑，立君利群』是商王朝的一项重要制度，对后世的姓氏制度具有深远的重大影响。『度地乍邑，立君利群』就是按地理位置和区域划分设置都、邑和居民点，选派宗族子弟管理、统辖臣民族属，并以此构成国家政体、社会组织的管理机制。《尚书》中原有《明居》一篇，内容是讲『明居民之法』，即『执度度地，居民山川沮泽』，[一]是按地域划分立邑以治民的基本法则。该篇虽然已经佚失，但商代确有立邑治民、分宗立族种种举措。

人类社会的生活方式基本上表现为集群聚居，『社会』二字即是聚会、结社的本义。夏、商时的『邑』，即是脱胎于氏族公社共同体的聚落或城堡。然而『邑』之出现并非自然形成，一般要经过人为的选择、规划、修整、治理，作为阶级产生、国家出现之后的产物，是一种具有行政区划和管理职能的政治、经济、军事、文化多元一体的民生聚落。

由于『邑』的形成需要人为构筑，所以『邑』也称『筑』。《左传·庄公二十八年》称：『凡邑，有宗庙先君之主曰都，无，曰邑。邑曰筑，都曰城。』在甲骨文中『筑邑』也写作『乍邑』、『邑』。『乍』字转写通假可写为『祚』或『胙』。『乍邑』，即『胙土』，周代以来的『封邦建国，胙土命氏』乃来源于夏、商时之『度地乍邑，立君利群』。

商王朝在六百四十多年的时间里，经历了十七世三十一王的治理，形成了『商邑翼翼，四方之极』的千里邦畿，先后创立了数以百计的城邑、方国。依据其行政规格、地域方位、规模大小、类别特色来看，大体可分为王邑、方国邑、诸侯臣属邑、中小族邑四个类别。

『王邑』亦称『大邑商』『天邑商』，或直称『商邑』。商代王都也常常以邑称之。考古发现的王邑已有四座，均在河南，即偃师商城、郑州商城、安阳洹北商城和安阳殷墟。王邑的格局由宫室区、寝庙（祖庙）区、王陵区或上层贵族墓地构成主体框架，也有内城、外郭之设置。

『方国邑』『大邑』一般是方国之都，小邑则是其属地。其规模大小、建筑优劣有较大差异。一般也是由贵族宫室群、墓地、陵庙、官方手工业作坊、居民聚居区组成。目前考古发现的有湖北黄陂盘龙城某方国都邑、江西清江吴城『嵒国』都邑，以及世界闻名的四川广汉三星堆商代早期都邑，据说为蜀国早期都邑所在。

诸侯臣属邑，一般与商王朝关系较方国邑更为密切。其中相当一部分为商王朝贵族、王公的封邑。见于考古发现的有唐邑、右邑、戎邑、好邑、尚邑、见邑、衣邑、遣邑、小臣邑、望乘邑等等。一般布列在王畿区及周边地区。因邑中首领、显贵人物与商王室关系密切，甚或有亲缘关系，故在其遗址、墓葬中常有王赐的礼器。如河南信阳罗山蟒张天湖二十二座商代墓地中，就有九座出土了二十六件带有『息』字徽记的青铜器。对照甲骨文中武丁王妇有『妇息』两字，说明息国当时为商王武丁的姻亲。又如在河北藁城台西商代墓中也发现了带有『守』字的一批铜器，与甲骨文中的『妇守』相互印证，足见其是与商王室有婚姻关系的诸侯贵族。

中小族邑，是商王朝中小贵族的封国、食邑，依据其封爵等级或地域、族号冠以不同称谓。邑主亦称『邑子』，邑中族人称为『众』或『众人』，以『族氏』组织形式群居生活，主要由『姓族』和『氏族』两类人群构成。前者是指同源共祖，具有血缘关系的若干宗族、姓族的父系集团通常是商王朝贵族的同姓族人。后者是指在某一姓族统治之下的同姓、异姓宗族及无血亲关系的各级、各类、各阶层民众和奴隶。

『族』之下又分为『宗氏』『分族』『丑类（奴隶）』等不同等级和称谓。其核心是宗族或家族。其标志和徽记得之于世官、功德、食地、采邑。有的以世官、功业为族号，有的以居处之地为氏号，有的以职业、技艺为家号，也有的以社会身份封爵等级为宗号……由此可见，『族氏组织』，并非单一的血缘群体，也非纯地域的原初氏族，而是具有政治性、经济性、军事性、区域性的行政载体，是国家、社会的组织细胞，是商代姓氏制度的基本形态，是由氏族公社转化、演进而成的社会组织。『族氏组织』内的各宗族、家族、分族成员之间，即使有一定的血缘关系，也存在着严格的等级制度，具有统治和被统治的阶级关系，呈现出分区、分类、分级的聚居情况和生活方式，在考古发现的商代遗址和墓群中，可明显看到不同的居宅差异、墓葬规格，以及手工作坊、寝堂陵庙、祭祀场所呈现出阶级分化、血缘亲疏的社会状况。

《左传·襄公十二年》在讲述祭祀祖先的礼仪、规格时，曾对这种亲疏关系作了高度概括：『同姓于宗庙，同宗于祖庙，同族于祢庙。』可见『姓』是最高的等级，其下是『宗』，『宗』下是『族』，『族』下才是家。而『丑类』是不入等级的奴隶阶层。陈梦家先生在解释商王朝灭亡后，其宗支衍派被周天子分赐给各诸侯国的现象时也说：『殷民六族、七族，是「子姓」（商王室之姓）之下的六七个同姓的氏族，每个氏族下有若干同宗的宗族（宗氏），宗族下有若干同族的家族。』〔二〕

这就表明，『姓氏』『宗族』『家族』是构成商代姓氏等级制度的不同阶层。商代的族氏组织兼有政治、经济、宗法、地域乃至军事性质的多项功能。商代的姓氏制度已具备多元一体的文化内涵和社会功能。

在商代的甲骨卜辞和金文中，多次出现了『王族』『子族』『多子族』『三族』『五族』的称谓和记载。

据宋镇豪先生《中国风俗通史·夏商卷》中的大略统计，甲骨、金文中称『子某』者有一百五十六名，称『某子』者有二十九名，其中人、地同名者有九十例，约占总数一百八十五名的百分之四十九左右。

这些『族』『子』的称谓，实质是商代分宗立族、命氏赐号的姓氏制度。由于文献缺失，我们很难对此作出系统的表述。但从其不同的称谓上似可看出其不同的身份等级及其与商朝统治集团的关系：『王族』应是商王亲近的同姓族人。『子族』『多子族』应是由王族繁衍支分的氏族。他们或是时王之子，或是先王的祖、父、兄、弟的后裔子孙，因子孙众多，故称『多子族』或『三族』『五族』。其中包含了部分世代与王室通婚、联姻的异姓亲族、贵族重臣及其子孙，意味着在一姓之下分衍若干个新的宗族、分族、家族，即『分宗立族』，也就是姓氏学上所说的『姓为祖根，氏为分支，姓大于氏，氏统于姓，姓统百世，氏明族属』。

这些被称为『子』或『族』的分支衍派，一般都会被『授土封民』，拥有世袭的国邑和族属，享有政治、经济上的各种特权，封爵、氏号，并在王朝中兼任重要官职，成为商王朝政治、经济、军事上的重要支柱。在甲骨卜辞和金文时有『子』『族』奉命征伐他国或戍守边地的记载。[三]

这些受封的『子』『族』，可世代承袭，传给子孙，其国、邑领地被视为自己的私有财产，也常常以受封的土地、田邑命名，因而形成了人、地同名的现象，并以此作为本族或国邑的徽号和标记。[四] 如山西灵石县旌介商墓中出土的铜觯器底部即铸有『辛』字的徽记。各地出土的青铜器中，这种带有国、邑地名或者族徽标志的铭文也屡见不鲜，即《国语·周语下》所说：『命姓受氏，而附之以令名。』

在这些『子』『族』之下的宗氏、族氏、分支家族，在甲骨、金文中统称为『众』或『众人』，与商王朝贵族集团多系同姓宗族，遵奉和祭祀同一始祖或开族、开派的共同祖先，从而把宗法观念纳入姓氏文化之中。如《尚书·盘庚》记载盘庚迁殷时，为申述迁都理由，对『众人』有一段训话：『古我先王，暨乃祖乃父，胥及逸勤，予敢动用非罚？世选尔劳，予不掩尔善。兹予大享于先王，尔祖其从与享之。……邦之臧，惟汝众，邦之不臧，惟予一人有佚罚。』

这就表明，商王盘庚的先王与『众人』的祖辈同根同源，同宗共祖，曾同甘共苦，创立基业。所以每当祭祀先王时，『众人』之先祖一同配享受祭，而国家之兴衰，也要靠『众人』之支持。可见『子』『族』『众人』既是可以共享祭祀的血亲集团，也是商王朝赖以支撑的政治、军事力量。对『子』『族』的赐命，就是商王朝维护统治的一项重要措施。

二 『体国经野，设置酋邦』

商王朝在取代夏王朝的过程中，历经多年征战，灭掉了许多夏的同姓、异姓小国，才入主中原，继承大统。但商王朝建立之后，仍然面临着『酋邦林立、方国众多』的严峻形势。因此，它既在其可控制的领域内『度地作邑』，组建政治、经济、军事合一的族氏组织，加强和巩固内部统治，又对周边的酋邦、方国采用武力征服和册封、招抚双管齐下的办法加以笼络，逐步建立起一个『王畿』『大邑』与『四方、四土』相互依存的庞大王朝。

商王朝直接统治的中心区域称作『王畿』，在其中分布着若干个『大邑』，既有与王室同姓的『邑子』贵族，也有担任各种职事和从事百工技艺的异姓、庶姓族人。即被称为『百僚、庶尹、惟亚、惟服、宗工』等名号，统称『内服』，是辅助商王朝的各种官职、执事，或给商王朝制造各种器用的工匠。）在甲骨文中就有刖人、戈人、白人、正人、亚人、鱼人、兒人、汏人、画人及画众、禽众、受众等称谓，在商代青铜器中发现了左爵、子画簋、子行爵、子刀簋、子正卣、子龙觚、子妥鼎等有关氏族的名号和器物。〔五〕

在王畿、大邑之外的『四方』『四土』，是商王朝可控制的政治疆域，分布着大大小小的诸侯和方国，是商王朝依据其地理位置、历史渊源、民风习俗，『赐命』『册封』或认同的部属，分别赐予『侯、甸、男、卫、邦伯』的封号，统称『外服』。在商代甲骨文和金文中发现的商代方国之名有六十多个，方伯之名近三十个。其中有『利邑、辛邑、丙邑、唐邑、好邑、右邑、戌邑、衣邑、小臣邑、望乘邑』及『邑龙、邑竝、夷方旧邑』等酋邦、方国的名号及其徽记、铭文。

在考古发掘中也发现了商代方国的遗址或墓群。如江西清江吴城的『崮国』，河南信阳罗山蟒张天湖的『息国』，河北藁城台西的『守国』，表明商代曾『赐命』『册封』或确认过众多的诸侯和方国，作为维护商王朝的重要力量和组成部分。当然其中也可能有部分是被征服或没有征服的敌国。〔六〕

在『四土』『四方』之外边远的地区，也还有一些其他氏族部落和方国，商王朝称之为『四极』或『四至』。在西北和北方的主要有孤竹、肃慎、卢方、鬼方、土方、𢀛方、羌方、犬方等；

西南和南方有巴、蜀、楚、越、濮、庸、虎方等；在东方和东南方则有人方、盂方、林方、莱夷等。它们犬牙交错地分布在商王国的周边地区，与商王国有直接、间接的交往，构成相对独立的大小方国。这些方国中都有若干氏族，他们有的以图腾为姓（如虎方、犬方等），也有的以国、以邑、以地为氏。这些处于『四至』的邻国、部落，在先秦时期有的逐步与中原华夏族融合，成为以后汉民族的组成部分，有的则向更边远的地域迁徙，成为少数民族的前身。

总之，商王朝是一个疆域辽阔、部落众多的历史王朝，其姓氏制度也呈现出多种模式、多种形态的多元复合特色，是中华姓氏史上一个重要的发展阶段。

【注释】

〔一〕〔四〕〔五〕〔六〕 宋镇豪：《中国风俗通史·夏商卷》，上海文艺出版社，二〇〇一年十一月版。

〔二〕 陈梦家：《殷墟卜辞综述》，科学出版社，一九五六年七月版。

〔三〕 王玉哲：《中华远古史》，第二百二十六页，上海人民出版社，二〇〇〇年七月版。

第三节　周代的姓氏制度

周代的姓氏制度，是夏、商姓氏制度的继承发展、创新和规范，被赋予了政治性、宗法性、礼仪性、宗教性、功利性、民俗性、伦理性等社会因素，形成了内涵丰厚、功能明晰、形态多样、传承有序的制度化文化体系，确立了中华姓氏制度的基本模式。

纵观周代确立的姓氏制度，主要有以下内容和文化特色：

一　『封邦建国，胙土命氏』

『封邦建国，胙土命氏』是周代姓氏制度的一项重要内容，也是『氏』大量产生的重要来源。『封邦建国，胙土命氏』渊源于夏、商两代的『度地乍邑，立君利群』。如前所述，国、邑的设置是经由人工选择并规划区分而构筑的族群居地，故夏商时称邑为『筑』，『筑邑』在甲骨文、金文中也作『乍邑』，转写为『胙邑』『祚邑』，融入了赏赐、封赠的含义。『胙土命氏』包含了封土、分民、赐姓命氏三重含义。

据《左传·昭公九年》记载，周人在灭商之前，已仿效夏、商『度地乍邑』的方式，在西岐一带，『建侯立卫』，建立了『魏、骀、芮、岐、毕』等小型国邑。周武王灭商之后，首先对商王朝的部落、属国、附庸进行了大规模的调整、撤换、改组、迁徙，分封了一批周王室宗室子弟和开国功臣在商之旧地建藩立国。如：分封管叔、蔡叔、霍叔于商王朝的王畿四周，镇抚、监控殷顽，号曰『三监』。在成王继位和周公旦辅政期间，又继续封邦建国，以藩屏周室，建立了一套完善的『胙土命氏』、封土授氏、列爵建国的赐命制度。

据史书记载，周朝共灭商朝属国九十九个，降服六百五十二个小国、附庸，从而为周朝大分封提供了广阔的土地。首批被封的是文王之子，有管、蔡、郕、霍、鲁、卫、毛、聃、郜、雍、曹、滕、毕、原、酆、郇共十六国。次则为武王之子，有邘、晋、应、韩四国；周公旦子孙，有凡、蒋、邢、胙、茅、祭六国。再加上其他同姓、异姓诸侯，周初所封之国达七十一国，其中姬姓诸侯四十九国。对这些被封的同姓、异姓诸侯，不仅『胙土命氏』，而且赏赐了大批标志身份地位的贵重礼器和殷商旧族。

据《左传·定公四年》记述：『昔武王克商，成王定之，选建明德，以藩屏周。故周公相王室以尹天下，于周为睦。分鲁公以大路、大旂，夏后氏之璜，封父繁弱，殷民六族：条氏、徐氏、萧氏、索氏、长勺氏、尾勺氏。使率其宗氏，辑其分族，将其丑类，以法则周公……分康叔以大路、少帛、绡茷、旃旌、大吕，殷民七族：陶氏、施氏、繁氏、锜氏、樊氏、饥氏、终葵氏，封畛土略，自武父以南及圃田之北境。取于有阎之土以供王职；取于相土之东都以会王之东蒐。分唐叔以大路、密须之鼓、阙巩、沽洗，怀姓九宗，职官五正，命以《唐诰》，而封于夏墟。』从这些记述可以看出，周初的封建诸侯，是既封土又分民，更赐姓命氏。而所赐各族殷商遗民，则包括了『宗氏、分族、丑类』若干异姓或不同族系，从而使各受封诸侯之国，形成了一个庞杂多元的姓氏集团。

周初在分封同姓的鲁、卫、唐国等诸侯之外，还分封一些助周灭商立有大功的异姓诸侯。如：姜太公吕尚之后封于齐国；封四岳之后于申国；封非子于秦国；于荆蛮之地又封了楚国、越国。为安抚商王室后裔，又封商纣王庶兄微子于宋国，纣王叔父箕子于箕国。

同时，周王朝又分封一批古帝、圣王之后为诸侯之国。封黄帝之后于祝国，封炎帝之后于焦国，封帝尧之后于蓟国，封舜帝之后于陈国，封大禹之后于杞国。

周王朝究竟先后分封了多少个邦国，历来没有精确的统计，据顾栋高的《春秋列国爵姓及存灭表》统计，共封二十四姓，一百三十国，其中周王室同姓的姬姓诸侯五十三国，与《荀子·儒教》篇中所记相符。另有无姓或不知姓的七十四国，总计共为二百零四国。〔一〕《吕氏春秋·观世》称：『周之所封四百余，服国八百余。』《世本·氏姓》和《文献通考·封建考》等典籍记述的同姓、异姓诸侯约一百三十多国。散见于西周金文和其他文献典籍者不下百数十国。

受封的诸侯各国，又在自己的领地内分封采地、食邑给同姓或异姓卿大夫和士庶臣属。《左传·桓公二年》晋大夫师服说：『故天子建国，诸侯立家，卿置侧室，大夫有二宗，士有隶子弟，庶人、工商各有分亲，皆有等衰。是以民服事其上，而下无觊觎之心。』这些受封的诸侯、卿大夫、士庶，多以邑、地或以职官、技艺为氏，衍生出许多新的氏族。如周公旦的公族、支裔，衍生的姓氏达九十一个。周宣王之弟姬友所封之郑国，到春秋战国之时，其后裔衍派达一百零七个姓氏。〔二〕周王朝成为先秦时期『氏』产生最多的历史时期。

二　宗君合一　分宗立族

周代姓氏制度的另一特色，就是宗君合一，区分嫡庶，创立了一套较夏、商两代更为完善的宗法制度和姓氏制度。

宗法观念萌发于父系氏族社会的祖先崇拜观念。经过夏、商两代的持续发展，以血缘关系和地域关系为标志的『氏、族』组织，发展成蕴含有多种社会元素的宗族组织。经过周公旦『制礼作乐』、封藩建邦等一系列的政治改革，最终形成了『宗君合一』『庶嫡有别』的封建宗法制度和分宗立族的姓氏制度。

《说文》对『宗』字的解释是：『遵宗庙也，从宀从示。』『宀』是屋宇宫室，『示』是神主灵位。因而『宗』的本义是阖族尊奉、祭祀的祖庙。《尔雅·释亲》更进一步明确指出：『父之党为宗族。』周代的宗族有『大宗』『小宗』之分，凡继承王位的嫡长子死后入祀祖庙的称为『大宗』，其他兄弟、子侄相对而言称为『小宗』。如周天子对于各姬姓诸侯国来讲是为『大宗』，诸侯为其『小宗』；诸侯国之君，对于国内的卿大夫来讲是为『大宗』，卿大夫是其『小宗』；卿大夫对于封邑内的士庶来讲是为『大宗』，士庶是其『小宗』。

《礼记·大传》对于这种宗法原则有一段精辟的论述：『别子为祖，继别为宗，继祢者为小宗。有百世不迁之宗，有五世则迁之宗。百世不迁者，别子之后也。宗其继别子之所自出者，百世不迁者也；宗其继高祖者，五世则迁者也。尊祖故敬宗；敬宗，尊祖之义也。』

所谓『别子』，即嫡长子以外之子。周天子的嫡长子继承王位后，其他儿子即『别子』被分封出去建立诸侯之国，既是该国国君，又是本国姬姓宗族的始祖，即『别子为祖』。诸侯国君的嫡长子世代相袭，继承诸侯国君位，是为诸侯国的大宗，即『继别为宗』。所谓『祢』，本指亡父在宗庙里的神主，诸侯庶子的神主经过五世后要迁出宗庙，这里的『祢』是指别子的庶子。如周成王为武王嫡长子，而晋、应、邘、韩为武王庶子，成为各国诸侯的始祖，其嫡长子世代相传，便成了各诸侯国的大宗，即『百世不迁之祖』。

宗法制度的核心是区别庶嫡，实行嫡长子继承制度。夏、商两代已有了这种『立君利群』的观念和『命子』制度。但商代的王位继承多是『兄终弟及』，因而在中丁之后曾引起了『九世之乱』。

周族在开国之前，也如商代一样，实行过『兄终弟及』的继位方式。如周太王去世后，其长子泰伯、次子虞仲不肯继位，始由其三弟季历继承侯伯之位。周武王灭商开国后不久去世，由周公旦摄政，也是这种『兄终弟及』的遗风。所以管、蔡、霍三叔疑忌周公旦有继承王位的野心。于是发生了『三叔』之乱。周公旦一面盟于金匮石室，表明心迹，一面发兵平乱。周公旦平乱之后，为避王室内兄弟子侄争位内讧，规定只能由嫡长子继承王位和诸侯国君位，确立了『立嫡以长不以贤，立子以贵不以长』的继承之法，将『兄终弟及』改为嫡长子继承，严格区分庶、嫡，并将之列为祖制，载入史册。

这样就自上而下地由天子、诸侯、卿、大夫、士庶形成了一整套以血缘关系为基础，以『胙土命氏』为标志，以宗族组织为核心，以继承顺序为依据，而区分宗支派别，贵贱尊卑，明确权利和义务的宗法礼制。

在这种宗法制度下，周代的姓氏制度被赋予了诸多的社会因素，呈现出『分宗立族，等级森严』的文化特色。天子等级最高，为天下共主，诸侯之『大宗』，可使用本王朝的称号为氏，如周天子及其嫡派子孙即以周为氏；各诸侯则以国为氏，如齐、鲁、郑、卫、燕、晋、吴、楚、陈、许、申、蔡；卿、士、大夫则以封邑、采地为氏，如赵、杨、原、薛；也可以职官为氏，如司马、司寇；而效力于王室公族的职业、技艺人员，则以技艺为氏，如巫、卜、医、祝、车氏、屠氏、陶正、褚师。由于氏之命名，是由上而下，由帝王、君侯所赐，所以能够享有氏号的都是贵族、卿、大夫。即使以职业技能命名的『百工』，也不是一般平民、贱奴，而是掌管平民、奴隶的『工长』『管事』。因为『氏』可以表明出身家世和社会地位，是贵族特有的标志和尊号，所以带有强烈的『氏明贵贱』的社会功能。在封建的宗法制度下，氏族成为周王朝最基本的政治组织形式，其存在、发展、演变、衰落的状况，极其生动地反映了当时社会的政治、经济、军事、文化等各个方面的状况，氏族研究在某种意义上是认识和研究先秦史的重要途径。

周代以『胙土命氏』的封建宗法制度，逐渐取代了氏族社会单纯的血缘氏族制度。氏族习俗则被提取、转化、升华为系统的理论化、法制化的文化形态和宗法制度。由远古父系氏族社会的氏族制演变为周代的封建宗法制，标志着姓氏制度的日趋成熟和确立。

然而，在周代命氏制度十分盛行之时，源于血缘体系的古姓、原姓，仍在延续传承，一直使用。无论是帝王、君侯、卿士、大夫或庶民百姓，仍严格遵循『同姓不婚』的古训。其婚姻嫁娶，必明辨血缘本姓。如姓源不明，尚需要『吹律定姓』，以定婚娶。因此，在周代现实生活中，在婚丧礼俗、尊祖敬宗时，以『姓』为准则；在社交场合、国事外交等重大活动中，则以『氏』号表明其身份等级、社会地位。故而『男子称氏，妇人称姓』、『姓别婚姻，氏明贵贱』，沿用了『姓氏同位、姓氏并存』、『姓氏双轨』的古老风俗。

综上所述，周代这种以『封建制度』『宗法制度』为社会基础，以『赐命制度』和『分宗立族』为主要模式，以『区分庶嫡』为核心要素的姓氏制度，赋予了姓氏诸多的社会元素，丰富了姓氏的文化内涵，强化了姓氏的社会功能，规范了姓氏的赐命规则，拓展了姓氏的传承体系，使姓氏文化具备了制度化、礼仪化的特色，成为中国姓氏制度确立的重要标志。

【注释】

〔一〕何怀宏：《世袭社会及其解体——中国历史上的春秋时代》，第十页，生活·读书·新知三联书店，一九九六年四月版。

〔二〕何光岳：《周源流史》，江西教育出版社，一九九七年十二月版。

第四节　春秋战国的姓氏制度

春秋战国是中国历史上重大的转折时期，诸侯兼并、列国争雄，导致了社会的激烈动荡和阶级的分化，姓氏制度也由此产生了深刻的变化。一方面是世袭社会的解体，世家、世族的衰落，『命氏之制』失去了赖以存在的社会基础，也失去了『别贵贱，明尊卑』的社会功能，走到了名存实亡的尽头；另一方面则是士庶平民和工商业者应运而生，乘势崛起，登上了政治舞台，成为新兴的社会阶层。三代以来的封建宗法和姓氏制度遭到摒弃，由姓氏双轨走向姓氏合一，这成为姓氏制度史上的重大转折。

一　世族制度解体　命氏制度终结

自周初创立『宗君合一』的封建宗法以来，姓氏制度就被赋予政治、经济、军事、文化诸多的社会元素，成为社会地位、等级身份的重要标志。不仅姬姓周天子成为天下共主，世袭罔替，各国诸侯、卿、士、大夫也都世代相承，享有政治、经济、军事、文化上的种种特权。他们拥有世代相承的官爵封号、国、邑、土地、族属臣民，也拥有自己的部族军队和管理机制。他们可以在各自的封国、领地内建邑筑城，聚族而居，也可以分宗立族，传衍宗支。正如《左传・桓公二年》晋师服所言：『故天子建国，诸侯立家，卿置侧室，大夫有贰宗。』『宗、室、家、国』表明了四个不同的等级，『侧室、贰宗』即是分宗立族。一个大的宗族、家支拥有的封邑、采地可达几十邑，甚至上百邑之多。由于世代承袭，故亦称『世家、世族』，或『世卿、世禄』。据程发轫《春秋人谱》不完全统计，传衍在三代以上的世家、世族达一百三十六家之多。其中最著名的有齐国之高、国二族，鲁之『三桓』，晋之六卿，郑之『七穆』。

这些『世家、世族』凭借自己的势力干预国事，左右政局，上挟天子、诸侯，下治士庶黎民。他们可以废立国君，瓜分食邑，甚至取而代之。『世家、世族』成为春秋时期社会组织的一大特色。世家、世族的瓦解，也成为春秋时期姓氏制度变革的重要标志。

春秋初期，周天子的权势虽有所下降，但『胙土命氏』的分封之制仍在延续。如：周平王东迁雒邑时，为表彰秦、晋、郑、卫的护送、拥戴之功，将卫侯和晋侯升为公爵，卫侯封为司徒，留朝辅政；晋侯仇，加封河内附庸之地；郑伯友因死于『王事』，由世子突袭伯爵，加封祊田千顷，留朝辅政；秦君嬴开，原为附庸小君，晋封为伯爵，列于诸侯，赐予岐西之地，使之镇抚西戎，有了开拓发展的基地。

周襄王时，发生了『太叔带之乱』。因晋文公平叛有功，周襄王策命晋文公为『方伯』，赐大辂之服，彤弓、彤矢，虎贲之士三百，『得专征伐，以纠王慝』；并割畿内之邑温、原、阳樊、攒茅四邑为晋国封邑。晋文公遂命赵衰为原大夫，兼领阳樊。赵氏子孙中遂有一支以原为氏；命郤溱为温大夫，兼守攒茅，郤氏子孙中也有一支以温为氏。

上述史实表明，春秋初期，上至天子，下至诸侯，仍然具有『胙土命氏』的权力。春秋时期最为活跃的世家大族，绝大部分也都是在春秋初期创立。据何怀宏《世袭社会及其解体》一书统计，见于春秋经传的强宗大族共计二百一十五家，其中创立于春秋早期、中期者有三十六家：

周：召、单、甘、刘；

鲁：季孙、叔孙、孟孙（即鲁之三桓）；

晋：赵、魏、韩、范、中行、智、栾、郤；

齐：高、国、崔、陈；

卫：石、宁、孔；

宋：华、乐、向；

郑：良、游、国、驷、印、丰、罕；

楚：斗、苏、屈；

陈：夏。〔一〕

其中二十三家在春秋早期已有活动记载，十三家则见于春秋中期，并有四家开始覆灭，即晋之栾和郤氏、齐之崔氏、卫之宁氏。

到春秋末期，随着世家大族宗支衍派的日益增多，可供分封的土地资源越来越少，天子、诸侯已无可供分封的土地，也就失去命氏的权力。甚至出现了无土地、爵禄的公子、公孙。《左传·昭公十年》称：『凡公子、公孙无禄者，私分之邑。』也就是说，这些无禄之公子、公孙，只能在祖、父辈的私邑内维持生计，因无氏号之封，即以公孙、公子为姓氏标志。『氏』称与象征身份的封邑、官职愈益脱钩，原先用来判别贵贱尊卑、身份地位的『氏』号已大大贬值，或者成为仅是一个标志家族、宗族传承系统的『空壳』符号。

加之诸侯各国相互兼并，大夫之间纷争内讧，亡国失氏者越来越多，到战国之际，春秋时期百余个诸侯国仅剩下了齐、楚、燕、赵、韩、魏、秦七国。而处于下层的士人阶层更是贫困潦倒，四处流徙，以求生存。命氏制度随之终结。到春秋晚期，经传中已见不到赐土命氏、新建世家的记载，反而记载了多起世家大族覆灭的史实：周召简公盈被杀；晋范吉射、荀寅出奔于齐；卫孔悝奔宋；宋华弱奔楚，向巢奔宋；楚斗辛奔随；陈夏区夫被杀……而晋国的智氏被灭，三家分晋，以及『田陈代齐』等重大变故，更标志着世家大族的衰竭和世袭社会的解体。

明末清初的大学者顾炎武在其《日知录·周代风俗》中对春秋战国之际这种姓氏制度的重大变革及其社会影响，有一段精辟的论述：『如春秋时期犹尊礼重信，而七国则绝不言礼与信矣；春秋犹宗周王，而七国则绝不言王矣；春秋时犹严祭祀，重聘享，而七国则无其事矣；春秋时期犹论宗姓氏族，而七国则无一言及之矣；春秋时期犹宴会赋诗，而七国则不闻矣；春秋时犹有赴告策书，而七国无有矣。邦无定交，士无定主，此皆变于一百三十三年之间，史之阙文，而后人可以意推者也，不待始皇之并天下，而文武之道尽矣。』

上述『春秋时期犹论宗姓氏族，而七国则无一言及之』的论断，表明春秋、战国之际姓氏制度已发生了根本性的变化。而不宗周王，也无赴告策书，『邦无定交，士无定主』，表明周代的封建宗法和赐姓命氏制度已经解体，新的姓氏制度将取而代之。

力。

国庶族卫鞅（即商鞅）实行变法，成为战国七雄中之第一强国，为秦灭六国，一统天下积蓄了国戎人由余，拓地千里，灭西戎二十余国，为秦穆公称霸中原奠定了基础。传至秦孝公时又任用卫百里奚举荐的铚邑平民蹇叔也被封为右庶长，共辅朝政，被秦为秦国二老。后秦穆公又招募了西臣（奴仆）逃亡楚国的名义，以五张羊皮的代价将之赎回，拜为左庶长之职，称『五羖大夫』。由

再如：秦穆公为春秋中期一代明君，因闻知虞国贫士百里奚贤名，遂设计以秦要虞国陪嫁媵

夏、友田子方，礼段干木，『使魏国成为战国七雄之一。

羊，取中山，均成为历史佳话。与此同时，魏文侯又善待、礼遇魏成子推荐的三大名士，『师卜子门豹等人，或辅佐朝政，或治郡理民，或镇守边陲，振军经武。吴起守西河，西门豹守邺郡，乐拜将，或聘为『客卿』。如魏文侯在进行政治变革时，就任用了翟璜推荐的乐羊、吴起、李克、西士『不在与居，在所与谋』，也就是不讲究其国籍、地域和出身，而注重其才干和谋略。不惜封相举荐人才为第一要务。因而在战国初期，就出现了『布衣卿相之局和礼贤下士之风』。而且招贤纳行变革，富国强兵，『尚贤尊士』被视为为政之本。有所作为的诸侯国君求贤若渴，执政大臣亦以

春秋战国之际，诸侯兼并十分剧烈，社会激烈动荡，各诸侯国纷纷招贤纳士，举贤任能，实

会组织结构的变化，促成新的社会秩序和风尚，姓氏制度也发生了重大的转折。

春秋战国之际，随着世袭社会的解体和世家大族的消亡，士庶阶层迅速崛起，从而引起了社

二 士庶阶层崛起 世家大族消亡

战国时期以求贤著名的君主则以燕昭王最为典型，其中以『金台师事』郭隗的故事脍炙人口，遐迩闻名。于是名士剧辛自赵而往，邹衍自齐而来，乐毅由魏而来，苏代自周至燕，屈景也由卫而至，燕王皆拜为客卿，与闻国事。后任用乐毅为将军，率兵攻齐，接连攻下齐国七十二座城池，几乎把齐国灭掉，报了当年齐国伐燕的一箭之仇。

此外，战国时期的四大公子：齐之孟尝君田文、赵之平原君赵胜、魏之信陵君无忌、楚之春申君黄歇，以及秦之文信侯吕不韦，都以招贤纳士闻名，门客谋士多达三千人之多。而其中大都是出身贫寒居无定所的游说之士，甚或是鸡鸣狗盗之徒。春秋战国招贤纳士、豢养门客之风，可谓盛极一时。

战国时期执掌大权、功业显赫的卿相、名将，也多系寒微出身。如赵之廉颇、虞卿，魏之李悝、惠施，齐之邹忌，楚之吴起，秦之张仪、甘茂、蔡泽，韩国之申不害，等等。

他们既无世家大族的历史渊源，也无王公贵族的社会背景，择主而事，流徙不定，完全凭借自身的学识才干，针对时局的利弊得失，出谋献策，建功立业，拜将封相，成为社会新贵。许倬云先生曾依据《汉书·古今人表》对这些新贵作了统计和分析，发现这种出身寒微或来历不明的新贵，春秋时约占总人数的百分之二十六，到战国时期增加到百分之五十五左右。[三] 在春秋时期鲁、晋、宋、楚、郑五国八十五位执政宰辅中，强宗世族占百分之九十二，其中卿之族占百分之七十六。而战国时期的八十一位宰辅中，属本国公族或与本国宗室有姻亲关系的有二十六人，占总数的百分之三十二；与他国王室有关联的八人，占百分之十，两项合计占总数的百分之四十二；与王室宗支无关联的有四十七人，占总数的百分之五十八[四]。这充分表明了从春秋到战国这一历史时期，世族势力的衰落、瓦解及士庶阶层的分化和崛起。

所以许倬云先生说：『春秋时政治上具有决定地位的强宗巨族似乎绝迹于战国政治』，『整个战国时代几乎未见有春秋时代的那种巨室。若新贵没有填补旧贵族的社会地位，而且连可以应对的家族也未找着……可以说，新的社会组织结构已经取代了旧有的秩序。』[五]

新的社会组织结构的出现和新秩序的形成，必然会对整个社会的政治、经济、文化制度和文化形态产生重大影响，以封建宗法礼制为核心要素的姓氏制度、姓氏文化也必然会发生重大变化。这就是说，三代以来『胙土命氏』的社会基础已不复存在，『氏』的产生、发展和存在，已失去了其生命的源泉，氏『明贵贱，别尊卑』的社会功能已经消失，氏的历史使命已经终结。到秦汉大一统时便以姓氏合一的形式融入了血缘传承的文化体系，形成了『以氏代姓』『二元复合』的标志家族、宗族系统的文化符号。

【注释】

[一][二]　转引自何怀宏：《世袭社会及其解体》，生活·读书·新知三联书店，一九九六年四月版。

[三][四][五]　许倬云：《求古篇·春秋战国间的社会变动》，台北联经出版社有限公司，一九八二年版。

第五节　秦汉至明清的姓氏制度

姓氏制度的确立、发展和演变是一个漫长的历史进程，它贯穿了社会发展的各个历史时期，也赋予了不同的时代特色。大体上可分为先秦时期『姓氏双轨』的古姓阶段和秦汉至明清『姓氏合一』的今姓时期。

一 『姓氏双轨』到『姓氏合一』

『姓氏双轨』是指先秦时期『姓』与『氏』这两个标志家族、宗族系统的符号并用共存而又有所区别的现象；『姓氏合一』则是秦汉以来以氏代姓，二元复合的姓氏形态。从『姓氏双轨』到『姓氏合一』，是中国姓氏史上一个重要的发展演变过程，也是『中华古姓』与『今姓』区分的重要标志。

先秦时期，姓氏相别，界定明确，姓、氏是两个不同的概念，功用不同，不得混用。

如前所述，姓产生于母系氏族社会，氏确立于父系氏族社会。『因生赐姓，姓别婚姻』『胙土命氏，氏明贵贱』，就表明『姓』是血缘传承的谱系，『氏』是地域区分的标志。『姓』的功能是区别婚姻，注重血缘人伦；『氏』的功能是标明族别，强调社会政治地位。二者相辅相成，功用不同。『姓氏双轨』制起源于父系氏族社会，从氏产生之时起，姓氏双轨即开始运行。如中华民族最早的人文初祖太昊伏羲氏，论其姓源为风姓，称其氏号则为伏羲；黄帝轩辕氏，姓源是姬姓，氏号称轩辕；炎帝神农氏，姓源为姜姓，氏号称神农；尧帝属姚姓，氏号称伊祁；舜为妫姓，氏称有虞；大禹以姒为姓，氏称有夏；商朝以子为姓，以商为氏；周朝以姬为姓，以周为氏。及至周初分封，各诸侯国有同姓、异姓、庶姓之别，『氏』则各自以国命氏，姓自姓，氏自氏，并用共存，互不相混，只是在不同场合，使用时有所不同。比如：在政治、军事、社交等以男性为中心的重大场合，以氏出现；而谈婚论嫁、缔结姻亲时，则要严格区分姓之所出，即血缘的传承系统。

由于姓取决于血缘所自，生而有姓，故终生不变，世代相承；氏则源出君主所赐，后天而来，可因封赏、地域的变化而一变再变。加之氏的来源中，还有以爵为氏、以族为氏、以技为氏、以谥为氏、以字为氏、以名为氏等多种形式，于是出现了一姓多氏的现象。如周王室本为姬姓，在西周大分封中，分封同姓诸侯国多达四十九国，姬姓即分支为四十九个新的『氏』。又如：周初封舜帝后裔妫满于陈国，遂以陈为氏；妫满死后，赐号胡公，又以胡为氏；因舜生于姚墟，故以姚为氏；妫满后裔中有一支食邑于田，又以田为氏。于是『妫、陈、胡、姚、田』被称为『舜裔五姓』。再如：鲁孝公后代展禽，因其先人字子展而得展氏，因受封于柳而得柳氏，死后谥号惠而得惠氏。公孙鞅因是卫国人称卫鞅，因受封于商、於之地而称商鞅，因系卫国公族之孙，也称公孙鞅。再如：晋国大夫士会一生中称谓有八个：士会、随季、武子、士季、随会、随武子、范会、范武子，其中随、范为封邑，士为官职，季为排行，武为谥号，会为名字。这种姓、氏并用共存的『姓氏双轨』制，历经夏、商、西周，一直延续到春秋初期都未发生变化。到春秋末期，战国之际，由于社会的急剧动荡，『礼乐崩毁，社会失序』，使得姓氏双轨制赖以生存的社会基础日益瓦解。

首先，从『胙土命氏，氏明贵贱』的角度来看，至春秋末期，周天子的权威下降，已无力分封和控制诸侯，不再具备『胙土命氏』的实力。诸侯僭越称位，自立王侯者时有所闻，亡国失氏者屡见不鲜。到春秋末期，周初分封的百余个大小诸侯，仅剩下晋、齐、秦、郑、宋、卫、鲁、陈、蔡、许、曹、楚十二大诸侯。进入战国时期，又形成秦、楚、齐、燕、韩、赵、魏七雄争霸的局面。长期的诸侯割据，兼并战乱，使一些世家大族因灭国而失掉封邑，流离失所，坠命亡氏，降为庶民。而一些地位低下的士人阶层、庶民百姓则乘势而起，逐步登上政治舞台，如商鞅、范雎、苏秦、张仪，即依仗自己的才能功业拜相封侯，成为新的贵族阶层。尤其是春秋末期，随着『井田制』的破坏和土地私有制的确立及商业贸易的发展，拥有大片土地私有权的地主阶级和新兴的商业人士，逐渐取代了由封建宗法产生的、世袭土地臣民的世家大族，成为社会的重要成员。如春秋时鲁国人猗顿，早年是『耕则常饥，桑则常寒』，常年不得温饱的一介平民，后弃农经商，『畜牛羊于猗氏（今山西临猗县）之南，十年间其息不可计，贵似王公，驰名天下』，成为中国历史上最早的商业巨子，遂以发家之地猗氏为氏。再如越国大夫范蠡，辅佐越王勾践，『十年生聚，十年教养』，灭掉吴国后即弃官而去，携西施遨游于江湖，经商于四海，成为天下巨富，后定居于帝尧之子丹朱故地——陶邱（今山东平原县），自称陶朱公，以陶朱为氏。在『重农抑商』『重本轻末』的宗法社会里，因经商致富而厕身士族之列，足以说明了社会风气的一大变革，使『氏明贵贱』的社会功能已失去了其现实意义。

其次，从『姓别婚姻』，同姓不得通婚的社会礼制和伦理观念来看，一向被世人所推崇，并以法制和礼制的双重形式世代相延，若有违犯将受重责。但是到春秋末期，出于同一古姓的社会集团不断地繁衍、增殖，势力范围和地理分布不断扩大，同姓异氏的分支越来越多，血缘关系越来越远，同姓不婚的观念日益淡薄。加之在夫权社会里，男尊女卑的世俗观念已然盛行，买卖奴婢、陪嫁媵妾等社会风气也十分普遍，婚姻已成为具有功利性的社会交易，尤其是一些同姓异氏的诸侯、贵族，出于政治、外交等多种需求，往往置同姓不婚的祖训于不顾，通过联姻缔亲等手段，实现自身的利益。如出自姬姓的鲁昭公即娶了同样源自姬姓的吴国女子吴孟子为妻，受到孔子的评议。晋平公也因贪图美色，娶了与自己同姓的四个美女为妾。由此可见，同姓不婚这一古老礼俗的约束力越来越淡化，姓别婚姻的社会功能也日渐减弱。

秦灭六国后，一统天下，全面推行郡县制度，完全以行政区划代替了以血缘关系为网络的封建宗法制度。这种政治结构的社会制度，既葬送了封建宗法制度，也铲除了世卿世禄的世袭制度，使代表贵族阶层高贵出身和社会地位的『氏』黯然无光，成为只标记宗族谱系的符号，与『因生赐姓』，标志家族血缘关系的『姓』，已无多大区别。『姓氏合一』已是社会历史发展的必然趋势。

秦朝末年，大规模的农民起义爆发，封建宗法的姓氏制度受到严峻的挑战和毁灭性的打击。秦末农民大起义的领袖、戍卒出身的陈胜揭竿而起，振臂一呼，首先发出了『王侯将相，宁有种乎』的呼声。一批平民百姓，甚至刑奴、屠夫加入了农民起义军的行列，成为推翻秦朝统治建立西汉王朝的主力和元勋。如汉高祖刘邦原为泗水县亭长，汉丞相萧何原为沛县小吏，梁王彭越原为渔户，舞阳侯樊哙乃一杀狗屠夫，统军大将淮阴侯韩信则是流浪街头、曾乞食于漂母（洗衣妇）的市井小民，淮南王英布原为被黥刑的刑奴。这些推翻暴秦，创建汉朝的新贵，均出身寒微，没有显贵的家世，自然而然地摈弃了原先那种标志社会身份地位、以氏明贵贱的姓氏制度，对原有的贵族世家进行了毫不留情的清除。据史书记载，西汉初年，为消灭各地豪强的势力，抑制六国旧族试图复国的苗头，下令将齐、楚、燕、赵、韩、魏六国后裔和豪族名门十多万人，强行迁徙到关中诸陵，分给田宅，集中居住。如齐国公族田氏，因族大人多，迁徙时即按照其居住的宅第，分为八门、八氏：田广之孙田登为第一氏，田祭为第二氏，田癸为第三氏。……田广之弟田英为第八氏。堂堂的一国王族，国破家亡之后，不仅其后裔沦为庶人、罪民，其姓氏也遭到践踏，由国姓公族改为毫无意义的序号作姓氏。

秦汉两代对姓氏制度的另一项重大改革措施就是借鉴和实施了秦国创立的户籍制度，实行『编户齐民』。据《史记·秦始皇本纪》载称，早在秦献公十年（公元前三七五年），就颁布了『户籍相伍』的法令。秦孝公即位后，任用商鞅实行变法，大力推行编户为『什伍』的制度，即五户编为一『伍』，十户编为一『什』，百姓不得随意迁移。其中的『伍』『什』多为同姓族人。户籍制度成为国家管理百姓，征调徭役、兵员，征收赋税的主要依据。二〇〇二年，在湖南湘西土家族苗族自治州龙山县里耶古镇的一口古井中，发现了三万七千枚秦代竹简，其中就有记述秦代户籍管理的相关资料。

汉朝建立后，『汉承秦制』，借鉴、实施了秦代的户籍管理方法。汉武帝元封五年（公元前一〇六年），创设了刺史制度，把全国十三个监察区域称为『十三州部』，每部派一名刺史巡行、监察郡国。同时对百姓实行『编户齐民』，『五家为邻，五邻为里，四里为族，五族为党，五党为州，五州为乡』[二]。每家每户进行人口登记，标明姓氏、性别、年龄、职业、亲属关系、居住户籍。而各邻里、族党，常常是同一姓氏、宗族。这也是后世『乡里乡亲』『老乡』『同党』等称谓的渊源，从而使每一个家族、家庭、个人都有了自己的姓氏名讳。即使军卒、奴役也都有了各自固定的、可延续传承并由政府注册备案的姓氏，形成人皆有姓的状况。在二十世纪发现的公元前一世纪左右的居延、武威等竹简或帛书中，发现有戍卒等姓名的具体记载。如居延汉简中载录『出吏，觝得，高平里；公乘，范吉，年卅七』；『田卒，淮阳郡，长平，北利里；公士，陈世，年廿三』；『戍卒，颍水郡，陕翟里，成适，年卅二』。从这些记录可以看出，早在西汉时，已经形成了登录姓名、年龄、籍贯、官职的姓名制度。

鉴于汉代姓氏制度的一系列重大变革，司马迁在撰写《史记》时，首次采用『姓氏合一』的记述方式：称秦始皇『姓嬴氏』、汉高祖『姓刘氏』。后世有的学者对太史公这一表述提出质疑，认为姓氏混用不合乎姓氏相别的原则。事实上太史公正是客观地反映了战国以来由姓氏双轨到姓氏合一的客观规律。清代学者顾炎武在《日知录》中说：『姓氏之称，自太史公始混而为一。』点明『姓氏合一』已盛行于秦、汉这一史实。清代另一位学者钱大昕在《十驾斋养新录·姓氏篇》中也说：『战国纷争，氏族之学久废不讲。秦灭六雄，废封建，虽公族亦无议贵之律，匹夫编户，知有氏而不知有姓久矣。汉高祖起于布衣……亦不言何姓，以氏为姓。』因而自汉代以后，『姓氏合一』遂成定制。历朝历代虽有所发展演变，但基本上都遵循了『姓氏合一』的模式。

自汉代以后，先秦时期表明社会地位、区别身份贵贱的『胙土命氏』的封建宗法制度荡然无存，氏明贵贱的社会功能也随之消失，姓、氏都成为仅仅表明个人及其家族血缘关系的符号，恢复了中华古姓产生之初始本意，姓、氏两大支脉又合二而一，融为一体。郑樵在其《通志·氏族略》中对这种『姓氏之失』、『浑而为一』的历史演变有一段十分形象的描述：『秦灭六国，子孙皆为庶民，或以国为氏，或以姓为氏，或以氏为氏，姓氏之失，自此始。故楚之子孙，可以称楚，亦可称芈；周王室子孙，周之南君，亦可称姬嘉；又如姚恢，改姓为妫，妫皓改姓为姚，兹姓与氏浑而为一者也。』并进而由此论断：『三代（夏、商、周）之时姓氏分为二，男子称氏，妇人称姓。氏所以别贵贱……姓所以别婚姻……三代之后，姓氏合二而一，皆所以别婚姻，而以地望明贵贱。』

由先秦时的姓氏相别、姓氏双轨，到秦汉以来的姓氏合一、姓氏通用，成为姓氏发展史上一个重大的转折、演变，是中华姓氏发展史上的一大飞跃。

其意义在于：

一是姓、氏二者可以通称共用，姓、氏已失去了文化内涵和社会功能上的实质区别，姓即是氏，氏即是姓，使先秦时期数量庞大、来源多端的『氏』融入了姓的范畴，极大地丰富了中华姓氏，也取代了姓的主导地位。『姓某氏』的记述格式即表明姓已成为一种指代式泛称，氏才是实指某一家族或宗族的特定标志，也就是说『姓氏合一』实际上以氏代姓，成为家族、宗族的特定标志。

二是每一个宗族、家庭和个体都有了自己固定的姓氏，子子孙孙世代相承，不必像先秦那样变来变去，使中华姓氏具备了世代传承的延续性和人人皆有的普及性、大众性。

三是取消了姓、氏专属贵族阶层的特权，上至帝王将相，下至庶民百姓，人人都有姓氏，不再像先秦那样，贵族有姓有氏，平民有名无氏，使姓氏成为社会个体与生俱来的第一标志，日常生活和社交场合通用的信息符号，极大地拓展了姓氏的使用功能和实用价值。

四是『姓氏合一』不仅有利于姓氏自身的延续传承，正常发展，使之代代相承，流传至今，而且成为中华民族文化认同的第一基石，使姓氏文化成为中华传统文化中凝聚力最强、感召力最大、涉及面最广、生命力最旺的文化体系，奠定了中华民族多元一体的文化格局，成为中华民族的根祖文脉。

二　姓分等级　族标郡望

姓分等级，族标郡望，是秦汉以后到隋唐两代区分姓氏等级、门第高低的重要标志，也是选官任职、婚姻嫁娶的主要依据。

姓氏有等级之分、地域之别，源于夏、商、周三代的『封邦建国、胙土命氏』。以西周初年较为明显。在周初的大分封中，诸侯各国被分为同姓、异姓、庶姓三种，并根据其血缘亲疏、功勋大小授予『公、侯、伯、子、男』五等爵位。凡与周天子同为姬姓的诸侯各国，称为同姓之国，如鲁、晋、郑、卫、吴、燕、蔡、霍，是为本族同宗；凡与周王室世代通婚的，称异姓之国，如申、吕、齐、谢，是为姻亲贵戚；与周王室没有宗支、姻亲关系的则是庶姓之国，如秦、楚、巴、蜀。这三种封国，在封爵、土地、赏赐、礼仪上各有亲疏远近、高低贵贱之分。

秦汉以来，『氏明贵贱』的社会功能虽因失去了社会基础，一度减弱。但区分姓氏贵贱的传统意识仍然根深蒂固，到魏晋时期门阀制度又达到了登峰造极的地步。

秦汉以后，随着家族的繁衍迁徙，姓氏原有的以血缘论亲疏的文化内涵逐渐淡化，而以家族地望明贵贱的内涵成了姓氏文化最为突出的特点。地望，即姓氏古籍中常用的『郡望』，指魏晋南北朝至隋唐时每郡显贵的家族，意思是世居某郡为当地仰望，并以此而别于其他地域的同姓族人。历代的姓氏书中，其中都有一类是以论地望为主，如唐代柳芳的《氏族论》和南朝刘义庆撰、刘孝标注的《世说新语》。明代《百家姓》读本，也往往在每个姓氏后面注明了『郡望』。

『郡』是由春秋战国到秦汉逐渐形成的地方行政区划。春秋时期，秦、晋、楚等国在边地设县，含有『悬系』之意，后逐渐在内地推行。春秋末期，各国开始在边地设郡，委派官员进行管理，作为君主的直辖领地，以区别于世袭分封的侯国、封邑，面积较县为大。『郡』字的结构，左边为『君』，右边为『阝』即『邑』。其意则明白无误地表明『郡』乃君主之邑也。战国时期在郡下设县，逐渐形成县统于郡的两级行政区划制度。秦统一中国后，分全国为三十六郡，后增加到四十多郡，郡下设县。郡、县的长官均由中央政府任免，成为中央集权政体组织的行政建制。汉至隋唐继承了秦代的郡县制，但是具体的郡县划分有所不同。隋唐时期，州、郡的名称往往能相互代用，但大多数时期称『州』不称『郡』。到了宋代，『郡』的行政区划已经作废。但『郡望』作为专指某些地域内某一名门望族的习惯用语，却保留下来，并与门阀制度紧密相连，在封建社会相当长的历史阶段中沿用不衰。

所谓『门阀』，亦即门第阀阅，指封建社会中世代显贵，影响大、威望高的姓族豪门。这些所谓『高门大姓』，一般说来，多由家族人物的地位、权威和声望自然形成。一旦形成，就显赫无比，十分威严，并世代传承。有时官方也作明确规定，宣称某姓为某郡望族大姓，甚至具体划分姓族等级，确定门阀序列，各姓权益地位不等，这就是门阀制度。

『门阀』一词，是门第、阀阅的合称。《史记·功臣表》说：『古者人臣功有五品……明其等曰伐，积日曰阅。』也就是说『阀』表示功劳的大小、品级，『阅』表示资历和年限。为显示自己的家族不同于普通人家，便在大门外竖立两根高大的门柱旗杆，供人观望，称之为『阀』。门前有『阀』表示家有功名，乃仕宦之家，故称『门阀』，亦称『门望』，这就是门阀的本义和来历。

门阀制度始于西汉。在秦末农民大起义中，夺得政权的汉高祖刘邦及其谋士萧何均出身于平民小吏，其『从龙功臣』樊哙、灌夫多为市井屠户、无赖，即使他们后来立国称帝，身居将相高位，仍被人讥为『世无英雄，遂使竖子成名』。为弥补这一缺憾，显示门第血缘高贵，刘氏皇族引经据典，自称其为帝尧之后，血统高贵，天生应称王做帝。刘姓宗室子弟均贵为王侯，出镇郡国，形成彭城刘氏、沛国刘氏、中山刘氏、长沙刘氏、梁郡刘氏、南阳刘氏、东平刘氏、广平刘氏等十几个名门大族。刘姓被称为『国姓』，凡刘姓之人可免除一切徭役，享受『六百石』的中级官员待遇。同时，对于帮助刘氏取得天下的项伯、娄敬等人，赐以国姓，改为刘氏。萧何、韩信、曹参、樊哙也都从远古姓氏中找到了足以自豪的发祥渊源和得姓之祖，以光耀门庭。到汉宣帝时已出现了『金、张、许、史』四大高门望族。西汉末年，王莽篡位，建立新朝，亦制造舆论，说元城王氏出于帝舜，他也是天生注定要当皇帝的，并用法律手段公开宣称他们的元城王氏是天下最高的望族大姓，与舜帝后裔之姚、陈、田、妫合称『舜裔五姓』，享有多种特权。

东汉时期，门第等级观念十分盛行，门阀制度已初步形成。如东汉永平年间樊、郭、阴、马四姓外戚相继专权，声势显赫，被称为『永平四姓』。一些官宦、名流的宗族亲属往往高官厚禄，数世不衰。弘农华阴杨氏四世四人官至三公，汝南汝阳袁氏四世五人位至三公，汝南平舆许氏三世三人官居三公等，皆成为当时令人称羡的高门望族。他们在社会上的势力和声望累代延续，各以门第自诩，互相标榜，组合成一种具有特殊身份、享有特殊权利的社会集团。魏晋南北朝时，这些世家大族被称为『大姓』『高门』『士族』『著姓』『冠族』『右族』。高门望族的子孙即便迁徙外地，习惯上仍举原籍或始祖发祥地的郡名作为标志，后世称之为『郡望』。

由于某一姓氏的姓源或发祥、聚集、变迁之地非止一处，于是一姓常常不止一个郡望，但通常以其中一个郡望为主，以区别主从及尊卑。如赵姓有天水、南阳、金城、下邳四望，以天水赵最为尊荣。李氏有陇西、赵郡等十余个郡望，以陇西李为显贵。而王姓由于姓源支脉繁多，分布广泛，郡望多达四十多个，其中以太原王、琅琊王最为著称。这样郡望就成为区别宗支派系、亲疏、尊卑的一种重要标志，后世有关姓氏研究的著述，均把郡望列为主要内容，详加考辨。

在门阀制度盛行的魏晋南北朝时期，与高门望族相比，门第较低、家世不显的家族则被称为『寒门』『庶族』。他们即使也有一定的土地、财产，其成员也有入仕的机会，但总的说来，他们在政治生活中极受压抑，其社会地位也无法与门阀士族相比。当时用以铨选官吏的『九品中正制』正是这种门阀制度的集中表现。

所谓『九品中正制』，是魏黄初元年（二二〇年）新登基的魏文帝为改革吏治、延揽人才，采纳吏部尚书陈群的建议而设立的新的官吏选拔制度。其主要内容是在各州、郡设置『中正官』，负责考察州郡人士的门阀家世、才行品德，由各地『中正官』采纳乡里舆论，将人才分为上上、上中、上下、中上、中中、中下、下上、下中、下下九个等级进行推选，每十万人中选拔出一人，由吏部任用官吏。

『九品中正制』初行时，评定之权基本掌握在声望较高、有一定德才的中正官手中，尚能采择舆论，荐拔人才。但是以家族为基础而盘踞于地方的门阀士族，很快就垄断了荐举权，其结果便是只论门阀家世，不论才行品德。出身于名门望族的『衣冠子弟』，即使无才无德，总被列为上品优先入仕，得授清贵之职；而出身孤寒的庶族子弟，即使才德超群，也被列为下品，入仕也只可就任士族所不屑的卑微之职，以致形成了『上品无寒门，下品无士族』的局面。

门阀士族不仅各自控制地方权力，同时还左右着朝政。国家法令又明文规定士族有荫族、袭爵、免役等多种特权。士、庶之间有严格的区别，所谓『士庶之别，国之章也』。故士族自视甚高，不与庶族通婚。如有士族与庶族通婚，或就任一般由庶族人所担任的官职，称为『婚宦失类』，是十分耻辱的事，会因此而受到排挤和嘲讽。

西晋灭亡后，北方不少豪门大族跟随晋元帝司马睿逃到江南后，虽侨居异地，仍然打出了『琅琊王氏』『陈郡谢氏』『汝南袁氏』『扶风杜氏』『河东温氏』等原来的郡望名号，史称『侨姓大族』。这些侨姓贵族自西晋以来，就是中原的高门显贵；晋室南渡后，也一直是东晋、南朝政权的支柱和基石，其中最著名的是『王、谢、袁、萧』四大贵姓。在同一姓氏中，也因郡望不同，而有高下之别。如王氏，最高贵的是琅琊王氏，有『王与马（司马氏）共天下』的称誉。其次是清河王氏、河间王氏。而居住在建康乌衣巷的『乌衣王氏』（琅琊王氏支派）尤为尊贵，被称为『万王之王』。东晋、南朝时，江东尚有朱、张、顾、陆四大望族，因居处古代吴越之地，被称为『四大吴姓』，但因政权掌握在侨姓手中，因而一直未取得与王、谢等高门大族的同等社会地位。『侨姓』与『吴姓』两大姓氏集团共同支撑南朝政权长达二百余年。

与东晋、南朝隔江对峙的北朝历代政权，对门阀制度更是推而广之，在北魏时达到了登峰造极的地步。魏、晋之际，鲜卑贵族崛起于北方，建立后魏政权，史称北魏，实行了一系列汉化政策。北魏献文帝拓跋弘时，仿效汉族制度，对本部族姓氏进行改革，七分国人，设置诸部大人，以兄、弟族属分而统之，赐姓命氏，称为鲜卑十姓。

到魏孝文帝更是大力推行汉化政策。北魏太和十九年（四九五年），朝廷颁布了『姓族令』，将鲜卑二字姓、三字姓、多字姓改为汉族单姓，增加了不少新的姓氏，使用『姓』『族』两个称谓，确定其等级高下、门阀序列，使『姓』与『族』这两个意义相关相近的概念，有了严密而具体的界定。

『姓』的标准有二：一是原鲜卑各部落首领，有三世官在给事以上及州刺史、镇大将及品登王公者；二是虽非部落首领，但系魏始祖拓跋诘汾以来的『从龙功臣』，其『职官三世尚书以上及品登王公而中间不降官绪者亦为姓』。鲜卑贵族中的穆（丘穆陵氏）、陆（步六孤氏）、贺（贺赖氏）、刘（独孤氏）、楼（贺楼氏）、于（勿纽于氏）、稽（纥稽氏）、尉（尉迟氏）为『勋臣八姓』，最为尊贵的是皇族之外的第一等士族，并明令『司州、吏部，勿充猥官』，即上述八姓不得委派闲杂官职。

『族』的标准也有两条：一是各部落首领的后裔，自魏始祖以来，虽然『官不及前列，而有三世为中散、监以上；外为太守，子都，品登子、男者』。二是非部落首领后裔，但自魏始祖以来，『三世有令以上，外为副将、子都、太守，品登侯以上者，亦为族』。均应充任重要官职，享有多种特权。

对于汉民族，以郡为单位，每郡选定做官人数较多、官位最高的姓氏，称为『郡姓』，即州、郡的望族大姓，即后世『郡望』一词的来历。其中最尊贵的有清河崔氏、范阳卢氏、荥阳郑氏、太原王氏、陇西李氏。

在上述鲜卑国姓与汉族郡姓中，又按家世门第区分等级，以别贵贱、尊卑。柳芳在其《氏族论》中对此有过明确的论述：在南北朝时，『过江则为侨姓』，王、谢、袁、萧为大；东南则为『吴姓』，朱、张、顾、陆为大；山东（指函谷关、崤山以东的中原地区）则为『郡姓』，崔、卢、李、郑、王为大，关中亦为『郡姓』，韦、裴、柳、薛、杨、杜首之；代北则为『虏姓』，元、长孙、宇文、于、陆、源、窦首之。

即使在上述『四姓』中，也因门第阀阅而有等级高下之分：凡三世有位居三公者为『膏粱』，有令、仆（射）者为『华腴』，有尚书、领、护以上者为『甲姓』，有九卿若方伯者为『乙姓』，有散骑常侍、太中大夫者为『丙姓』，有吏部正副郎者为『丁姓』。

在这种社会风气的影响下，南北朝时，维护、推行门阀制度，载录门第、区别族系的谱牒之学十分盛行。在南朝刘义庆撰、刘孝标所注的《世说新语》中，引证的家谱、家传达数十种之多。这种别贵贱、分士庶的门阀制度，不仅在魏晋南北朝时期十分流行，而且影响深远，成为维护封建社会等级制度的准则、习俗。南宋郑樵在《通志·氏族略》中对此有一段十分精辟的论述：『隋唐而上，官有簿状，家有谱系。官之选举必由簿状，家之婚姻必由谱系。历代并有图谱局，置郎中吏掌之，乃用博古通今之儒，知撰谱事』，以便使『贵有常尊，贱有等威』。

在门阀制度下，姓氏直接影响着一个人的社会地位、婚姻大事，以至前途命运，甚至连日常交往、场面坐次亦有区别。西晋文学家左思在《咏史》诗中曾对这种不合理的现象做了尖锐的批评。诗曰：『郁郁涧底松，离离山上苗。以彼径寸茎，荫此百尺条。世胄蹑高位，英俊沉下僚。地势使之然，由来非一朝。金张籍旧业，七叶珥汉貂。冯公岂不伟，白首不见招。』诗中『金张』指西汉宣帝时的权贵金日磾和张安世，他们的后代凭着祖先的功业，七代为汉室高官。而奇伟多才的冯唐（即诗中『冯公』）却因出身寒微，竟终生屈于人下，不能展露其才华。

在魏晋南北朝门阀制度十分盛行的情况下，追溯姓氏源流，自认为圣贤之后的风气成为时尚。就连『不愿为五斗米折腰』，以清高著称的『五斗米先生』陶渊明也未能免俗。在他的诗集开卷第一首《命子》中，自叙其家世说：『悠悠我祖，爰自陶唐……御龙勤夏，豕韦翼商……天集有汉，眷予愍侯……在我中晋，业融长沙……』也就是说，陶渊明自认是唐尧后裔，以东晋名将陶侃为曾祖。但没有得到当时官方『谱牒』的确认。有的还说他是少数民族奚族的后人，因而被视为出身寒微。所以当陶侃晚年官至『征西大将军』时，仍被温峤在背后讥之为『奚狗』。郭沫若认为，从这一点来看陶渊明『未必能达道』。〔二〕

隋唐时期实行开科取士，任官取士不完全讲究出身，门阀制度逐渐衰退，世家大族虽失去了政治特权，却产生了一批新的宗室亲贵和功臣元勋，成为社会政治中新的豪门大族。魏晋以来的一些拥有高贵郡望的世家旧族，虽已『世代衰微，全无冠盖』，但『犹恃其旧地，好自矜大』，不肯自掉身份，甚至把郡望看得比官位还重，认为：『立身在世，姓望为先，若不知之，岂为人子。』民间、官方也『慕其祖宗，竞结婚媾，不计官品，而上（尚）阀阅』。对这种只重郡望、不重功业，崇尚门阀、鄙视权要的遗风旧俗，李唐王朝的新兴权贵耿耿于怀。于是唐太宗在贞观十二年（六三八年），敕令吏部尚书高士廉等撰修新的《氏族志》，予以修正。《氏族志》修成后，共收录二百九十三姓，六百五十一家，仍沿用魏晋南北朝旧例，以山东博陵崔氏为第一，皇族陇西李氏为第二。唐太宗对此十分不满，斥责高士廉等人因循守旧，无视天下大局的现实，不重视李唐王朝封爵等级，让他进行修改，标准是『只取今日官爵高下作等级』，并解释说：『我对于崔、卢、王、郑这些世家大族，没有什么个人恩怨仇嫌，但他们家世衰微，没有什么功名，仍然恃其往日的门第，以高门望族自居，谈婚论嫁时索取重金，不知道什么是「羞耻」二字。随从我平定天下的谋士劳臣，功高位尊，怎么能向这些旧家世族低声下气、高价求婚呢？』他亲自干预，将皇室李姓定为第一，外戚王氏定为第二，崔姓降为第三。这就是历史上所说的『贞观条陈氏族事件』。武则天执政时，重新修纂《姓氏录》，改武姓为第一。武则天死后，仍以李姓为第一。由此可见，在隋唐之际，重视姓氏等级郡望门阀的风气仍十分盛行。

在唐代，陇西李氏、赵郡李氏、清河崔氏、博陵崔氏、范阳卢氏、荥阳郑氏和太原王氏，并称『五姓七族』，门第最为清高。子女婚嫁首重门第，即使身为宰相的李义府也因不属『五姓七族』中之望族，在为其子向山东崔氏求婚时，也遭到拒绝。清代学者王士禛《池北偶谈》云：『唐人好标望族，如王则太原，郑则荥阳，李则陇西、赞皇，杜则京兆，梁则安定，张则河东、清河，崔则博陵之类，虽传志之文亦然。』这里王氏说到一个重要的问题，就是由于唐代士人好标郡望，以致官员修史亦不详细考辨人物之家乡籍贯，而姑且题署郡望了事。世风所及，竟成为所谓修史之『原则』，造成了历史人物籍贯的极大混乱。唐代著名学者刘知幾对此颇为不满，他曾参与纂修国史，在写李义琰传的时候，因为义琰家住魏州昌乐，已有三代之久，所以如实写道：『义琰，魏州昌乐人也。』结果监修官指责他违背了写史原则，要他照李氏郡望改为『陇西成纪人』（事见《史通·邑里》）。

到了唐代中叶安史之乱后，特别是唐末五代，由于战乱的影响和巨大的社会政治变革，『故唐公卿之族』，『衰亡且尽』，许多『衣冠旧族』在战乱中流离失所，背井离乡，『爵命中绝』，『世系无考』。尤其是在黄巢大起义中，已出现了『满街踏尽公卿骨』的惨状。以郡望门第为荣的世俗观念受到了一定打击。

三　姓有另册　族有贵贱

宋、元以下迄于明清，虽然郡的行政区划已经取消，但由于长期形成的姓氏郡望标志出身门第和社会地位的传统影响，以及区分姓氏宗支和地域分布的实际需要，以郡望标注姓氏的习俗仍在延续传承，尤其是文人学士在其文集、著述中更是相沿成习，而流传至今的宋、明《百家姓》读本中，更是以标注郡望作为重要内容。

在宋、元、明、清长达近一千年的历史长河中，姓氏郡望失去了其明贵贱、别等级的社会功能，代之而起的则是『姓有另册，族有贵贱』的另一种姓氏等级制度。虽然涉及的社会层面较为有限，但其严酷程度却超过了魏、晋、隋、唐以往各代。如『圣裔』『国姓』与各种『贱民』，其社会地位、等级差异，实有天壤之别。

所谓『圣裔』，是指古帝圣王和历代名贤的嫡派子孙及其宗支近族。由于祖宗的功德、荫庇，他们世沐皇恩，备受优待。而这一风气，可追溯到周初的分封制度。据《史记·周本纪》记载，周武王灭商后，『追思先圣王，乃褒封神农之后于焦（今河南陕县），黄帝之后于祝（今江苏赣榆），帝尧之后于蓟（今天津蓟县），帝舜之后于陈（今河南淮阳），大禹之后于杞（今河南杞县）』，从而开创了封赏、崇尊『圣裔』之制。历代王朝皆沿用不废，只是在规格、礼仪上有所不同。至今在海外华裔侨胞中仍有『舜裔五姓』（虞、姚、陈、胡、田）、『尧裔十姓』（祁、陶、唐、刘、范、丹、杜、随、尧、向）等宗亲社团。其间的姓氏或有不同，或有多寡，但凡是尧、舜后裔，都以『圣裔』为荣，成为血缘凝聚的纽带。

除古帝圣王之外，历代名贤大德的后人也能享受此种殊荣。如儒家学派的孔子，生前就享有『圣人』之誉。及至汉代『罢黜百家，独尊儒术』，孔子更是被历代王朝推崇备至，累受褒封。宋代大中祥符元年（一〇〇八年）敕封其为『玄圣文宣王』，大中祥符五年（一〇一二年）改封『至圣文宣王』，至和二年（一〇五五年）宋仁宗封孔子三十五代孙孔宗愿为『衍圣公』，世代相袭，后又赐田一百大顷以供祭祀之用。元大德十一年（一三〇七年）封其为『大成至圣文宣王』，明嘉靖九年（一五三〇年）封其为『至圣先师』，清顺治十四年（一六五七年）封其为『大成至圣先师』，民国三年（一九一四年）也加以『大成至圣先师』的尊号。历代王朝不仅为孔子建祠立庙，对孔子后裔也优免各种『杂泛差役和田粮赋税』。孔府子弟因系『圣裔』之后而备受各种优待和尊荣。其子辈用字也由朝廷钦赐，就连孔子的门徒和再传弟子颜回、曾子、孟子，也获得了『复圣』『绍圣』『继圣』『亚圣』的称号。孔、孟、颜、曾的子孙后裔也享有功名、科举及免除徭役赋税等多种特权。此外，周公旦也被后人尊为『元圣』，清康熙二十三年敕封其后裔为世袭五经博士，赐予良田，免除徭役。

至于贵为皇室宗支的历代『国姓』子孙，更是自两汉以来就建有宗室簿籍、帝王玉牒，享有各种特权。若有谋逆大罪等严重犯法的行为，则被削除宗籍，打入另册，降为庶民平姓。因而『国姓』『宗籍』不仅仅享有各种特权，而且也是一种特殊身份的户口另册。在清王朝时，曾将『国姓』分为『宗支』和『旁系』两大类别，凡努尔哈赤之父清显祖塔克世的直系子孙，都是宗室，系金黄带子为标志，俗称『黄带子』；塔克世的叔伯兄弟的旁系子孙，都称『觉罗』，系红带子为标志，俗称『红带子』。每岁终，由宗人府记之于表，名曰《星源集庆》。『黄带子』和『红带子』因系国姓，无论有无官爵，都享有多种特权。即使宗室子弟在外面的私生子，也被称为『觉罗禅』，享有一定特权。

与圣裔姓系和历代国姓的尊荣华贵相比，宋、元以来，迄于明、清，一些载入另册的贱民姓系则是沉沦地狱，凄惨无比。史志所载的『疍家七姓』『堕民六姓』和『江山九姓』，即是其例。

『疍家七姓』是指宋、元以来生活在我国福建、广东等沿海地区，长年漂浮江海的一个水上居民群体，又称『疍户』或『疍民』。『疍』有『蛮夷』之意，特指水居之蛮，户籍上被列为『贱民』另册。疍家世代以捕鱼割蚝、取蚌采珠为生，也有的从事水上运输。旧时广东一带有疍家七姓的说法，特指麦、濮、苏、吴、何、顾、曹七姓。但疍民分布较广，可能不止七姓。

封建官方对疍民十分歧视，不准其上岸定居，不准其入学应试，不得衣着华服，不准与陆上人家通婚，喜庆不准张灯结彩，上岸不准穿鞋……其身份之卑微，尚不及陆上人家之奴仆。

直到清朝雍正年间，才开豁疍民贱籍，成为良民。民国初期广东省民政厅又颁布了《严禁压迫疍民恶习》的政令。但囿于多年的积习和成见，陆上居民对疍户的歧视和压迫仍然积习难改。据一九三二年广州人口调查，全市人口一〇四万，疍民在十万至十五万之间，仅疍艇就有两万多艘。同年在珠江流域一带的疍民不下一百万人。其中虽有一部分上陆地居住，但生活条件仍十分恶劣。

新中国成立之初，中央政府组织进行民族识别工作，曾有人建议将疍民列为少数民族。但由于疍民汉化程度较高，疍民也不愿单列为少数民族，最后归为汉族。但也有疍民后裔仍自称是『水上人家』。

与疍民身份相似的还有所谓的『堕民六姓』。『堕民』是指明清时期分布在浙东宁、绍二府所属各县的一个不入『四民』（士、农、工、商）的特殊族群，也被列入贱民另册。据说其族群原是南宋时将领焦光瓒部属，金军南下时不战而降，为国人所不齿，被贬为『堕民』。明洪武年间制定户籍时正式将之打入另册。

『堕民』有『六大姓』与『六小姓』之分。『六大姓』指应、裘、孙、叶、千、柯，『六小姓』指彭、苏、金、钱、周、张。其实，据文献记载，除大、小六姓外，尚有殷、章、陈、严、池等，也是浙东堕民中的常见姓氏。

堕民的境遇也很悲惨，官方规定，堕民不得操持士、农、工、商『四业』，只能从事收旧货、卖鸡毛、捉青蛙、做戏等『贱业』；妇女们则是每逢过年过节，就去她们所认为是主人的家里道喜、庆贺，有婚丧庆吊之时也要去帮忙。平日不准『堕民』和『四民杂处』，也不准任意迁出。如旧时绍兴三埭街为堕民集中之地，被称为『堕民街』。堕民也不准与『四民』通婚，只准在『六大姓』、『六小姓』中自相嫁娶。

明清时期与『疍民、堕民』同样被打入另册的另一个群体是『江山九姓』，是散居于富春江、桐江、东阳江、衢江等水域上的一个特殊群体。他们或以捕鱼为生，或以运输为业，终年漂泊在水上而不准登陆居住，也不准与他族通婚，更不准科举入仕。

『江山九姓』共有陈、钱、林、李、袁、孙、叶、许、何九个姓氏，俗称『九姓渔民』。其来历说法不一。较有影响的说法是，元朝末年，渔户出身的陈友谅起义反元，部下多为长江中下游流域的渔户，英勇善战，成为反元义军中的一支劲旅，并自立国号称为『大汉』。陈友谅称为汉王，年号大义。为争夺天下，陈友谅与朱元璋多次展开激战。最后在鄱阳湖大战中，陈友谅兵败身亡。朱元璋为泄积怨，下令把陈友谅部下及其子孙后裔贬为贱民，打入另册，永远禁锢水上，不得登陆居住，不得科举入仕，不得与他族通婚。

据董振藻先生在二十世纪二十年代实地调查，『九姓渔民』主要分布在兰溪、衢县、桐庐三县，人口约两千人。[三]另据民国十七年（一九二八年）兰溪县长余名铨调查报告，兰溪一带的水上居民除『九姓渔民』外，尚有江、唐、胡、徐、施、季、潘、鲁、方、张、王、吴、金、黄、郑、郎、于等姓氏。[四]有的人认为这些姓氏或是『九姓渔民』的赘婿，或是其他贫苦民众新加入的成员。但『江山九姓』所指的当是明初被贬的九个姓氏族群。

综上所述，可知在等级森严的封建社会里，标示家族和宗族的姓氏符号，也被打上了阶级的烙印和历史的印痕，姓氏也有高低贵贱之分，户籍还有『正册』『另册』之别。『氏明贵贱』的社会功能竟然被封建帝王用到了如此登峰造极、惨无人道的境地，成为中华姓氏上最为黑暗的一幕。民国以后，虽然被明令废除，但作为中华姓氏上的怪胎，也有其反面的解剖意义。

【注释】

〔一〕 参见《汉书·食货志》。

〔二〕 转引自陈明远、汪宗虎：《华夏姓氏趣谈》，北京出版社，一九九四年四月版。

〔三〕〔四〕 转引自完颜绍元：《姓氏百问》，上海古籍出版社，二〇〇二年四月版。

第三章　姓氏的发展演变与民族交融

中国是一个统一的多民族国家，由五十六个兄弟民族组成。其中汉民族人口最多，约占全国人口总数的百分之九十四；其他五十五个少数民族的人口数量多少不等，相差很大。各民族在缔造统一的多民族国家的历史进程中，不断地促进经济上的联系和文化上的交流，使得不同的政治制度彼此影响，繁多的姓氏制度互相渗透。在我国五十五个兄弟民族中，姓氏制度完备的有四十多个，有名无姓或父子、母子连名制的也有十多个。少数民族所占人口比例虽然不大，仅百分之六左右，但拥有的古今姓氏却十分繁多。在我国历史上先后出现的和正在使用的一万两千多个姓氏中，约有二千个来自少数民族，占中华姓氏的六分之一，是构成中华姓氏的重要组成部分，使中华姓氏蕴含了浓厚的民族色彩。

中国历史上的每一次民族交融，都促进了当时社会的历史进程，也极大地丰富了中华姓氏的文化内涵，促成了中华姓氏的发展演变。春秋战国之际的『夷夏交融』就是中华姓氏发展演变的第一次高潮，也奠定了以华夏族为主体的中华姓氏体系。及至秦汉一统，编户齐名，姓氏合一，确立了以汉民族为主体的『今姓体系』。魏晋、隋唐及宋、元、明、清，『胡姓汉化』成为历代姓氏充实发展、传承演变的重要内容。新中国成立后，各民族平等互助，团结发展，构建了中华民族多元一体的大家庭的格局。

第一节　先秦时期的夷夏交融

『华夏』一词，原指先秦时期的中原地区，华夏民族即是三皇五帝及夏、商、周三代生活于中原地区的各氏族、部落和部落联盟的统称，其核心部分就是炎黄集团。由中原地区的炎黄集团与周边地区的东夷、西戎、南蛮、北狄构成了以地域方位、历史渊源、语言文化、民风习俗相互识别而又自我认同的先秦五大民族体系。孔子云：『裔不谋夏，夷不乱华。』裔、夷相通，四裔即四夷，指中原地区以外的边民，有贬抑之意。唐代孔颖达疏云：『中国有礼仪之大，故称夏，有章服之美，故称华。』[一]『华夏』合称即表示盛大、华美之意。而『华夏』之得名，源于夏朝，作为中国历史上出现的第一个国家，是中华文明起源的重要标志。直到春秋时期，西周所分封的诸侯尚被称为诸夏，又称诸华或华夏。周边地区的属国、附庸则被称为『夷戎蛮狄』；甚至连春秋时期称王称霸的『秦、楚、吴、越』在太史公司马迁笔下，也被称为『戎狄』。[二]

夷、戎、蛮、狄是夏、商、周时期中原华夏族对周边其他氏族部落或部落联盟的泛称，并以大致的地理方位，将之分别称为东夷、西戎、南蛮、北狄。有时还作蛮夷连称、戎狄连称，或夷夏对举、戎华对举等。其实严格地讲，这全是远古时代的原始民族概念，不能与近代民族等量齐观；而且联系地域方位的举称方式也不完全符合史实。事实是中原也有夷狄，四边也有华夏。如商人本出东夷，周人本出西戎，只是各自的发展速度有快有慢，这才有了不同群体的区分。其后，又因通婚、迁徙乃至战争等缘故，相互交往与影响，所谓『由夷变夏』『用夏变夷』，促成了夷、戎、蛮、狄各种血统一应俱全的华夏民族的形成与壮大。所以有人说，一部先秦史就是中国上古的民族形成史，华夏是夷、蛮、戎、狄异化又同化的产物。而许多与古代民族称呼相一致的姓氏，就是这一由夷变夏过程的历史见证。

一 炎黄集团

炎、黄二帝是中华民族所公认的人文初祖，『炎黄子孙』是中华各族人民共用的称谓。自古以来在中华大地就流传着许多关于炎、黄二帝的神话传说。在我国现存的第一部神话故事集《山海经》中和传世的第一部姓氏、谱牒学的开山之作《世本》一书中，以及我国第一部纪传体正史《史记》中，都有关于炎、黄二帝的历史传说。

据《史记·五帝本纪·正义》引《帝王世纪》云：『神农氏，姜姓也。母曰任姒，有蟜氏女，登为少典妃，游华阳，有神龙首，感生炎帝。人身牛首，长于姜水，有圣德，以火德王，故号炎帝。』又作按语：『黄帝，有熊国君，乃少典国君之次子，号曰有熊氏。……母曰附宝，之祁野，见大电绕北斗枢星，感而怀孕，二十四月而生黄帝于寿丘。……以土德王，故曰黄帝。』

《国语·晋语四》亦说：『昔少典娶于有蟜氏，生黄帝、炎帝。黄帝以姬水成，炎帝以姜水成。成而异德，故黄帝为姬，炎帝为姜。』由此可知，黄帝、炎帝的父族是少典氏，母族是有蟜氏。炎、黄二族是有一定亲缘关系的『双胞族』。而这种既按父系方面计算世系，又标明母系世系的现象，说明炎黄时代正处于母权制衰亡、父权制确立的转化时期。

随着社会生产力的发展，炎、黄二族从母系氏族中分离出来，沿着渭水流域向东迁徙。炎帝族由渭水流域东北方向黄河中下游的河北、山东一带迁徙，黄帝部族则沿渭水流域的东南方向向山西、河南等中原地区迁徙。炎、黄二族在中原地区会合后，结成部落联盟，即炎黄集团。炎、黄二族为争夺部落联盟领导权，很快发生了矛盾。经过三次激烈的战斗，黄帝族终于在『阪泉之战』中取得了决定性的胜利，巩固了部落联盟的领导地位。炎黄集团成为中原地区最强大的部落联盟。之后在涿鹿之战中又击败了蚩尤为首的苗蛮部落，征服了东夷少昊部落，确立了其位居中央的领导地位，传衍了夏、商、周三代王朝，开创了中华民族五千年的文明历史，也构成了汉族的前身——华夏族的主体，因而炎、黄二帝被尊为中华民族的人文初祖。

二　东夷集团

东夷，是泛指生活于黄河下游、淮河以北的今山东、江苏、安徽等地域的古老氏族部落或部落联盟，因其由淮夷、莱夷、凤夷、黄夷、白夷、赤夷、徐夷等多个部族组成，故有『九夷』之称。是很早就与炎黄集团发生密切关系的一个集团，是太昊伏羲氏、少昊金天氏的后裔。

传说黄帝击败炎帝集团，成为炎黄集团的共同首领后，又向东夷地区扩张，在涿鹿之战中杀死苗蛮集团首领蚩尤，于是东夷集团臣服于炎黄，成为炎黄酋邦的新成员，也成为华夏族最初的成员。『五帝』之中的颛顼、帝喾（即《山海经》中的帝俊）即是拥有炎黄与东夷双重血统的人物。其下各自拥有伯虎、仲熊、叔豹、季狸等『八恺』、『八元』八个氏族部落，圣王帝舜即其后人。舜时的辅政大臣皋陶即属东夷，其子伯益也因治水有功，被封为四岳。中华姓氏中之舜裔十八姓：虞、姚、妫、陈、袁、王、田、陆、胡、孙……皋陶后裔之群舒、英、六，伯益后裔之嬴、秦、李、赵、徐、江等皆属东夷后裔。而子姓商朝，也是以鸟为图腾的东夷后裔建立的。『玄鸟生商』更是流传甚广的历史神话。由此可见，东夷集团参与了华夏民族最初的形成过程，是华夏民族重要的来源之一，也即中华姓氏的主要成员之一。

另一方面，亦有许多的东夷部落，主要是分布于泰山周围及其东至于海、南至淮河的部落仍按照其固有的文化传统发展，历夏、商、周三代，一直被称为东夷。如夏、商之『人方』『尸方』『虎方』，周代之徐夷、淮夷等。

西周初年，周公在平定『三叔之乱』后，出兵东征，灭掉东夷薄姑、奄等国，并于其地分封齐、鲁等国，大力推行华夏文化，采取『变其民，革其俗』的强硬措施，但遭到东夷部族的激烈反抗。周穆王时徐夷首领徐偃王率领九夷造反，进犯镐京，兵锋直逼黄河边上，控制了洪水、泗水以东五百里的地方，有三十六国被其降服。后周穆王率师反击，并在荆楚的帮助下击败偃王。徐偃王败退至彭城武原东山之下，百姓随之数万，因名其山为徐山。周宣王这时又命召公率师讨伐淮夷，解除对周王室的威胁。

春秋时期，山东半岛的东夷之国尚有任、宿、须句、颛臾、莱夷、根牟、莒、介、郯等，先后被齐、鲁兼并吞灭。另有淮夷、徐夷分布于今江苏、安徽的淮泗之间；群舒各部分散于安徽中部之舒城、巢县一带，分别建立了徐、江、葛、黄、钟离、英、六、鸠舒等国，先后被楚、鲁、吴、越兼并吞灭。其国人即以国为氏，是为徐、江、黄、葛、钟离等姓之来源。

秦灭六国，一统天下，东夷各部族随齐、鲁等国自然而然地融入了中原华夏族中。富有地域特色的齐鲁文化，即是东夷文化与华夏文化融合的产物。东夷诸姓和齐、鲁公族之姜、姬、田、陈、高、国诸氏，以及东郭、闾丘、公冶、南宫、叔孙、孟孙、季孙、子尾、子车等数百个姓氏都成为华夏姓氏中的重要宗支。

三　南蛮集团

南蛮集团是中原华夏民族对南方地区各部族的泛称。南蛮也称『苗蛮』『三苗』『三毛』『有苗』『苗民』。他们自认为是盘瓠之后裔，盛传着女娲、伏羲兄妹相婚，或女娲抟土造人的神话传说，由以蛇为图腾的女娲氏族、以神犬为图腾的盘瓠氏族以及驩兜、祝融等多个部族或部落联盟构成，族系成分较为复杂，地域跨度很大，西起巴蜀，东到江西，南至湖广，北达豫中，主要分为『三苗』『百越』两支。

『三苗』集团与中原华夏民族交流较早，与炎黄征战蚩尤后即被尊为苗蛮首领。在尧、舜、禹时期，也与中原炎黄集团多次发生冲突。历史文献中有舜帝南征的传说。『三苗』战败后，一部分臣服炎黄集团，融入华夏族中；相当一部分战败后向南方或西南地区迁徙，成为楚之先民，或苗、瑶等少数民族的祖先。

据文献记载，楚之王族芈姓，即出自祝融八姓中的幼子季连，于夏朝末年迁至汉水中游。商朝末年楚之先民已与中原地区之商、周二族密切接触，楚之酋长鬻熊曾参与周之伐商行动，故而史称鬻熊为『文王之师』。周初分封诸侯，楚被封为子爵之国，迁于湖北荆山，故又称『荆楚』。春秋时，楚国先后灭掉庸、濮、罗、卢等苗蛮小国，成为南方强国。楚之公族分为屈、景、昭三大支系，号称『三闾』，屈原即曾做过宗室的『三闾大夫』。庶族则有熊、鄂、罗、龚、督、申、斗等众多姓氏。

『百越』，是生活于长江中下游及东南沿海的部族集团，因部族、支系众多，故称『百越』或『百粤』。夏朝初年，大禹曾会天下诸侯于会稽，说明『百越』已与中原华夏民族有所交流、接触。商朝也曾派兵进入百越，掠取百越之地的丰富铜矿，考古发现的今湖北黄陂的盘龙城商代遗址，即是明证。

百越民族形成的标志，是吴、越二国的建立。在夏、商及周初，他们处于群越杂处，各有种姓的分散状况。据《史记·吴太伯世家》所载，从吴太伯至寿梦，经过十九代，约六百余年的发展，才使一个『断发文身』的原始部落，逐步进入了有国家政体的阶级社会。越国的建立稍晚于吴国。自夏少康庶子传二十余代到允常时，大约也经过六百年的发展，才由允常称王建国。这反映了百越原始社会的解体，也标志着百越由血缘关系的部落群体转化为地缘、政治结构的国家雏形，同时反映了中原文化对百越的影响。

春秋时期，吴、越二国在长江中下游、钱塘江地区迅速崛起，兼并了众多的百越小国，并北上中原，争霸称雄，成为长江中下游地区华夏族的重要来源。百越诸族『各有种姓』的多个姓氏，如于、越、勾、吴、顾、陆、朱、张、欧阳、偪阳、余、杭、舟、鄢，也由此成为中华姓氏中的重要支系。

四　巴蜀集团

巴蜀集团是居于长江上游的巴人、蜀人组成的，其族群不属于南蛮系统，但《后汉书》等史书中将之归于『南蛮』或『西南夷』，统称巴蜀。巴人分布于今之鄂西、川东和陕西关中一带，曾参加过周武王伐纣战争，周初被封为巴子国，由江汉平原西移到重庆地区。巴人酋长有罗、朴、督、鄂、度、夕、龚七姓，巴南则有盘、冉、元、巴、李、田六姓，自称出自盘瓠氏，为帝喾高辛帝三公主与神犬盘瓠的后代。春秋战国之际，巴人十分活跃，与楚、邓、蜀、庸交往频繁，军事上常有争斗，文化上互相影响。公元前三一六年秦灭巴，置巴郡，大大加速了巴人各族华夏化的进程，成为西南地区华夏族最初的来源。但相当一部分巴人仍保持着固有的文化传统，成为汉代巴郡南蛮的主要成员，巴人中的廪郡蛮与今天之土家族有直接的历史渊源。

蜀人及其所建蜀国是长江上游地区文明发达最早的古代民族和国家。故而李白在《蜀道难》中有『蚕丛及鱼凫，开国何茫然』的感慨。其活动中心在四川盆地西部，全盛时达到陕西南部和云南北部，融合了当地的许多部落。传说蜀人也系黄帝后裔，在今四川绵阳有黄帝正妃嫘祖的古迹遗踪。至迟在商代，蜀人与中原地区已有密切交往，深受中原华夏文化的影响，是参加武王伐纣的八大方国（庸、蜀、羌、髳、微、卢、彭、朴）之一。一九八六年在四川广汉发掘的三星堆遗址，出土了大量精美的陶器、玉器、青铜器、金器。据专家初步考证，当是鱼凫、杜宇王朝的遗物，距今已有三千多年的历史，相当于中原殷周时代。春秋战国之际，蜀国日益向西南扩张，与中原地区的交往进一步加强，公元前三一六年，秦灭蜀，置蜀郡，移民入蜀，设官治理，著名水利专家李冰即曾任蜀郡太守，其所筑都江堰两千多年来造福川中平原，使之成为旱涝保收的天府之国。先秦时期，巴南七族、六姓之督、罗、朴、鄂、度、夕、龚和盘、舟、谭、巴、季、田，以及廪君后裔，除一部分保留其固有的传统姓氏习俗外，大都融入华夏姓氏之中。

五　西戎集团

西戎，是华夏族对分布于西部地区古代各族的泛称。『戎』作为族称出现较晚，大约在西周时期。此前其被称为羌方和鬼方，自称为炎帝后裔，与华夏族有很深的渊源关系。古代羌、姜相通，用作族称为羌，用作姓氏则写作姜。炎帝即为姜姓，周之始祖母姜嫄也出自羌族。早在殷商时期，就有羌人融入华夏族中。据甲骨文所见，羌人常常在战败后被商人俘作奴隶。如武丁时期就杀掉三百名羌人作为人牲用来祭祀。西周以后，羌人称谓逐渐被『戎』所取代。戎的种族很多，有西落鬼戎、燕京之戎、余无之戎、瓜州之戎等。〔三〕

商朝末年，周先王季历曾多次征伐西戎，迫使西戎臣服于周。周立国后，西戎更被作为周之属国。周穆王西征犬戎，并将其中一部分迁于太原（今之泾水流域）。从此，西戎与华夏族密切接触。西周末年，因周幽王无道，废申后所生太子宜臼，另立褒姒之子为太子，申侯联合犬戎起兵伐周，杀幽王于骊山之下，西周灭亡。犬戎乘机大乱关中，广泛分布于泾渭流域。春秋时期，戎人继续东迁，中原关东地区都有戎人分布，如晋国之姜戎与河南伊洛一带之陆浑戎即戎人东迁之族群。春秋中后期，河西诸戎多为秦所并，史称秦穆公拓地千里，灭西戎二十余国；关东诸戎也为晋国所兼并，融入华夏族中。

六　北狄集团

北狄是中原华夏族对北方诸族的泛称，《史记·匈奴列传》称：『唐虞以上有山戎、猃狁、荤粥，居于北蛮。随畜牧而转移。』夏代荤粥与夏相邻，有密切交往。殷商时期北方有土方、鬼方、舌方成为北方强敌。甲骨卜辞中记载的武丁征伐鬼方多达三百余次。对鬼方战争历时三年才最后平定。西周时鬼方和猃狁多次骚扰边疆。《小盂鼎》记载周康王二十五年时和鬼方发生一次大规模战争，击败鬼方，俘获一万三千多人，酋长四名，以及牛、羊、马匹众多物资。周穆王、周宣王时也多次对猃狁发生战争，由大臣南仲击破猃狁，筑城朔方，大臣尹吉甫也曾『薄伐猃狁，至于太原』。

春秋时，北方诸侯或称猃狁为狄、翟，或称『戎』，主要分长狄、赤狄、白狄三种。《山海经》称北狄为黄帝之孙始均后裔，舜帝时也曾『北教乎八狄』，传授华夏文化。经夏、商、周三代的征战、交流，北狄各支纷纷进入中原华夏地区。

赤狄为鬼方后裔，隗姓，即媿姓，为上古二十二古姓之一，是北狄中最强大的一支。春秋时主要分布在今山西省上党地区。有潞氏、皋洛氏、留吁氏、甲氏、铎辰氏、廧咎如氏六大支系。其中潞氏最为强悍，抢占了商周时期黎侯封国（今黎城），建立潞国，并不断地向周边扩张，侵伐晋国，迫使晋成公将长女伯姬嫁给其君潞子婴儿以和亲。但潞国执政者酆舒不久又杀死伯姬，兵临晋国绛都不远的清源地界。于是晋国集聚力量，于公元前五九四年派大将荀林父率师伐潞，灭掉潞国，解除了一大边患，荀林父因功被赏给『狄臣千室』。次年（公元前五九三年）春，晋国士会再次率兵讨伐赤狄，灭掉了甲氏、留吁、铎辰诸部，改留吁为纯留邑（今山西屯留），赤狄之地归入晋国版图。

白狄为猃狁后裔，姮姓，也为上古姓氏。春秋前期分布于陕北一带，后迁河北石家庄一带，与晋国相邻，主要由鲜虞氏、肥氏、鼓氏、仇由氏几个氏族组成。肥、鼓、仇由先后为晋所灭，鲜虞国则在河北中山建立了中山国，公元前四〇六年，魏文侯灭中山国。公元前三八一年，中山复国。公元前二九六年，中山国亡于赵国。

长狄主要分布于西起今山西临汾、长治，东至山东的狭长地带，后被齐国所灭，融入华夏集团。

七　夷夏交融

春秋时期的民族交融，不仅通过辐射、涵化等多种形式，促进了各民族之间政治、军事、经济上的交流，而且在文化礼仪、婚姻习俗、姓氏制度等各个领域也相互渗透。

《国语·周语》说：『王德狄人，将以其女为后。』《左传·庄公二十八年》云：『晋献公娶二女于戎，大戎狐姬生重耳，小戎子生夷吾。』重耳即后来的春秋时五霸之一晋文公。他在逃难流浪途中又娶赤狄廧咎如部族之女季隗，生伯鯈、叔刘；至于姬姓血统的晋国公族与戎姓血统的秦国相互联姻更成为历史佳话，至今仍以『秦晋之好』形容婚姻嫁娶之姻亲关系。

又如南方大国楚国，春秋初期自称『蛮夷』，但到春秋后期受到中原文化的深刻影响，诵读《诗经》、使用华夏文字，并宣称其始祖鬻熊为黄帝有熊氏后人，曾为周文王之师，向往华夏文明。

而『断发文身』、被称为『荆蛮』的吴国，一向不与中原往来，到春秋后期则派季札到鲁国观礼，并对夏、商、周三代的礼乐、仪制作出了精当评价。吴国君臣更是以周太王嫡派子孙自诩。

以上种种，都表明春秋时期的民族融合已是历史潮流和发展趋势，在这种历史潮流的推动下，战国时期的民族交融以更深的程度、更广的范围、更快的速度继续进行。如楚国，继春秋时期征服群蛮百濮、卢戎等诸多部族，吞灭二十五国之后，战国时期进一步扩大疆域，兼并了南方最后一个大国越国，成为战国时期人口最多、国土最大的诸侯之国。经过八百余年的经营，其文化程度越来越高，民族间的融合越来越深，产生了《楚辞》等文化经典和屈原、宋玉等文学大家。而屈原所作《离骚》，开篇首句即道出了其对华夏苗裔的崇仰之情：『帝高阳之苗裔兮，朕皇考曰伯庸。』自叙其家世渊源（即楚王族）来自『五帝』之一颛顼的历史根脉。

再如赵国，是战国后期仅次于秦的强国。其中一个重要的因素就是赵武灵王推行了游牧民族『胡服骑射』、富国强兵的改良措施。他对保守派首领公子成说：『夫服者，所以便用也；礼者，所以便事也。是以圣人观其乡而顺宜，因其事而制礼，所以利其民而厚其国也。被发文身，错臂左衽，瓯、越之民也；黑齿雕题，鳀冠秫缝，大吴之国也。礼服不同，其便一也……不一其用，果可以便其事，不同其礼。儒者一师而礼异，中国同俗而教离，又况山谷之便乎？故去就之变，知者不能一；远近之服，贤圣不能同。』〔四〕这段论述从服饰、骑射等日常习俗中深刻地反映了战国时期民族融合、互相学习的历史趋势，既是中原华夏文化吸收北方少数民族文化的明证，也是民族融合的实例。

秦国是战国时期的后起之秀，本是处于诸戎杂居的边疆小国，秦穆公时拓土开疆，吞并了西戎诸国成为西方霸主。秦孝公时又任用商鞅实行变法，成为战国七雄中第一强国。先后兼并了巴蜀等西南各国，设置黔郡、三川郡、巫郡、蜀郡多个郡县，成为西方各族的凝聚中心，从而形成战国末期东有齐（鲁）、南有吴（楚）、北有燕赵、西有秦（蜀）的四大格局。也就是说，此时的华夏民族仍然是一个分散的、不统一的民族雏形，即《说文解字》中所说『田畴异亩，车涂异轨，律令异法，衣冠异制，语言异声，文字异形』的状况。然而社会政治、经济的剧烈变动，民族融合的历史潮流，已引起了思想文化领域的深刻变化，大一统的思想理念逐步萌生。于是夏、商、周三代的祖先都纳入了黄帝苗裔的体系之中，出现了『夏后氏禘黄帝而郊鲧，祖颛顼而宗禹；殷人禘喾而郊冥，祖契而宗汤；周人禘喾而郊稷，祖文王而宗武王』的祭祀礼仪。〔五〕秦之先祖归于『帝颛顼之苗裔』；〔六〕楚先祖出自帝高阳氏颛顼。〔七〕同源共祖的传承谱系日渐形成。各诸侯国不同姓氏的统治者都变成了以黄帝为共同始祖的族属、后裔，黄帝成为天下诸侯各国、各族共同崇拜的始祖之神，中华姓氏有了同源共祖的凝聚核心。据何光岳先生《中华姓氏源流史》统计，由黄帝族直接传衍的姓氏有一百八十多个，而黄帝族系之下还分为『尧帝支系』『舜帝支系』『夏支姓氏』『商支姓氏』『周支姓氏』『少昊支姓氏』『祝融支姓氏』及『散姓』八大支系，约四百二十个姓氏，成为中华姓氏的主流支派。

由于黄帝集团最初是由炎帝、黄帝两大部族组成，文献中也多以炎黄集团相称，而炎帝族传衍的姓氏也多达四百余个，所以炎黄姓氏成为中华姓氏的代称，中华民族也由此被称作了『炎黄子孙』。

【注释】

〔一〕《左传·鲁定公十年》，《十三经注疏》，影印本，中华书局，一九八〇年版。

〔二〕参见《史记·秦本纪》，中华书局，一九五九年版。

〔三〕参见《礼记·祭法》。

〔四〕参见《战国策·赵二》。

〔五〕参见《礼记·祭法》。

〔六〕参见《史记·秦本纪》。

〔七〕参见《离骚》。

第二节 汉魏隋唐的『胡姓汉化』

先秦时期的『夷夏交融』，促成了民族大融合的历史潮流，铸成了多元一体的华夏民族；而秦汉以来历代的民族交融，又演绎了一幕幕波澜壮阔的『胡姓汉化』的历史画卷，极大地丰富了中华姓氏的文化内涵和民族特色，构成了以汉民族姓氏为主体的中华姓氏。

『汉族』一词，是汉代以来周边各族对中原华夏族的称谓，也是秦汉以来存在的一个民族实体。秦始皇统一六国之后，实施了『书同文』『车同轨』『废封建』『置郡县』等一系列统一措施，成为继夏、商、周之后的一个正统王朝。秦国的声威远播四域，华夏族一度被称为『秦人』。而西域诸国更是习惯把华夏族称为『秦人』。印度、日本等国称中国为『支那』『至那』，便是今天西方人称中国为China的根源。但是由于秦王朝只存在短短的十五个年头，因而『秦人』的称谓在中国文献典籍中很少见到。继之而起的大汉王朝，历经东汉、西汉长达四百年的统治，不仅享国时间长，而且国势强盛，拓土开疆，声威远播。在对外交往中，汉朝军队被称为『汉军』，汉朝使节被称为『汉使』，汉朝之民被称为『汉人』。尤其是在西汉王朝通西域、伐匈奴、征高丽、平西羌、收闽越的一系列军政外交和经贸活动中，华夏族之名遂被汉族取代。『胡姓汉化』即是在历代王朝的兴衰更替、民族交融的进程中，周边少数民族受汉文化影响，将本民族汉化或改为汉姓的一种文化现象。其间既有汉民族向周边地区军事、政治、经济、文化的传播、辐射，也有对周边少数民族的兼容、涵化。经过两千多年的发展演变，形成了当今以汉民族为主体、兼具多民族特色的中华姓氏体系。

一 两汉王朝的『胡姓汉化』

两汉王朝是中国历史上声威远播的封建王朝，尤其是自雄才大略的汉武帝开始，北伐匈奴，西通西域，东征乌桓、东胡，西南征服西南夷诸族，使大汉王朝成为地域辽阔、民族众多的封建王朝，为汉民族的形成和汉姓的确立奠定了基础。其军事、政治、经济、文化的辐射、传播、渗透力度大大超过了大秦帝国，成为民族大交融的黄金时期，也是胡姓汉化的第一次高峰。

战国时期，匈奴崛起，雄踞阴山、河套一带，成为秦、汉王朝的北方边患。秦始皇派大将蒙恬率兵三十万北伐匈奴，并移民三万户充实边外，同时将秦、赵、燕三国之长城连接起来，抵御匈奴南下。西汉初年匈奴更加强盛，东破东胡，西击月氏，北服浑臾、丁零，南并楼烦，控制了东起辽东、西至河西、南达长城的广大地区，构建了贵族统治的国家组织，由挛鞮氏世袭单于之位，呼衍氏、须卜氏、丘林氏、兰氏为四大贵族。

公元前二〇一年，匈奴冒顿单于乘西汉刚刚立国之际，率兵南下，兵围马邑；次年又进围晋阳（今山西太原），汉高祖被迫御驾亲征，又被困于平城白登。之后，汉王朝实行『和亲政策』，以宗室公主下嫁匈奴，并以互开边市等政策，求得边境暂时安宁。汉武帝时国力强盛，一面派张骞出使西域，联络月氏等西域少数民族，一面派卫青、霍去病等出兵讨伐匈奴，收复河西、漠南大片土地。匈奴分裂为南北两部，归附汉朝的称南匈奴，留居漠北的称北匈奴。在汉王朝强大军事压力和政治、经济、文化等多项措施的影响下，南匈奴浑休王等部族及周边其他一些少数民族也与汉王朝频繁交往，接受汉文化的民风习俗，出现了『胡姓汉化』的现象。

据《史记》记载，两汉时期使用汉姓的少数民族人士有：汉武帝时的匈奴屠休王之子金日磾、乌桓族之高不识；西汉时有越族之阳都敬侯丁复；南越之区氏；朝鲜族之平川侯王挟、机侯张珞。王莽时有氐族庞怡、傅幡、齐钟留；巴氏之略阳李氏（西晋时建立成汉之李特先人）；东汉时有西南夷牂牁龙氏、尹氏、谢氏；越嶲高氏；武陵蛮之田氏、满氏、仇氏；俚族之张游；西域龟兹国侍子白霸、刘平国……计有张、王、李、刘、田、高、谢、白、金、庞、齐、区、仇、尹、满、丁、龙等数十个汉族姓氏被少数民族采用。

这一时期的『胡姓汉化』，出自多种形式。有的是以汉字音译，如蛮族之瞒氏，写作同音满氏；有的比附汉族大姓，如义渠公孙氏，则取『公孙』之尊贵；有的仿照汉姓习惯，以国、族、地为氏，如丁零人以狄、翟为姓；月氏人以支为姓（东汉有支娄迦汗）；天竺人以竺为姓（东汉时有竺法兰）；安息人以安为姓（东汉有安世高）；康居人以康为姓（东汉有康僧会）等。而汉武帝时之金日磾，则是汉武帝依据匈奴屠休人以金人祭天的习俗赐之曰金姓，开创了对胡人赐姓的先河。

二　北魏孝文帝的『汉化改革』

魏晋南北朝是继两汉、三国之后，华夏政权大动荡、大分裂的历史时期，也是北方各民族大融合的历史时期。因而形成了胡、汉交融，『胡姓汉化』的又一高峰。其主要原因是西晋末年的『永嘉之乱』而引发的『五胡乱华』。其主要标志是北魏孝文帝实施的一系列汉化政策。

所谓『五胡』，史指匈奴、鲜卑、羯、氐、羌五个少数民族，是与汉民族交往最多、汉化程度也较深的五个民族。

从东汉末年起，北方的匈奴、鲜卑、羯、氐、羌及乌桓等少数民族，开始大量内迁。到西晋时达到高潮，在北方广大地区形成了胡、汉杂居的局面，以至在汉族活动中心的关中地区，也出现了『戎狄居半』的现象。西晋『永嘉之乱』后，中原地区出现了以匈奴人建立的前赵和羯族建立的后赵两个割据政权。

匈奴亦称『胡人』。据《史记·匈奴列传》云：『匈奴，其先祖夏后之苗裔也。』也即古代文献中所称之『荤粥』『鬼方』『昆夷』『猃狁』『犬戎』，与华夏族有近亲关系。

汉代匈奴分裂为南、北两部，南下归附汉朝的称南匈奴，留居漠北的称北匈奴。南匈奴逐渐南移，东汉末年进入北地、朔方、五原、云中、定襄、雁门、代、上谷等今山西、陕西及辽宁、内蒙古河套一带。入塞匈奴因汉初和亲政策，刘姓公主下嫁匈奴，胡人从母姓刘氏。建立前赵的匈奴人刘渊本为呼韩邪氏，但却宣称自己是匈奴单于于扶罗之孙，左贤王左部帅刘豹之子，所以其所建前赵王国亦称『前汉』。早在西晋时，匈奴族独孤氏改为刘氏。四大贵族之须卜氏改为卜氏，乌洛兰氏改为兰氏，丘林氏改为乔氏。唯有呼衍氏保留了复姓称呼延氏。在匈奴支族屠各胡、稽胡、卢水胡中，使用的汉族姓氏已有张、王、李、赵、刘、陈、郭、范、郝、高、冯、曹、金、董、姚、梁、黄、马、毕、韩等数十个之多，也有的部族仍保留其复姓习俗。

建立后赵之石勒，则属于羯族，源出西域康居之国。两汉时期依附匈奴，为入塞匈奴十九种之羌渠部族，常常与匈奴混淆。其汉化以后的姓氏主要有王氏、张氏、冀氏、吴氏、桃氏、孙氏、侯氏等。羯族一向依附匈奴，散居于上党郡一带，与汉人杂处，改用汉姓。

氐族自称为盘瓠后裔，上古时代就与殷商有来往。魏晋南北朝时居于武都郡及甘、凉一带，后逐渐入关与汉人杂处，改用汉姓。在其日常使用的近四十个姓氏中，除『令狐』一个复姓及『伍、隗、苻、雷、啖、盖』等尚能看出少数民族的遗踪外，其余的张、王、李、赵、杨等，很难与汉族姓氏区别。

羌族又称西戎，西周时就有羌姓之戎与姬姓之戎，与华夏族有较近的血缘关系，散居于凉州（今宁夏、甘肃一带）各地，较早采用了汉姓，如后秦国的姚苌即是。此外尚有吕、宋、赵、董等汉化姓氏，而较多地保留了复姓的民族特色，后世称之为虏姓。

东胡鲜卑族世居辽东、辽西及塞外，东汉桓帝时檀石槐统一各部，始建立国家。魏晋之际，其诸部大人中的宇文氏、慕容氏、拓跋氏相继兴起，并渐次迁入内地与汉人杂居。慕容氏建立了后燕、北燕、西燕、南燕等国。拓跋氏建立了与东晋对峙的北魏政权。

在『五胡乱华』的二百七十年中，五胡统治者先后在华北及巴蜀建立了十六个割据政权，史称『五胡十六国』。

三八六年，鲜卑拓跋氏建立北魏政权，四三九年统一北方。传至北魏孝文帝拓跋宏时，因深受汉文化的影响，大力推行汉化政策。首先，将都城由鲜卑族聚居的平城（今山西大同）迁到汉文化发达的洛阳。同时废胡服，禁胡语，定汉语为国语，鼓励鲜卑人与汉人通婚。在短短三十年中，近百万鲜卑人基本实现了汉化。作为汉化的根本措施之一，就是实行『胡姓汉化』。初时，鲜卑人本无姓氏，北魏献文帝时始令南迁鲜卑人使用姓氏，但都是用汉字拼写的鲜卑语，故皆是复姓、三字姓、四字姓，不类汉姓。因此，太和十九年（四九五年），孝文帝颁布了《姓族令》，下令各部落的鲜卑复姓、代北复姓改为音、义相近的汉字单姓，并使用『姓』『族』两个称谓，确定其等级高下、门阀序列。〔一〕

《姓族令》颁布后，先从皇族十大国姓开始实行汉化：皇族拓跋氏改为元氏；献文帝之兄纥骨氏改为胡氏；次兄普氏改为周氏；次兄拔拔氏改为长孙氏。弟达奚氏改为奚氏；次弟伊娄氏改为伊氏；次弟丘敦氏改为丘氏；次弟俟氏改为亥氏；叔父之胤乙旃氏改为叔孙氏；疏属车焜氏改为车氏。同时将鲜卑贵族『勋臣八姓』中之丘穆陵氏改为穆氏，贺赖氏改为贺氏，独孤氏改为刘氏，贺楼氏改为楼氏，勿纽于氏改为于氏，纥稽氏改为稽氏，尉迟氏改为尉氏，步六孤氏改为陆氏。据《魏书·官氏志》所载，经过魏孝文帝的这次改革，鲜卑族的一百多个姓氏，除少数保留复姓之外，基本上都改为单字汉姓。

魏孝文帝的这次姓氏改革，一是取消了标志民族隔阂的胡、汉姓氏的界限，既考虑到保留胡姓的音、义本色，也尽可能地利用现有的汉族姓氏。胡姓改汉姓氏时不仅取用胡姓的第一个音节，也取用了中间音节或最末一个音节，很少另立炉灶，另起姓氏；二是胡姓汉化中为抬高鲜卑贵族的门第、阀阅，采用比附汉族大姓的渊源谱系的做法，使胡姓汉化的鲜卑姓氏与汉族同一姓氏者，归并为同一谱系。如：将匈奴贵族须卜氏改为汉姓卜氏后，同样将之追溯归附到汉代名人卜氏的谱系；将『蜀薛』比附于汉代薛广德之后。由于魏晋时期中原汉族特别注重郡望门第，因此孝文帝在此次改姓定族时，又与改变地望结合在一起。凡是南迁而来的胡姓一律改为中原籍贯，使用中原郡望，死后不得还葬代北。以『元』氏为首的鲜卑姓贵族全都注籍为河南。这样一来就使『胡姓汉化』后的姓氏从姓氏称谓、传承谱系到郡望门第、祖坟陵墓，从形式到内容全部汉化，使世人很难分辨出胡、汉界限，让迁移的各族胡人在社会地位上、文化认同的心理上得到最大满足，同时也未触犯中原汉族的自尊心理，因而使强制性的民族同化，未曾遇到大的社会阻力，成为一次相当成功的姓氏改革。

然而继北魏之后的东魏、西魏和北齐、北周政权，特别是东魏统治者高欢、西魏统治者宇文泰，都出自北方六镇，其政权的基本成员和核心力量都属于未南迁的鲜卑族人，文化习俗和心理认同上仍然保持浓厚的胡风。他们为争取鲜卑军事贵族的支持，都实行反汉化的政策，即讲鲜卑语，着胡服，复胡姓。如西魏宇文泰集团于大统十五年（五四九年），颁布法令：『初诏代人改姓者，并令复旧。』即要求北魏孝文帝时改为汉姓的代人恢复胡姓。在西魏恭帝元年（五五四年）又称：『魏氏之初，统国三十六，大姓九十九，后多绝灭。至是，以功高者为三十六国后，次功者为九十九姓后。所有军人，亦改从其姓。』〔二〕这是宇文氏集团推行『府兵制』所采取的一项重要措施。当时的新军将领，除六镇仍保持复姓不动外，其他人皆按军阶大小，将已改的汉字单姓恢复或改为鲜卑姓氏。同时对朝廷大臣和重要将领赐予胡姓。如李虎、阎庆并赐大野氏，李弼赐徒何氏，周摇赐车非氏，杨忠赐普六茹氏。而以宇文氏作为『国姓』，并将之赐予汉族大臣。如王杰、祖孝芬、崔谦、郑孝穆、抑敏等，即被赐为宇文国姓。而士兵亦皆以统帅之鲜卑姓为己姓，而不论其民族、属籍。

东魏、北齐时期，军政大权仍操在鲜卑族的军事新贵族手中，『汉人』倍受压抑，甚至被视为不值一钱的『狗汉』、『贼汉』。但『汉人』的含义却发生了重大变化，凡属被统治的『中国』各族均被视作『汉人』。所以清代学者李慈铭在《桃华圣解庵日记》中论述『汉人』名称起源时，断言：『中国人别称汉人起于魏末。』〔三〕近代历史学家陈垣作《通鉴胡注表微》时，亦称北朝魏齐之时，『夷夏不复能辨矣，故隋唐以后之鲜卑，悉成中国人』〔四〕。费孝通先生在其主编的《中华民族多元一体格局》一书中，更进一步指出：『北朝时，北方各族的皇室贵族均与汉人通婚，北魏太和年间，还诏令改北方各族之复姓为单姓，这就使得民族同化的步子大大加快。上述一百九十三个胡姓（指姚薇元《北朝胡姓考》中所列胡姓）本「非中国所有姓氏」，随着民族同化的步子，这些胡人终于消失在汉人之中，为汉人注入了新鲜的血液。』费孝通先生进一步指出：『纵观十六国、北朝二百七十余年的历史，北方暨西北少数民族大量进入黄河流域，他们与汉人杂居相处，互相交往，出现了民族间的大吸收、大融合，而其总的趋势则是化入文明程度较高的汉族。姓氏上的变化即反映了这一过程，可以说，姓氏的变化是民族同化的重要标志。』〔五〕

三　李唐王朝的『广赐国姓』

李唐王朝是中国封建社会大统一、大发展的历史时期，也是继南北朝以后民族大杂居、大融合的时代。胡姓汉化、汉姓胡化、胡汉互化成为这一时期姓氏文化的基本特色。

据陈寅恪先生考证，隋、唐皇室血统关系较复杂，父系或母系血统中都涵化了胡、汉民族的血缘关系。隋文帝杨坚在北齐、北周时曾被赐予『普六茹氏』的胡姓，李唐先世李虎也被赐予『大野氏』的胡姓。在隋、唐建国和巩固政权的过程中，汉化鲜卑贵族的支持起了举足轻重的作用。上自王公贵胄，下至刺史总管，多有汉化鲜卑后人。为适应这一历史发展趋势，隋文帝杨坚在开皇元年（五八一年）即下诏：『已前赐姓者，皆复其旧。』在唐代三百六十九名宰相中，胡人出生者计二十姓三十六人，占总数的十分之一。各藩镇将帅中也多有胡人，如安禄山、史思明、哥舒翰等。而各藩将所统帅的军队也多以部落制统辖，部将多为统帅之义儿，军卒多以统帅之姓为姓，体现出『汉姓胡化』的浓厚特色。而在隋末大动乱中，汉族人士『亡命甚多，走胡奔越，书生不少，中国之礼，并在诸夷』〔六〕。其入乡随俗，『汉姓胡化』者，当不乏其人。

隋末，黄河流域人口大量减少，唐初有意迁塞外各族入居内地，耕殖土地，充实赋役。唐太宗听从宰相温彦博的建议，仿照汉武帝安置降汉匈奴人的办法，将归附的突厥部众集中安置于朔方之地，『既全其部落、得为捍蔽，又不离其土俗』，『其入居长安者且万家』，使突厥部族逐渐汉化。〔七〕对西域诸国之『昭武九姓』『突厥十姓』『铁勒九姓』『回鹘九姓』『高车十二姓』，以及『巴蛮七姓』『南诏六姓』则采取招抚怀柔和军事征伐并用的办法，使之臣服归附，先后改用汉姓。

『昭武九姓』中的『昭武』二字是指秦汉之际河西祁连山一带的地名，又称昭武城，在今甘肃省高台县境内。当时有一个史称『月氏』的古代民族以游牧为生，因不断受到匈奴的攻击，大部分人往西迁徙到新疆伊犁河流域，以至中亚阿姆河以北地区（今属乌兹别克斯坦）。在这片水土丰茂的土地上，先后建立了大大小小十数个部族政权，为表示不忘故土，都用昭武为姓，所谓『九姓』是表示数量众多之意，并非专指九个姓氏。到唐朝初年，因突厥势力不断扩大，深受突厥奴役的『昭武九姓』又一次大规模迁徙内附，成为唐王朝属国，并按照『以国为氏』的取姓原则，先后建立了『康、安、曹、石、米、何、史、火（炅）、戊地』九个国家，即『昭武九姓』。他们先居河西走廊，进而继续内迁，直至完全同化为汉族的一部分。

至于『突厥十姓』『铁勒九姓』『高车十二姓』等部落，是长期生活在今新疆北部及贝加尔湖、咸海一带的古代民族，早在汉代时就与内地产生密切交往，到隋唐时大多汉化。如『突厥十姓』中的第六姓鼠尼施氏，又称白山氏，即汉化为白氏。唐代诗人白居易的高祖白健即为白山氏，曾在鲜卑族政权中任尚书、侍中、中书令，其堂兄弟白敏中在唐懿宗时也曾任中书令（即宰相）之职，白居易并不讳言自己的胡人家世，曾作诗云：『十姓胡中第六胡，也曾金阙掌洪炉。少年从事夸门第，莫向尊前气色粗。』同一时期拜相的还有毕诚、曹确、罗邵等人，都是少数民族后裔，故时人称：『近日中书尽是蕃人。』

对于南诏的开发和汉化，唐王朝做了大量工作。唐代以前，云南东部地区尚未建国，在洱海周围有六大部落，因部落酋长称『诏』，通称『六诏』。其中蒙舍诏地处其他五诏之南，故称『南诏』。唐初武德年间和贞观之世多次出兵，帮助南诏统一了云南整个东部地区，并遏止了吐蕃向南诏的扩张。开元二十八年（七四〇年）唐王朝封皮罗阁为云南王、越国公，赐名归义。嗣后又以下嫁宗室之女，设置羁縻州、县，派兵镇抚等办法加以笼络、维系。但由于吐蕃的不断侵扰、离间，南诏与唐之关系时断时续。安史之乱后，唐朝元气大衰，于是采用『册封』『会盟』等方式加以招抚，南诏与唐朝的关系得到进一步改善，汉化程度日益加深。先是蒙舍王室仿照汉族的姓氏制度，采用单音节的蒙字作为王室姓氏，接着名门大族也采用了李、杨、赵、董等汉族姓氏。

李唐王朝在采用军事、政治、经济、外交诸多方式对边疆各族交往、联络的同时，还采用了『广赐国姓』这一方式对臣服、归附的少数民族军政首领进行笼络。见之于文献记载的即有：

契丹族：唐太宗时置松漠都护府，以契丹首领库克为都督，赐姓李氏；唐玄宗时赐契丹大帅达年嘉哩为李怀秀；另一契丹酋长，徙居京兆，赐姓李氏。万年令李节，其曾孙李光弼因平定安史之乱有功官居太尉、侍中、临淮王。

鲜卑族：贞观初有鲜卑大人拓跋赤辞归唐，太宗赐姓李氏；唐末有拓跋思恭因功被赐李姓。

其他民族：武威李氏出自安氏，本为安息国世子高，后汉末留居中原，后徙武威，至李抱玉时被赐姓李氏。李宝臣为奚族后裔，初为张琐高部下，冒姓张，后因功赐姓李氏为柳城李氏。鸡田李氏：本是河曲部落稽阿跌之族，至李光进时赐姓李氏，官至节度使，其族人李光颜也官至司空。西域李氏：唐乾元元年，西域识匿国王讫设伊俱鼻施来朝，赐姓李氏。渤海李氏：靺鞨人茹常，为朔方将，赐姓李氏。高丽李氏：李正己为高丽族人，入唐后赐姓李氏，后位居三公。代北李氏：本是沙陀族，姓朱邪氏，至国昌时归附唐朝，赐姓李氏，创立后唐之李存勖即沙陀李氏后裔。

综上所述，大唐王朝通过军事、政治、经济、文化多渠道的对外辐射、扩张，对内广赐国姓的怀柔涵化，加速了民族的融合进程，也促进了胡姓汉化的深度和广度。

唐朝末年，宦官专权，藩镇割据，形成了长达六十多年『五代十国』的分裂局面。『五代十国』的创建人既有汉族人士，也有少数民族后裔，如后唐李存勖、后晋石敬瑭、后汉刘知远皆为沙陀族后裔，十国之中也不乏少数民族胡人血统。但『五代十国』无一例外地都使用了汉族姓氏。至于民间百姓，更是甚少使用『胡姓』称谓。

这些胡姓汉化的少数民族后裔，在历史长河中，经过多年的民族交融，已经融入汉民族中，成为汉族的组成部分，从血缘传承、生活习俗、姓氏称谓上很难看出各民族特征。但也有一些少数民族在胡姓汉化、复姓或多字姓改为汉姓时，用字奇僻，至今仍然体现出其民族特色。如江苏、安徽、河北等地，至今分布着一些偰姓家族，因其姓氏稀见，不仅日常生活中常被人读错、写错，就连当地公安部门在登记户籍时，有时也发生混淆，而且也难以区分其民族归属。原籍安徽、现住南京的一位偰德斌先生就为此深感烦忧，曾来信向笔者求证。经查，这支偰姓出自突厥的回鹘部，其先本为高车人，唐时为回纥人，元时称畏吾儿（维吾尔），是突厥十姓之一。唐朝中叶，突厥苾加（毗伽）可汗任用暾欲谷为相，实行了一些改革措施，受到各部拥戴，与唐王朝的关系也有所改善。七四五年，突厥发生内乱，回鹘首领骨力裴罗夺取汗位，暾欲谷子孙归附回鹘，世袭回鹘相位，因其祖上世居偰辇河（即鄂尔浑河）畔，遂仿效汉族文化，以地为氏，称偰氏。历经唐末五代，宋、辽、金、元，这支偰氏族人长盛不衰，成为久负盛名的名门大族，尤以江苏溧阳的偰列虎家族最为著称。兄弟五人均进士及第，人称『偰氏五虎』。及至明代，不少偰姓族人改奉伊斯兰教，被人称为『回回』。因而当今傈姓族人有的属汉族，有的称回族，也有的称维吾尔族，但追根溯源，均为突厥后裔，堪称是民族交融、胡姓汉化的范例。

【注释】

〔一〕参见《北史·魏孝文帝纪》。

〔二〕参见《周书·文帝纪》。

〔三〕〔四〕〔五〕〔六〕〔七〕参见费孝通主编：《中华民族多元一体格局》，中央民族出版社，一九九九年九月版。

第三节 宋、辽、金、元的姓氏涵化

宋、辽、金、元是民族大交流、大融合的历史时期，也是中华姓氏涵化、兼容的重要阶段。在这一时期，既有两宋正统王朝，也有辽、金、西夏的割据政权，他们之间既有军事、政治上的侵扰纷争，也有经济、文化上的密切交往和相互渗透，各族之间你中有我、我中有你，杂糅混同、分化复合。姓氏文化也呈现出『胡姓汉化』『汉姓胡化』『胡汉互化』的涵化和兼容，形成了以汉族姓氏为主体、兼具多民族特色的姓氏体系。

编纂于南宋年间、流传甚广的《百家姓》读本，正是这一历史时期姓氏文化的总结和凝练。它以大宋王朝的国姓（赵）为开篇首句，收录了汉民族常见常用的数百个姓氏，也采撷了其他民族汉化而来的若干复姓，成为家喻户晓、传诵至今的姓氏经典。

大宋王朝以赵为国姓，自周穆王封造父于赵城得姓受氏，已有千余年历史。而辽、金、西夏则是涵盖了西起阿尔泰山、东至黑龙江口广大北方地区的众多部落、族属，既有本民族的初始姓氏，也吸纳了汉族和其他众多民族的姓氏元素。历经元、明、清三代的同化、熔铸，随着中华民族多元一体化格局的形成，融入了中华姓氏的文化体系。

一 辽国契丹姓氏

辽国是由契丹族创立的一个多民族国家。共传九帝，凡二百一十九年（九〇七—一一二五年）。据称其先祖为炎帝后裔，魏晋南北朝时为鲜卑族东支，隋唐之际称为契丹，散居于甘凉、代北及辽东地区。其君主酋长称『达里呼氏』，其余贵族大姓有耶律氏、舒鲁氏、萧氏、李氏等十余个姓氏。九一六年耶律氏首领阿保机借助汉人的帮助统一契丹各部，正式称帝，自号『天皇帝』，年号神册，任用汉人官吏，推行汉化政策，确立世袭皇权，建都城，造文字，定法律，正班爵，使辽国政治、经济、文化、军事各项事业初具规模。而后南下中原、代北、幽燕，西扰党项、突厥、吐谷浑，东灭渤海，进袭扶余。其疆域极盛时期，东起日本海、黑龙江口，西至阿尔泰山，北起克鲁伦河，南至河北霸县、山西雁门关以北，成为与北宋王朝对峙百余年的割据政权。

辽国是一个多民族国家，除契丹、渤海、奚族之外，汉人占二分之一以上。在辽国的『五京、五道』中，南京、西京全系汉人之区，东京、中京、上京中的汉人数量也相当可观。五道中的州县多以俘掠汉人之原籍命名，并使之集中居住。在管理上实行『北面官』和『南面官』两种制度，『以国制治契丹，以汉制待汉人』。经济上也各依其俗，各安其业，契丹人畜牧，汉人农耕，手工业、商业、交通业也有所发展。文化上则以吸收汉文化为主，建儒学、立寺观，使儒、佛、道在契丹得以广泛传播，体现出辽、汉两族，乃至多民族融合、兼容的文化形态。

辽国契丹皇族的姓氏为耶律氏，有鲜卑东支血统。耶律氏系由契丹语『移剌氏』汉译而来。一说，因其酋长世居横帐，鲜卑语称之为『世里』，汉音译为『耶里』『耶律』。辽亡之后，耶律氏子孙有的改为刘氏或者王氏，自认是汉家后裔。契丹国之后族原为石抹氏，亦称述律氏、舒噜氏，因仰慕汉朝名相萧何，而改为萧氏。辽国的辅政大臣和谋士多为汉人，在《辽史》中立有传记的康默记、韩延徽、韩知等即是代表。

历代辽族皇帝还仿照汉人赐姓制度，对功勋大臣赐予契丹国姓。如耶律隆运本姓韩，名德征（德昌），辽圣宗时赐姓耶律。在『杨家将』的戏曲小说中，常有萧太后、韩昌的说法，大约即源于此。此外尚有李俨、李仲禧、刘霦、王观、杨兴工等被赐予耶律国姓，但与汉人交往时，仍用汉姓。

辽之民族除契丹和汉族外，尚有渤海、女真、奚族等民族，基本上都是各从其俗，听任自择，故渤海、奚族也有采用汉姓的情况。对渤海人、扶余人等被征服的民族『一依汉法』加以管理，常将之迁至汉人地区杂处共居。〔一〕

由于契丹人处于统治地位，汉人处于被统治地位，『先是，契丹及汉人相殴致死，其法轻重不均』。到辽圣宗时『一等科之』。〔二〕表明辽国的民族融合几乎达到了同化一体的程度。正因为如此，契丹人被女真和蒙元帝国称为『汉人』，而南宋等南方各族，则将北方汉族视为契丹。在《蒙古秘史》中多处使用的『乞塔』（契丹音译）一词，即泛指北方汉人及汉化的其他民族。实际上真正有契丹血统和历史渊源的，当是今东北地区的达斡尔族。

二　西夏党项姓氏

西夏是十一世纪崛起于陕甘宁地区的割据政权。传说其建国者为夏朝远裔，故以大夏为国号，因其位于宋朝西边，史称西夏。前后历传十代帝王，享国一百九十年之久。前半期与北宋、辽国对峙，后半期与南宋、金国争雄，是中古时期新的『三国鼎立』。近邻还有吐蕃、回鹘政权，形成了错综复杂的局面。

西夏的主体民族是党项族，同时还有汉族、吐蕃、回鹘和其他少数民族。

党项族历史悠久，为西羌之别种，又自认是鲜卑后裔，西夏人将其译为『番族』。在西夏文《杂字》『蕃姓』中有『西壁』氏，即鲜卑氏的译音。元昊立国称帝时也自称是鲜卑族『元魏』后裔。早期的党项族主要分布在今青海省东南部、四川省西北部的广袤草原上，形成了很多部落，每一部落为一姓，其中以拓跋部最为强大。唐初拓跋部首领拓跋赤辞归唐，被赐李姓。因受吐蕃的侵扰，拓跋部不断向内地迁移，中唐时逐步内徙到今甘肃东部、宁夏和陕西北部一带。唐中和元年（八八一年），党项族首领拓跋思恭被封为定难军节度使，赐姓李氏，管领夏州（今陕西靖边北白城子）、银州（今陕西米脂西北）、绥州（今陕西绥德）、宥州（今陕西定边）、静州（今陕西米脂），治所在夏州，开始事实上的军事割据。五代时，夏州党项政权依附于中原梁、唐、晋、汉、周各王朝，势力不断扩张。

宋初，党项族首领臣属于宋，被赐姓赵氏。后因反对宋朝直接接管五州之地，党项族首领李继迁（赵保吉）逃往地斤泽（今内蒙古自治区伊克昭盟），抗宋自立，并依附辽国，被辽封为大夏国王。历经十五年的角逐争横，宋朝被迫于至道三年（九九七年）封他承袭定难节度使，仍管领五州之地。宋咸平五年（一〇〇二年）李继迁又攻陷灵州（今宁夏灵武），改灵州为西平府，成为党项政权的统治中心。李继迁死后，其子李德明继承王位，于天禧四年（一〇二〇年）将王府迁往兴州（今宁夏银川），势力更加强大。宋天圣六年（一〇二八年），李德明之子元昊攻占甘州（今甘肃张掖）、凉州（今甘肃武威），又降服瓜州（今甘肃安西）、沙州（今甘肃武威），占据了整个河西走廊，奠定了西夏王朝的版图。

元昊雄才大略，采取了一系列政治、军事、文化的改革措施，取消了唐、宋赐姓李、赵二氏，改为嵬名氏，自称『兀卒』（西夏语，皇帝），下『秃发令』、创西夏文，建立官制，整顿军旅，对北宋、吐蕃、回鹘用兵，扩大了西夏版图，据有今宁夏、甘肃大部、陕西北部、内蒙古西部和青海东部的广大地区，成为可与辽、宋抗衡的第三大势力。宋宝元元年（一〇三八年），元昊正式登基称帝，庙号景宗，国号大夏。

元昊死后，其子孙相继承袭。因历朝的内戚专权，内讧不已，而金、元势力相继崛起，不断侵扰，西夏国力日渐衰竭。元德四年（一一二二年）金灭辽国，西夏改事金国；宝义元年（一二二七年）元兵南下，攻占了西夏之黑水城，沙州、瓜州、肃州、灵州相继沦陷。西夏末帝请降被杀，雄踞西北的西夏王朝至此灭亡。

在西夏王朝统治的一百九十年间，虽然鲜卑拓跋族占据统治地位，但汉人在西夏政治生活中也有举足轻重的地位。如张浦、杨守素、张元、吴昊、景询等均为西夏重臣、谋士。汉人张元曾居国相高位。因而西夏时，常有『藩礼』和『汉礼』之争。

据西夏文《杂字》《碎金》等典籍记载，西夏有『藩姓』和『汉姓』之分。『藩姓』主要是皇族、贵族，计有八大部落：细封氏、费听氏、往利氏、颇辞氏、野超氏、房当氏、宋禽氏、拓跋氏。拓跋氏最为贵盛。另有羌族豪强野利氏、梁乙氏等，也常与『八大姓』结为姻亲。吐蕃、回鹘、契丹等部族、王国也常与西夏贵族互通婚姻。豪族政治成为西夏王朝的重要支柱。

西夏『汉姓』较为庞杂，凡被『汉化』的各族，均视为『汉人』，多使用汉姓。及至西夏灭亡后，其皇族拓跋氏又使用大唐所赐国姓『李氏』。其八部贵族汉化程度较深的改用汉姓，如高氏、赵氏、罗氏、梁氏；一部分则沿用了具有民族特色的胡姓，如索那氏、西壁氏、瑞諁氏、嵬名氏等。

三　金国女真姓氏

金国是十二世纪由女真族所创立。女真先世可上溯到先秦的肃慎，是东北地区最古老的民族。汉代称挹娄，北魏称勿吉，隋唐称靺鞨，其中以黑水靺鞨最为强大。五代时，契丹尽取渤海之地，黑水靺鞨归附于契丹，为避辽兴宗耶律宗真名讳，又称女直。女真在南者，编入契丹户籍，称熟女真；在北者，不入契丹户籍，称生女真。

十一至十二世纪间，生女真完颜部各联盟不断发展壮大。其首领完颜阿骨打揭开了反辽斗争的序幕。一一一五年（天庆五年）阿骨打在今黑龙江哈尔滨东南阿城称帝，号金太祖，国号大金。

金朝的民族除了女真族外，尚有契丹、渤海、奚族、汉人。但所指『汉人』与北魏以来汉人不尽相同。金代所指『汉人』，乃故辽境内的汉人、契丹人、渤海人及与之杂居的其他被汉化民族的统称，因其居处多在幽燕之地，故又被称为『燕人』。而称宋朝统治下的汉人为『南人』。体现出以地域疆界区分人种族群的特色，既非原来的部落族群概念，也不是后世的民族称谓。『汉人』称谓中包括汉化的契丹等多个种族。

金朝立国之初，金太祖完颜阿骨打创立了一套军政合一的『猛安谋克』制度，『命诸路以三百户为谋克，十谋克为猛安』。以军功大小奖惩升罚，大肆对外军事扩张，先后攻取了辽国的东京、上京、中京、西京、南京，于天会三年（一一二五年）虏获辽国天祚帝，灭掉辽国。鉴于辽国被汉化的前车之鉴，金太祖完颜阿骨打遗命其弟金太宗不可变更祖制，『诸事一依本朝制度』。太宗天会五年（一一二七年），金兵攻陷北宋都城汴京，俘虏徽、钦二帝，灭掉北宋，占领了淮河、秦岭以北大部分中原地区。金太宗遵照太祖遗训，于天会七年（一一二九年）下令『禁民汉服』，又下令『髡发不如式者杀』[三]，强制推行女真族文化习俗。

但历史的潮流不可逆转，汉文化强大的生命力和涵化力很快在女真族中传播开来，讲汉语、着汉服、改汉姓在民间形成时尚，并很快波及上层统治集团。到金熙宗、海陵王时对汉文化已十分仰慕，具有明显的汉化倾向。熙宗天眷元年（一一三八年），『诏百官诰命，女真、契丹、汉人各用本字，渤海人同汉人』[四]。金海陵王进一步采取了一系列汉化政策。他先是把都城从上京会宁府（今黑龙江阿城南）迁到燕京（今北京），同时把太祖、太宗灵柩迁至燕京大房山，以示汉化的决心，进而废除南北不同的选官制度，统一用宋朝的科举考试制度选拔官吏，推崇儒学，促进女真人学习汉文化。

然而海陵王的汉化措施遭到女真守旧贵族的反对，在金世宗、金章宗时出现了第二次限制汉化的浪潮。金世宗诫勉太子及诸王说：『汝辈自幼惟习汉人风俗，不知女真纯实之风，至于语言文字或不通晓，是忘本也。』〔五〕于是在大定十三年（一一七三年）、十四年、十六年、二十七年，多次颁布诏令，严禁女真人改为汉姓或译为汉姓；不得学南人装束，犯者抵罪。〔六〕金章宗承袭了世宗政策，重申了『女真人不得改为汉姓及学南人装束』的规定。同时，又仿照汉人的做法，对于有功的中原汉人或其他种族，赐予完颜国姓或其他女真的贵族之姓。有文献可考者，被赐予完颜国姓之汉人、沙陀人、契丹人达三十人之多。如完颜阿邻，本为郭姓；完颜用安，系由国用安改之。此外被赐为夹谷氏者四人，温敦氏者六人，兀林塔氏一人，乌古仑氏、颜盏氏二人，必兰氏、温撒氏、蒲蔡氏和速加氏各一人。所赐姓氏达十姓之多，受赐人数有数十人之多。

但上述措施，虽然起到了某些抑制作用，并不能根本扭转女真汉化的趋势。据《金史·百官志》和《续通志·氏族略》所载，女真姓氏分为『金白姓』九十四姓，『金黑姓』十六姓，另有『奚族五姓』。据陶宗仪《南村辍耕录·氏族篇》和陈述《金史补遗·女真汉姓考》统计，女真改为汉姓者有五十九姓之多，主要有张、王、李、赵、刘、陈、高、田、杜、温、林、蔡等。

女真人改为汉姓，主要有谐音和意译两种。谐音者如：温迪罕氏改为温氏，李求鲁氏改为鲁氏。意译者有：阿典氏改为雷氏，兀颜氏改为朱氏（猪氏），尼庞古氏改为鱼氏。有的一个女真姓改为一个汉姓，也有的一个女真姓改为几个汉姓。如完颜氏改为王氏、完氏、颜氏，乌古仑氏改为乌氏、商氏、刘氏、李氏四个汉姓，夹谷氏改为仝氏、童氏、佟氏……

金哀宗天兴三年（一二三四年），金朝为蒙元帝国所灭，女真人被分别归入蒙古和汉人之中。

在蒙元帝国统治时将人分为四等：一曰蒙古人，二曰色目人，三曰汉人，四曰南人。在政治待遇、法律、刑罚、考试、铨选等诸多方面都享有不同的待遇。以蒙古人最为高贵，『南人』最为卑贱。元至元二十一年（一二八四年）拟定军官格例时，又明确规定：『若女真、契丹生西北不通汉语者，同蒙古人；女真、契丹生长汉地，同汉人。』〔七〕依此标准，相当一部分女真、契丹、高丽人同化于蒙古人，而更多的女真、契丹、高丽人融入汉人中，改用汉姓。如《元史》所载之王珣，本契丹耶律氏；刘国杰本女真乌古仑氏；李庭本女真蒲察氏；赵良弼本女真术要甲氏；张孔孙则出自辽之乌若族……在元代他们都被列入汉人、南人的行列。

而『汉人、南人之分，以宋、金疆域为断』。南人又称为『南家』或『蛮子』，蒙古人则称为『旗人』。这样就以原来的属国范围、地理疆域，取代、混淆了原来的民族类别。到明代时，又以『汉人』『胡人』两大称谓作为『中国之人』与边远少数民族的识别标志，并大力推行禁胡语、胡服、胡姓的政策，加快了蒙古人、色目人汉化的进程。由满族建立的大清王朝，又以『满、蒙、汉』三等区分国人。辛亥革命以后，成立了中华民国，革除了『满、蒙、汉』三个民族的等级之分，宣布『汉、满、蒙、回、藏』五族共和，实际上包括了中国境内的众多民族，形成了以汉族为主的『多元一体』的中华民族大家庭的格局，中华民族成为中国各族人民文化认同的称谓。

【注释】

〔一〕参见《辽史·太宗本纪》。

〔二〕参见《辽史·刑法志上》。

〔三〕参见《建炎以来系年要录》，建炎三年。

〔四〕参见《金史·熙宗本纪》。

〔五〕〔六〕参见《金史·世宗纪》。

〔七〕参见《元史·世祖本纪十》。

第四章　少数民族的姓氏特色

中国是一个多民族的国家，历史上曾出现过数以百计的民族称谓和民族实体，历经先秦、魏晋、唐末五代和宋、辽、金、元的多次民族交融，大多已融入汉民族之中。当代的少数民族一般形成于唐宋以后。在历史的发展长河中，形成了一个『有共同语言，共同地域，共同经济生活，以及表现为共同文化上的共同心理素质的、稳定的共同体』，即当代的各个民族。[一]

新中国成立后，一九五三年进行民族普查登记时，自报的民族称谓达四百多个。经调查分析，发现其中一些自报为少数民族者，实为汉族（如湖南的『哇乡人』，广东的『六甲人』），也有的是同一民族的若干分支（如云南的『阿细、阿哲、普拉』等）。于是中央政府组织各方面力量，从一九五三年起开始进行民族的识别工作，并经当地民族协商、认可后，由中央人民政府分别审定和公布。一九五四年确认了三十八个少数民族，一九六五年又确认了十五个少数民族，一九八二年确认了两个少数民族，加上汉族，共有五十六个民族。[二]

民族的识别和界定具有诸多社会的元素，民族意识的认同也有多方面的文化表征。姓氏文化就是我们追溯其历史渊源，解读其民族意识，剖析其民风习俗的一个微观窗口和重要参数。据中央民族大学出版社组织编纂的『民俗文库丛书』和张联芳先生主编、多位民族学者参加编撰的

《中国人的姓名》以及中共中央党校出版社出版的《民族宗教知识手册》等学术著作介绍，在我国五十五个少数民族中，姓氏制度完备的，即有名有姓的少数民族有回、白、羌、京、壮、侗、瑶、畲、水、土、毛南、朝鲜、纳西等四十多个民族，其中包括姓氏制度不够完备而采用联名制形式的十几个民族；有名无姓的有苗、傣、傈僳、门巴、布朗、高山等十几个民族。[三]

这些形式多样、各具特色的少数民族姓氏大都经历或残存着母系氏族、父系氏族社会或奴隶社会、封建领主制的社会形态，展示了姓氏发展、演变的历史轨迹和不同时代的特色，堪称姓氏文化的活化石，不仅是构成中华姓氏体系的重要组成部分，是姓氏研究中不可或缺的重要领域，也是一个庞大的系统工程，非一人之力可以完成。为此本章借助专家学者的研究成果及相关资料，对当代少数民族中具有地域性、代表性和民族特色的部分少数民族姓氏作一简略介绍。

第一节 东北、内蒙古地区少数民族姓氏

东北、内蒙古地区包括辽宁、吉林、黑龙江和内蒙古自治区，面积为一百九十八万平方公里，约占全国领土总面积的五分之一，不仅战略位置十分重要，自然资源也十分丰富，是我国游牧文化、渔猎文化的主要发源地。

本地区的少数民族主要有满、蒙古、朝鲜、达斡尔、赫哲、鄂温克、鄂伦春七个民族，此外，尚有一部分锡伯族、俄罗斯族、柯尔克孜族。

一 满族姓氏

满族现有人口九百八十多万，在全国少数民族中仅次于壮族，居第二位。百分之七十以上的满族分布在东北三省，其中辽宁最多，占满族人口的百分之五十以上，其余散布在全国各地。

满族的先民是金、元、明时代的女真，满语称之为『诸申』。后金国主皇太极于天聪九年（一六三五年）将其民族名称定为『满洲』，辛亥革命后简称为满族，满族之名正式形成。

满族之称虽出现较晚，但其族源历史却很悠久。西周时之肃慎便是满族先人，距今已有三千年的历史。汉代改称挹娄，南北朝时更名为勿吉，隋唐时改称靺鞨，五代时更名为女真。女真族建立金朝，统治中国北方地区二百余年。创立后金政权的满族，即是建州女真之后裔。一六三六年皇太极改国号为清，一六四四年清兵入关，灭掉朱明王朝，开始了满族清王朝对全国二百多年的统治。

满语称姓氏为『哈拉』，是标志血缘关系的称号。『哈拉』下面有不等的分支，叫『穆昆』，是更为亲近的血缘关系，为『本宗一姓，族中之族』。据史书记载，早在北魏时期（也有人认为是隋唐之际）满族就有了自己的姓氏。据清代《皇朝通志》所载，满族的『哈拉』（姓）有六百七十九个。『哈拉』的名称最初都是以满语命名，是多音节的名称，如满族皇室姓爱新觉罗，贵族大姓有瓜尔佳、钮祜禄、舒穆禄、纳兰、董鄂、马佳等。

其姓氏来源，一是以居住地为氏，即以所居住地名、山名、水名为氏。如居董鄂河畔者，即以董鄂为氏。其余如修佳氏、富察氏等，均以居住地为氏。二是以部落名为氏，如爱新觉罗、瓜尔佳等。三是以动植物等图腾崇拜物为氏，如尼玛哈氏（鱼）、萨克达氏（野猪）、依喇氏（黍）等。四是沿袭辽、金、元时期的旧族大姓，其中金代旧姓二十七个，辽代旧姓一个，元代旧姓七个。如满族的『瓜尔佳氏』，就是金代的『古里甲氏』；『赫舍里氏』，就是金代的『纥石烈氏』；『富察氏』就是金代的『蒲查氏』。五是以父祖之名第一音节汉字为姓，如舒穆禄氏有名万鲜丰者，其子孙以『万』为姓；喜塔拉氏有名文忠额者，其子孙以『文』为姓。故有满族人『一辈一个姓』之说。[四]

清代初年，为维护其在全国的统治，曾派大量满洲八旗兵驻扎在全国各地，并定居下来，因而自康熙、雍正年间之后，满族汉化程度日渐加深，八旗子弟往往改用汉姓，但上层贵族不愿放弃原有姓氏，并称之为『满洲老姓』。如皇家之爱新觉罗氏一直沿用了二百七十多年，直到辛亥革命后才改用汉姓。但所用姓氏，或借用家族谱中的字辈派语，如：溥、毓、恒、启，或使用原名中的『首字小姓』，类似『以名为氏』。清朝灭亡后，满姓大多数改为汉姓，其改姓方式：一是由复姓改为单姓，如佟佳氏改为佟氏，董鄂氏改为董氏，瓜尔佳氏改为关姓，富察氏改为富氏、傅氏。二是音译为汉姓，如阿古占，满文为雷之意，即改为雷姓；倭赫，意为石头，即改为石姓。由于怕受到民族歧视，大部分满族人都隐瞒了自己的民族成分，直到新中国成立后，才恢复了自己的满族人身份。

二　蒙古族姓氏

蒙古族是一个跨境民族。我国蒙古族主要聚居于内蒙古自治区，其次是黑龙江、吉林、辽宁、甘肃、青海、新疆等北部狭长地带。另外，北京、河北、河南、四川、云南等省市也有蒙古族人。总人口达四百八十多万。

『蒙古』一词最早见于唐代，是『蒙兀室韦』的汉译族名。与回纥、突厥有较近的血缘关系。唐代中叶『蒙兀室韦』与居住于蒙古草原的突厥人相融，成为蒙古族的祖先，由于民风强悍，且以游牧为生，各部落之间兼并激烈。到十二世纪时，只剩蒙古、塔塔尔、克列、篾儿乞、乃蛮五大集团。蒙古部首领铁木真善于用兵和团结部众，先后击败了其他部族，统一了蒙古诸部，建立了蒙古国，号称『成吉思汗』。其所辖的漠南、漠北统称为蒙古地区，其部众称为蒙古人。一二七一年成吉思汗之孙忽必烈改蒙古国号为元。一二七九年忽必烈灭南宋，统一全国，建立元朝，基本上确立了当代中国统一的多民族国家的版图。

蒙古部落名称来源于其女姓始祖母忙豁勒真的译音，史书中有的译作『蒙兀』，有的译作『萌古』、『萌骨』，意为『长生、永恒、淳朴』之意，是母系社会的遗踪。同时蒙古人以男性世系为名，名后加有『罕、篾儿干』等尊称，以示男性在社会生活中的重要地位。蒙古人著名的姓氏有伊喇氏、扎拉尔氏、伊里奇氏、鄂尔和达氏、奇氏、孛儿只斤氏等。如成吉思汗的姓氏就是『孛儿只斤氏』，也是部落名称。这些部落名称的姓氏，后来成了蒙古的『黄金姓氏』。

蒙古人十分重视自己的家世和族源，蒙古姓氏文化源远流长，极富民族特色。据《多桑蒙古史》等史籍记载，早在二千多年前蒙古人就生活在辽阔的蒙古草原，大部分蒙古人都能讲清自己的出身部落和家世渊源。据说，蒙古人的祖先来源于腾格里（意为天）。成吉思汗的祖先是受天命而生的孛儿帖赤那（苍狼），其妻为豁埃马兰勒（白鹿）。这些都表明了蒙古族对动物的图腾崇拜。

蒙古人也多以狮、虎、狼、鹿命名，并成为其家族、氏族的名称，即姓氏。〔五〕

蒙古姓氏最初出现于贵族阶层，用以显示自己祖先的功业、部落血统的高贵和社会地位。但是蒙古人的姓氏并不是冠在人名之上，而是一代一代口传心授，以讲述祖先功业的方式一代代传承下来。所以蒙古人的姓氏实则为氏族或家族的传承谱系。嗣后因受汉族影响，有的改为单姓。从蒙古族现在通用的姓氏可以看出蒙古姓氏具有以下几大特色：

一是以部族为姓。如博尔济吉特氏是成吉思汗的后裔，后演变为包氏；永谢部落演变为云氏；巴雅特部以巴为姓；乌梁海部以乌（吴）为姓；喀尔特部以韩（河）为姓；土尔扈特部以陶为姓；哈勒努特部以郝为姓。

二是以父祖之名的首字为姓。如元代将领沙全，因其父名沙的，便以沙为姓；现代蒙古族诗人巴布林贝赫，因其父名巴达玛宁布，便以巴为姓。现在仍有相当一部分蒙古族人以这种方法取姓。

三是以汉字谐音取姓，如伯颜首字『伯』与『白』谐音，其后人便以白为姓；再如『敏罕』在蒙古文中意为『千』，以汉字谐音『钱』为姓；乌古纳蒙意为『羊』，便以汉字谐音『杨』为姓。

四是以母姓为氏。如蒙古族中刘姓，即源于汉代公主（刘氏）下嫁单于，而后代便有以刘为姓者。

五是受汉族影响，取用汉字。如张、王、李、陈等，即是其例。这种现象在受汉化较深的文人、官吏中更为普遍。

蒙古人在入主中原建立大元帝国后，按民族和地区，将国人分为蒙古人、色目人、汉人、南人四个等级，享有不同的社会地位，实行异族统治和民族压迫。但对有功于大元帝国的其他民族的功臣、将领，常常赐予蒙古贵族的姓氏，如汉人有叫『杨赛因石花』者，杨为汉姓，『赛因石花』为蒙古赐名，意为『好牛』；又如河东人刘氏，精通医术，被赐姓名为『刘哈剌八都鲁』，意为『黑勇士』。一些汉人为得宠，有些也采用蒙古人姓名。

元朝灭亡后，明朝『禁胡语、胡姓』，蒙古人多改为汉姓。如见于明代典籍记载的吴允诚、吴存敬、柴志诚、杨汝诚、韩以谦、赵忠美、马玉、王玉、白瑜、崔云、蒋善、李诚、薛斌等，即是投诚、归附明朝的蒙古人士。这些都表明相当一部分蒙古姓氏已经汉化。

及至清朝统治时期，政府有明文规定：『蒙古人只准以满洲、蒙古字义命名，不准取用汉人字义。』同时为笼络蒙古上层人士，常常赐予不同的称号，蒙古人名又融入了满族的姓名特色。清朝灭亡后，帝国主义者多次策划分裂蒙古民族。一九一一年，沙俄怂恿以哲布尊丹巴为首的外蒙古王公和上层喇嘛宣布独立。俄国十月革命后，外蒙古成立了蒙古人民共和国。此后，日本帝国主义者又多次企图分裂我国内蒙古地区，遭到内蒙古人民的强烈反对。民国年间，留居中原的蒙古人大都融入汉族，改用了汉族姓氏，内蒙古自治区的蒙古族人则保留了传统姓氏。

三　达斡尔族姓氏

达斡尔族主要分布于内蒙古自治区、黑龙江省和新疆维吾尔自治区境内。人口十二万多。由于音译不同，『达斡尔』在文献典籍中也写作『达呼尔』『达胡尔』或『达虎里』。汉语之意为『耕种者』或『住在原籍的人』。其中包括了『南征』『北避』民间传说。

据说，达斡尔祖先萨吉哈尔迪汗时，其部众原居于鄂嫩河（黑龙江旧称）上游，与周围各部族连年征战。一日遇敌南征，率众宿营于江之北岸，天突降大雪，江水结冰，于是大汗命令头朝南睡者跟他渡江南征。头朝北睡者仅是大汗的妻子和六个幼子。次日早晨妻儿醒来后，发现大汗和部众已走远，而江面的冰开始融化，无法渡江，只好留在江北。于是跟大汗南征者称『给达以斯刻以』，即后世的契丹；遗留原地者称为『达斡尔德呼鲁斯刻』，即达斡尔族人。《辽史纪事本末》、《八旗姓氏通谱》等文献中则认为达斡尔族系契丹大贺氏部落。

『达斡尔』之名最早见于元末明初，但其族源可以上溯至辽代的契丹，进而可上溯至古代的东胡鲜卑。五代至北宋初年，达斡尔先人（即契丹人）在我国北方建立了辽国，后被金所灭，一部分臣属于金朝，一部分北迁到黑龙江流域，回到达斡尔族的发祥祖地，即达斡尔史上所谓的『北避』。元代又汇入了蒙元帝国的契丹族中，清代又成为满洲的一部分，被称为『伊彻满洲』，即新满洲，与鄂伦春、鄂温克族被列为『索伦部』，后被一同编入『布哈特八旗』。清初由于平定准噶尔叛乱，部分达斡尔族远徙新疆。清朝灭亡后，其族系被归入『达斡尔蒙古』。因此，其少数民族传统一直保存下来。新中国成立后，经过民族识别，达斡尔族正式被确认为单独的民族。

达斡尔的『姓』，称为『哈拉』，是出自同一祖先的血缘集团。每个『哈拉』集团下面又分为若干支系，称为『莫昆』，是较哈拉更为亲近的血缘小集团。据张伯英《黑龙江志稿》所载，达斡尔族共有十八个哈拉，亦即十八个『姓』。即达呼尔、郭博勒、精奇里、敖拉、倭勒、鄂嫩、莫尔迪音、阿尔丹、苏都礼、德敦、德都尔、图克敦、克音、额苏里、扎拉尔、多拉尔、呼尔拉特、布库尔。〔六〕每个哈拉下面之『莫昆』则多少不等。如克音哈拉只有一个莫昆，莫尔迪音哈拉则有六个莫昆。

哈拉与莫昆在达斡尔历史发展过程中，曾起过重要的社会组织作用。随着历史的发展和民族的交融，哈拉逐渐在社会组织中失去了作用，被莫昆取代，犹如汉民族之由『姓氏相别』，发展到『姓氏合一』。莫昆成为宗族或家族的符号，而哈拉则成为婚姻相别的界限，即同一哈拉的男女不得嫁娶婚配。由于同一莫昆或哈拉的族人多聚族而居，因此在日常生活中很少使用，只呼名、不称姓，只有在婚姻嫁娶或对外交往及重大祭祀场合，才使用哈拉或莫昆的称谓。

达斡尔族哈拉的来源主要有四：一是原有的世代传承的十八个哈拉；二是以迁徙聚居之地为哈拉；三是以祖先的名字为哈拉；四是借自其他民族产生的新哈拉。

原来固有的十八个哈拉中也往往以山水、居住地邑为哈拉之名。如鄂嫩哈拉，发源地为鄂嫩河畔；精奇里哈拉则源于精奇里江；敖拉哈拉则源于山岭之称。

一些新的哈拉则多以迁徙、聚居之地为名。如杜金哈拉、多新哈拉，因其居住于黑龙江上游南岸的多锦城而来，借用多锦之谐音『多、金』二字为哈拉名字。德笃勒哈拉、额苏里哈拉，则因其族人居住于爱珲城东北的德笃勒屯、额苏里屯。

达斡尔族也常以德高望重的祖先为哈拉名称，如瓦兰哈拉，『瓦兰』意为『巧妙』之意，是能工巧匠常用的称谓，其后人即以之为哈拉。

借助其他民族姓氏为哈拉，是达斡尔族在与其他民族交往中吸收的文化元素。借用最多的是满族姓氏。如达虎里瓜尔佳氏，即是借用满族的姓氏。其次，达斡尔族也借用鄂温克族、蒙古族的姓氏，甚至有的哈拉与蒙古族、鄂温克族一致或相似。如鄂嫩哈拉与蒙古族相同；多拉尔、敖拉与鄂温克族相似或相近。究其原因，是这几个民族之间聚居、生活在同一地域或相邻地域。达斡尔借用汉族姓氏，实质上是少数民族『胡姓汉化』常用的方式，即将多音节的达斡尔哈拉，改为与汉族谐音或相近的单音节姓氏。如清朝初期归附满洲的达斡尔八大姓氏：吴、金、何、张、陶、白、邵、富，均由汉族单音节姓氏而来。到清朝灭亡，民国之际，达斡尔族普遍使用了相应的汉族姓氏。

四　鄂伦春族姓氏

鄂伦春族主要分布在内蒙古自治区的呼伦贝尔市鄂伦春自治旗、扎兰屯市以及黑龙江省黑河市逊克县和伊春市嘉荫县等大、小兴安岭和额尔古纳河流域。人口较少，约七万人。

鄂伦春与历史上之『肃慎』『室韦』『黑水靺鞨』有密切的历史渊源。清初将之归于『索伦部』。《清太祖实录》中首次出现『俄尔吞』的称谓。康熙二十二年（一六八三年）九月，上谕中称之为『俄伦春』，此后『鄂伦春』族名才被世人所知，并作为一民族名称沿用下来。有时又被写成『俄罗春』『俄乐春』。

清初鄂伦春从『索伦部』中分离出来，成为一个独立的部族，并依据其分居在不同地域的族人，分为若干氏族。分布于呼玛尔河、精奇里江一带的叫『玛涅克尔』，又称『孟拉依尔』氏族，汉姓为孟；分布于爱珲以下至逊河、牛满河流域的称『毕拉尔部』，意为『住在河边的人』，其中的『莫纳赫尔』『都纳亨』二姓至今仍在使用；分布在恒滚河流域的叫『奇勒尔』氏族，也叫『奇楞』；分布于黑龙江下游及松花江沿岸的这部分称『满辉』，或直称鄂伦春人。

十七世纪中叶，由于沙俄殖民者的侵略，黑龙江以北的鄂伦春族被迫南迁到大、小兴安岭地区。

一六四〇年，皇太极将『索伦部』分编为八个『牛录』，鄂伦春归于其中，后归于宁古塔将军下设的『布特哈八旗』，使鄂伦春族由分散、游牧部落逐渐形成一个统一的整体。

鄂伦春族和其他民族一样，也经历了母系氏族和父系氏族社会的发展阶段，直到十七世纪中叶，鄂伦春族仍停留在父系氏族社会阶段。他们的父系氏族组织叫『穆昆』，以父系血缘集团形式组成，每个穆昆都有自己的『阿姣儒博如坎』（祖先神）和公共墓地，有约定俗成的婚姻制度和行为规范。每个穆昆由选举产生的『穆昆达』（氏族长）负责管理日常事务，但不享有任何特权，每个穆昆成员享有平等民主的权利。从经济角度来讲，穆昆并不是一个基本的生产单位和消费单位，下面还有若干个叫作『乌力楞』的父系家族。在鄂伦春语中，『乌力楞』是『子孙们』的意思，每个『乌力楞』包括三代至四代的同一祖先的子孙。每个乌力楞下面又分成若干个一夫一妻制的小家庭，鄂伦春语称之为『千』。这样由穆昆、乌力楞、千，形成一个完整的氏族组织，每个氏族组织都有用于识别本氏族和其他氏族的族徽称谓，鄂伦春语称之为『哈拉』，相当于汉族的姓。

新中国成立之初，鄂伦春族仍保留父系氏族社会制度。鄂伦春的氏族有十余个，主要分布在四个区域：

一、呼玛河流域：玛拉依尔氏族、吴卡尔康氏族、葛佤依尔氏族、古拉依尔氏族及魏拉依尔氏族。

二、逊克、嘉荫一带：莫拉呼氏族、杜宁肯氏族和古拉依尔氏族。

三、诺敏河流域：柯尔特依尔和白依尔氏族。

四、多布库尔河、甘河流域：柯尔特依尔和格其查依尔氏族。

当时一个氏族是一个『哈拉』，即一个姓。鄂伦春古老的汉化姓有以下十姓：孟、吴、葛、关、魏、莫、白、何、杜、阿。孟姓由玛拉依尔氏族演变而来；吴姓由吴卡尔康氏族演变而来；葛姓由葛佤依尔氏族演变而来；关姓由古拉依尔氏族演变而来；魏姓由魏拉依尔氏族演变而来；莫姓由莫拉呼氏族演变而来；何姓由柯尔特依尔氏族演变而来；白姓由白依尔氏族演变而来；杜姓由杜宁肯氏族演变而来。阿姓由阿格查依尔氏族演变而来。也就是说鄂伦春的十大姓氏，都是十大氏族取汉语单音节的谐音字演化而成。〔七〕

在十大姓氏之下，又各分为若干个『千』的小家庭，则难以计算。而鄂伦春族原有之穆昆、乌力楞等氏族组织在十九世纪时，也随之解体，只是在婚姻嫁娶、祭祀祖先、编写家谱时，仍然起着辨识血缘、区分班辈的作用，也是维系鄂伦春氏族的血缘纽带和历史根脉。

【注释】

〔一〕〔二〕 参见费孝通主编：《中华民族多元一体格局·代序》，中央民族大学出版社，一九九九年九月版。

〔三〕 参见张联芳主编：《中国人的姓名·绪言》，中国社会科学出版社，一九九二年八月版。

〔四〕 参见赵志强：《中国人的姓名·满族》，中国社会科学出版社，一九九二年八月版。

〔五〕 参见蔡志纯：《中国人的姓名·蒙古族》，中国社会科学出版社，一九九二年八月版。

〔六〕 参见赵志强：《中国人的姓名·达斡尔族》，中国社会科学出版社，一九九二年八月版。

〔七〕 参见刘翠兰：《中国人的姓名·鄂伦春族》，中国社会科学出版社，一九九二年八月版。

第二节　西北地区少数民族姓氏

西北地区通常指陕西、甘肃、宁夏、青海、新疆五省区。总面积三百一十万平方公里，占全国陆地面积的近三分之一。西北地区的民族，除汉族外，还有回、东乡、保安、撒拉、土、裕固、维吾尔、哈萨克、柯尔克孜、锡伯、塔吉克、乌兹别克、塔塔尔、俄罗斯、蒙古、藏、满、达斡尔等十八个少数民族。人口总数约一千五百万，占该地区人口总数的百分之十九点三。其中人口在一百万以上的有回、维吾尔、哈萨克三个民族；人口在一百万以下、十万以上的有东乡、柯尔克孜、土、锡伯四个民族；人口在十万以下的有塔塔尔族；其余的撒拉、塔吉克、乌孜别克、俄罗斯、保安、裕固六个民族在一万以上、十万以下。〔一〕

西北地区自古以来就是个民族杂居、更迭频繁的地区。先秦之羌氐戎狄，两汉之西域各部，隋唐之吐蕃、回纥，宋元之蒙古、色目，都曾在这一辽阔的大地上生存、发展，纵横驰骋。故而形成了当今民族众多，风俗各异，宗教信仰不一，多元文化并存的格局。

从西北地区的十八个少数民族来看，大体可分为三个宗教信仰体系。即：信仰伊斯兰教的回族、维吾尔族、哈萨克族、东乡族、撒拉族、保安族、柯尔克孜族、塔吉克族、塔塔尔族、乌孜别克族；信仰喇嘛教（藏传佛教）的主要是土族和裕固族、锡伯族部分民众；信仰萨满教等原始信仰与崇拜的有部分锡伯族、裕固族、哈萨克族民众。

宗教信仰和原始崇拜必然对各族人民的文化生活和心理产生重大影响，体现在姓氏文化也必然会有一定差异。同一宗教信仰的民族，其姓氏文化有其相同、相似、相近的历史渊源和表现方式；不同宗教信仰的民族，则必然具有各自的姓氏文化特色。

现在我们试以信奉伊斯兰教的回族、维吾尔族等十个民族和信奉喇嘛教的土族，以及信奉萨满教的锡伯族三大体系，探讨一下西北地区相关民族的姓氏特色。

一　信仰伊斯兰教诸族的姓氏

西北地区信仰伊斯兰教的十个民族，又可分为两大集团。一个是分布在新疆境内的维吾尔、哈萨克、塔吉克、乌孜别克、塔塔尔和柯尔克孜等六个民族，可统称为『新疆伊斯兰诸族』；一个是散居在甘肃、宁夏、青海、内蒙古地区并延及内地的回、东乡、保安、撒拉等四个民族，可称之为『内地伊斯兰诸族』。

『新疆伊斯兰诸族』族源众多，成分复杂，其姓氏文化基本上是『有名无姓』『父子连名制』的模式。十世纪以后，受伊斯兰教的影响，许多地区出现了伊斯兰教名，即以创教始祖穆罕默德和众位先知的名字的谐音取名。到明、清两代，迫于中央政府的行政政策和汉文化的影响，一些民族才开始使用部族之名作为姓氏。如柯尔克孜族的六个部落，达本、额齐克、戛谱韩、散德尔、博勒特尔、格尔额斯，分别转成了吴、常、韩、蔡、朗、司六个姓氏。维吾尔族在辛亥革命后，直到二十世纪三十年代，才有部分上层人士和知识分子使用姓氏，但仍是名前姓后，如解放后曾任全国人大副委员长的赛福鼎·艾则孜，赛福鼎是名，艾则孜是姓；全国政协副主席包尔汉·谢依德，包尔汉是名，谢依德是姓；歌唱家克里木·霍加，克里木是名，霍加是姓……而哈萨克、乌孜别克、塔吉克、塔塔尔各族一直没有姓氏。

以回族为代表的『内地伊斯兰诸族』，由于来华时间较久，长期和汉族接触，其姓氏文化的汉化程度也较深。

伊斯兰教自七世纪在阿拉伯半岛创立后，不久即传到中国。学术界普遍认为，唐高宗于永徽二年（六五一年），在首都长安第一次接见阿拉伯来华使者，即为伊斯兰教传入中国的起始。从那时起至宋朝末年，阿拉伯、波斯的使者、商人、工匠，通过海上丝绸之路，频繁来往于广州、泉州、扬州、杭州及长安、开封等政治、经济、文化中心，从事商贸活动，被称为『胡商』『番客』。许多人长期留居中国，娶妻生子，落地生根，从而繁衍了后代，成为『土生番客』。为便于宗教活动，又盖起了清真寺院，绕寺而居，形成『番坊』，成为内地最早的伊斯兰教信徒，并不断地传教授徒，扩大了伊斯兰教的影响。政府也设置了『番官』，专管其事。

十三世纪中叶，蒙古多次出兵西征，征调了大批被称为『色目人』的阿拉伯、波斯和西域各族的士兵和工匠，组成『西域亲军』随军出征。回师西北以后，以『屯垦养牧』兼事经商的形式安置在西北地区及全国各地。到明代中叶，西北地区实际上成为回族的一个发祥地，于是明政府在西北地区设立了『回回都督』，专管回族事务。上述各种不同来源的伊斯兰教信徒，终于形成了一个新的民族共同体——回族，俗称『回回』。

回族是少数民族中散居全国、分布最广的民族，主要聚居于宁夏回族自治区，在甘肃、青海、新疆，以及河北、河南、山东、安徽、云南等省市区也分布较多。全国多数县市都有大小不等的回族聚居区域，全国回族总人口约八百六十多万。

在回族形成的同时，还有信仰伊斯兰教的三个民族，即东乡族、保安族、撒拉族也相继在西北地区的甘肃、青海产生。他们的族源与历史，都是来自元初西征时的『西域亲军』。在西征回师后有一支被安置于河州（今甘肃省临夏回族自治州）的东乡地区，而被称为『东乡回人』『东乡蒙古人』『东乡土人』，新中国成立后在民族识别时，正式定名为『东乡族』，现有人口约三十八万，分布于甘肃临夏回族自治州的广河、和政、临夏、康乐等县。

在『东乡回人』被安置的同时，另一支『西域亲军』的后裔被安置在今青海同仁一带驻军屯垦、畜牧。在与当地回、土、藏等民族长期交往、通婚、融合中，于元明之际逐渐形成了一个名叫『保安回』的民族。清代咸丰年间，因在宗教信仰与用水灌地等问题上与当地藏族发生冲突，被迫迁往甘肃积石山边的大河家、刘集一带定居下来，即今甘肃省临夏回族自治州积石山保安族、东乡族、撒拉族自治县的大河家、刘家集。一九五〇年根据本民族意愿，定名为保安族，现有人口一万二千多。

与上述两支『西域亲军』后裔同时安置在西北地区的还有一支撒尔特部族，他们是元军进军四川途中，奉命留守在南进路线右侧循化地区的驻军，定居后与杂居该地的藏、土、回、汉的交往、通婚中，于元明之际形成一个新的族群——撒拉族。人口约六万五千，主要聚于青海省化隆、循化县等地。

上述回、东乡、保安、撒拉四个西北地区的少数民族，虽然没有血缘、地域上的必然联系，其发展形成的历史渊源和时代背景各不相同，但伊斯兰强大的凝聚力，使他们形成了文化认同的心理素质和民风习俗，在姓氏文化上亦有许多相似、相近，甚至相同的特色。

首先，他们都经历了从有名无姓到有姓有名的发展演进过程。他们的先民来华之初，都是有名无姓，社会交往沟通以『名』出现。而其初始的命名方式，恪守波斯、阿拉伯等西亚的传统习惯，即：本人名+父名+祖父名+族名（职业、技艺或地名）。唐、宋时，一些久住中国的阿拉伯和波斯商人、学者、官吏、工匠、艺人因仰慕中华文化，开始采用汉姓汉名。如唐宣宗时的进士李彦升、随唐僖宗入蜀的李玹均是波斯人士；宋末元初因平定海寇有功，被授予福建、广东招讨使兼福建船舶提举、总领海上事宜的蒲寿庚，以阿拉伯名字『阿蒲』中的『蒲』字音译为姓，以汉名寿庚为名。而绝大部分穆斯林民众仍是有名无姓。

到十三世纪中叶，蒙元帝国将一批从军西征的『西域亲军』、『探马赤军』安置于西北地区和全国各地屯垦戍守，落户定居，并于至元八年（一二七一年）颁布了《户口条画》，将之编入户籍，汉姓、汉名始被大量使用，但大都是在保留回回名字的同时，冠以汉姓，也有的取用汉名、字号，故其儿孙后代也常以父、祖名字作为姓氏。如元代大政治家赛典赤·赡思丁之子名为纳速拉丁，其后代子孙或以丁为姓，本来都是回姓，但却被人视作汉姓了。

到明代初年，明太祖朱元璋推行一系列民族歧视的同化政策，明令禁止使用『胡姓』、『胡语』。在《明律·蒙古人色目人》婚姻条例中规定：『凡蒙古人、色目人可与中国人为婚姻，不许本类自相嫁娶。违者，杖八十，男女入宫为奴。』并公然宣称：『嫁娶有禁者，恐其种类日滋也。』[一]在此高压政策下，有色目人、蒙古人血统的回族部落，被迫改用汉语、汉姓。回回名已不常用，『多已更姓易名』，乃至达到『相忘相化』的程度。辛亥革命以后，倡导『五族共和』，进一步促进了民族融合的进程，信奉伊斯兰教的回族、东乡族、保安族等少数民族使用汉姓、汉名的现象已经普及。单从姓名上几乎分不出民族的类别。

其次，由于西北地区信奉伊斯兰教的民族族源众多，民风习俗差异较大，因而其姓氏文化也呈现姓源广博、门类繁多的文化特色。据回族学者范玉梅对回族、东乡族、保安族、塔塔尔族等少数民族的考察研究，发现西北地区信奉伊斯兰教的少数民族的姓氏来源有十一种之多。另一回族学者魏德新更是用数年之力，几乎跑遍了全国的回族自治区，收集到大量珍贵的第一手资料，以科学求实的态度，认真研究，编纂《中国回族姓氏溯源》一书，将回族现行使用的一百五十九个姓氏，条分缕析，追源溯流，为我们展示了信奉伊斯兰教的回族姓氏发祥、发展、演变、形成的历史轨迹和多姿多彩的丰厚内涵。[三]

通过上述资料的综合分析，归纳解读，信奉伊斯兰教的回民族，其姓氏来源主要有以下几大类别：

（一）以名为姓（氏）。

即是以回族先民名字的首字、尾字或名中某一个字的汉语译音为姓氏。如明代名臣海瑞，即是以其先祖——明代广州卫指挥、镇戍琼州海岛的海答儿之名的首字为姓；回族丁姓，则是来自阿拉伯文『底尼』的促读谐音，原是回回名后的附加文字，本意为虔诚的宗教信徒，如元代大臣丁鹤年，其先祖为西域人，其父名职马禄丁，其兄为吉雅莫丁。自丁鹤年之后，子孙以丁为姓；再如沙姓，也是波斯男子名称的附加文字，意为王的尊称，后也变为汉化后的姓氏。

（二）以伊斯兰教的圣职、先知之名为姓氏。

如回族中的穆、马二姓，即是借用伊斯兰教的创始人『穆罕默德』的汉译谐音而来。宋明历朝皇帝曾多次赐『马』姓给回族的功臣、名士，使回族中马姓人口数量急剧增加，故而有『十个回回九个马』之说。再如『易卜拉欣』为穆斯林先知之一，回族人中遂有以其名之汉译谐音『以』『白』『来』『金』字为四姓。此外，也有以伊斯兰教的传承谱系为基础，改译为汉字单姓。如：拜、撒、汾、定、虎、里、沐、敏、纳、萨、赛、妥、脱、喜、鲜、玉等。

（三）以地名为姓氏。

如安姓，为中国回族古老的姓氏。古代安息国（今乌兹别克布哈拉一带）来中国留居不归者以国为氏；《通志·氏族略》载称：安姓出自安息王后代，西域学者安清，原是安息国王太子，后游学中原，以安息国名首字为姓。又如米姓，出自古西域康居国『昭武九姓』之一，曾在中亚阿姆河、锡尔河两河流域建立米国，其国人进入中原后，子孙遂以米为氏。再如杨氏，原系元代伯颜察儿的后裔，因定居北京羊市角头，故取『羊』之谐音为杨氏。

（四）以族名为姓氏。

如哈姓、赛姓，源于中亚布哈拉王族。北宋神宗年间（一〇六八年至一〇八五年）布哈拉王及其弟艾尔沙率五千族人来华，抵汴京开封，从此定居中原；元初，布哈拉王族后裔赛典赤·赡思丁·乌马尔（一二一一年至一二七九年）受封咸阳王，后出任陕西五路西蜀四川和云南行省平章政事，生有五子二十三孙，分别以纳、马、撒、哈、沙、赛、速、忽、闪、保、沐、苏、郝为姓，哈、赛二姓即是这十三姓中之姓氏。再如回姓，即取自『回回族』的族称，故有『回回姓回』之称。原有复姓『回回』，后改为单姓回姓。

（五）皇帝赐姓。

由于古代回回族人有名无姓，不便于册封、行文、书写、称呼，因而历代帝王对回回族之功臣、名士、工匠、艺人赐姓较多。如唐代李光颜，本稽阿跌之族，系敕勒十五部落之一，因战功卓著，被赐予大唐国姓李氏；波斯及大食人李颜升、李玹、李珣、李舜玹，亦因进士及第或受宠，被赐予李唐国姓。北宋时，太祖赵匡胤赐西域鲁穆国天文学家马依泽为马姓；神宗赐阿拉伯接骨医师为梁姓。元世祖赐伯颜以赵姓，赐西域人剌罕与剌海为答姓；元仁宗赐笃鲁丁之子察汗为白姓。及至明朝，从明太祖朱元璋开始，在厉行禁『胡语』『胡姓』『胡名』的同时，对归附的回部人士广赐汉姓，除赐给国姓朱姓之外，还赐了郑、张、马、金、沙、白、苏、李、合、毛、薛、闪者、苗、冶、乌、哈、赛、常、唐等众多汉姓。明代航海家郑和，本系回族马姓，因在郑家营之战中有功，后被永乐帝赐姓郑。

（六）借用外族人姓氏。

伊斯兰教是一个善于兼容、涵化的宗教。世界著名的古城耶路撒冷就是伊斯兰教、基督教、犹太教共存的朝圣之地。因而信奉伊斯兰教的回族也常常吸纳不同国籍、不同种族的兄弟民族加入自己的群体中，从而扩大了回族姓氏的文化内涵。

如唐宋时进入中国的一批犹太族人，聚居于开封，经长期的融合，由明代的十七姓演化为清代的李、赵、艾、张、高、金、石『七姓回回』。又如，明永乐年间苏禄国（今属菲律宾）东王率使团访华，归途中病逝，其两个儿子温嗒剌、安都鲁留下守墓，定居不归，其后裔遂以温、安二姓传世。

又如明代洪武年间，维吾尔将领翦八十，率众归附中原，后融入回族之中。今湖南桃源翦姓即是其后人，著名历史学家翦伯赞即是其中佼佼者之一。在元、明、清三代，蒙古族、鲜卑族、党项人（羌族）、满族、壮族等兄弟民族中，也有相当一部分人因信奉伊斯兰教，而成为回族成员，同时也将呼姓、党姓、关姓、韦姓等带有浓郁民族色彩的姓氏，带入了回族姓氏之中。

（七）避难、避仇、避讳而产生新的姓氏。

如明代泉州大族蒲姓，因其始祖蒲寿庚助元灭宋，历任元代高官，明太祖灭元后对其后裔进行报复迫害。于是蒲姓子孙纷纷逃往外地，改为吴、卜、杨、郭等姓氏。今福建惠安、白奇等地的十多个自然村中，居住着一万两千回族郭姓，俗称『九乡郭氏』，即系阿拉伯后裔，因逃避明代对色目人种族歧视，便托附于唐汾阳王郭子仪世系之下。

又如，现居河北镇泊的回族石姓，其先世在元代奉旨前往江南采办修筑元大都的木石材料，行至河北镇泊村时，元大都陷落，遭到明军盘查，于是便以石为姓。

再如安徽和山东等地的回族朱姓，原系明朝赐姓，在清军入关之后，为免遭迫害，将朱姓改为黑姓，至今在这一带仍流传着『朱』『黑』两姓同根共祖的说法。

（八）回回族复姓改为单姓。

由于回回族先民多来自西亚、中亚地区，其祖上多以国名为姓。一些回族姓氏也多取自伊斯兰经名、教名或族名，因而回族姓氏初始多为复姓，或多音节姓氏，后在长期的汉化过程中多改用单音节的汉姓。如『安息』改为安姓，『阿里』改为阿姓……

由于回族取姓时，多采用谐音或相近的汉字，因此产生了一批奇僻姓氏，如忽、闪、拉、剌、哈、撒、麻、达、朵、虎、者、也等。上述这些姓氏，在发展过程中，有的已被同音的汉姓所代替。如速姓变为苏姓，合姓变为何姓，忽姓变为霍姓等。

回姓汉化中还有另一种情况尤为值得注意，即回族的『双语制和双名制』习俗。回族在按照本民族的风俗习惯和宗教信仰选取姓名或经名、教名的同时，往往要另取一个汉族姓氏和名字，以便与汉族沟通或在各种社交场合使用。特别是在明代初年，由于对元朝的异民族统治的仇视心理和对蒙古人、色目人（包括回回）等元朝残余势力心存疑忌，明太祖朱元璋推行了一系列民族歧视的同化政策，色目人、蒙古人血统的子孙后代，特别是有一定功名、职位的大小官员，往往被迫采用『双语、双名』的方式，避免祸端。此种情况在民间留存的族谱、家乘中时有遗迹可寻。如笔者所见的《山东日照法氏族谱》即是其例。在法氏留存的族谱残本中，其始祖名法都喇，似为回族姓名，其法氏的一些生活习俗和祖训中也都有许多不同于汉民族的规定。但在后续的谱本中则记为法若真，并称其为三国时蜀国名臣法正后裔，但无传承世系可以为凭。然而从法若真和法都喇二人的祖籍所在、生平履历和职官、事迹来看应是一人。法氏族人对此大惑不解，无法判定其始祖应是何族、何名。后经笔者多方查证，才搞清法都喇与法若真实是一人二名，前者是伊斯兰教名，后者是社交场合中的官名，山东日照法氏实际上是回族血统。为免受歧视和政治迫害，遂以汉族姓氏传世。为保持其宗教信仰和生活习俗，又以祖训、族规形式，将其载入族谱。[四]

综上所述，信奉伊斯兰教的回族、维吾尔族等少数民族，在唐、宋、元、明、清历时千余年的发展、演变过程中，以其兼容并蓄的博大精神，吸纳涵化了不同国籍、不同部落的众多民族，极大地丰富、拓展了中华姓氏的文化内涵，对奠定中华民族多元一体大家庭的格局，具有深远的历史意义，是值得我们深入研究并发扬光大的文化瑰宝。

二　土族姓氏

土族主要分布在青海省互助土族自治县、民和回族土族自治县、大通回族土族自治县，以及甘肃省天祝藏族自治县等地。人口约二十万。

土族有多种自称与他称。土族的自称大多以居地的不同或族源的差异而有不同的称谓。青海省互助土族自治县、大通回族土族自治县、甘肃省天祝藏族自治县的土族，自称『蒙古尔』、『察汗蒙古』，自认为是成吉思汗的后裔；民和回族土族自治县的土族，大多自称『土昆』；甘肃省但民县勺哇乡土族自称『勺哇绕』。汉、回等民族则称他们为『土人』『土民』或『土护家』；藏族则称土族为『霍尔』。汉文史籍中称之为『西宁州土人』，认为与古代吐谷浑有关。新中国成立后，在民族识别工作中，统一定名为土族。

土族没有本民族的文字，长期以来使用汉文或藏文。语言则属于阿尔泰语系蒙古族语，百分之八十五以上词汇与蒙古语相同，不少人兼通汉语和藏语。

据土族学者李克郁撰写的《土族》一文（入选张联芳主编的《中国人的姓名》）介绍，土族人最初有名无姓，后受汉文化影响，使用姓氏。土族取姓来源主要有：

（一）以居地山、水、村名或地貌特征为姓氏。

常：据民间传说，常姓居民原驻牧于肃北羌水、鲜水之地，后迁至今互助土族自治县，人们称他们是常鲜人（『羌』读『常』），再取首字常为姓。

刁：刁姓居民原驻牧于羌水、鲜水之地，明万历年间迁至今互助土族自治县加定乡的羌鲜台，再迁至今互助土族自治县的东沟乡。因他们是从羌鲜地方迁来的居民，故人们称他们为羌鲜·孔（来自羌鲜的人）。『羌』音在土族语中意为鸟，故译汉姓为鸡，然汉姓中无鸡姓，于是舍鸟存刁而取姓为刁。如刁文庆、刁忠、刁文兰等。

席：席姓居民原住在今青海省民和回族土族自治县的亨堂什纳地方，后迁至今互助土族自治县东山乡，他们自称什纳·孔（意为从什纳迁来的人），土语中将『什』读作席，故音译汉作『席纳』，取首字席为他们的姓。

龚：龚姓人居住在村子的尽头或一平台的边沿，因此土族人称他们为龚塔·孔（意为住在边沿上的人们），后取首字龚作为自己的姓。

祁：祁姓人原住在河边，所以土族称他们为祁嘎·孔（意为住在河边的人们），取首字祁作为自己的姓，如祁建昌、祁明荣等。

（二）以职业、技艺为姓氏。

罗：罗姓人在土族语言中叫罗古尔·孔（意为种油菜籽的人们），罗古尔人因擅长种油菜籽而远近闻名，故土族语音译汉，取第一个字罗为自己的姓。

麻：土族语中称麻姓为麻锡江·孔（意为有一百匹马的人），据传麻锡江人特别擅长养马，并将土语的这一称呼音译汉，并取第一个字麻为自己的姓。另一地方，把麻锡江一词音译作『马锡江』，于是麻锡江人里有了马姓人。如马元彪、马元龙等。

再如东姓为牧羊人，杜姓为有羊圈的人，均是以职业为姓。

（三）以部族或部落名为姓氏。

索卜人（亦写作阻卜人或索布人）是最早一支来到河湟流域的土著部族。土族称索卜人为『胡苏』，土族人之胡姓、卜姓、索姓、布姓，以及由胡姓谐音转化的虎姓、贺姓，由索姓谐音之沙姓均是以部落之名汉译而来。

（四）把土族本姓译为音、义相近的汉姓。

如：土族称富康人家为『巴颜·孔』，译为汉音称为傅姓（富姓）、白姓（巴姓）；又如：土族人称好善之家为『藏仁』，译成汉语时称为『何』（好）姓。

（五）以土司之名为姓氏。

元代在河湟地区封有许多诺延土官，后归附明朝，被封为世袭土司，其后裔遂以之为姓氏。如元朝甘肃行省理问所诺延土官，名叫祁贡哥量吉，归明后，被封为『西祁土司』，后人便以祁为姓；元朝西宁州诺延土官李南哥，归附明朝后，授世袭指挥使，称『东李土司』，后人以李为姓。如汪姓、吉姓、阿姓、冶姓、甘姓、朱姓等，都是因受明朝政府封赏，为世袭『百户』『千户』或指挥使等职，后人以始封之祖为姓氏。

此外，也有一部分汉、藏民族定居土族地区，也给土族增加了新的姓氏。

三　锡伯族姓氏

锡伯族主要分布在新疆伊犁地区的察布查尔锡伯自治县和辽宁、吉林省等地。总人口约八万四千。

锡伯族自称『西沃』，系鲜卑族后裔，在不同的历史时期先后被称作鲜卑、西卑、西僰、室韦、席比、席伯、希伯、西白。对其含义也有不同的解释。一说锡伯是瑞兽或带钩。《汉书·匈奴传》颜师古注，将黄金『犀毗』解释为『胡之带钩，亦曰鲜卑，亦曰师比，总一物也，语有轻重耳』；一说锡伯来源于地名。清代舆图将海拉尔迤南的室韦山一带泛称锡伯；一说锡伯之名来源于部落。日本人岛田好在《锡伯卦尔察部族考》一文中，即认为锡伯之名来源于部落之名。〔五〕

新中国成立后，在民族识别中确定为『锡伯』。其原居于辽宁、吉林、黑龙江东北地区。明代以前，锡伯族一直生活于以今吉林省扶余县为中心，东至吉林，西至呼伦贝尔，北起嫩江，南抵辽河的广大地区。十七世纪初归附满洲，被编入『蒙古八旗』『满洲八旗』。十八世纪中叶清政府平定准噶尔之乱，抽调大批锡伯族官兵连同家属到新疆伊犁地区驻防戍边。从此分为东、西两部。留居东北地区的锡伯族人因长期与汉、满、蒙古等民族朝夕相处，风俗习惯与这些民族毫无二致；迁居于新疆地区的锡伯族人则将一些固有的民风习俗和姓氏特色保存至今。

锡伯族保留了『万物有灵』的萨满教初始宗教观念，崇拜祖先神灵。每个家族都供奉着祖先神位。女祖先称作『喜利妈妈』，男祖先称作『海尔堪玛法』。女祖先喜利妈妈的象征物是一条四丈左右的丝绳，上系小弓箭、小鞋靴、小摇篮、铜钱、布条、辈式骨（猪、羊膝骨）等物，平时装在纸袋内，俗称『子孙袋』，挂于室内西北墙角。每到春节，由袋内取出，从西北角斜拉到东南墙角，烧香磕头。到二月初二再装回纸袋内，挂回原处。每添一辈人往袋内加一『辈式骨』，生一男孩，添一弓箭；生一女孩，添一布条，寓意家族人丁兴旺，子孙传衍。实质上是一种古老的『结绳家谱』，是母系氏族社会的遗风。在《锡伯族风俗志》中对此也有详尽的描述。『海尔堪玛法』，原是锡伯族男性祖先神灵。一说他是有名的部落酋达（酋长），一说他是拯救牲畜的有名牧人，后来演变为保佑牲畜之神。男祖先『海尔堪玛法』的象征物，是钉在西屋外西南墙角上放有香炉的木板，以及墙洞内小木盒里的男性祖先的布制画像，即男性祖先神祇，每逢过年过节都要对之焚香磕头，祈求祖宗保佑平安。通过对男、女祖先神的祭祀仪式，把家族姓氏和传承谱系记录下来，传给后代。

锡伯族的姓氏称作『哈勒』或『哈拉』。过去认为锡伯族本无姓氏，现有的姓氏都是从满族借用而来。在清代乾隆年间官修的《八旗满族氏族通谱》中，也确实有富察氏、瓜尔佳氏、郭洛罗氏、佟佳氏等十个姓氏与锡伯族姓氏相同。但近年来部分社会学家和姓氏研究人员认为，锡伯族有自己的姓氏来源，或源于图腾崇拜，或以住地、部落、祖先之名为姓氏。

锡伯族的『哈拉』是以血缘为纽带的氏族集团，由男性祖先的男性后代组成。每个哈拉都由一位民主选举产生的『哈拉达』（哈拉长）负责管理。哈拉达家里藏有本哈拉的族谱，在每年正月举行的哈拉会议上，要把本哈拉人口的变动情况记录在上面。哈拉达既是权力的象征，也是代表本哈拉祖先的偶像，因而受到本哈拉全体人员的尊重。

在哈拉之下的家族组织叫莫昆，由莫昆达负责管理。锡伯族初迁到新疆时，一个哈拉几乎只有一个莫昆。随人口的增加，莫昆越分越多，独立性也日益增强。据贺灵、佟克力主编的《锡伯族风俗志》所载，在新中国成立前，新疆地区的锡伯族已有三十一个哈拉，五十二个莫昆，汉译姓氏四十三个。

也有人对新疆锡伯族姓氏做了实地的调查统计，共得二十九姓。〔六〕另据锡伯族学者赵志强、吴元丰二人介绍，若将东北地区的锡伯族姓氏，以及过去曾经使用过而现在可能消失的姓氏加在一起，共得六十二姓。[七] 其中尚不包括现在锡伯族中使用的张、王、李、赵、刘、吴、徐等已经汉化了的姓氏。

锡伯族姓氏原来多呈复姓或多音节的姓氏。由于地处边陲，且集中居住，同外界交往较少，因此二百余年来，新疆地区的锡伯族一直保持着称名而不呼姓的习惯。直到辛亥革命后，才有所改变，取汉字单姓的人才逐渐增多，其特点就是取原来多音节本姓的第一个字母或音节的汉译音作为姓氏。如胡西哈里氏，取汉字『胡』为姓；觉罗氏取汉字谐音『焦』或『赵』为姓；杨吉里氏改为杨氏；石佳氏改为石氏；佟佳氏改为佟氏；郭尔吉氏改为郭氏；瓜尔佳氏改为关氏；苏木尔氏改为苏氏……由此可见，锡伯族姓氏的汉化过程同其他少数民族姓氏一样，也是遵循了由多音节复姓改为单音节的规律。

从上述简介可以看出，锡伯族姓氏文化不仅历史悠久，而且保留了许多氏族社会姓氏文化的特色。比如，对男性祖先和女性祖先的双重崇拜，就是母系氏族社会向父系氏族社会过渡的遗风民俗；而『子孙袋』和『祖神祇』更是载录家族渊源和传承世系的『结绳家谱』的化石标本。

【注释】

〔一〕〔五〕 参见宋蜀华、陈克进主编：《中国民族概论》，中央民族大学出版社，二〇〇一年二月版。

〔二〕 参见《明律·蒙古人色目人》。

〔三〕 参见魏德新：《中国回族姓氏溯源》，新疆大学出版社，一九九九年八月版。

〔四〕 参见李吉：《山东日照法氏族谱·谱序》。

〔六〕〔七〕 参见赵志强、吴元丰：《中国人的姓名·锡伯族》，中国社会科学出版社，一九九二年八月版。

第三节　西南地区少数民族姓氏

西南地区指西藏、云南、贵州、四川和重庆等省、直辖市、自治区。从地域形态上看，由青藏高原和云贵高原两大高原组成，地理形势复杂，生态环境多样，经济、文化相对滞后。生活在这里的少数民族，语言大多属汉藏语系，少数属南亚语系。西南地区是我国少数民族族别最多、幅员最大的地区，计有二十八个民族：藏、门巴、珞巴、彝、白、哈尼、傣、傈僳、佤、拉祜、纳西、景颇、布朗、阿昌、普米、怒、德昂、独龙、基诺、羌、壮、苗、回、蒙古、布依、水、瑶、满等民族。

在中华人民共和国成立之前，西南少数民族地区社会制度呈立体多元状态，分别存在着原始公社所有制、奴隶制、封建领主制、封建地主庄园制等不同形态，是一部社会发展史的『活化石』和演进图。因而其姓氏文化呈现出多层面、多时段、多民族、多元素的丰富内涵和外在形态。

一　藏族姓氏

藏族主要分布在青藏高原及与之相连的川、滇横断山脉地区，人口约四百二十五万。藏族的先民是距今三千多年前商周时代的羌人。到秦代，『子孙分别各自为种，任随所之，或为牦牛种，越嶲羌是也；或为白马种，广汉羌是也；或为参狼种，武都羌是也』。约在公元前四世纪中叶，西藏山南地区雅隆河谷的一些部族已经形成并发展起来，据说是天神拉达主的后裔聂墀赞普为雅隆部落的首领和西藏六牦牛部之主。六牦牛部部落名称藏语称『博』或『孛』，也写作『蕃』，即『吐蕃』称谓之由来。

最初藏族有名无姓，从聂墀赞普传到思赤赞普，七代赞普之间均是采用了父子连名制和母子连名制并存的传承谱系，史称『七大座王』。到直贡赞普第八代时，母子连名制现象消失，但祖孙数代共用某一字（如赤）的连名制情况传承下来，如共用一个『列』字的『六中佳王』、共用一个『德』字的『地德八王』等。〔一〕

六世纪时，雅隆部落成为诸蕃中最强大的集团，以武力兼并了苏毗、羊同、白兰、党项诸羌族部落，及鲜卑族的吐谷浑部。到七世纪时，赞普松赞干布统一了整个西藏地区，并迁都逻些（今西藏拉萨），正式建立了吐蕃王朝。藏族各部落均由之统辖。各氏族部落的名号就成为藏族最初的姓氏。此后渐有变化，有的以封地为姓，有的以家族房名为氏，但一般都是贵族才有姓氏。

最常见的藏族姓源有以下六种：

（一）诸神的后裔

藏族地区广泛流传着一则神话：有一神猴与岩魔女结为夫妻，生下六个小猴，进化为人类，成为藏族最早的六个氏族：色氏、木氏、董氏、东氏、惹氏、朱氏（柱氏），形成所谓『原人六姓』。这六个氏族又发展为十八个氏族。

（二）天神的家族

相传藏族首领聂墀赞普是天神之子下降人间，制定了礼仪，区分了尊卑，由他传下了第一个王族。这个天神的家族称作『代』。发展为父系六族，即：洛氏、聂氏、琼氏、努氏、色氏、保氏。到松赞干布时，又有秦氏、卓氏、如雍氏、纳南氏、才萌氏、觉如氏等其他家族出现，成为与王族结亲的姻亲氏族。

（三）『可怕』的家族

据传说，西藏古代有一位道法高深、威力很大的密宗法师叫琼保·较塞，游历四方，遍谒圣地，为人降魔除邪，免祸消灾。恶魔十分害怕他，一见他就发出『米拉，米拉』的哀号。『米拉』在藏语中词义是『可怕』。后人赞誉琼保·较塞的功德，称其家族为『米拉氏』，即『可怕』的家族。

（四）『仇生』家族

十三世纪时，西藏有位大学者贡呷坚赞，据说是天神后裔，因与仇敌罗刹交战，俘获其妇而生了孩子，取名『昆巴解』，『昆巴』是仇恨的意思，『解』是生的意思，即『仇生』或『仇妇生』之意。其家族便称昆氏，以炫耀其族系之高贵和祖先之威猛。

（五）以房为氏

藏族大多数家庭都有房名，世代相传，房名即成为姓氏。如韦氏、谷米氏、雪康氏、华秀氏，即为房名演变而成的姓氏。

（六）以封地庄园为氏

近代以来，西藏农奴主贵族的传统姓氏日渐衰微，而以封地庄园命名的姓氏日渐增多。如十三世达赖喇嘛出生于平民家庭，被确认为转世灵童，当了达赖喇嘛后，其父被封为公爵，赏赐许多庄园。其中朗敦一溪卡即他家原住的庄园。人们便以此封地称呼这个新的显贵家庭。于是他家的人名前都冠以『朗敦』二字。

二　白族姓氏

白族主要聚居于云南大理白族自治州、丽江、碧江、保山、昆明，在贵州毕节、四川凉山等地也有分布，人口约一百六十万。因其俗尚白，故名白族，亦称『白蛮』、『僰人』、『白爨』、『民家』。

白族历史悠久，源于古代南迁的氐、羌。僰人之称最早见于战国时的《吕氏春秋》，被称为『西方之戎』，或『氐僰』『西僰』。西汉时，滇东一带原住民众多，而以叟族为主。三国初年，置五部都尉，号称『五子』。佳、雍、娄、爨、孟、量、毛、李等豪家大族逐步兴起，形成『四姓五子』的局势。[三] 其中以孟、爨等姓最大，雄长各部，称为『爨蛮』。刘备入川建立蜀汉时，受到其抗拒。于是诸葛亮率师南征，采取『攻心为上』的策略，征服孟获及爨习等豪酋，册封白子国酋长龙佑那，赐姓张氏，其余诸部酋长分赐李、杨、赵、董汉族姓氏，平民百姓纷纷效仿，白族诸部始有姓氏。

魏晋南北朝时，由于汉民族大量迁入，白族中的首领人物大多使用汉姓。如吕、雍、孟、焦、杨、赵、李、董等，大多是僰人首领或僰化汉族后裔。

唐代僰人被称为白蛮，成为白族先民。唐朝初年，唐高祖、唐太宗两次派兵拓地西南，在西洱河置七州十五县，当地各部落归附唐朝。在洱海周围有六大部落，因部落酋长称『诏』，合称

『六诏』。其中蒙舍诏地处其他五诏之南，故称南诏。开元二十八年（七四〇年）唐朝封皮罗阁为云南王、越国公，赐名归义。天宝七载（七四八年）南诏依靠唐朝势力统一了整个云南地区，建立南诏国，使云南经济文化得到空前的发展。九〇二年，南诏国灭亡后，先后有『大长和国』、『大天兴国』、『大义宁国』相继更替。九二七年，原南诏国『清平官』段俭魏的六世孙、通海节度使、武威白人段思平联合『乌蛮』三十七个部落，推翻『大义宁国』，建立大理国。可见白族段氏早已是世代显贵的家族。

宋代对大理国采取了积极的怀柔政策。太平兴国初年，封大理国首领段素顺为『云南八国都郡王』。淳化末年又敕封『云南大理国统辖大渡河南姚嶲州界山前山后百蛮三十六鬼主，兼怀化大将军、忠顺王诺驱』。徽宗政和七年（一一一七年）遣使册封段和誉为『云南节度使、上柱国、大理国王』[三]，从而促进了大理王国与宋朝的关系，也促进了白族与汉族的融合。

如果我们进一步把大理段氏的传承谱系作一排列、解析，发现白族姓氏中有『父子连名制』的民族特色。如大理国段氏第一世主至第四世主：段思平（伯父）——段思英（堂兄）——段思良（父名）——段思聪（本人名），四代皆重复使用一个『思』字。而第二十一代至第二十三代，则是以父名的最后一个字，用作儿子姓名中的第二个字。段志祥——段祥兴——段兴智。这种『父子连名制』可远溯到母系氏族社会的『母女连名制』。由此可见白族姓名制度的悠久历史。

除『父子连名制』外，白族姓氏还有其他几种重要来源：[四]

（一）来自原始的图腾崇拜

云南地区的白族先民有的以动物图腾作为族徽标志，久而久之演化为姓氏。如碧江地区白族中的『虎』氏族，崇尚老虎，虎氏白语称『腊波』，虎氏族的人多喜欢用虎的白语音罗、腊来取名，如腊修、腊津、腊仁、腊马等。后来罗、腊、娄又改为何、和、胡、鲁、木等姓。兰坪地区白族中，有个大姓『鸡氏』，白语称『介耻』（或盖耻），以鸡为图腾，鸡氏族的人多以『鸡』字起乳名，如者千鸡、鸡栋乍、普鸡三等。后来，『鸡氏』又改为姬、纪、奚、高、黄等姓。云南碧江金满村的白族人，传说他们的祖先是从金花鸡的蛋里孵化出来的，至今金满村的白族人常在姓名中带一个『金』字或『鸡』字，如金花鸡、金花骨、骨金花等，以此表明他们是金鸡氏族。再如鱼姓，又写成余，来自鱼图腾。鱼，白语称吴或乌，后来，就成为余、吴等姓。又如翟姓和施姓、庆姓，来自海螺的图腾崇拜，因白语称海螺为『庆』『翟』的缘故。

在云南剑川县兰州坝的一些村寨中还有一种『白汉双姓，内外有别』的奇特姓氏现象。比如，对外称高、黄、杨、赵等汉姓，内部则仍用鸡、猪、猴、赤鹿、青豆等作为家族的标志。这既是图腾文化的遗风习俗，又表明了汉民族文化的影响。

（二）来自职业

如童、董二姓出自白族原始宗教职业巫师，白语称巫师为『朵希薄』，汉语『童』『董』即首音『朵』之谐音。如明代处士董志远即白族人。

（三）来自地名

大理喜州河矣城的何氏，原为网氏。河矣城村在洱海西岸边，白语称作『鹅尼者』。『鹅』的意思为渔网，『尼』的意思为人，『者』的意思为地方、城邑。『鹅尼者』意为渔网使用者居住的地方，也就是网氏族居住的地方。『鹅』被记作『何』，是发音上的差异，也由汉姓谐音而来。何氏即本地土著网氏族。

（四）来自汉姓

一是中央王朝的赐姓。如前所述三国时诸葛孔明赐仁果九代孙龙佑那张姓，又赐各酋长杨、李、赵等姓。赐龙佑那张姓，可能是张飞之姓的缘故。刘备、关羽、张飞乃结义兄弟，武侯赐龙佑那以张飞之姓，以示亲如兄弟。

二是汉姓男子入赘白族人家，所生子女受汉族实行的『长子立嗣，次子归宗』的封建宗法的影响，故而长子随母姓，次子从父姓。次子的汉姓自然会带进白族中去，使白族增加了许多汉姓。此外，白族还有另一种习俗，即入赘独女人家后，要改名换姓，且永远不得恢复其原姓，并有权继承女家的全部财产。云南大理、洱源、剑川等地，入赘女家的男子，在举行婚礼的当天晚上，家中大放灯烛，请族中长老围桌商议，给赘婿取个与新娘排行的名字，以示与新娘是兄弟姐妹，亲上加亲，长辈亦将他视为家中之子，同辈则与他称兄道弟，以后生儿育女一律随母姓。也有的入赘者后代既用母姓，也用父姓，成为双姓，犹如汉族之『一姓双祧』。如杨姓男子入赘李家，子女可用杨李××为姓名。

三是原为汉族。有些汉族人或为生活所迫，或原为官吏、将士、商人、侠客，『剑南逋逃，中原亡命』，流落在白族地区，以后融合而为白族，其子孙虽已成为白族，但却保留其祖先的汉姓。如云南喜州有一批迁入的汉族人，而后融合为白族。《周城杨氏合族世系碑》载：『始祖文智，原籍江南。（明）成祖诏移中土大姓实滇，占籍大理，卒葬周城。』

四是白族人采用汉姓汉名。如云南省原碧江县金满村的白族人，因与汉族和其他民族交往频繁，在姓名上也发生了变化，取汉姓汉名的较多，小孩上学一般都取个汉文学名，以白族姓之汉语对音而取以汉姓，如白族鸡姓，汉语姬、纪为鸡之对音，故改为汉姓姬、纪；或以老师之姓为姓，老师姓什么，他就姓什么，如老师姓王、高、黄等，学生虽本姓鸡，亦改为汉姓王、高、黄等。

由于受汉文化的影响，早在唐代南诏国时期，白族上层就开始仿效汉人，在本民族名字前冠一汉姓，以便与唐王朝官员交往，显示自己的尊贵。如南诏西洱河蛮酋杨东附显、入唐使杨太和眉、大总管段旋忙凑、南诏王妹李波罗诺等人姓名中，杨、段、李等显然是汉姓，从而形成了白族特有的『冠姓双名制度』。

『冠姓双名制度』，直到宋、元时仍在延续使用。宋人范成大在《桂海虞衡志·大理》中，即载有大理人『李观音德』『董六斤黑』『张般若师』等姓名。及至蒙元帝国灭掉大理后，改设云南行省，大理王族为免祸避难，有的改为李、张、殷等姓，白族的『双名制』亦逐渐减少。明清之际，实行改土归流，废除世袭土官，并从内地大量迁移汉民入滇，从而加速了白族地区的经济文化发展，白族人的姓氏也发生了极大的变化，普遍采用汉姓、汉名，标志着白族汉化过程的『冠姓双名制度』退出了历史舞台。

三　珞巴族姓氏

珞巴族主要分布于喜马拉雅山东段主脉南侧的珞渝地区的墨脱、米林、隆子等县。据说人口有二十万，但一九九〇年全国人口普查时，在实施普查的地区人口仅二千三百多。〔五〕

『珞巴』是藏族对他们的称呼。唐代松赞干布时，珞巴族所居珞地即为吐蕃的南部疆土。珞巴族自称为『博嘎尔』、『部都』。

千百年来，由于高山屏障，江河阻隔，珞巴人经济文化的发展十分缓慢，直到二十世纪六十年代初，仍然是以刀耕火种的原始农业和狩猎业为主要生产方式。苏龙等个别部落还过着以采集业为主的生活。没有文字，刻木结绳记事，笃信万物有灵的原始宗教，崇鬼尚巫，敬天事神。其社会组织结构还是以父系家长制家庭为基本单位的氏族部落社会，由博嘎尔、崩尼崩加、苏龙、阿帕塔尼、纳、巴依、玛雅、达足、阿卡、德根、巴达姆、希蒙、民荣、迦龙楼波、义都、米古巴、米新巴、达额木等三十多个部落组成，每个部落下分若干个氏族，一般的有十个氏族，有的多达数十个氏族，每个氏族之下又分为若干亚氏族，亚氏族下又分为若干个小家庭。虽然一夫一妻的小家庭已经出现，但氏族组织仍是维系部落家族的血缘纽带。其姓氏文化也必然体现出氏族社会的浓郁特色。

当代学者刘贤芳先生通过大量的社会调查和系统研究，为我们揭开了珞巴族鲜为人知的姓氏之谜，展示了其母系氏族社会里『女生为姓，姓从母出』『图腾崇拜，转化为姓』的历史画卷。既介绍了其父系氏族社会时期各种姓氏的类别和特色，也记述了『姓别婚姻，氏明贵贱』的社会功能，以及民族交融对姓氏发展变化的历史作用，从而成为我们解读珞巴族姓氏文化、剖示其姓氏发展轨迹的典型教材。〔六〕

刘贤芳先生指出：珞巴族姓氏起源于母系氏族社会。当某一血缘集团出于婚姻关系分裂为两个或两个以上的婚姻集团时，便产生了母系氏族组织。每个氏族组织以其图腾名或首领的名字来命名氏族，以此区别不同的婚姻集团。氏族名称在频繁的社会交往过程中，约定俗成，成了专有名称。它作为氏族对外活动联系的血缘纽带和氏族标志，并随历史的推移转化为姓。

如珞巴族最古老的苏龙部落，其图腾信仰的特点之一，就是图腾组织以两个或六个『纽卜』（氏族）为一组。据称这两个或六个氏族来源于一个『兄妹婚配』的『得白』。例如：石鲫纽卜，图腾为『哈意』树花萼，石脚纽卜图腾为竹屑，二者出于同一个『得白』，同源于植物，为同一个组。布更纽卜图腾为鸡蛋，布耶纽卜图腾为青蛙，二者出于同一个『得白』，同源于动物，为一个组。嘎狠纽卜图腾为灶炭，嘎得纽卜图腾为灶灰，英垛（又名瓦如）纽卜图腾为房前，姑佑纽卜图腾为房后，庄郭纽卜图腾为房柱里，布劣纽卜图腾为房柱外，六者同出于一个『得白』，属于无生物图腾，为一个组。

这三组十个氏族，都以图腾作为氏族的名称，从而构成了母系氏族社会的图腾组织。这种组与组之间的不同属性，包含着人们血缘亲疏远近的意识和不同的习俗。凡同属一个图腾的成员，或自认为共图腾的后裔，彼此有着相互的权利和义务。同一氏族成员，彼此如同一家，绝不能互婚，否则就犯了图腾禁忌，要受到严厉的制裁，体现了『姓别婚姻』的社会功能。此外，还有共同的图腾神话传说、宗教仪式和禁忌。

刘贤芳先生又以苏龙部落的具体事例，描述了由氏族的族徽标记，转化为该氏族姓氏的发展演变过程。他说：苏龙部落的『图腾石鲫、石脚、布更、布耶、嘎狠、嘎得、英垛（瓦如）、姑佑、庄郭、布劣』作为氏族旗帜的象征、血缘纽带的标记，在长期的社会交往活动中遂形成母系氏族社会时期的十个姓。至今苏龙部落仍沿袭这些姓。

随着历史发展的进程，珞巴族的母系氏族社会逐步被父系氏族社会所取代。而父权制的确立，使珞巴族姓氏发生了巨大变化。

首先是父系氏族的姓取代了母系氏族的姓，形成了父系传承的姓氏体系，形成一些新的氏族部落。每个部落下又分为若干个称作『霍得』的氏族，氏族之下又分若干个叫作『杭隆』的支系，每个成员以氏族之姓为己姓，但是有的名在前姓在后，有的姓在前名在后。如聚居在珞渝东部的义都部落的十个氏族，即是名前姓后。而聚居在墨脱境内的米新巴、米古巴两个以地域关系组成的部落，因受藏传佛教的影响，则是有名无姓，取名也受藏族习惯的影响。

其次是在『姓』之下，出现了『氏』的称谓。值得注意的是，珞巴族氏的来源和含义，不同于汉族之姓、氏关系。汉族由姓而分支的氏，一般都与姓有一定的血缘关系，氏是姓的血缘分支，是因分封、繁衍而以地域、职官、技艺而产生新的符号和称谓。而珞巴族的氏，与姓却不存在血缘关系，纯粹是一种区别、表明社会地位、身份的符号和称谓。珞巴族的社会成员分为两个等级，即『麦德』（主人）和『涅巴』（奴隶）。在珞巴族父权奴隶制社会刚刚确立之时，隶属于父系大家庭的奴隶与奴隶主尚可使用同一姓，表示是某一家族的奴隶；但随着奴隶及其后裔的数量增加，在原有的血缘氏族内部就出现一批『非我族类』的没有血缘关系的奴隶群体。为维护本氏族部落成员的身份、地位，并把家主与奴隶区别开来，于是把这些异血统的奴隶原有的姓附在主人的姓后，称之为氏，即『姓后立氏』，以明贵贱，辨族类。凡『姓后所立之氏』，即是家主的奴隶或依附的贱民阶层。在姓名的表述和称谓上有严格的区分，即主人是姓后立名；奴隶、贱民是姓后立氏，氏后加名。如：海多·古另，海多是姓，古另是名，表示是家主，或同一血缘的子孙；

而海多热贡·达地，则海多是姓，热贡是氏，达地是名，表示其人属于海多家的奴隶或依附于海多家的贱民。

也有的家族因拥有的奴隶日益增多，人口庞大，于是划定了一个区域，使之聚族而居，并与主人组成一个氏族。有的大奴隶主往往会拥有多个奴隶家族，这些奴隶家族，以主人之姓为姓，而以自己祖先的名字作为氏立在姓后，以此来区别主人氏族成员和奴隶氏族成员。在本氏族内部，一般情况下称名而不道姓。但是在对外交往和隆重的社交场合，必须姓、氏、名全称使用，既表明身份，也表明归属。这是珞巴姓氏制度中的一大特色，也是研究珞巴姓氏时值得注意的问题。

珞巴族的『姓后立氏』，还有一种情况也需辨析，即『姓后立氏』的家族不一定都是家主的奴隶。其中有的是战争结盟、经济往来、相互联姻等原因，而聚居于某一相同地域，是一种以地域关系结成的氏族。其姓、氏只是标明地域称号，而不是该地域所有者的奴隶。这种由血缘关系演变为地域关系的现象，表明了血缘氏族统治的弱化，也是社会发展进步的产物。

总之，珞巴族的姓氏文化，不仅为我们提供了了解珞巴族历史渊源、民风习俗的重要依据，也是我们解读中华姓氏文化内涵及其发展轨迹的微观窗口和典型范例，更是中华姓氏文化中弥足珍贵的瑰宝。

四　景颇族姓氏

景颇族主要分布在云南德宏傣族景颇族自治州，人口约十二万人。分为景颇（大山）、载瓦（小山）、浪速（浪莪）、茶山（喇期）四个支系，相互间有密切的氏族、部落关系。新中国成立之前，景颇族处于原始公社向阶级社会过渡的历史时期，因而保留了较多的氏族社会的姓氏特色。

据文献记载，景颇族源于古代的氐羌族系，唐代文献中所说的『寻传蛮』『裸形蛮』就包括了今景颇族与阿昌族的先民。在《山海经》中也有『裸人国』的描述，说明景颇族历史悠久。『寻传蛮』因分布于寻传地区而得名。该地即今澜沧江上游以西至伊洛瓦底江上游地带。『寻传蛮』自称『峨昌』或『阿昌』，是今景颇族和阿昌族的先民。『裸形蛮』主要分布于今缅甸境内克钦邦的甘高山地以西地带。唐代时，『寻传蛮』与『裸形蛮』先后处于南诏、大理国的统治之下。

明代曾授予景颇酋长为土官。如早章为茶山长官司司长，授早贵为瓦甸安抚司安抚使，早姓至今仍是景颇族大姓。

明代末年，景颇族发生分化，生产力先进的部分族群，分化为阿昌族，分布到德宏地区的陇川、绿河地区，开始从事农耕，受汉族、傣族文化影响较深。留居于高寒、偏远地区，生产力相对落后的族群，即形成今景颇族的载瓦支和浪速支。

景颇族称『姓』为『波桑』，含有类、种、姓的意义。景颇族历史上同种、同类之人，也即同姓之人，均有血缘关系，不得通婚。至今仍严格遵守这种『同姓不婚』的制度。在历史上，景颇族实行『普那路亚式』的族外婚制度，即甲族一群女子与乙族一群男子互为夫妻的族外群婚，现今景颇族实行的单向姑舅表婚姻，即是这一族外婚姻的遗迹。姓氏在景颇族中起着『姓别婚姻』的功能。

景颇族姓氏中有大姓与小姓之分。大姓共二十六个，均为氏族社会部族或家族标志。其中木日（彭、李）、恩昆（岳）、勒托（董、徐）、木然（尚、杨）、勒排（排）五大姓，是世袭山官的子孙，称为五大官姓。同时由二十六个大姓衍生出三百多个小姓。景颇族称小姓为『亭郭明』，即户名，由户名再发展为姓氏（即小家族的名字）。大姓和小姓常常连用，小姓在前，大姓在后。

景颇族的姓氏来源，有的与汉族姓氏来源十分相似。由图腾崇拜转化为姓氏的情况，在景颇族中至今存在，以动物、植物之名为姓氏的比比皆是。如：匝尼（熊）、遮其尼（麂子）、桂尼（狗）、瓦拉尼（公猪）、石白热尼（豆荚）、奈尼（芋头）、刀坝尼（葫芦）、布思尼（棉花）等。而『以地为氏』、『以官职为氏』的情况，也与汉族十分相似。如：切尼（山垭口）、寻枯尼（湖头）、贡尼（山梁）、木热波尼（寨头）；又如：首领之姓为『宁玻尼』，税官之姓为『官尼』，巫师之姓为『董萨尼』，祭师之姓为『肯宗尼』。而不同的职业也会产生不同的姓氏。如铁匠称『恩都尼』，银匠称『丈坎尼』，商人则称『普戛尼』。

景颇族姓氏中也有一些独特的现象，即日常生活中的用具、材料、食物、事物，以及人们日常的动作行为，都可作为姓氏的来源。如：孙都（锤子）、戛近尼（烧罐）、准尼（食盐）、烧尼（油）、石诺（野火）、恩仙尼（声音）、克拉尼（哭）、瓦排（抬猪）、阿奎尼（捕鱼）。这种以日常生活的行为动作、食物、用具为姓氏的现象，在汉族姓氏中十分罕见，表明景颇族姓氏来源十分广博，富有特色，是中华姓氏文化中的一朵奇葩。

五　纳西族姓氏

纳西族主要分布在滇西北和川西南的金沙江、无量河和雅砻江流域一带，西藏芒康县也有少量分布。纳西族人口约二十八万，其中十八万人聚居在云南玉龙纳西族自治县境内。

纳西族源于古代羌人，史籍上多称之为摩沙、摩梭、磨些等。据纳西族学者和即仁著文介绍，纳西族远在东汉末年就已经居住在金沙江、雅砻江流域，后来才逐渐南迁，定居于今云南境内的丽江一带，并能生产盐、铁和漆等日用品和工具。

魏晋南北朝时期一部分磨些蛮从金沙江迁到洱海地区，建立磨些诏，又称『越析诏』，唐宋时被蒙舍诏兼并，磨些人又被迫迁回故地。当时磨些人农业、手工业都有了很大发展，酿酒、铸剑都有相当水平，但仍处于原始社会末期阶段。

丽江地区的纳西族曾在忽必烈率大军到达丽江时，帮助出兵平定大理。其酋长阿良因此被元朝授予世袭土官之职。元代建立云南行省后，阿良后人被封为丽江路宣抚司长官。明朝平定云南后，在丽江设立军民土知府，赐阿良后人为木姓，是为木氏土司之始。到清代木氏土司已发展得非常强大，拥有十四处庄园，农奴上千。一七二三年，清朝改派流官取代土司制度，木氏土司被废，但仍有很多特权。

纳西族在历史上曾实行过有名无姓的父子连名制。连名制的特点是，父亲名字的末一个或两个音节和儿子名字的第一个或前两个音节相同。在纳西人的创世史诗东巴经《崇盘图》（译作《人类迁徙记》）中所记述的洪水之后的六代人传承世系，即为：崇人利恩——恩享糯——糯笨培——笨培冉——冉高劣——高劣趣。〔七〕

高劣趣生有四子，成为纳西族『买、何、束、叶』四大分支。叶氏支系中有一支为木氏，成为统治纳西地区的世袭土司，因此高劣趣被视为纳西神话传说时代和历史时代的分界人物。〔八〕

纳西族这种有名无姓、父子连名的方式，沿用了很长的历史时期，直到明朝洪武十五年（一三八二年），明朝大军统一云南时，丽江纳西族土司阿甲阿得率众归附，被明太祖朱元璋封为丽江知府，并赐姓为木，纳西族才开始有姓。但「木」是官姓，一般平民无权使用，仍是实行有名无姓的父子连名制的命名方式。所以当时纳西族平民只有家族之名而无姓氏。

纳西族的家族之名称为「斯日」，最早的家族名称多由氏族图腾演化而来。如：「拉木」（母虎）、「然」（豹子）、「泡司」（狐狸）、「荻若」（山羊崽）、「尤来」（母绵羊）、「牙来」（母鸡）、「尼南」（青荻果树）等，就是沿用了母系氏族或氏族图腾名称。

有些家族是以某个女性或男性始祖名字作为族名的。如永宁忠实乡的高格斯日（骨头）家族，就以女始祖高格之名为家族名称；井坪乡的格沙斯日，是以男始祖格沙之名作为家族名。

纳西族的家族名改为姓氏，大约始于明代，首先是由纳西族土司接受明王朝的官衔和赐姓开始。据清代道光二十二年（一八四二年）镌刻的丽江地区《木氏宗谱碑》（现藏丽江文化馆内）所记，三十九代木氏族谱来看，从第一代到第三十四代，都是采用父子连名制的姓氏，其中第二十一代「阿甲阿得」虽然于明洪武十五年（一三八二年）接受了明王朝的官衔和赐姓（木），但父子连名制的习俗尚未改变，只是在所赐「木」姓后加上原名的末一个字作为官方用名；直到清康熙年间第三十五代木櫾之后，这种父子连名制的文化特征才被冠姓取名的方式所取代，采用汉姓汉名。但是未袭土司职位的木櫾之兄阿春阿俗（即木靖）的后裔则继续实行父子连名制形式，直到雍正元年（一七二三年）强制推行「改土归流」时，才改为汉姓木氏。

另据《永北直隶厅志》所载，永宁纳西族地区也曾实行过有名无姓的父子连名制。从文中所记载的二十一代永宁土司世系来看，开始两代也是父子连名制，从明永乐年间第四代阿苴起，子孙就都以『阿』为姓。

纳西族平民有姓，是在纳西土司接受明王朝的赐封之后而随之产生的。据丽江木氏土司木公的《述怀》诗称：『丽江西迩西戎地，四郡齐民一姓和。』即木土司统治下的通安、宝山、巨津和蓝州四个州郡的百姓被统一改为『和氏』，四州之汉民也被迫改为和姓，直到雍正元年『改土归流』后才恢复了原姓。

在纳西族姓氏形成和发展的过程中，除官方的政令之外，也深受汉族移民影响。早在唐代就有汉人迁入纳西地区。明初统一云南后，实行屯田养兵，大量汉人在云南定居。如明代大将沐英奉旨南征，带兵入滇，世袭王爵，被称为沐王。腾冲齐青李氏，也因随沐王入滇，留居腾冲而成为大族。清初平定吴三桂之乱后，也大量屯兵驻守，并迁民实边。这些南来的官兵、汉民通过婚姻、嫁娶，其后代已融入纳西族中，但大多保留了各自的姓氏。因此，丽江纳西族地区除和、木二姓外，其他杂姓多是从外地迁来。

【注释】

〔一〕　参见佟锦花：《中国人的姓名·藏族》，中国社会科学出版社，一九九二年八月版。

〔二〕〔三〕　参见宋蜀华、陈克进：《中国民族概论》，中央民族大学出版社，二〇〇一年八月版。

〔四〕　参见范玉梅：《中国人的姓名·白族》，中国社会科学出版社，一九九二年八月版。

〔五〕〔六〕　参见刘贤芳：《中国人的姓名·珞巴族》，中国社会科学出版社，一九九二年八月版。

〔七〕〔八〕　参见和即仁：《中国人的姓名·纳西族》，中国社会科学出版社，一九九二年八月版。

第四节　中东南地区少数民族姓氏

中东南地区包括广东、广西、湖北、湖南、福建、浙江、江西、安徽、海南、台湾等省区。中东南地区分布的少数民族主要有：壮、苗、土家、布依、瑶、侗、水、仫佬、仡佬、毛南、黎、畲、京、高山等十四个少数民族。从族系沿革上可分为百越、苗蛮、氐羌三大系统。源于氐羌系统的有巴人后裔土家族；源于苗蛮系统的有苗、瑶、畲三族；其余各族均与百越有渊源关系。台湾高山族则来源较杂，有『西来说』（古越人）、『南来说』（马来人）、『东来说』（琉球群岛）等不同的说法。

百越，亦称『百粤』，秦汉前越人广泛分布于长江中下游南部广大地区，因部族众多，故称『百越』。秦汉时，形成东瓯、闽粤、南越、西瓯、骆越等九大族群。魏晋以来常常被冠以『僚』（獠）、『俚』、『蛮』等歧视性称谓。

苗蛮族系，可溯源到传说时代的『三苗』。先秦时已广布于江汉流域，从属楚国。秦汉时称作长沙武陵夷，苗、瑶、畲三族都自认为是盘瓠后代。

古代巴人传说起源于武落钟离山（今湖北当阳县境内），其君长叫廪君，故巴人自称『廪君蛮』。汉代以来称南郡蛮，分布于今湘、鄂西及川东地区。

中东南地区少数民族由于族源悠长，大都经历过母系、父系氏族社会历史时期，因而保留了许多氏族社会的古老风俗和姓氏文化特色。如苗、瑶、壮、侗等盛行的『姑舅表亲』婚姻、『不落夫家』的风俗，畲族『盘蓝雷钟四姓自相嫁娶』的祖训，苗族的父子连名制，台湾高山族排湾人的『双系继承制』，阿美族人的『母系氏族制』等，都为我们展示了中华姓氏多姿多彩的历史画面和民族特色。

一　土家族姓氏

土家族主要分布于湖南省湘西土家族苗族自治州，湖北省恩施土家族苗族自治州和重庆市西阳、秀山、黔江、彭水，以及贵州东北部的沿河、印江等自治县。人口总计五百七十多万，其分布特点是大杂居、小聚居，多以同姓同宗为一自然村落。

土家族的姓氏起源较为古老，既有广为流传的神话传说，也有较早的典籍记载。据土家族《梯玛神歌》传述，远古洪水时代，世人全被淹死，唯有补所和雍兄妹二人躲在葫芦瓜中得以逃生，后经过滚磨盘、劈竹子、烧火堆、绕山追、种葫芦等种种『天意』所示，兄妹二人成婚，生下一个肉团，砍成一百二十块，掺上沙子抛撒出去，从此有了『帕卡』（汉族）；掺上泥土抛撒出去，成为『毕兹卡』（土家族）；掺上树苗抛撒出去，成为『白卡』（苗族）……每一肉块落地之处就是一个村落、一个姓氏。落在田里的姓田，落在井里的姓井，落在刺蓬上的姓蓬，落在树叶上的姓叶……这种神话传说，实质上是洪水神话和伏羲、女娲传说的另一版本。

土家族的历史渊源可以追溯到先秦时的巴人。商代甲骨文中已出现了『巴方』的称谓。传说巴人起源于武落钟离山，最初有五个氏族，分别姓巴、樊、瞫、相、郑。五姓后来共推巴氏首领务相为酋长，号『廪君』，所以又称为『廪君蛮』。

商朝末年，巴人参加了周武王讨伐商纣王的战争，故周初被封为『巴子国』，春秋战国时期受楚国的侵扰，迁入蜀中，另立国家，故后世以『巴蜀』连称。

公元前三一六年，秦灭巴，置巴郡，部分巴人开始融入华夏族中，大部分仍保留自己的文化传统。巴人中有一支活动于嘉陵江一带，英勇善战，以『板楯』作为武器，故称『板楯蛮』。因在秦末助汉高祖取得天下，『板楯蛮』七姓首领罗、朴、督、鄂、度、夕、龚被免除租赋徭役，其他百姓却要交纳一定数量的『賨钱』，因而板楯蛮亦被称作『賨人』『賨民』。西晋时建立成汉政权的李特、李雄父子即是『賨民』。賨民因长期与汉族杂处，南北朝时期逐渐融入汉族。

巴人中的另一支『廪君蛮』在巴国灭亡后，分散到鄂、黔、渝毗邻地区，与当地土著部落融合，形成了土家族先民。以后随着历代的播迁，分别被称作『江夏蛮』、『建平蛮』、『巴建蛮』、『宜都蛮』等，并形成了『冉、向、田』等强宗大姓。

唐、宋时，这些『廪君蛮』后裔亦多以地名见称，并有了『土人』、『土丁』、『土兵』等称谓。唐末五代时期彭水蛮日益强盛，开创了彭氏统治湘西地区八百年的历史。

元、明、清三代，实行改土归流，部分土家族融入汉族，部分保留了传统文化。

土家族姓氏的来源主要有四：

（一）源于部落之名或所居之地

《后汉书·南蛮西南夷列传》：『巴郡南郡蛮，本有五姓：巴氏、樊氏、瞫（音审）氏、相氏、郑氏，皆出于武落钟离山。』该书在『板楯蛮』条载其渠帅（首领）有『罗、朴、昝、鄂、度、夕、龚』七姓。

《华阳国志·巴志》载：賨人『罗、朴、昝、鄂、度、夕、龚七姓不供租赋』。

《风俗通义》卷三：『賨人卢、朴、昝、鄂、度、夕、龚七姓。』

从《后汉书》等所记载的活动事迹来看，显然是氏族社会末期。同时，文中对巴人五姓称为氏，而不称为姓，说明巴、樊、瞫、相、郑并不是五个姓，而是巴部落、樊部落、瞫部落、相部落、郑部落的称谓，只是随着社会进步，这些部落名演变成姓氏。

在《史记·南蛮西南夷列传》中也有以部落君长之名为氏的记载：『自巂以东北君长以计数，徙、筰都最大；自筰以东北君长以计数，冉、駹最大。』东汉时被称为『冉家子』『冉家蛮』，宋、明时代的冉氏、邛氏、筰氏，即『冉家之裔』。

（二）源于图腾

如李姓。李姓亦为土家族一个大姓。湘鄂西、川东、黔东北均有土家族李姓分布。土家先民巴人以虎为图腾。『虎』用土家语称呼，音为『李』。在鄂西地区，土家族先民首领叫『廪君』，『李』在古代属止韵，阴声，『廪』在古代属侵韵，阳声。二者有阴阳对转的关系，所以『李』『廪』均可指虎，『廪君，也就是「虎君」』。用土家话称呼『虎君』或者『虎君之民』，都带『李』音。也有的写作谐音相近的『林』『利』姓，还有的以虎额头上形似王字，故以王为姓。干宝《搜神记》卷十二『廪君之后能化为虎』。应劭《风俗通义》卷一：『虎本南郡中卢李氏公所化。』这些有关虎化人、人化虎的记载，正是土家族李姓源于虎图腾的注脚。

土家族图腾演化为姓氏，常常借用汉族姓氏的音、义来表述。如：蜂蜜，译作唐姓；雪写作汉姓徐；茅草假借汉姓茅；等等。

（三）源于祖先名字

这类姓较多。如巴姓，这是散居于鄂西、川东等地的一个姓。其代表人物有巴蔓子、巴宁等。在土家族传说中，最早建立过小方国（或部落联盟）的首领叫巴务相。在这里，巴并不是姓，而是一个赞美词，是部落民对首领的一种称颂。土家语带有『巴』音的词大多含有尊贵之意。久之，这种赞美也成了姓名的一部分，后人也就沿袭成姓了。〔一〕

又如鲁姓，传说他们是土家族远古时期大力士努力卡巴的后代。努力卡巴这个人名在汉代记录时亦常常写为鲁力卡巴，后人以他为祖先，用其冠名于己名上，成为鲁姓。

（四）借用汉族姓氏转化为新的姓氏

土家族姓氏演化为汉族姓氏，约始于两汉时期。在历史发展的长河中，土家族不断地吸收汉文化的营养，以致在『土姓汉化』的进程中派生出一些新的姓氏。如巴郡南蛮郡五姓之一的瞫氏派生出『覃』『谭』『潭』三姓。而更多的是被音近、形似的汉字所取代，成为新的姓氏。如『相氏』变为『向氏』，『度』氏变为『庹（音拖）氏』，『蓬氏』变为『彭氏』，逐渐失去了土家族原始姓氏的特质，而融入汉族姓氏之中。

关于土家族一些姓氏的来源，还流传着一些民间传说，大都与帝王赐姓有关。

田姓人说，他们的祖先在禹王时，从山西雁门关迁徙到江西文山开田安居，禹王治水从那里路过，表扬他们田开得好，便赐姓田。

白姓人说，他们的祖先作战有功，被皇帝分封到昭化白水（今属四川广元），并赐姓白。

彭姓人说，他们的祖先八部大王奉唐明皇征调，手持打猎的盆排（楯牌、猎叉），赴边疆杀退了入侵的外敌，保住了唐朝江山。唐明皇要封赏他们，问他们姓什么，八部大王都没有姓氏，手握盆排，结结巴巴地说：『盆……盆……』唐明皇以为他们姓彭，便说：『你们姓彭呀！』他们忙答：『是！是！』从此就以彭为姓了。

赐姓之外，还有许多姓氏是因避难避乱而改取的。如庹姓人传说，不知哪个朝代，居住在湖南长州莲花池的田家出了九弟兄，个个有胆有识，能说会道。歪嘴知府说这是九只猛虎，不日就要造反，奏准皇帝后，便带着大批官兵去抄斩。九兄弟闻讯连夜逃走，有的上四川，有的去贵州，有的跑湖北，有的留湖南，只有老九年幼跑不快，看见前面有家人起屋，正在拖木料，一闪就混到拖木料的人中去了。歪嘴知府带着官兵围住这些拖料人，一个个地审问他们姓什么，问到老九时，老九说『我姓拖』，歪嘴知府拿不到证据，只好放了他。后来老九这一支就住在大庸，改姓与『拖』同音的『庹』。现在庹姓在大庸成了大族，但田、庹二姓不结亲，就是这个缘故。此外如尚、向二姓不通婚，秦、覃两姓不通婚等，都是避难改姓的结果。

土家人姓氏还有真假官民之分。传说白鼻子土司王彭肇槐当道时，无恶不作，最惨无人道的是除彭姓外，其他姓的人结婚，他都要行使『初夜权』。于是谁家娶媳妇，都说自己姓彭，从此就有了真彭和假彭，所以彭姓的土家人是可以通婚的（杨昌鑫《土家族风俗志》，中央民族学院出版社一九八九年版）。又如，传说容美司田土王也行使『初夜权』，有家唐姓姑娘嫁给覃姓为妻，送亲路上遇到土王巡夜的士兵，扯谎说姓田，就此躲过大难。从此其他姓都改姓田，于是容美司就有了『家姓田』和『野姓田』之分（《土家族民间故事》，上海文艺出版社一九九五年版）。

同一姓氏的官民之分，也是过去土家族姓氏文化中的一个特色。如，湘西凤凰土家族田、杨两姓，以前就分为『官府田』、『官府杨』和『禀卡田』『禀家杨』两支，前者是土司官（即土王）的后代，后者是普通民众。

现在在土家族中最常见的大姓除了李、王等姓外，就是彭、田、向、杨、覃、白、冉、余等。清代土家族诗人彭勇行在咏写土司时代溪州土家族风俗的竹枝词中说：『五十八旗分辖处，向王田李数家多』，『除却彭家都誓主，覃杨冉白亦男儿』，正是对此现象的描述。

二　壮族姓氏

壮族（原作僮族）是我国少数民族中人口最多的民族，据二〇一〇年第四次全国人口普查统计，已有人口一千七百多万，约占全国总人口的百分之一点二七，是我国唯一的一千万人口以上的少数民族。

壮族百分之九十以上分布在广西壮族自治区，占自治区人口总数的百分之三十七。此外，云南文山壮族苗族自治州、广东连山壮族瑶族自治县，湖南、贵州等省部分县也有分布。壮族大部分聚族而居，少数与汉、苗、侗、瑶、毛南、仫佬族等民族杂处。

壮族的先民可追溯到春秋战国时的『百越』，秦汉以来被称作『僚、蛮』。壮族形成单一的族体在唐末至宋初，被称作『僮』或「撞」，宋人范成大的《桂海虞衡志》中，就有『庆远、南丹溪洞之民为僮』的记载。《宋史·蛮夷传》中『抚水州』条中也说：『所部二十五部，三方临溪洞，与蛮、侗、黎、疍杂处。』清代李绂主修的《广西通志》中曾对『僮（壮）』族之由来，作过解释：『僮者撞也。粤之顽民，性喜攻击撞突，故曰撞。』很显然，这是一种带有侮辱性的称谓，以后虽然加了人旁，成为『僮』字，但又常常被人误读为『童』音。而壮族又自称为『布依』『布沙』『布土』『不越』『布壮』『布僚』，庞杂不一。一九六五年在民族识别时，根据周恩来总理建议将之改为壮族。

壮族早期的先民没有姓氏。秦末自立为『南越武王』的赵佗，虽然已有赵姓，但他是由河北真定迁入壮区的中原人士。另据多种姓氏辞典对『韦姓』的解释，有一支韦姓出自韩姓，是汉代功臣韩信被杀后，萧何暗中将其子孙送往南粤（今广西、广东一带），韩信子孙为避祸，以『韩』字半边『韦』字为姓。这是秦汉时期中原人士迁居壮区的又一例证，说明壮族与汉族交往由来已久。最早见于文献记载的壮族姓氏是《新唐书》中的『南蛮』：『西原蛮（即壮族古代称谓），居广容之南、邕桂之西。有宁氏者，相承为豪；又有黄氏，居黄橙洞……天宝初，黄氏彊（强），与韦氏、周氏、侬氏相唇齿。』可见当时已有了黄氏、宁氏、周氏、吴氏、侬氏等大姓。习惯上把这些大姓聚族而居的区域，以『洞』命名，分别称作『黄洞』『侬洞』『吴洞』等。反映了这些姓氏与氏族部落组织的密切关系。

从唐代开始，壮族分成两大部分，一部分分布于广西东南部，直接受中央政府设置的官府管理，受汉化影响较大。一部分散处滇桂交界的偏僻山区，直到明、清改土归流时才逐步进入封建社会。

在壮语里，『姓』被称作『栏』，意思是指生活聚居于同一大房屋里的、同源共祖的血缘群体。关于壮族姓氏的来源，主要有以下几种：

（一）集会赐姓

据壮族民间传说，其先民原来没有姓氏，各部落首领在一个叫江岩的地方集会，商定姓氏。因主持人势力强大，被推为首领，以『黄』（皇帝）为姓。其余养黄牛的，就以『莫』（黄牛）为姓；会猎鸟的以『陆』（鸟）为姓。大家都因有了姓而高兴。但当时为大家杀牛做饭之人，却因未得姓而发怒，以刀拍击砧板愤愤不平。主持人见状，灵机一动，就以『岑』（砧板）给他为姓。

（二）以居地为姓

壮族部分姓氏与居住的地理环境有密切关系。如：农姓，汉语是指农耕种植，而壮语却是森林或树木浓密的意思，即指住在森林里的人；甘姓，汉语是甜的意思，壮语却是岩洞的意思；谭姓，汉语中是谈的意思，壮语却是指水塘，意指住在水边的人们。

（三）以职业技艺为姓

前述『莫』，汉语中是『无』、『不』的意思，而壮语中却指黄牛，意为养牛人。蓝姓，汉语中指颜色，壮语中却指用竹或藤编织的篮子，可知其祖先擅长于篮筐编织。巫姓，可能与为人驱邪祈祷的巫术有关。

（四）以原始的图腾崇拜为姓

壮族先民与其他民族一样，也曾经历过原始的氏族社会，故而部分姓氏由原始的图腾崇拜发展而来。如龙姓，即源于对古代蛟龙（鳄鱼）的崇拜；麻姓，在壮语中是狗的意思，源于对狗图腾的敬仰。狗在古代壮族中有很崇高的地位，可能与西南各族传说中的神犬盘瓠有关。此外如陆姓，壮语中为鸟，与鸟的崇拜相关。

（五）受外族特别是吴越和汉族影响

据史书记载，早在春秋战国之际，壮族统属于『百越』；秦汉时期，就有汉族移民迁居壮族地区。如前述南越王赵佗，即因战乱入居壮族地区，必然会对壮族姓氏文化产生一定影响。现今壮族中的部分汉姓，即是汉族文化影响的结果。这里需要注意的是，从表面上看，有些壮族姓氏与汉姓相同，但从读音和词义上考察，却有很大差别。如前述『莫姓』（黄牛）、『陆姓』（鸟）、『麻姓』（狗）、『黄姓』（皇帝）等，即是成例。

当今壮族，以黄、韦、侬、莫、岑为大姓，多为历代部落首领土官世家。由于受汉文化的影响，为免遭世人对『蛮夷』的歧视，故在其所修族谱、家谱或其他传记中，多攀附内地迁来的汉族的功臣名将为自己的祖先，将祖籍说成是来自中原内地。如前述之韦姓追溯到韩信为远祖。又如泗城岑氏，称其始祖岑仲淑是浙江余杭人，宋时随狄青平定侬智高，以功封镇其地。再如南丹州莫氏土官，在宋开宝七年（九七四年）即自称节度使，遣牙校陈绍先奉表修贡，请求内附。《宋史》《明史》《舆地胜纪》中，均有明确记载，但南丹莫氏土官家谱、碑刻与传说中，却称自己的始祖是莫伟勋，为宋代狄青部将，随来广西。

（六）避仇、避难改姓

据民间传说，壮族中的三大姓氏韦、莫、覃都是汉族后裔，因避难南逃而改姓。据说这三姓祖先原居山东历城，韦姓始祖即汉代大将韩信，贫寒时曾与谟、谭二姓祖先结为异姓兄弟。后因韩信被杀，三姓后裔一同避难来到广西，各去掉姓的偏旁，韩改为韦，谟改为莫，谭改为覃。这一段传说虽然找不到文献典籍为依据，但在广西壮族中却流传甚广，甚至为某些族谱采用。表明汉族人因故而迁入壮族地区的现象确实存在，壮族部分姓氏与汉族姓氏确有一定的历史渊源。

此外，在壮族民众中仿效汉族姓名，使用『字辈排行』『表字、别字』的现象也很普遍，修谱也常被视为同姓人的大事。说明壮族姓氏文化深受汉文化的影响。

三　瑶族姓氏

瑶族主要分布于广西、湖南、云南、广东、贵州等省区的山区，少数居住于江西省西南。人口约二百一十三万多人，在五十五个少数民族中排第十二位。

瑶族是一个支系繁多的少数民族。秦汉以前与苗族渊源相近，被统称为『南蛮』『荆蛮』。秦汉时苗、瑶开始分化，『武陵蛮』向苗族一脉转化，『长沙蛮』『零陵蛮』『桂阳蛮』则主要向瑶族一支转化。

瑶族的称谓，最早见于《梁书·张缵传》：『零陵、衡阳等郡有莫瑶蛮者。』《宋史·蛮夷传》亦说：『蛮瑶者……不事赋役，谓之徭人。』据说是因其祖先对朝廷有功，免除各种徭役，故名『莫瑶』。而《岭外代答》则说：『徭人者，言其执徭役于中国（汉人）也。』可见瑶族之称来源于『徭人』，与征、免徭役相关。而瑶族内部因支系不同，有数十种不同称谓。崇奉盘王（槃瓠）者，为盘瑶；种植蓝靛者，称蓝靛瑶；背篓者，称背篓瑶；砍山耕种、迁徙不定者，称过山瑶；因配饰不同，而称『白瑶』或『红瑶』『花瑶』『蓝瑶』。因其居住地理方位不同称东山瑶或西山瑶……其中较大的支系为盘古瑶、背篓瑶、东山瑶、白裤瑶、八排瑶等数支。由于支系不同，对其祖先的传说和姓氏来源也各不相同。主要分为：

（一）盘瑶十二姓

盘瑶十二姓即广为流传的槃瓠神犬与评皇三公主的后代，自称为『勉』『优勉』『藻勉』，在瑶族中占一半多人口。东汉时的《风俗通义》较为详尽地记述了其历史渊源：

『昔高辛氏有犬戎之寇，帝患其侵暴，而征伐不克。乃访募天下，有能得犬戎之将吴将军头者，赐黄金千镒，邑万家，又妻以少女。时帝有畜狗，其毛五采，名曰槃瓠。下令之后槃瓠遂衔人头造阙下，群臣怪而诊之，乃吴将军首也。……帝不得已，乃以女配槃瓠。……经历生子十二人，六男六女，槃瓠死后，因自相夫妻，织绩木皮，染以草实，好五色衣服，制裁皆有尾形。其母后归，以状白帝，于是使迎致诸子。……赐以名山广泽……以先父有功，母弟之女，田作贾贩，无关梁符传，租税之赋，有邑君长，皆赐印绶。』

较《风俗通义》稍后的《搜神记》的记述与之大同小异。《后汉书·南蛮西南夷列传》收录了《风俗通义》全文，只加了一个注脚：『今长沙武陵蛮是也。』在瑶族广为流传的《过山榜》、《评皇券牒》即是记述这段神话的口述历史，只是将高辛帝改称『评皇』。

这支盘瑶后代，被高辛帝（评皇）各赐一姓，为『盘、沈、包、黄、李、邓、周、赵、胡、雷、冯、蒋』十二姓。也有的《过山榜》中，记有『房姓』，而无『黄姓』，有『郑姓』而无『李姓』，也有的将『冯姓』改为『凤姓』……

以上记述表明，这支盘瑶是以『神犬』为图腾的古老部族，故其衣服五色杂陈，『皆有尾形』；『以先父有功，母弟子女』，享有免除各种赋税、徭役的特权，即『不事徭役之人』，故自称为『勉』或『优勉』。『勉』字即『免』的同音转借。也有其他民族为逃避赋役，而假冒瑶族，故而有的记载以『盘瑶』作为『真瑶』，其余各姓视作『伪瑶』。但习惯上将盘瑶十二姓视作同一支派。将每年农历十月十六日定为『盘王节』，人们都要盛装打扮，欢聚一堂，唱盘王歌，跳长鼓舞，表达对盘王的崇敬与怀念。

在盘瑶十二姓中，还有一个奇特的风俗，即同胞兄弟姐妹，并不用同一个姓氏；不是同姓者，却是嫡亲的兄弟姐妹。这是由于瑶族婚姻制度中仍保留有母系氏族社会的遗风，男方上女方家占有很大的比例，在结婚时要签订『合同』，写明子女跟随母姓；或长子女从母姓，次子女从父姓；或几个子女中留一个从父姓，其余从母姓。如广西大瑶山金秀瑶族自治县，有一户冯春贵与赵玉英结婚后，长女叫赵彩玲，次子叫冯金友，三子叫赵如成，四女叫冯小留，不了解内情的人，很难相信这冯、赵四姐弟是同父同母所生的嫡亲姐弟。这实际上是古代『盘瑶十二姓』族内婚姻制度的遗风习俗。[二]

（二）背篓瑶四姓

除了盘瑶十二姓外，主要居住在广西西部一带的背篓瑶也有自己的民族起源传说。据巴马、东兰、田东、都安的瑶族说，他们的始祖是女神『密洛陀』，密洛陀创造了天地万物，生下了九个兄弟，她盖起了房屋，还开荒种地。密洛陀又用蜂仔造人，有的讲汉语（即汉族），有的讲壮语（即壮族），有的讲瑶语便成了瑶族。对于讲瑶语的人：

密洛陀送他们走，

密洛陀叫他们结婚。

兰和罗成双，
韦和蒙结对。
姓兰到涅货涅东，
姓罗到坡山坡支，
姓蒙到地细地蒙，
姓韦到可昌可听。

流传下来，就成为背篓瑶兰、罗、蒙、韦四个大姓的起源。他们每年农历五月二十九日过达努节。各姓瑶族都要敲打铜锣，盛装起舞，就是为了纪念这位祖娘密洛陀。据都安瑶族自治县七百弄的瑶族传说，兰、罗、蒙、韦四姓的始祖分别叫作兰得马、罗得元、蒙得众和韦得雄。

（二）金秀瑶四姓

金秀瑶是明代分布于广西金秀大瑶山中的瑶民。因与壮族交错居住，史书中常以『瑶僮』连称。明代文献称之为『大藤峡瑶僮』，曾在明洪武、正统、嘉靖年间多次发动起义。金秀瑶主要有蓝、胡、侯、盘四大姓氏。此外，在今湖南怀化一带的辰州瑶中还有秦姓，如宋代初年辰州瑶首领秦再雄被委任为辰州刺史。在湖南武岗一带的武岗瑶中，则以潘、杨二姓为世袭酋长。

在广东罗旁山瑶民中，还有凤姓；明天顺年间，有凤广山、凤第吉父子率众起义。

在广西南丹县的白裤瑶、十万大山中的山子瑶和背篓瑶等其他瑶族支系中，以及同为槃瓠后裔的畲族中，也有类似这种始祖母造人和兄妹相婚传衍人种的神话传说，反映了『姓从母出，女生为姓』，以及图腾崇拜等姓氏起源的历史轨迹，并反映了瑶族姓氏多元并起的民族特色。

四 畲族姓氏

畲族分布于福建、浙江、江西、广东、安徽五省的一百多个县市山区，人口约六十三万多。畲族自称『山哈』，乃『居住在山上的客人』。古代畲族人搭棚山居，刀耕火种，『随山种畲，故称畲民』。正如《龙泉县志》所说：『民以畲名，其善田者也。』『畲民』，亦作『峚民』。新中国成立后，在民族识别时定名为畲族。

畲族和瑶族一样，也有始祖槃瓠的传说。在民间流传的绘画文献『祖图』中，就以一个连续的长卷，用彩色绘制了槃瓠的故事。『祖图』被畲族人视作传家之宝。此外，还有用文字书写的《评皇券牒》、《开山公据》、《高皇歌》以及镌刻有龙头的拐杖『祖杖』等，都反映了槃瓠的故事，并由此引出了畲族姓氏的由来。

与瑶族传说不同：瑶族《过山榜》所载槃瓠成婚后，生下六男六女，被评皇各赐一姓，成为『盘瑶十二姓』的起源。而畲族却传说是生下三男一女，儿子分别姓盘、兰、雷三姓，而女儿却招钟姓为婿，因此成为畲族四姓的始祖。

关于畲族的盘、兰、雷、钟四姓的来源，及其始祖的姓名等情况，在《雷氏族谱》的序言中曾有所叙述。说龙期（槃瓠）夫妇生育子女以后，『登朝面帝赐姓。彼时长乃捧之于盘，帝即赐姓盘，名自然（民间又作自能），封柱国侯。次则以篮盛之，帝即赐姓兰，名光辉，封护国侯。及三子乃怀之御前，适闻雷声，帝即赐姓雷，名巨佑（又作巨祐），封武骑侯。后复生一女，名龙郎，亦与命封赘婿于钟姓者，名志琛（又作志深），帝亦封敌勇侯。适有东夷王宁馨所贡三女，丰姿秀丽，内则夙娴，长奇珍，赐卿长男；次奇珪，赐卿二男；三奇珠，赐卿三男，以继宗祧』。从这段文字看来，显然是后世文人将畲族传说进行加工的结果。但这种古老的神话传说，却包含了历史的元素，反映了畲族姓氏源于对神犬图腾的崇拜。而世界各民族的历史无一不是以口述神话传说为历史的根脉。

秦汉时期，畲族先民与瑶族先民均包括在『盘瓠蛮』中；魏晋南北朝时期，开始分化为苗、瑶、畲三个民族：由湘水往西迁徙的成了苗族；由湘水往南迁徙到广东北部、广西北部的成了瑶族；由湘水往南迁徙进入广东潮州一带，并进入今江西、福建、广东三省交界处的山区，形成了畲族。

隋唐时期，畲族先民被称为『蛮僚』或『洞蛮』；唐高宗时，有苗自成、雷万兴为首的『僚蛮』起义，于是唐朝派陈政、陈元光父子率兵征剿，设漳州府管辖治理。唐景云二年（七一一年），苗自成之子和蓝奉高又掀起反唐斗争。起义被镇压后，朝廷又在这一带增设汀州，并大量地迁入汉人『移民实地』，巩固统治。大量汉族的迁徙带来了先进的生产工具和汉族文化，促进了当地经济文化发展。但逃避深山密林中的畲族先民，仍保持着传统的民风习俗。

宋代时，开始出现了『畲民』和『犂民』的称谓。『畲民』指居住于福建漳州、汀州一带的畲族；『犂民』指居住在广东潮州一带的畲族。

南宋末年，畲族首领许夫人和另一首领陈吊眼曾组织畲军，配合南宋张世杰等将领共同抗元。明代初年，畲族开始由潮州、汀州向闽东、浙东、赣东北的山区迁移，形成了今天畲族分布的基本格局。

根据民间的传说及族谱、方志等文献记载，畲族四姓子孙从广东潮州凤凰山乘船外迁时，盘姓中途失散，成为瑶族的一部分，因此畲族中保留了兰、雷、钟三姓。

此外，也有畲族五姓之说。如清光绪褚成允《遂昌县志》云：『畲族有雷、兰、钟、盘、娄五姓，本槃瓠遗种，其后衍为五溪蛮……遂邑之有畲民，盖于国初（指清代初年）时徙自广东，散处于衢、处、温三府者。』『北门外井头坞，建有兰、钟二姓宗祠，亦聚族而居，知礼让矣。每一姓始祖刻龙头杖为之，子孙祭祖供杖罗拜之。』谢肇淛《五杂俎》：『吾闽山中有一畲人……相传槃瓠种也，有苟、雷、兰等五姓。』记载中所说的娄、苟等姓，畲族中现在已十分罕见。

在畲族姓氏文化中，有一个十分独特的现象，即讳名的形式与使用。所谓畲族的讳名，是畲族人死后，登记上族谱所用的名字。兰姓多用『大小百千万念』六个字作为各代的排辈，周而复始，循环使用。雷姓则用『大小百千万』五字，而缺『念』字。钟姓则用『大小百万念』五字，缺了『千』字。讳名在使用排辈用字后，再加上同一辈中男子或妇女的排行，然后男子称『郎』，女子称『娘』。如兰姓百字辈男子，在同辈全部堂兄弟中占第二十三位，那么他死后，就以『兰百念三郎』讳名登入族谱，『兰百念三郎』的儿子为千字辈，如果他儿子在同辈兄弟中居第十九位，那么死后的讳名就成为『兰千十九郎』。妇女则按堂姐妹之间的排行称『雷大念五娘』、『雷小十四娘』等。这种登记在族谱上的死后用讳名，可以清楚地知道，哪一字辈的人各有兄弟姐妹多少个，如雷千五十六郎，就是雷姓千字辈的第五十六位兄弟，如果他是最后一个排行的话，那也就说明千字辈共有五十六位弟兄。妇女情况与此相同。由于按排行计算，前面又冠以辈分用字，所以在五代或六代（用五个或六个排辈用字）之内，不存在同名的问题。如钟姓同是排行第十八位的男子，但因一个是大字辈，称兰大十八郎；另一个是小字辈，称兰小十八郎，尽管排行相同，但因辈分不同，就不会发生同名的问题。

由于同一姓内兄弟与姐妹众多，所以本人往往不知道自己是排行第几。这种情况只有族长和参加排行工作的几个长辈才清楚。平时他们保守秘密，不向外人宣布。如浙江省景宁畲族自治县东衙村，畲族就在每年二月十五日、八月十五日祭祖后，由祠长及族中长辈数人一起暗中研究，将本年所生的男女人丁按辈分依出生月日顺序排出前后次序。直到该人死后，如果是男子，就由孝子直接去族长处讨问，取得父亲的排行位置。如果是妇女，就由妇女的兄弟在奔丧前向族长讨取姐妹的排行，由族长写好包入红包内，带到姐妹嫁出之家，交与其孝子供作取讳名之用。如果老年妇女生前已做好棺材的，也可以在棺材做成之时，由其兄弟将写有排行的红包送来，由儿子向母舅敬酒『讨位』。但即使这样，这个红包在妇女生前也不能打开，只有死后才能拆开看以取讳名。

在起讳名的时候，各地还有一些禁忌习俗。如浙江省丽水市兰姓畲族在起讳名时，往往有『男不排一、女不排二』的习惯，即男子兄弟排行时没有老大，妇女姐妹排行时不列老二，所以如果万字辈时，其讳名有『兰万二郎、』『兰万三郎』，却没有『兰万一郎』。有『兰万一娘』『兰万三娘』，却没有『兰万二娘』。据说这两个讳名的位置是留给十六岁以前夭亡的男女少年的。只有夭折早亡的人才用这两个排行。在别的地区，也有『男不排一、女不排二』的习俗。

畲族的姓氏文化历史悠久，博大精深。第一，它以槃瓠神犬的历史传说，印证了中华姓氏源于图腾崇拜的科学论断。第二，它以《评皇券牒》、『祖图』、『祖杖』等多种形式载录了姓氏传承的脉络，实是族谱家乘中别开生面的实物例证，是谱牒学研究中不可或缺和不可取代的珍贵资料。第三，『讳名』的使用，不仅系统、完整地载录了人一生到死的符号标记，而且打破了只有帝王将相、名人圣贤死后享有『谥号』的专利，也是中华姓氏文化和姓名学研究中的文化遗珍。〔三〕

五　台湾高山族姓氏

台湾地区自古以来就是我国的神圣领土，台湾地区的少数民族是中华民族大家庭中重要的成员。

在中国古代的历史文献中，对高山族祖先有不同的称谓。汉代至三国时期称之为『夷』；唐宋时期称之为『流求土人』；明代称之为『东番夷』；明末清初称之为『番族』；清朝统一台湾后，将居住在山地的土著民族称为『高山番』（又称『生番』『野番』），将居住在平地的土著民族称为『平埔番』（又称熟番）。一九四五年台湾光复后，国民党政府将其统称为山地同胞，或称『高山族』『平埔族』。

高山族主要分布于台湾中央山脉及其东侧纵谷平原及兰屿岛上，以采集、狩猎为生，包括泰雅、赛夏、布农、鲁凯、排湾、卑南、阿美、雅美、朱欧九个族群，人口约四十万。在台湾几个县中有三十多个乡住有高山族同胞。平埔族主要分布在台湾岛西部平原和丘陵地区，以农耕生活为主，包括凯达加兰、葛玛兰、道卡斯、巴则海、巴布拉、巴布萨、和安雅、西拉雅、马卡道、邵等十个部族，人口约十万。因长期和汉族生活在一起，现在已与汉族很难区别。此外，尚有一千五百多高山族同胞散居于大陆福建、湖北、江西、北京、上海等地。

据文献记载和考古发现，高山族先民主要来自祖国大陆东南沿海一带，是古越人的一支，即闽越的后裔，但也融合了少数来自琉球群岛和菲律宾群岛的居民。

在明代前很少有大陆人氏在台湾定居，台湾高山族仍处于氏族部落时期，尚未形成姓氏制度，而是以母女连名制、父子连名制、氏族连名制、家宅连名制、从子连名制等多种形态，作为各自的部落标记和传承谱系。其中母女、母子连名制盛行于阿美族中。本名在前、母名在后，长女有时还要在母名后再加上祖母之名，以示其为法定继承之人。泰雅、赛夏族则采用父子连名制方式，即本名在前，父名在后，其中长子还可连上祖父的名字，以示其无可争议的继承支配地位。布农族和朱欧族则是采用氏族连名制的形式，即在本名的后面加上氏族之名。氏族之名，有的源自祖先之名，有的来自动植物或自然神的图腾崇拜，具有区分族属、祖灵崇拜等原始宗教色彩，已具备了姓氏的雏形和社会功能。家宅连名制主要通行于排湾、鲁凯、卑南三个族群中。其以夫妻、子女组成的对偶家庭，已成为社会组织的基本细胞，其社会形态较前三种连名制的族群已有明显的进步。其连名制形式是在本名后加上家宅之名，以表示其与家宅的关系。一座家宅一个名字，不许相互重复，已形成一户一姓的基本模式。其社会结构已出现了阶级分化，分为贵族与平民两大阶层。贵族与平民的起名用字有明确界限，不得相互混用，每个人命名时，依据自己的社会地位对号入座。如筏湾村传统名谱中有一百三十八个平民名字，贵族有一百一十七个名字。这些名字的尊卑观念，都有约定俗成的规范。

『从子连名制』，是较为奇特的一种姓名模式，主要在雅美族中通行。雅美族是世世代代住在兰屿岛上的以渔猎为生的族群。他们认为男性是天命神授的嫡传后代，长子享有特殊的尊荣地位，一经降生，全家欢庆，长辈们都要放弃自己的原名，依据长子的名字，更换新的名字。如一户人家生下头胎男孩，取名扎卡利特，其父改名为西雅曼·扎卡利特，即扎卡利特之父；其母改名西依娜·扎卡利特，即扎卡利特之母；祖父、祖母改名为西雅奔·扎卡利特，即扎卡利特之祖。犹如汉族常见的『狗儿他妈』『狗儿他爹』等称呼，给人以一种亲切融通的温馨感觉，被呼者也有一种后继有人的荣耀和自豪。但时间久远，祖父本名反而会被人忘却，所以在二十世纪四十年代，雅美人中有的已经放弃这种亲子连名制形式，而只称本名。但这种亲子连名制，作为一种姓名制度的『化石』，仍有其十分珍贵的历史价值。

从明代中叶，即十四世纪中期，大陆汉族大量迁居台湾。受汉族文化影响，平埔族中开始使用汉族姓氏，但十分有限。到了清代乾隆二十三年（一七五八年），清政府对台湾颁行了赐姓政策，以当时的『熟番』即平埔族为开端，要他们在原有的番姓之上，再加上潘、陈、刘、戴、钱、解、林等姓氏。据说第一个被赐的汉姓是『潘』姓。因当时台湾土著被称为『番』，在科举考试时，『番』字旁加三点水，遂成了『潘』。道光六年（一八二六年），又颁发赐姓，让淡水厅南庄一带的平埔『塞雪特』族人选用高、朱、夏、樟、蟹、日、豆、钱、风、潘、系等为姓。光绪元年（一八七五年）设立恒春县，给『生番』排湾族帕利礼利周部落的大酋长『赐姓』为潘，并改为汉名『潘文杰』。

但是赐姓制度推行之初，平埔族、高山族人多是使用明、暗两套姓氏，即实行『公姓』与『私姓』两套制度，与官府打交道时使用『公姓』，即官府赐姓；平时仍使用私姓，即原有番姓。光绪十二年（一八八六年）再度推行赐姓政策，赐给排湾族老屋峨社的酋长为白姓，同时明令禁止使用以前的番姓。清政府理番院曾发布告说，在番人已改用汉姓者，应在改姓之下加一个『新』字，成为『双字姓』，或在字典的『金』『玉』『邑』三部内选一个字加于其上……经过清政府的多次强制推行，汉族姓氏逐渐在台湾平埔族中使用起来。到十九世纪末期，已基本汉化。高山族及其他族依然盛行连名制方式。

一八九四年甲午中日战争之后，清政府被迫将台湾割让给日本。在日据的半个世纪中，日本当局推行奴化教育和强制同化殖民政策，胁迫高山族放弃连名制习俗，改从日本姓氏，但大部分高山族人予以抵制，于是出现了传统连名制与日本名混杂的现象。

一九四五年，台湾光复后，国民党政府接管台湾，开始有计划地推广国语，改变旧俗，普及教育、开拓交通等『平地化』运动，高山族固有文化受到冲击，连名制传统随之瓦解，代之以汉族姓名。但是传统连名在家族内仍被使用，许多高山族同胞因而有双重姓名。即在社交场合使用汉姓汉名，并载入户籍；在家族生活中使用传统连名，这种习俗一直维系到现代，成为中华姓氏文化的一大特色。

【注释】

〔一〕参见罗维庆：《中国人的姓名·土家族》，中国社会科学出版社，一九九二年版。

〔二〕参见胡起望：《中国人的姓名·瑶族》，中国社会科学出版社，一九九二年版。

〔三〕参见胡起望：《中国人的姓名·畲族》，中国社会科学出版社，一九九二年版。

第五章　姓氏的文化内涵与类别特色

纵观中华姓氏起源、发展、演变、形成的历史轨迹，可以看出，中华姓氏具有姓源广博，包罗万象；持续传承，纵贯古今；兼容并包，多元一体；分类科学，自成体系等鲜明特色。作为完整系统的人文科学体系，是世界各国、各民族都无与伦比的文化瑰宝。

以日本为例，由于受中国传统文化影响较深，姓氏起源较早，但直到一百多年前，日本人还只有贵族、武士、神官才有姓氏。一八六八年明治维新后，日本政府于一八七〇年和一八七五年两次颁布了《苗字必称令》（也译作《平民必称姓氏》《名字义务令》）和《壬申户籍法》，下令全国平民『必须人人有姓氏』，明确规定作为『国民的一种义务』强制推行。于是平民百姓才急急忙忙随便取一个姓氏来应付。许多人因不知如何选姓，便以神官手中的标志——铃木为姓，以求恩荫吉利，因而铃木成为当今日本的第一大姓。再如法国和欧洲东部的犹太人，直到十九世纪才有姓氏。在十八世纪前，犹太人只有名，没有姓。《圣经》中记载的一千多名犹太人及祖先，如亚伯拉罕、雅各、大卫、所罗门等，均是有名无姓。十八世纪晚期，奥匈帝国哈布斯堡王朝，为强制同化之，下令犹太人必须采用固定的姓氏，欧洲各国统治者纷纷仿效，并用严刑峻法强制犹太人在短期内为自己确定姓氏，并由行政部门出面干预，胡编乱造，强行登记，于是在部分犹太人中出现了荒诞无稽的姓氏，如『阿凡克劳特』（瘦皮猴）、『奥赫森施瓦兹』（公牛尾巴）、『伊塞尔科普』（蠢驴脑袋）等充满侮辱性的姓氏。到二十世纪三十年代，德国纳粹政权再次强迫犹太人改名换姓，使原已混乱的犹太人姓氏更加混乱不堪。直到十多年后，以色列立国，犹太人才抹掉历史留给他们姓氏上的耻辱。

此外，英、美等西方国家，由于历史原因，其姓氏多起源于希腊、希伯来、条顿、拉丁等语系，而且带有浓厚的宗教色彩。

总之，由于社会制度、民族习惯、文化传统等多方面原因，不同国家不同民族，反映在姓氏文化上也各有特色。相比之下，中华民族的姓氏文化，确实是源远流长，丰富多彩，特色鲜明，体系完备，值得我们每一位中华民族的子孙为之骄傲和自豪。

第一节　姓源广博　包罗万象

人之有姓，与生俱来。作为社会个体或家族群体的重要标志，在日常生活、社会往来、功名事业、典籍记载中无处不见，可谓生而有姓，终生相随，死而传世，代代相承。

一　中华姓氏　浩如烟海

从古到今，中国人到底有多少姓氏，现存姓氏又有多少，由于历代人口姓氏的不断发展、演变，历来说法不一。据明代学者顾炎武《日知录》记载，上古三皇五帝时姓氏只有二十二个。也有三十二个、五十个左右几种说法。而这些又都是从文献典籍或金文中辑录而来，而且所收的仅是『姓』的部分，对于称『氏』的部分未加收录，若从图腾为姓的角度出发，则古姓应在百十个以上，在考古发现的史前族徽图形中即可证明。到了汉代史游所著《急就篇》仅列一百三十个姓，也都是从文献典籍中辑录而成。

秦汉以后历代各种姓氏书，按照『姓氏合一』的原则加以收录，姓氏大大增加。唐朝林宝所撰《元和姓纂》所收姓氏达一千二百三十二个，宋代郑樵《通志·氏族略》所录姓氏为二千二百五十五个，邵思的《姓解》中收录姓氏两千五百六十八个，元代马端临的《文献通考》中载录姓氏三千七百三十六个，明代王圻的《续文献通考》著录姓氏已多达四千六百五十七个。明末清初凌迪知编撰的《古今万姓通谱》有『万家姓』之称，可见我国古代姓氏之多。现代台湾人邓献鲸所编《中国姓氏集》收录姓氏已有五千六百五十二个。在今人窦学田所编撰的《中华古今姓氏大辞典》中，收录古今姓氏已达一万二千多个。而比较权威的则是中国科学院遗传研究所研究人员袁义达、杜若甫根据全国第四次人口普查资料及台湾省一九七〇年出版的《台湾地区人口之姓氏分布》一书，进行统计研究，编撰出版的《中华姓氏大辞典》，确定中华民族曾使用和正在使用的姓氏多达一万一千九百六十九个，比现今常用的汉字还多。其中单字姓五千三百二十七个、双字姓四千三百二十九个、三个字及以上姓氏两千三百一十三个。近年来袁义达等人又对此书进行了增补，并由江西人民出版社出版，收录的古今汉字姓氏达两万三千八百一十三个。目前仍在通用的汉姓约五千多个。

根据袁、杜二人随机抽样调查，在全国诸多姓氏中以李姓最多，占汉族人口的百分之七点九四，总人数超过一亿以上。占汉族人口百分之一以上的姓氏有十九个，依次是：李、王、张、刘、陈、杨、赵、黄、周、吴、徐、孙、胡、朱、高、林、何、郭、马。同时根据人口的多少排出了位居前列的一百个大姓，排在十九姓之后的八十一姓为：罗、梁、宋、郑、谢、韩、唐、冯、于、董、萧、程、曹、袁、邓、许、傅、沈、曾、彭、吕、苏、卢、蒋、蔡、贾、丁、魏、薛、叶、阎、余、潘、杜、戴、夏、钟、汪、田、任、姜、范、方、石、姚、谭、廖、邹、熊、金、陆、郝、孔、白、崔、康、毛、邱、秦、江、史、顾、侯、邵、孟、龙、万、段、雷、钱、汤、尹、黎、易、常、武、乔、贺、赖、龚、文。

祖国的宝岛台湾，当地居民多为闽、粤二省移民后裔，在两千两百多万人口中，汉族占百分之九十九以上。其人口姓氏的排列依次为：陈、林、黄、张、李、王、吴、刘、蔡、杨、许、郑、谢、高、洪、丘、曾、廖、赖、徐、周、叶、苏、庄……这体现出与祖国大陆同源同根的历史渊源和文化情结。

二　历代分类　各有千秋

泱泱大国，亿万苍生，在这数以千万计的古今姓氏中，有的相沿承袭，沿用至今；有的昙花一现，自生自灭；也有的遭逢变故，改姓冒姓；还有的姓随人意，应运而生。真是千奇百怪，五花八门，乍一看，似乎头绪繁多，庞杂无序。但若追根溯源，分门别类，即可发现如此众多的古今姓氏，姓源明晰，类别井然。经过历代专家学者的整理研究，姓氏学已成为从事研究人类姓氏起源、发展演变、繁衍播迁、地理分布及其社会功能和文化内涵的专业学科。其中的姓氏分类学，又将繁杂众多的古今姓氏，条分缕析，归并为若干门类。

中国的姓氏分类学始于何时，难以考究。从现存文献典籍来看，最早的有关记述，是汉代应劭《风俗通义·姓氏篇》和王符的《潜夫论·志氏姓》，收录了当时的数百个姓氏，并依据其得姓受氏的来源，分为九大类型：

（一）氏于号

以祖先的族号为姓氏，如：唐、虞、夏、殷。

（二）氏于爵

以赏赐的爵位为姓氏，如：王、公、侯、伯。

（三）氏于居

以居住地方为姓氏，如：城、郭、园、池。

（四）氏于谥

以贵族的谥号为姓氏，如：文、武、庄、穆。

（五）氏于官

以担任的官职为氏，如：司马、司空、司徒。

（六）氏于国

以分封的国名为姓氏：如齐、鲁、宋、卫。

（七）氏于事

以特殊事件、典故为姓氏，如：车、窦、白马、青牛。

（八）氏于序

以兄弟亲属的排列顺序为姓氏：如：伯、仲、叔、季。

（九）氏于职

以职务的称号为姓氏，如三鸟（大夫）、五鹿（大夫）。

上述分类，基本符合我国古代姓氏的来历，但显得较为简略。此后千余年来，有关姓氏的著述层出不穷，但对后世影响较大、分类较为明晰系统、较有权威的著述，是宋代郑樵的《通志·氏族略》。

《通志·氏族略》，博采前人研究成果、集众家之说，将得姓受氏的类别，详列为三十一类：以国为氏，以郡国为氏，以邑为氏，以乡为氏，以亭为氏，以地为氏，以姓为氏，以字为氏，以名为氏，以次为氏，以族为氏，以官为氏，以爵为氏，以凶德为氏，以吉德为氏，以技为氏，以事为氏，以谥为氏，以爵系为氏，以国系为氏，以族系为氏，以名氏为氏，以国爵为氏，以邑系为氏，以官名为氏，以邑谥为氏，以爵谥为氏，代北复姓，关西复姓，诸方复姓，代北三字姓。

以上应劭之分类过于粗略，多有疏漏；而郑樵之分类则太过烦琐，且有重复；后世姓氏学著述或删繁就简，或增补新的姓源，使得姓氏之源流分类异彩纷呈，各有优劣。今汲取各家之长，将我国姓氏之起源形式归纳为以下类型：

（一）以图腾为氏

上古时期，每个氏族都有自己的图腾，后来不少图腾演变为姓氏，如夏祖女志梦见流星贯昴，化为神珠薏苡，吞之而生禹，故以薏苡为图腾，姓『姒』，『姒』即由『苡』字演化而来。又如周之始祖母姜嫄因『履大人之迹』而生稷，所谓『大人之迹』是指巨大的足迹，实为熊的足迹，故周人以熊为图腾，以『姬』为姓。再如东夷部族以鸟为图腾，史称『鸟夷』，有不类的图腾演化为姓氏，如鸟氏、凤氏、爽鸠氏等。

至于少数民族地区以图腾为姓氏的例子更多。如云南彝族括扒人以『荞』为图腾，故姓荞氏；拉祜族以虎为图腾，故姓虎氏。此外如水鸟氏、瓦雀氏、野猫氏、孔雀氏等，均由图腾演化而成姓氏。

（二）以国为氏

以国为氏，大体有四种情况。一以古封国为氏。如唐氏，尧帝初封于唐（其地在河北唐县），周代又封其后裔为唐侯（其地在河南鲁山县），以奉尧嗣，故其子孙为唐氏。又如商氏，舜帝命契为司徒，封于商，子孙以国为氏，是为商氏。周初大封诸侯，各诸侯国子孙以国为氏的情况更为普遍，如齐、鲁、卫、晋、管、蔡、霍、曹、陈、楚、郑、吴、韩、魏、燕等均是以国为氏。

以国为氏的第二种情况是古代边远地区少数民族小国归化后，以国为氏，如汉代西羌滇国，于汉武帝时降汉，后人称为滇氏。唐永徽初，有吐火罗国遣使者来献大鸟，留居中国，称为吐火氏。

以国为氏的第三种情况是异国人来华定居，以其国名为氏。如东汉时安息国太子出家修行，游历中原，定居洛阳，遂称安氏。隋唐时，西域有个米国（今乌兹别克斯坦境内），其国人来华定居，大多称为米氏。印度古称天竺，其国人来华留居，自称为竺氏。

以国为氏的第四种情况是汉代以后，受封郡国的诸侯王，以郡国爵位为氏，如汉代景丹封采阳侯，赵谦祥封周阳侯，张敖封信都侯，其子孙均以所封郡国为氏。

（三）以封邑为氏

自周代实施分封制度之后，各受封于天子的诸侯国可在自己的封地内对公族、卿大夫及有功之士赏赐大小不等的封地，俗称『封邑』，作为受封的食采之地，故封邑亦称『食邑』、『采邑』。后人因以为氏，如温、苏、杨、甘、樊、祭、尹、贾、栾、郦、邓等。

与封邑性质类似，而所封采邑较小的『五等之封』，通常封于乡。其子孙以乡为氏，如裴、陆、庞、阎之类。

（四）以地为氏

以地为氏有三种类型：有以所封之地为氏，无封地者以所居之地为氏，也有以所生之地为氏的。如神农氏生于姜水，因而取姓为姜；虞舜因居于姚墟，因而取姓为姚；商代名相傅说因筑室于傅岩，故称傅氏。再如东郭、西郭、北郭、东门、西门等，均以生地或居地为氏。

另外，也有以当地名山大川为氏者。如鲜卑人居贺兰山之阳，后人称『贺兰氏』；越王无疆次子居欧余山之阳，后人称为『欧阳氏』或『欧氏』。再如伏羲氏有一支后裔，迁徙到川东巴水上游，子孙留居此地，称为『巴氏』。

（五）以族为氏

以族为氏者，可分两大类别：一是宗族、公族（主要是卿大夫、王公、贵族）分支为氏。如楚有三族：昭、屈、景；齐有左、右公子，故分左、右两姓。二是古代少数民族，以部落、部族为氏。如戎、夷、蛮、狄，原本是夏、商、周三代边远地区的少数民族称号，后以族为氏成为戎姓、夷姓、狄姓、蛮（芈）姓。也有的以其部族之名为姓。如汉代鲜卑族有慕容部，后人称慕容氏；古匈奴有呼衍部，内附中原后，称为呼衍氏，也称呼延氏；古辽东有宇文部、完颜部，后人称宇文氏、完颜氏。

（六）以官为氏

以官为氏者，多以其所任官职之职能、性质为氏。如春秋时，管理市场的官员称为『褚师』，宋、卫、郑、鲁等国均有此设置，子孙世袭此职，称『褚氏』。帝尧时，皋陶担任执掌刑狱的大理职务（司法官），子孙世袭此职，称『理氏』。商纣王时理征因直言进谏，获罪被诛，其子理利贞避难于伊侯之墟，『食木子得生』，遂改『理』为『李』。周大夫辛有，二子在晋国任『董史』（监管晋国典籍的史官），后代以官为氏，称『董氏』。周代宫廷中专管藏冰的官员叫『凌人』，后代称为『凌氏』。再如司马、司徒、司空、司寇、司工、司城、司士、司功等姓，皆系以官为氏。

（七）以序为氏

以序为氏者，一是指以始祖排行顺序为姓。古代兄弟排行通常用伯、孟、仲、叔、季来表示长幼之序，因而形成了伯、孟、仲、叔、季等姓氏。如鲁桓公之子庆父在庶子中排行老大，但因其系庶出，不能用『伯』字，只能用『孟』字，他的子孙便称为孟孙氏，简称孟氏；仲孙氏、季孙氏等姓氏均属此类。

二是以表示事物的先后次第为姓氏。如汉初迁六国后裔及豪强大族于关中，齐国田氏分支较多，为便于区分，分别排列为第一氏、第二氏，直至第八氏，后世遂有第一氏、第二氏、第五氏等特殊姓氏。

三是以表示时间先后顺序的序号为姓。如甲、乙、丙、丁、戊、己、庚、辛、壬、癸，及子、丑、寅、卯、辰、巳、午、未、申、酉、戌、亥，原为天干、地支的专用名词，后演变为姓氏。传说混沌初开之际，天皇氏有十二人，为使十二兄弟『轮流相合，周而复始』共理天下，便商定以『十天干以定岁次』，『立十二地支，以定四时』。这种传说虽难以考定，但从文献记载及考古发现中可以确知，商代开国之君成汤号『天乙』，成汤之孙号『太甲』。此外尚有『祖乙』『外丙』『仲丁』『太戊』『雍己』『祖庚』『帝辛』『外壬』等商王名号，可见后世以十天干为姓氏的姓源由来已久。

同时，在《史记》《路史》《姓苑》《姓考》《姓解》等姓氏书中，也都载录了子、丑、寅、卯等以十二地支为姓源的姓氏。

（八）以爵为氏

以爵为氏者，多为王侯公室等贵族后裔。如皇、王、公、侯、公孙、公士、庶长等姓氏，均以其始祖爵位封号为氏。但同姓未必是同源同宗。如王姓，有『姬姓』（周代王族）之王，如『太原王』；有『子姓』之王，如『汲郡王氏』（商代比干后裔）；有『妫姓』之王（舜帝之后）；有『虏姓』之王（由少数民族汉化）；也有亡国后的王孙公子改为王姓者，由于姓源较多，故王氏人口众多，成为中国大姓。

在以爵为氏的同一姓氏中，又区分『族系』，衍生出『以爵系为氏』的一种复姓类别。如『王氏』派生出『王孙氏』『王叔氏』；『公氏』则有『公子氏』『公孙氏』的区别。

（九）以名、号为氏

此类姓氏的来源，大都来自古代帝王、名臣、名人，如伏氏为伏羲氏之后，有氏为有巢氏之后，轩辕氏为黄帝之后，禹氏为大禹之后，汤氏为商汤之后，员氏为楚名臣伍员之后，金氏为少昊金天氏之后，甲氏为商王太甲之后等。

与『以名、号为氏』相同的另一类别是『以字为氏』。如白氏为秦国大将白乙丙之后（白乙丙，姓蹇名丙，字白乙）；宋国大司马公孙嘉，字孔父，其孙遂以祖父字为氏，称为孔氏。

（十）以谥为氏

谥法起于周代，所谓『生有爵，死有谥，贵者之事也』，多为帝王、名臣死后追封加赠的褒扬之词，后世子孙引以为荣，遂以谥为氏。如庄氏为庄王之后，康氏为康叔之后，武氏为宋武公之后，桓氏为齐桓公之后，文氏为周文王之支系等。

（十一）以技艺为氏

古代百工技艺多子承父业，世代相传，相沿既久，遂以为氏。如以陶冶为业者称陶氏，以屠宰为业者称屠氏，以卜巫为业者称巫氏。此外，如工氏、农氏、药氏皆为此类。

（十二）以德行为氏

以德行为氏可分为两类：一是以『吉德』即优良品德为氏，如赵大夫赵衰对人热诚温厚，有如冬天的太阳般可亲，故称为『冬日氏』。二是以『凶德』即劣行、罪恶为氏。此类姓氏多为历代统治者惩罚敌对势力或有罪之臣而强加于人的。如汉代淮南王英布起兵反汉，兵败被杀。因其早年曾受黥刑（脸上刺字），其族人被贬为『黥氏』。杨玄感因起兵反隋，被隋炀帝贬为『枭氏』。

（十三）以事为氏

以事为氏者多含有纪念意义性质。如夏代少康帝的母亲为避寒促的追杀，怀着身孕从后墙一洞穴中逃出，回娘家生下少康。少康中兴恢复帝位后，为纪念此事，便命小儿子改姓『窦』氏，『窦』即洞穴之意。再如汉武帝时，丞相田千秋已年老，每奉旨入朝议事，特诏乘小车出入宫中，以示尊老之意，时人称之为『车丞相』，其子孙遂以『车』为氏。

（十四）以物为氏

古人常以祥瑞之物作为姓氏。如前秦符洪家，池生菖蒲，长五丈，其形五节如竹，当时的人称之为『蒲家』，后人便为『蒲氏』。再如长柳氏、长梧氏、长桑氏等均因家园有此祥瑞之物而以为氏。

（十五）以任所为氏

以担任某地职守而为氏者，在春秋战国时较为盛行，属于封邑为氏的一种变相衍生。如楚国兰氏、权氏、沈氏、鄢氏，鲁国之匡氏等，均因其祖上曾分别担任兰县、权县、沈县、鄢县及匡县县尹而得姓。

（十六）诸种复姓

此处的复姓，主要指通行的汉族姓氏或由少数民族姓氏汉化以后形成的姓氏。其特点是由两个字构成，一字一义，复合而成。少数民族使用的其他多音节、多字数译音姓氏，虽然也被列入复姓类中，但实质上属多字姓范畴。

复姓的大量产生是在春秋时代。如孔子七十二弟子中，就有二十六个复姓的。当时宗法制度已经确立，这种制度的自然发展趋势，就是每隔若干代，各国诸侯贵族都会多少不一地分出一些支族。这些支族不能再以国名为氏，就要另外『命氏』，比如以祖先的官职、封爵或名字为氏等。《左传》中有公孙、王孙、孙仲、叔孙、孟孙、季孙。见于《孟子》，则有公行、公仪、孟仲、公明、公都、公输等。

此外，复姓还有一些与单姓来历相同的途径。如司马、司徒、司空、左史等，就是以职官为氏；淳于、封父等，就是以国名为氏；令狐、上官、梁丘等，就是以封地为氏。如『欧阳』，出自姒姓，其祖先即越国的创建者无余，越国被楚国消灭后，越王的儿子被楚君封到今浙江欧余山的南面。古人习惯将山南称阳，山北称阴，所以欧余山之南的简称便是『欧阳』。

『诸葛』一姓的来历，比较复杂，经专家考证，至少有三途：其一，夏商之际有一个葛姓氏族，原居诸邑（今山东诸城县西南），后来迁徙到阳都（今山东沂水县西南）。因为阳都已有土著葛氏，人们便称他们为『诸葛』，意为从诸邑迁来的葛氏，为便于区分，其后人便以诸葛为氏了。据《三国志》记载，大名鼎鼎的诸葛亮就是属于这一支诸葛家族。其二，秦末农民大起义时，有一位葛婴将军为推翻秦朝统治立有战功，却被义军首领冤杀。汉朝建立后，汉文帝为他平反，封他孙子为诸侯。其后人便以『诸葛』为姓，意谓封为诸侯的葛氏。其三，古代有熊氏的后代中有一支詹葛氏，居于齐国。齐国人詹、诸两音不分，讹为诸葛氏。原詹葛氏族人遂将错就错，改氏诸葛。有趣的是，上述三派诸葛都是以今山东地区为发源地，所以裴松之为《三国志》作注解时，曾对诸葛亮的祖先是否从诸邑迁来存有疑问，由此形成一个涉及名人家世的姓氏之谜。[一]

孔门复氏弟子简表

氏称	名	字	封号	氏称	名	字	封号
端木	赐	子贡	黎公	壤驷	赤		上邽侯
颛孙	师	子张	陈公	公良	孺		胶东侯
澹台	灭明	子羽	金乡侯	公夏	首		钜平侯
公冶	长	子长	高密侯	奚容	蒧		济阳侯
南宫	适、韬	子容	汝阳侯	公肩	定		梁父侯
公皙	哀	季次、季沈	北海侯	句井	疆		滏阳侯
漆雕	开	子若、子开	平舆侯	罕父	黑		祁乡侯
司马	耕	子牛	绥阳侯	左人	郢		南华侯
公西	赤	子华	巨野侯	步叔	乘		博昌侯
巫马	施	子旗	东阿侯	叔仲	会		博平侯
公孙	龙		枝江侯	公西	舆如		临朐侯
公祖	句兹		即墨侯	公西	蒧		徐哉侯
漆雕	哆		濮阳侯				
漆雕	徒父		高苑侯				

注：除『七十二贤』以外，孔门弟子中的复氏尚有南宫敬叔、公罔之裘、子服景伯等。

（本表转录自完颜绍元的《姓氏百问》）

在复姓的大类中，除当今常见的由两个字组成的复合姓氏之外，历史上曾出现过三个字、四个字等多种形式，多是由少数民族的古老姓氏制度演化而来。由于中华民族是一个多民族的大家庭，经过数千年的民族交融，各种文化相互渗透，民族称谓及地域随历史的发展都有所变化，一些族源很难考辨。为此，南宋历史学家、姓氏学家郑樵，在其《通志·氏族略》中将之分为『代北三字姓』『代北四字姓』『关西复姓』『诸方复姓』四大类别。

代北复姓。所谓『代北』，泛指汉晋代郡（治所在今山西大同市北）以北地区，包括今天的辽东地区和西北地区；所谓『代北复姓』，包括了当时生活在这一区域内的以匈奴、鲜卑等族为主的各民族共同体的汉式复姓。《通志·氏族略》在这一类别中，共开列了长孙、万俟、宇文、慕容、独孤、达奚、贺兰、尔朱、赫连、尉迟、屈突、斛律、呼延、拓跋等二百多个复姓。其中赫连、宇文、尉迟、长孙、慕容、万俟、呼延等姓，都被《百家姓》收入并逐渐成为汉族的常见姓氏。西晋末年的『永嘉之乱』，使北方中原地区长期陷入战乱，各少数民族纷纷进入中原大地，并先后建立了北魏、东魏、西魏、北齐等割据政权，成为统治阶层中的新贵，因而在其后的隋唐时代上层社会中代北复姓的人很多，如匈奴独孤部落，北魏孝文帝时迁居今河南洛阳。北周时，有位大司马独孤信，共生七女，长女成为周明帝的皇后，生周武帝；四女是唐高祖的生母，追封为唐太祖皇后；七女为隋文帝皇后，生隋炀帝。当时有『一门三后生三天子』之誉，使独孤家族的权势与声望达到极点。还有唐太宗皇后长孙氏，也出自鲜卑族。

关西复姓。所谓『关西』，泛指函谷关或潼关以西的地区。『关西复姓』，包括了当时生活在这一区域内以羌族为主的各民族共同体的汉式复姓。如『同蹄』，原属赤狄后裔，因原居铜鞮（今山诸方复姓。泛指周边国家和民族中移民来华者所使用的汉式复姓，其渊源分别来自今中亚、西亚、南亚、东北亚地区。如似先氏是高丽人，朝臣氏是日本人，切末氏是西域人，鸠摩氏是天竺人。这些复姓后来多同化为汉族单姓。现在已经不再有人使用了。〔二〕

复音姓氏向单音姓氏的转变，既是历史上民族融合的显著标志，又扩大了汉族姓氏的来源。尤其在民族大融合的魏晋南北朝和宋、辽、西夏、金、元时期，大批的少数民族姓氏融入汉族姓氏，且由复姓改为单姓，使人很难与中原汉族的姓氏区分，如刘氏、王氏、李氏、陈氏、朱氏等。只有一小部分仍保留着复姓原貌和民族特色，如清朝国姓『爱新觉罗氏』现在仍有使用。

中华姓氏历史悠长，姓氏来源千奇百怪。如古代有一种『吹律定姓』的特殊方式。《白虎通义·姓名篇》说：『古者圣人吹律定姓，以记其族。』因古代母系氏族社会，人多知其母而不知其父，『有同祖而异姓，有同姓而异祖』，或因避仇改姓等，相互错杂。为区分族别和婚姻嫁娶，故有『吹律定姓』之法，即依据古代韵律而定姓氏。如《汉书·京房传》记载：『房本姓李，推律自定为京姓。』

此外，有以古都名为氏者，如少昊建都芬桑，后人有芬桑氏；黄帝建都于有熊，后人有有熊氏；周故都在岐，子孙留居者，称为岐氏。也有以古朝代名为氏者，如夏、商、周、秦、汉等。还有以乡为氏、以亭为氏、以姓为氏。少数民族与汉族胡汉互化，简化改姓等多种姓源，纷繁复杂，难以一一列述。

中国的姓氏来源及其类别，千头万绪，五花八门，若从现代生活的角度和科学体系看，可归纳为四大特色：

第一，地域性，即以人类出生、居住、生活的地方为姓氏来源。如以国为氏、以邑为氏等即属此类。

第二，纪念性，即以先祖或部族的图腾、名讳、徽号、谥号为姓氏来源。如以字为氏、以名为氏、以族为氏、以谥为氏、以爵为氏等皆属此类。

第三，职业性，即以先祖所从事的工作、官职、技艺等作为姓氏来源。如以官为氏、以技艺为氏、以事为氏、以职为氏等皆属此类。

第四，历史性，即以先祖或部族的图腾崇拜或与生育、生活、生存发展紧密相关的古老姓氏及少数民族的姓氏，多属此类。

随着人类社会的文明进步和人口的繁衍增长，姓氏日益增多，姓源也日益复杂，甚至发展到『姓随人便』的程度。如在革命战争年代，地下工作者改用化名；一些著名作家和艺术工作者取用艺名；独生子女成婚后，兼用夫妻双方姓氏为后代取名等。另外，涉外婚姻中兼用中外姓氏者也比比皆是。凡此种种，必然导致中国姓氏日益丰富多彩。

中国姓氏虽然源远流长，但历代由于受到地域、交通、通信等多方面的限制，人们很难全面了解和调查各个姓氏的情况，也难以做出全国性的统计。尽管历代都有专人、专著整理这方面的资料，但大都集中在姓氏的音义辨析和姓氏的起源分类方面。姓氏文化在文字学、历史学、民俗学、心理学、教育学、民族学以及政治、经济、宗教等学科中的历史作用和社会功能等专项研究，尚缺乏整理和系统研究。

为便于对姓氏文化进行分门别类的专项研究，一些姓氏研究人员依据文献典籍的记载，和社会生活中姓氏群体的组织形态及其历史渊源，采用了『姓系分类法』，即『姓氏集团』的组合排列，进行分门别类的专项研究。

『姓系分类法』的编排分类准则和类别，主要有以下六大类别：一是同源共祖的血缘集团及其分支衍派，可简称为『血缘姓系』，如『颛顼之裔』『祝融八姓』；二是以地域居住为范畴的姓氏集团，可简称为『地缘姓系』，如『昭武九姓』『巴蛮七族』；三是以民族属性为特色的族属群体，简称为『民族姓系』，如『九姓回纥』『金元诸姓』；四是以历代王朝和诸侯国号为徽记的贵胄体系，可简称为『侯国姓系』，如『刘汉、李唐、赵宋、朱明』等国姓体系，及齐、楚、燕、秦等；五是以迁徙流布为文化特色的移民集团，可简称为『侨客体系』，如客家民系、侨姓诸姓；六是以社会地位、身份等级区分的各类社会群体，可简称为『族群姓系』，如『圣裔姓系』，以及『贱民姓系』之『疍民、堕民』『九姓渔民』。

很显然，这种以多种社会元素和文化形态构成的姓氏集团，既便于多角度、全方位地展示姓氏文化的丰厚内涵和发展轨迹，也便于深层次、大视野地解读姓氏文化的社会功能和历史作用，更便于对某些姓氏进行个案解剖和专题研究，是较为实用的分类方法。

当代学者巫惠声在其编纂的《中华姓氏大典》附录的『中华历代主要姓氏集团表』中，将中华姓氏分为六十个姓氏集团，上起『八大古姓』『伏羲四姓』，下迄清代『西藏三十九族』『岭南十二姓氏』，条分缕析地编排了各姓氏集团的千余个姓氏，可视为『姓系分类法』的雏形，具有一定的参考价值和实用价值。

当代另一位姓氏研究的专家何光岳先生，也是以『姓氏集团』『姓氏源流』为经纬，先后撰写了《炎黄源流史》《东夷源流史》《南蛮源流史》《西戎源流史》《商源流史》《周源流史》，以及《楚源流史》《秦赵源流史》等数百万字的十八种专著。并于二〇〇二年，重新整理、编纂了七百余万字的四卷本《中华姓氏源流史》，收录各姓氏集团的万余个姓氏，创立了姓氏源流史的研究体系。〔三〕

由此可见，『姓系分类法』已成为姓氏研究中既贴切实用又科学系统的分类学科和研究方法，也是我们解读姓氏，研究姓氏必备的基本常识和基本技能，是一个正在兴起并正在发展的姓氏分类法和姓氏研究法。

三　赐姓改姓　各有褒贬

此处的『赐姓』是专指汉代以来帝王的赐姓。不同于先秦时期的『因生赐姓，胙土命氏』，而是秦汉以来封建大一统国家政体形成后历代帝王用以褒奖功臣，笼络异族，或贬谪罪犯，惩罚政敌的一种政治手段。

两汉以来，先秦时期的那种『封土又分民』的赐姓命氏制度已失去了社会基础，历代帝王的赐姓主要体现为褒奖性质，是一种社会荣誉和身份的象征，体现了姓氏文化的丰厚内涵和多种功能。

（一）赏赐姓氏　褒扬功臣

这一举措，始于汉高祖刘邦。在秦末起义中，经过数年的楚汉相争，汉高祖刘邦登上帝位后，在大封同姓诸侯王的同时，又赐在鸿门宴上救助过他的项伯为刘姓，封为射日侯，称为刘伯；封项襄为桃侯，封项宅为平皋侯，封项某为玄武侯，均赐姓刘氏。又因戍卒娄敬曾建议进兵关中取三秦以定天下的大政方针，也赐娄敬为刘姓，封关中侯，称为刘敬，从而开创了赏赐功臣以国姓的先例。

在楚汉战争中，刘邦的谋士郦食其奉命去劝说齐王田广，被田广烹死。汉高祖即位后，封其子郦疥为高梁侯，赐姓『食其』。汉高祖时有一术士名嘉，善长占卜，深得汉高祖宠信，于是赐姓『扶氏』，意为扶持汉朝，其后人便以扶为氏。汉武帝时，匈奴休屠王太子南下来归，武帝遂依据匈奴人有以『金人祭天』的习俗，赐其姓名为『金日磾』，成为汉初四大姓『金、张、许、史』之一，七代累世高官显爵，开创了赐异族人为汉姓的先河。

自汉高祖刘邦开创了赏赐功臣为『国姓』的先例后，历代帝王纷纷仿效。西汉末年，王莽篡政时，派大司马严尤及廉丹出征匈奴，为表示信任与激励，赐二人为征姓。从此中华姓氏中有了征姓一支。东汉初年曾有征侧、征贰姐妹二人举兵略地，自立为王，是中国历史上最早称王称帝的女性。后被汉光武帝派兵镇压。

南北朝时，梁武帝赐安州刺史俞药为喻姓，南宋时以反对秦桧而知名的大学者喻樗，就是其十六世孙，成为宋代的名门望族。

李唐王朝时，国力强盛，拓土开疆，赐予开国元勋和文武大臣为国姓李氏者有十八家，十六姓之多。计有：徐世勣、邴元纮、杜伏威、胡大恩、弘播、郭子和、麻延昌、张宝臣、董忠臣、安抱玉、安元谅、罗德隽、罗艺、鲜于淑明、阿布怀逊、阿跌光进、合林奉国、朱邪国昌。这些功臣武将改为国姓后，深受荣宠，进一步增强了对李唐王朝的忠诚。

对于归降、内附的异族首领，李唐王朝也往往赐以国姓，以示恩宠。如唐太宗贞观元年（六二七年）鲜卑族拓跋赤辞率部归附，赐姓李氏，又封突厥可汗阿史那·思摩为都督，后徙京兆万年，称柳城李氏。唐玄宗时又以契丹大帅达年嘉里为都督，赐姓李氏，名李怀秀。又有奚族人李宝臣，均列为柳城李氏。又有安息国世子高，自东汉末入居中原，其后裔居洛阳，又居安定，又徙武威，至安抱玉时赐姓李氏，是为武威李氏。此外尚有高丽李氏、沙陀李氏等。由于广赐国姓，在李唐王朝二百九十年间，李氏人口大增，成为全国五大姓之一。

两宋时，也有广赐国姓之举。如赐党项族西夏首领李继捧、李继迁兄弟为赵氏，改名为赵保忠、赵保吉。及至元昊称帝时，西夏历代国王都改为赵氏：赵元昊、赵谅祚、赵秉常……南宋宁宗赵扩时，因宇文虚中在金国策划搭救徽、钦二帝而被金人杀害，宁宗感其忠诚可嘉，于开禧年间赐宇文虚中的子孙姓赵氏。由于两宋的广赐国姓，在两宋三百二十年间，赵姓人口大增，成为全国大姓。

由女真族完颜氏部落创建的金朝，为鼓励臣属建立军功，并促进民族的融合，也仿效汉人做法，定立了一套赏赐国姓的制度。规定凡败敌一千人以上者，本人及其子女可赐国姓完颜；败敌两千人及以上者，赐姓范围可相对扩大。

元、明两代沿用了这一制度。如元朝国姓是孛儿只斤，有一位叫贺伟一的官员，因功被提拔担任都御使（最高检察官）之职，但按规定只有皇室国姓才可任此官职，于是朝廷便赐他为孛儿斤只国姓。明代朱元璋也曾赐其外甥李文忠，养子沐英、何文辉等为国姓朱氏。南明隆武时，还赐予据守台湾而与清政府抗衡的郑成功为国姓朱氏，人称『国姓爷』。

除赐赏国姓之外，历代皇帝对有功臣属也赏赐其他姓氏。如唐初回纥部族归附中央，大臣爱勿邪请赐汉人姓氏，于是唐太宗赐其姓为爱，名弘顺，于是汉姓中增加了一个新姓——爱氏。唐初还有一人叫东何，因为练兵有方，唐太宗遂赐其为练姓。又如五代时豫章太守哀景元之子哀愉出仕南唐，官至检校礼部尚书，南唐主遂赐其姓为衷，传下衷姓一支。南宋时有一金姓后裔，官居制置使，宋高宗因其『金置使』称呼不利于宋朝，遂在『金』字旁边加三点水，成为『淦』，后成为江西建昌地方的一大望族。以上历代种种赐姓，不仅使受赐人备感宠荣，而且也进一步丰富了中华姓氏。

（二）贬斥政敌　赐予凶姓

上述历代王朝的赐姓，严格来讲，都是一种改姓之举，大都是褒奖之意。但同时也有的人『因罪被贬』，改为『凶』姓、『恶』姓。

被贬改姓是历代统治者用以惩罚罪犯、迫害敌对势力或不同政见者的一种政治手段。自汉代以来几乎历代有之。如汉初大将英布在楚汉相争中立有汗马功劳，被封为九江王，后因累受猜忌，被迫谋反，兵败后被诛。因英布年轻时犯罪受过『黥面之刑』（在脸上刺字），是一种罪囚的标志，故刘汉王朝将其族人贬为『黥氏』以示惩罚。又如汉武帝时有马何罗、马通兄弟二人因故谋反，其族人中亲支近族被贬为『莽』姓。

南朝齐武帝时，其太子巴东王萧响惧于『夺嫡之祸』，举兵谋反，兵败后其后裔被贬为『蛸』氏，意即毒蜘蛛一类的害虫。在梁武帝时又将豫章王萧综一门贬为『勃氏』，意即狂勃之徒。

隋朝末年，杨玄威乘隋炀帝出征高丽时起兵谋反，兵败后被隋炀帝处以『枭首示众』的极刑，其族人被贬为『枭氏』。

唐代武则天称帝后，先是将唐高宗原配王皇后贬为『蟒氏』，又将与之争宠的萧良娣贬为『枭氏』。在武氏家族中武惟良与武则天、武三思等人不和，政见不同，武则天遂将武惟良一支贬为『蝮氏』。

对于反对武则天篡位称帝的李唐宗室越王李茂贞、瑯琊王李冲等，一律革除皇室族籍，改为『虺氏』，意即毒蛇家族。唐睿宗时，又有宰相窦怀贞与太平公主谋权篡位，失败后，窦氏被改为『毒氏』，参与其事的宗室、新兴王李晋被贬为『厉』姓。

凡此种种表明了封建制度的黑暗凶残，也说明姓氏在政治生活中对家族的巨大影响。

（三）避讳改姓　迭出新氏

避讳改姓，是臣属、百姓为避免触犯帝王、圣贤及尊长的名讳而被迫改变自己原有的姓氏。

避讳之制先秦时已经有之，但真正实行并对姓氏制度产生普遍影响，则是在秦汉之后。如在楚汉相争时，因西楚霸王项羽名籍，籍姓之人被迫改为席姓。两汉时避讳制度更加严格，凡与帝王名讳相同的字不得相犯，甚至与之谐音或形似的字都需改姓。如汉高祖名刘邦，为避皇帝之名讳，『邦』姓改为『国』姓；汉文帝名刘恒，『恒』姓改为『常』姓；汉宣帝名刘询，荀氏因谐音，而被改为『孙』姓，连荀子的大名荀卿也被写作『孙卿』。汉武帝名刘彻，『彻』姓被改为『通』姓；汉元帝名刘奭，『奭』姓被改为『盛』姓；东汉光武帝刘秀未称帝时有个布衣之交名庄子陵，光武帝称帝后，其子名刘庄，即位后称明帝，为避刘庄名讳，『庄』氏被迫改为『严』

氏；汉安帝时，因其父名刘庆，『庆』氏被迫改为『贺』氏……

两汉王朝创立的这种避讳制度，一直被历代王朝延续使用，而且越来越严格。每当改朝换代或新君登基，都有一些姓氏因避讳而被禁用或更改，并对中华姓氏产生了相当大的影响。有的改变读音，取近义词为姓，如上述汉代诸姓；有的改变字形，添加偏旁部首，如句姓改为苟姓、钩姓；有的取读音相近的别字为氏，如宋代为避宋太祖赵匡胤的『匡』字，匡姓被改为康姓；有的将一姓析为二姓，后晋时为避石敬瑭之『敬』字，将敬姓改为苟姓和文姓两支；还有的姓氏避无可避，干脆消失，如玄氏，宋代时改为元氏，宋亡后恢复本姓玄氏，到清代时又避康熙皇帝名讳玄烨，无法再度改姓，玄姓也随之消失。而一些姓氏也因避讳而形成新的姓氏。如庄改为严、慎改为真、淡改为澹……

（四）避祸避难　隐姓埋名

避祸、避难、因事、因故而改变姓氏者，几乎历朝历代各个姓氏中都有。如太史公司马迁一族，为避『李陵之祸』，有的族人在『司』字旁加一竖，改为『同』姓，有的在『马』字旁加两点改为『冯』姓；韩信后人为避难，有的取『韩』字半边改为韦姓，有的取其谐姓改为『何』姓。

改姓多为避仇、避难或避讳时改称他姓。如东汉时有个聂台，和人结下怨仇，为逃避仇人追杀，改为张姓，隐居雁门马邑（今山西朔州）。他的后人张辽，是三国时名将。

被广大民众和历代王朝推崇备至的关圣帝君、三国名将关羽，也系改姓而来。关羽原系山西解州（今属运城）常平人氏，本姓为『冯』，因仗义杀死当地恶豪，避难外逃，路经关口时遭到盘查，遂以关为姓，其子孙后裔遂以关为姓。《三国志》及戏曲、小说等文献典籍中，也均记为关姓，一直流传至今。

明代建文帝后裔改为『让』姓，也是由于一段历史公案。据说明初『靖难之变』中，明太祖朱元璋皇孙朱允炆继位后，史称建文帝，不久被其叔父燕王朱棣（明成祖）起兵篡夺帝位。建文帝的下落成为明代的『四大谜案』之一。一说建文帝在兵变中自焚而死；一说从地道中逃出皇宫，削发为僧；也有的说流落海外……众说纷纭，聚讼不已。直到二十世纪末二十一世纪初，南京无线电厂退休老人让庆光拿出了一本珍藏多年的《让氏家谱》，才使这一谜案有了新的解读。

据《让氏家谱》记载，建文帝下台后，并未像史书中所说，在宫中自焚而死，而是从密道中逃离出宫，隐居民间，假扮僧道，云游于湘、鄂、川、黔、粤、桂、滇一带。为避免追杀，改名『让銮』，即让出金銮宝殿之意。后定居于湖南、湖北一带，娶妻生子，繁衍后代，让庆光先生即建文帝让銮十五世裔孙。

让銮死后，葬在湖北武昌洪山宝通寺的宝塔旁，让庆光的祖辈曾去祭扫。一九四五年，让氏后裔让廉修根据历代祖先口传心授的记述和家藏的中元节烧包单（即谱单），修成《让氏家谱》，得到著名学者张其昀、谱学大家昌彼得的认同。张其昀为家谱题了谱名，昌彼得撰写了《让氏家谱序录》，肯定了让氏为建文帝后人。让庆光的舅舅、台湾学者陈万鼐教授也撰写了《明惠帝（建文帝）出亡考证》，一九五〇年由台北百成书店出版。[四]

在今贵州黄果树瀑布附近还留存有一神秘的石刻碑文，俗称『红崖天书』，经破译，是建文帝退位后颁下的一道讨伐燕王朱棣的诏书。一些明史专家也称，明成祖朱棣派三保太监郑和七次出海远航，其中一项重要内容就是去查访建文帝及其后裔的踪迹。

像上述避难、避仇而改姓的历史典故，在王朝更替、战乱频仍年代，屡见不鲜。成为中华姓氏文化的一大特色。

总而言之，中华姓氏在历史发展的长河中，受诸多社会因素的影响，不断地发展变化，不断地丰富扩张，形成一个取法万物、包罗万象的庞大文化体系，成为我们解读历史、剖视社会、传承文明的根祖文脉。

【注释】

〔一〕完颜绍元：《姓氏百问》，上海古籍出版社，二〇〇二年四月版。

〔二〕何光岳：《中华姓氏源流史》，湖南教育出版社，二〇〇三年九月版。

〔三〕〔四〕据《金陵晚报》、《扬子晚报》等报道。

第二节　稀僻姓氏　读音奇特

一　稀僻姓氏　各蕴情趣

中国姓氏历经数千年演绎、发展，内涵丰富，异彩纷呈。随着朝代的更替、民族的融合，不少姓氏已湮没在历史的长河中，一些新的姓氏则在时代的进程中产生，其中相当一部分为奇僻姓氏，尤以明代产生之奇僻姓氏较多。究其原因有三：『一、金元之裔改汉姓者；二、革除之际变姓名者；三、苗蛮之族登仕版者。倘不为之评载，恐暨乞误呼，话诸莫辨，非所以资博闻矣。』因此明、清两代出现一批载录奇僻姓氏的专著。如杨慎《希姓录》、夏树芳《奇姓通》、刘文相《稀姓存参》、清代单隆周《希姓补》、徐珂《清稗类钞·姓名类·僻姓》。其中徐珂之《僻姓》篇，列单字僻姓氏一千二百六十六个，双字奇僻姓氏五十个，三字奇僻姓氏七十三个，四字奇僻姓氏三十九个，五字奇僻姓氏十一个，六字奇僻姓氏三个，七字奇僻姓氏一个，共一千四百三十三个。可称是清代以前奇僻姓氏的总汇。若将从古到今的上万个姓氏中的奇僻姓氏稍加收集，分门别类，则情趣盎然，回味无穷。现择其要者简述如下：

（一）代表数字的姓氏有：

一、二、三、四、五、六、七、八、九、十、壹、贰、叁、肆、伍、陆、柒、捌、玖、拾、零、百、千、万等。

据二〇一〇年十一月二日《成都商报》报道，在第六次全国人口普查和流动人口清查中，四川绵阳市公安部门就发现有从一到十的姓氏：一当珠、二英、三月英、四平、五开翠、六门早、七妹、八一、九一成、十云芳……其中有八人姓『二』，有两个叫『二娃子』、三个叫『二好』。据民警介绍，绵阳还有上百个仅有一人使用的『独一姓』，如『串』、『些』、『京』、『仙』等。而使用人数少于十人的姓氏的人口达到两千四百多。四川遂宁市档案局职工陈历甫编写的《中华姓氏书法大典》中，也收录了『一、二、三、二十、三十』等姓氏，并注明『一』姓原是河南的土著姓氏，是『棍』的异体字，『一』姓读音为『棍』。

近年来由江西人民出版社编纂出版的《中国姓氏大辞典》（袁义达等编纂）中，也收录有山东嘉祥等地均有『二』姓。

（二）表示时令、节气、气象的姓氏有：

春、夏、秋、冬、阴、阳、日、月、年、岁、季、时、分、秒、风、云、雷、电、雨、雪、冰等。

（三）表示方向、方位的姓氏有：

东、南、西、北、上、下、左、右、前、后、高、低、东方、西门、北宫、南郭等。

（四）表示各个历史朝代的姓氏有：

夏、商、周、秦、汉、晋、魏、蜀、吴、梁、齐、陈、隋、唐、宋、元、明、金、清等。

（五）表示中国各省、直辖市、自治区地名简称的姓氏有：

京、津、沪、冀、鲁、豫、苏、皖、晋、桂、湘、鄂、闽、川、浙、甘、宁、陕、吉、辽、黑、台等。

（六）表示中国各民族称谓的姓氏有：

汉、满、蒙、回、藏、苗、彝、侗、瑶、白、黎、土、羌、怒、壮等。

（七）表示各行业的姓氏有：

工、农、商、学、兵、艺、师、陶、铁、医、干、战、药、屠等。

（八）表示各种颜色的姓氏有：

赤、橙、黄、绿、青、蓝、紫、红、黑、白、灰、乌、丹、朱等。

（九）表示天干地支的姓氏有：

甲、乙、丙、丁、戊、己、庚、辛、壬、癸、子、丑、寅、卯、辰、巳、午、未、申、酉、戌、亥等。

（十）表示五行、五常的姓氏有：

金、木、水、火、土、仁、义、礼、智、信等。

（十一）表示五音、五金的姓氏有：

宫、商、角、徵、羽、金、银、铜、铁、铝等。

（十二）表示六畜、四兽的姓氏有：

牛、马、猪、羊、狗、鸡、龙、凤、鹤、麟等。

（十三）表示五岳、江河的姓氏有：

泰、华、恒、衡、嵩、江、河、湖、海等。

（十四）表示五谷、百果的姓氏有：

麻、黍、稷、麦、豆、桃、李、杏、梨、果等。

（十五）表示『岁寒三友』及花草四君子的姓氏有：

松、竹、梅、兰、菊等。

（十六）表示人伦、亲属的姓氏有：

祖、宗、父、子、公、孙、叔、伯、老、娘、姑、姐等。

（十七）表示人体部位的姓氏有：

头、骨、耳、目、口、舌、齿、胆、足、皮、毛等。

（十八）表示生活饮食的姓氏有：

柴、米、油、盐、酱、醋、茶。

常言道：开门七件事，柴、米、油、盐、酱、醋、茶。有趣的是，这七件事也是七个姓氏。据《中华姓氏大辞典》收录，柴、米二姓分布较广，分别占全国人口的百分之零点零零五八和百分之零点零五五；油姓是傈僳族姓氏，山东省多此姓，约占全国人口的百分之零点零零零二八；盐姓在江苏、四川等地有分布；酱姓源出不详，当是职业技艺为姓氏，今台湾有此姓；陕西扶风、四川成都、台湾、上海等地有醋姓；茶姓以云南省最多，约占全国茶姓的百分之九十五。其读音一为『槎』，一为『屠』。另据中央电视台报道浙江省江山市廿八都现有人口三千六百多人，却拥有一百四十一个姓氏，其中柴、米、油、盐、酱、醋、茶七姓都有，实是一大奇观。

（十九）表示人生命历程的姓氏有：

生、老、病、死、危、难、通、达。

据第六次全国人口普查结果显示：『难』姓为当今人数最少的姓氏。在河南有四个小村，男女老少都姓『难』，为鲜卑族吐难氏后裔。当地出土过一通南北朝时期的石碑，记载当时有一个叫『难楼』的官员，后裔因避乱迁居松花江畔，故松花江当时也改称『难江』。这些难姓族人辗转迁徙到了朝鲜半岛。韩国人中有一支即其后裔。因此，河南有『难』姓的消息传出后，韩国文化署马上组织了一个『寻根访问团』来到河南寻根。『难』字读作『泞』音。

『死』姓为全国人数最少的第二位。主要分布在中国北部地区，也是由北魏时的代北四字姓

『自死独膊氏』演变而来。

『老』姓，来源很多，一说为黄帝子孙老童后代；一说为道教始祖老子（李耳、老聃）后人；也有的说由满族姓氏『萨克达』意译后，胡姓汉化而来，因满语中『萨克达』为『苍老』之意。

『病』姓为『病坊』之复姓简化而来，来源不详。《中日姓氏汇编》有收载。

（二十）表示动物属类称谓的姓氏有：

熊、狼、虎、蛇、虫、鱼、鸡、鸭、鹅、牛、马、驴、猫、鹿等。

（二十一）表示官职的姓氏有：

王、公、侯、伯、尉、司马、司徒、司寇、督、尹、卿、相等。

（二十二）表示因罪受贬或地位卑微的姓氏有：

杀、死、丑、枭、打、骂、不、黥、虺、蛸、蟒等。

除上述各种奇异古怪的姓氏外，有相当一部分姓氏文字生僻，笔画繁杂，难写，难读，甚至连字典上都难以查找。

此外，还有姓氏为多字姓（三字以上）的，如刹利耶加氏、唐兀乌密氏、矢黎婆罗氏、胡右口引氏、秃鲁八歹氏、拙儿擦歹氏、乞失迷儿氏、主儿赤台乌祜氏、卜颜勒多伯台氏等，这主要是少数民族的姓氏。

也有的姓氏出自偶然，颇有奇趣。如有的给最后出生的儿子命氏为『尾生氏』；周穆王因宠姬早卒，哀痛不已，改称其族为『痛氏』；春秋时晋大夫赵衰待人热诚，如冬日之温暖，遂被称为『冬日氏』；汉代有个人因不知自己的姓氏，干脆以姓为姓，称为『姓氏』……

当代学者陈连庆先生编著的《中国古代少数民族姓氏研究》一书中，收录的秦汉魏晋南北朝少数民族奇僻姓氏更是难以胜计。

二 读音特殊 辨析音义

中国作为一个历史悠久、幅员辽阔、民族众多的泱泱大国，其姓氏文化的发展、演变，也必然留有历史的印迹和浓郁的地方特色及民族风俗，致使作为姓氏的部分汉字，形成特殊的读音。这种『姓氏异读』的产生，一是由于古音、今音的差别，二是方言、声调的不同，三是民族习俗的遗存。我们在称呼他人姓氏时，必须搞清正确的读音，否则会引起误会，甚至闹出笑话。为方便广大读者区分识别，掌握使用，现列举如下：

表一 读音完全不同的姓氏

姓氏	应读	不读
秘	Bì（音闭）	『秘书』的 mì
薄	Bó（音博）	『厚薄』的 báo
种	Chóng（音崇）	『种地』的 zhòng
褚	Chǔ（音楚）	『褚丝』的 zhǔ

续表

姓氏	应读	不读
啜	Chuài（音踹）	『啜茶』的 chuò
句	Gōu（音钩）	『句子』的 jù
莞	Guān（音官）	『莞尔』的 wǎn
炔	Guì（音桂）	『乙炔』的 quē
藉	Jí（音及）	『凭藉』的 jiè
圈	Juàn（音倦）	『圈套』的 quān
角	Jué（音决）	『角落』的 jiǎo
阚	Kàn（音看）	『喊』 hǎn
陆	Lù（音路）	『六』 liù
缪	Miào（音庙）	『绸缪』的 móu
佴	Nài（音耐）	『耳朵』的 ěr
兒	Ní（音尼）	『儿童』的 ér
乜	Niè（音聂）	『乜斜』的 miē
区	ōu（音欧）	『区分』的 qū
朴	Piáo（音瓢）	『朴素』的 pǔ
繁	Pó（音婆）	『繁荣』的 fán
仇	Qiú（音求）	『仇恨』的 chóu

续表

姓氏	应读		不读	
单	Shàn	（音善）	『单独』的	dān
盛	Shèng	（音胜）	『盛饭』的	chéng
折	Shé	（音舌）	『挫折』的	zhé
宿	Sù	（音素）	『星宿』的	xiù
洗	Xiǎn	（音显）	『洗脸』的	xǐ
解	Xiè	（音谢）	『解放』的	jiě
员	Yùn	（音运）	『成员』的	yuán
笮	Zé	（音泽）	『笮桥』的	zuó
曾	Zēng	（音增）	『曾经』的	céng
查	Zhā	（音渣）	『检查』的	chá
翟	Zhái	（音宅）	『墨翟』的	dí
祭	Zhài	（音寨）	『祭坛』的	jì

表二　声韵相同而声调不同的姓氏

姓氏	应读		不读	
葛	Gě	（第三声）	『葛藤』的	gé
过	Guō	（第一声）	『过去』的	guò

续表

姓　氏	应　读	不　读
哈	Hǎ（第三声）	『笑哈哈』的 hā
华	Huà（第四声）	『华丽』的 huá
纪	Jǐ（第三声）	『纪律』的 jì
监	Jiàn（第四声）	『监督』的 jiān
俱	Jū（第一声）	『俱乐部』的 jù
那	Nā（第一声）	『那里』的 nà
宁	Nìng（第四声）	『安宁』的 níng
舍	Shè（第四声）	『舍弃』的 shě
曲	Qū（第一声）	『歌曲』的 qǔ
阙	Quē（第一声）	『天阙』的 què
任	Rén（第二声）	『任务』的 rèn
燕	Yān（第一声）	『燕子』的 yàn
要	Yāo（第一声）	『需要』的 yào
於	Yū（第一声）	『於是』的 yù
应	Yīng（第一声）	『应付』的 yìng
訾	Zī（第一声）	『訾议』的 zǐ

表三　古今读音不同的姓氏

姓　氏	今　音	古　音
『阿』姓	今音　Ā	古音　ē
『费』姓	今音　Fèi	古音　bì
『宓』姓	今音　Mì	古音　fú（同伏）
『那』姓	今音　Nā	古音　nuó
『尉』姓	今音　Wèi	古音　yù
『叶』姓	今音　Yè	古音　shè
『蛾』姓	今音　é	古音　yǐ（同蚁）

表四　双音双姓的姓氏

姓　氏	今　音	古　音
『乐』姓	读　Yuè　（音乐的乐）	读　lè　（快乐的乐）
『覃』姓	读　Tán　（音谈）	读　qín　（音秦，壮族姓）
『郇』姓	读　Xún　（音荀）	读　huán　（音环）
『隗』姓	读　Kuí　（音奎）	读　wěi　（音伟）
『贲』姓	读　Bēn　（音奔）	读　féi　（音肥）
『镡』姓	读　Tán　（音谈）	读　chán　（音蝉）

续表

姓氏	今音	古音
『盖』姓	读 Gài （音概）	读 gě （音葛）
『召』姓	读 Shào（音绍）	读 zhào（音兆，傣族姓）

此外，还有几个复姓的读音很特殊：『单于』应读Chán yú（音禅于），『万俟』应读Mò qí（音墨其），『澹台』应读Tán tái（音坛台），『尉迟』应读Yù chí（音遇迟），『长孙』应读Zhǎng sūn（音掌孙），『宰父』应读Zǎi fǔ（音宰甫），『羊角』应读Yáng jué（音羊决），『中行』应读Zhòng háng（音仲杭）。

鉴于上述各姓氏的特殊读音，我们在日常生活和社交场合中，须多加留意，不可自以为是，错读误认，以免失礼尴尬。

三　音同字不同　形义相区分

中国姓氏包罗万象，数量浩瀚，音同字不同的现象十分普遍。以音韵编排的古、今姓氏辞典，常常会有十几个甚至数十个读音相同、相似、相近，而字形、字义完全不同的姓氏排列在一起。它们之间虽有『平、上、去、入』之四声相别，也有『轻、重、唇、齿』之发音不同，但广大民众对此很难区分，而方言、土语更是难以听懂。因而在现实生活和社交场合中，常常需要借助姓氏的字形结构和字义的文化内涵来加以区分和确认。这是世界上使用拼音字母的任何国家和民族都无法做到的，充分显示了中华民族的聪明智慧，也展示了中华姓氏、语言文字的巨大魅力。

如『张、章』二姓，常用『弓长张』和『立早章』来区分；『贺、何』二姓，则以『加贝贺』『人可何』来说明。读音相近的『贾、蒋』『陈、程』，则以『西贝贾』『草头蒋』和『耳东陈』与『禾木程』来表述。

又如，『京、经』二姓，以『京城』『经书』来表述；『于、余、鱼』三姓，但于以『干勾于』来说明，余以『富余』二字来表意，鱼则用『鱼水』二字来形容。

再如，『付、富、傅』三姓，一以『付出』来说明，一以『富裕』来解读，一以『师傅』来注释。而『文、温、闻』三姓，则分别加以后缀『文化、温暖、闻听』加以区分。

此外，如『口天吴』『言午许』『二马冯』『双木林』『双口吕』『木子李』『草头苏』『古月胡』『三点江』『犬旁狄』『坐车连』『三耳聂』『山丘岳』『文武斌』『日月明』等，都是借用汉字的文字结构、偏旁部首、字形、字义来表述、解读姓氏的读音和内涵，以便区别音同字不同的相关姓氏。诸如此类例证，在各种以音韵编排的姓氏辞书中，俯拾可得，无须赘述，只是我们在日常生活和社交场合中，务必谨慎留意，以免出错、失礼。

四　生死异姓　奇风异俗

『大丈夫行不更名，坐不改姓』，这是民间广为流传的俗语，以示对祖先姓氏的极度重视。然而据《寻根》杂志二〇一一年第五期刊载黄素龙的《生死异姓：潮汕姓氏中的奇特现象》文章介绍，在广东潮汕地区却存在着一种『生死异姓』的更改姓氏的奇风异俗。该文称，在揭东县新亨镇秋江村和楼下村的陈姓族人，祖上本姓林氏，因战乱从河南洛阳迁至上杭、揭邑，被一些村寨拒绝落足，最后被丰都潘田村（今属丰顺县）先到此地的陈氏乡亲热情接待和大力资助，日渐发达，名显闾里。为报答陈姓乡亲的恩德，故在有生之年改林姓为陈，为不忘林氏祖先根脉，死后仍然姓林。清顺治元年（一六四四年），潘田陈氏再迁磐溪都周公山（今揭东县新亨镇）分创秋江、楼下两寨，人丁兴旺，子孙繁衍，至今已三百六十多年，一直延续着『生陈死林』这一传统。

黄文还介绍揭阳榕城梅云镇夏桥村许万一家族，为报答塾师章荣升教子成龙的恩德，将幼子许玉潭过继给章荣升为嗣，传承章姓血脉。为答谢许氏之恩义，章荣升临终留下遗嘱，要子孙后代履行『生章死许』的祖训。子孙恪守祖训，传承至今。

该文又讲述了揭阳县凤湖赤竹坑村金姓族人为免受杨姓大族的欺凌，被迫改为杨姓。然而为使子孙不忘金姓根源，死后的墓碑和神主都要恢复金姓的原姓。

该文还依据汕头潮阳区《西胪村史》的记载，讲述了南宋忠臣陆秀夫后裔，因受本村陈姓大族的胁迫，改为陈姓，并立下契约，死后才能姓陆。于是『生陈死陆』的习俗延续下来，并保留了陆氏『忠贞祖祠』（陆秀夫谥号）和『惠迪祖祠』（陆姓始迁之祖），以兹纪念。

上述『生陈死林』『生章死许』『生杨死金』『生陈死陆』的姓氏变异现象，一方面反映了炎黄子孙知恩图报的传统美德，另一方面也反映了姓氏根脉在中华民族人文理念中的巨大影响，同时也展示了姓氏文化多姿多彩的丰厚内涵和奇特现象，是姓氏研究中别具一格的珍贵资源。

第六章　历代移民与姓氏播迁

迁徙流布，支派繁衍，是中华姓氏发展演变的重要途径，也是寻觅姓氏渊源和发展脉络的基本线索。中国幅员辽阔，民族众多，早在远古时期就有『炎黄集团』『东夷集团』『苗蛮集团』等不同的姓氏集团分布于中华大地。在数千年的历史长河中，由于生活环境的变化、自身发展的需求，以及官方的强制移民，改朝换代的战乱影响，和做官出仕，留守戍边，避仇、谋生等种种原因，大的姓氏集团不断分化、繁衍，不同姓氏的家族不断流播迁徙。特别是一些权势显赫、人口众多的高门望族，根深叶茂，枝柯遍布，落地生根，其分支衍派既推动了社会经济文化的发展，也促进了家族自身的繁衍。

第一节　江山易主　旧族失序

改朝换代，江山易姓，封建割据，军阀混战，是中国历史上屡见不鲜的社会现象。由此引发的战争浩劫，往往使广大民众流离失所，背井离乡。而新一代的统治者，为巩固统治地位，医治战争创伤，往往采取强制性的大规模移民。因而改朝换代，江山易主往往成为姓氏播迁的主要动因。如秦灭六国之后的『山东迁虏』，西晋末年的『永嘉之乱』，北宋时期的『靖康之难』，都是造成大规模移民的社会根源。

一　『山东迁虏，旧族失序』

中国历史上的封建王朝，都是建立在『宗君合一，家国同构』的宗法制度之上，是家族统治的最高模式。因而改朝换代，就是不同姓氏的家族兴衰更替、流播迁徙的契机。

西周初年，从武王灭商，周公辅政到成王继位，数十年间不断地分封诸侯，胙土命氏，使周王室姬姓的宗支衍派，姻亲贵戚，以及元勋重臣的子孙后裔遍布全国，形成了一个拱卫周王室的庞大网络，那也是中国历史上姓氏繁衍最多、迁徙流布最广的历史时期。此后的历代王朝无一不是借助行政机构和军政实力去扩充宗族势力，维护家族统治的。

反之，江山易姓，政权更迭，公子王孙、世家旧族也会被视为亡国之民、新朝政敌，强行迁徙、举族流放。如秦、汉大一统的社会变革和政权的更迭，就造就了中国历史上第一次大规模的移民浪潮和姓氏的播迁。

战国末期，秦始皇连年用兵，侵吞六国，俘获了大量的六国宗室和臣民。自秦始皇八年（公元前二三九年）灭魏至二十四年（公元前二二三年）灭楚，先后把六国强宗大族强制内迁或异地互迁：楚国上官氏和大姓权氏被迁至陇西上邽（今甘肃天水），其他贵族后裔迁徙不一。公元前二二八年秦兵攻破邯郸，将赵国国君赵迁流放到房陵；赵代王嘉流放天水。秦始皇二十六年（公元前二二一年）最后灭齐，强迁齐国田姓王室至共地（今甘肃泾川县北）。此后秦灭巴蜀，设立蜀郡，移民万户入蜀垦殖。继而讨平西瓯、骆越，置闽中、桂林、南海、象郡，也派兵戍守，移民实边，其中相当一部分为六国宗室、贵族及其臣民。

至秦始皇扫平六国，统一天下之后，为充实关中一带的财赋和人口，削弱六国贵族的反叛势力，又将六国旧族大姓、天下富豪十二万户徙置咸阳，以便就近监控，史称『山东迁虏』，旧族失序』。此处之山东是指崤山、函谷关以东地区，因秦国居函谷关以西，『山东』一词泛指六国。同时将全国划分三十六郡（后增至四十余郡），设官治理，从根本上废除了『胙土命氏』，封邦建国的制度。

在秦末大起义中，六国旧族乘势而起，以复国相号召，拥兵割据。汉高祖刘邦以一介布衣小吏，扫灭群雄，统一天下，定都关中。但是经过长期战乱，秦都咸阳已是一片废墟，关中人口至多也只剩二三十万，亟须补充人口、财赋。同时汉高祖刘邦也鉴于楚霸王灭秦后大封六国旧族，致使其死灰复燃的教训，于是接受娄敬的建议，再次徙齐楚旧族大姓田氏、昭氏、景氏、屈氏、怀氏五姓及韩、赵、魏、燕的强宗豪族于关中地区，从根本上铲除了六国旧族东山再起的社会基础。其中齐国的田氏，按照迁徙的次序，被编为第一、第二及第八氏：田登为第一氏，田祭为第二氏，田癸为第三氏……田英为第八氏。堂堂一国王族，国破家亡后，不仅沦为庶人、罪民，其姓氏也遭到践踏，由国姓公族改为毫无意义的序号作为姓氏。至今仍有第五氏的姓氏和第五氏族谱存世，即是此次迁民、改姓的见证。

二　强宗大族　析族迁徙

中国古代民众向来有『同财共居，数世同堂』的历史传统。往往一户高门大姓、强宗望族，田连阡陌，人丁愈百；一些帝王后裔、公侯将相更是宗支庞大，子孙众多。

历代统治者，在封藩建邦，广布宗支，维护自身统治地位的同时，对一些能左右地方势力、威胁到政权稳固的强宗大族，强制迁徙，以便管理。其中较为典型的事例，就是江州义门陈氏的析族迁徙。

据家谱资料载称，江州陈氏系南朝陈武帝陈霸先后裔。陈朝被隋文帝所灭后，其后裔隐居江西德安县太平乡常乐里永清村，以孝治家，聚族而居，历隋、唐、五代，到宋仁宗时，历时二百三十多年，十九代同炊共居，人口达三千七百余口，田庄三百多处，产业遍布十六个州郡、一百余县，实是人间奇迹。

在标榜以孝治天下的封建社会中，江州陈氏曾受到历代统治者的褒奖，被誉为『义门陈氏』。然而这样一个过于庞大的家族势力，也必然引起当局的猜忌。宋仁宗嘉祐七年（一〇六二年），江南西路转运使谢景初奉旨临门，强行监护义门陈氏分析迁徙，依其字辈排行，分房支系，分析为大小二百九十一庄，分迁各府州县。其中江南一百一十庄，两直隶州及闽、浙、湖广九十庄，楚地九十庄。经此次分居迁徙，使义门陈氏子孙被分散到全国一百二十五个州、县之中。元末明初，迁居于湖北沔阳的义门陈氏族人陈友谅起兵反元，建都江州，自称汉王，与明太祖朱元璋进行激烈的帝位之争。陈友谅兵败之后，陈氏又被当局第二次强令迁徙，致使义门陈氏后裔遍布各地。

中国近现代历史上的一些著名人物，如中共创始人陈独秀，民国四大家族的代表人物陈立夫、陈果夫，中华人民共和国开国元勋和著名将领陈云、陈毅、陈赓等，均是江州义门陈氏分析迁移到各地支派的后裔。

尤为特殊的是，历代帝王修筑皇陵，驻守陵寝时，常征调大批士卒民夫，作为『陵户』，久而久之，家族繁衍，渐成乡邑。如汉高祖曾迁六国后裔及富豪之家于长陵，汉武帝徙郡国豪富及资产二百万以上名门大族于茂陵，汉昭帝徙民众于云陵。此外，唐代之乾陵，明代之孝陵，清代之东陵，都招募迁徙不同数量的士卒、民众，戍守陵寝。这些被迁徙或招募的军士、百姓，往往世守其职，聚族而居，成为中国姓氏播迁史上的一大特色。

三 『永嘉之乱』 衣冠南渡

综观历代姓氏迁徙的规律，可以发现有两大特征：

（一）以河南、河北、山西、山东、陕西等中原地带向四周辐射，反映了姓氏起源多在中原地带的历史渊源。有关资料表明，仅河南起源的姓氏就占中华姓氏的五分之三，源于陕西的有五十多姓，源于山西的有八十多姓，源于山东的也有数十姓之多。

（二）历代大规模的姓氏迁徙和总的趋势，都是由北向南。究其原因，具有地理环境和历史原因。一是中原地区开发较南方为早，经济文化较为发达，人口相对稠密；二是遭逢战乱，北方地区少数民族不断南下中原，造成了北方士族大举迁徙。

士族南迁，历代均有，但规模较大、人数较多、持续时间较长、对后世影响较大的几次南迁，一在西晋末年，二在唐末五代，三在宋室南渡。

西晋末年的『永嘉之乱』，导致了司马氏政权的分崩离析，匈奴、鲜卑、羌、氐、羯等少数民族入据中原，战乱不已，史称『五胡乱华』。北方的士族豪门纷纷渡江南迁，『中州士女避乱江左者十之六七』。葛剑雄先生依据《晋书》《宋书》《南齐书》《梁书》《陈书》《魏书》《北齐书》《周书》的记载，进行了梳理爬剔和系统的研究分析，编制了『西晋末至南朝期间见于记载的南迁人物及其后裔』统计表，共收录了六十多个郡望、九十二姓、九百余人的迁徙资料，翔实而明晰地展示了『永嘉之乱』后士族南迁的时间、路线及地域分布的历史概貌。[一]

为安置这些大批南迁的士族民众，东晋和南朝历代政权设置了大量的『侨州郡县』。由于这些南迁士庶大多以原籍之名门大族为核心集团，成群结队，连片而来，相当程度上保留了原有的血缘姓氏体系和地域组合的特色。因此东晋和南朝各代所立之侨州郡县，『皆取旧壤之名』。即依据当时移民聚族而居的宗族集团的社会结构和组织形式，命之以原籍的州郡县名，分批分片加以安置，既简单易行，又有利于保证这些集团内部组织的稳定，符合其宗族首脑、部曲将帅和侨徙流民的风俗习惯和利益。

侨州郡县的设立还有政治、经济、军事诸多方面原因。首先是政治上有标示『正统』和收复失地的决心，借以激励南迁士庶，招诱北方人民，为对抗北方政权和北伐收复失地效力。其次是高标郡望及故里祖庭，保持和延续其门阀姓望。正因为如此，东晋、南朝的几支最强盛的南渡士族，如琅琊临沂王氏、太原晋阳王氏、陈郡阳夏谢氏与袁氏、济阳考城江氏、京兆杜陵韦氏、颍川鄢陵庾氏、汝南安城周氏、河东闻喜裴氏、谯国龙亢恒氏、颍川荀氏、泰山南城羊氏、鲁国孔氏、瑯琊颜氏、东海郯城徐氏、彭城刘氏、皇室河内温县司马氏、东海兰陵萧氏、颍川陈氏、济阳考城蔡氏……都有以其姓望所系的郡县设置的侨郡、侨县。

据谭其骧先生考证，接受移民最多的江苏省设置侨郡二十三个、侨县七十五个。其次是安徽、湖北。葛剑雄先生将此整理编制成『东晋南朝境内设置的侨州郡』统计表，对侨置州郡与实有地域作了详细的对比、编排，为我们留下了一份珍贵的文献资料。[二]

在这些侨州郡县中侨居的南迁氏族，不仅是对东晋和南朝历代政权的强有力支持，而且自东晋以来在江南地区落地生根，繁衍后代，成为隋唐五代、宋元明清的历代望族，也产生了『侨』姓这一特定姓氏名称，成为中国姓氏文化中一大特色。

唐人柳芳在其《氏族论》中对此有一段专门论述：在南北朝时，『过江则为侨姓』，王、谢、袁、萧为大；东南则为『吴姓』，顾、陆、朱、张为大；山东（指函谷关、崤山以东中原地区）则为『郡姓』，王、崔、卢、李、郑为大；关中亦为『郡姓』，韦、裴、柳、薛、杨、杜首之；代北则为『虏姓』，元、长孙、宇文、于、陆、源、窦首之。以上『侨姓、吴姓、郡姓、虏姓』合称『四姓』，是魏晋南北朝时荐拔人才、选用官吏的重要依据。

四 『靖康之难』士族南迁

西晋『永嘉之乱』后八百年左右，而有宋代的『靖康之难』。一一二六年金兵大举南下，攻陷汴梁，虏获徽、钦二帝皇室宗亲及朝廷重臣一千二百余人。宋室被迫南迁，建都临安（今浙江杭州），史称南宋。中原人士再次大举南迁。其规模之大、人数之多，超过以前各次南迁。其迁徙之地以江浙为主，也有相当一部分进入闽粤地区。

建炎三年（一一二九年）正月，金兵进入淮南。二月初，高宗下令『听士民从便避兵』，并令刘正彦部兵护卫皇子和六宫自扬州迁往杭州。北方士民继续自各长江渡口进入南方，朝廷也『令有司具舟常（常州）、润（今镇江），迎济衣冠、军民家属』[三]。于是出现了『高宗南渡，民之从者如归市』的局面。

同年夏天，金兵大举南下，兵锋直指江南。于是高宗自己率一支官员由绍兴而到宁波，并经舟山而到温州；同时安排隆祐太后率六宫宗室近属，迎奉神主前往江西，并派一万名军人护送。在洪州设立中书三省和枢密院的分部，处理日常事务。因此，大批官员和百姓随之迁往江西，并定居江西，以后也有大量北方的『归正』军民迁居江西。因而江西在南宋时成为人口增长速度最快的地方，为客家赣南支系的形成奠定了基础。

由于当时处于战火连天、兵荒马乱的岁月，宋代史书关于移民的记载，基本上只反映军队、皇室重要成员和一定规模的武装集团的迁徙情况，一般百姓、宗族的迁徙往往缺载，只在局势相对平稳的闽粤地区和族谱方志中有所反映。

据广东方志、族谱、墓碑、文集等记载，南宋时入粤人数达一百六十三户、一百二十姓，较北宋时的三十八户、二十三姓，多出五倍左右。人口数也增加数倍。[四]

由于入粤的汉族甚多，故广东一些县志中还设『氏族』门类予以记载。如北宋迁入高要县的有二十九姓，南宋有三十二姓六十一户；北宋时迁入香山县的有四姓五户，南宋为二十四姓二十九户。到清末，『考新会全境乡村无虑七百余，男口逾万者十余族（指氏族）……然约查各谱，其始迁本境之祖，皆唐以后人。至宋度宗咸淳九年（一二七三年），由南雄珠玑巷迁至者，约占全邑民族（此民族乃氏族之意）之六七焉』。[五]

由于南迁粤之汉族多以南雄珠玑镇为入粤第一站，而后分迁于广东各地，故明、清广州府各地的族谱、家乘，多记其祖先由宋珠玑巷辗转迁来，珠玑巷成为宋、元、明、清的移民祖庭之一。

南迁入闽之汉族也多在南宋初年。一些原住江南的北方移民为避金兵，复迁入建州一带，如宗室赵不息便因之『转徙浙东、闽之建上』。建炎三年（一一二九年），管理皇族成员的西外、南外二宗正司分别迁至福州和泉州，当年迁入的宗属分别为一百八十余人和三百四十九人。至南宋中期，仅南外宗正司管理的宗属已有两千三百余人。[六] 使得泉州汉族人口大增，泉州、福州成了皇室成员主要迁居之地。与此同时，流民也大批迁入泉州、福州，如长安人张汉英南渡后居福州。济州（今山东巨野县南）人李氏、孟州（今河南孟州市）人傅自得、秦州（今甘肃天水市）人林某、高密（今山东高密）人赵存诚及其弟思诚一家，南渡后皆居泉州。

南宋末年，元兵大举攻宋，江西、湖南等地民众被迫再度大举迁徙，进入两广之地。如赵昰、赵昺『二王』行朝期间，文天祥在江西、福建募集的众多部属，行朝由闽入广所率大量军兵，以及随行朝入广的大批宗室，在行朝灭亡后，一部分残存者也散居于广东各地。如赵氏宗室有定居于新会者，文天祥族人亦有定居宝安者。黄慈博先生辑录的《珠玑巷民族南迁记》记载了四十个氏族迁入珠玑巷前的迁移情况，宋代迁入的有三十六个，占了百分之九十。其中自北方迁入的有十四个氏族，又占宋代迁入的百分之三十九。他们的迁移简况是：

屈氏（屈大均祖先），南宋初自祥符迁此；

佛山霍氏，本家霍山（在今安徽境），南渡时抵此；

新会陈氏，本汴人，南宋初迁此；

香山小榄何氏，居北方，北宋末迁此；

南海关氏，咸淳元年自解州（今山西境）迁此；

新会雷氏，本祥符人，理宗时来居此；

顺德梁氏，汴梁人，咸淳年迁顺德；

番禺韩氏，本山东博野人，南渡初迁会稽，后迁南雄；

新会石头陈氏，本汴梁人，南宋初迁此；

新会凌村陈氏，南宋初自汴梁迁此；

南海鼎安坊程氏，程明道后裔，南渡时迁此；

东莞房氏，本定陶人，宋中叶迁南雄；

番禺房氏，南宋绍兴时迁此，原自山西太平府；

开平陈氏，陈洪进后裔，北宋时迁此。由于陈氏在北宋初已迁开封，也有可能迁自北方。

上述十四族中，北宋时迁入二族，南宋时迁入十二族（东莞房氏迁入之『宋中叶』暂作南宋）。

由于迁入的地域、时间、路线不同，南宋初年，元兵未入广东以前，由南宋京城临安和江西方向循赣水上溯，越过大庾岭进入广东的汉族群体被称为『广府人』；由湖南、江西、福州进入梅州、潮州、循化等地的族群称为『福佬人』或『客家人』。

宋代汉族迁入南雄珠玑巷移民一览表

地区	姓氏	原居地	迁至珠玑巷时间
佛山	霍	太原霍山下	宋靖康元年（一一二六年）
	梁	福建泉州	宋靖康年间
南海	邝	南京庐州府庐江县后迁宣国府宣城县	宋宝元年间
	黎	开封	宋靖康年间
	梁	福建泉州	宋靖康年间
	谭	开封府	北宋初年
	陈	南昌	北宋
	林		北宋
	罗	祥符县	北宋
顺德	罗	祥符县	北宋
	温	福建	北宋初年
	黄	福建莆田	北宋
	黎	江西卢宁县	宋靖康建炎年间
广州	简		北宋末年
从化	郭	江苏扬州	宋真宗咸平三年（一〇〇〇年）
中山	何	中原	北宋末年

续表

地区	姓氏	原居地	迁至珠玑巷时间
鹤山	陈		北宋金人入侵期间
番禺	黎	姑苏	宋徽宗崇宁五年（一一〇六年）
	李	江西泰和	宋大观年间
开平	梁	山东郓州	宋大观年间
	司徒		宋建炎年间
	罗		北宋初年
东莞	翟		宋靖康年间
	李	陇西　江西吉安	宋真宗时
	黎	虔州	宋熙宁年间
	何		北宋末年
	钟		宋雍熙年间
	房	山东定陶	宋代中叶
	谢	会稽	北宋末年
宝安	陈	洛阳	北宋末年

（转引自葛剑雄主编《中国移民史》）

【注释】

〔一〕〔二〕 葛剑雄主编：《中国移民史》第二卷，福建人民出版社，一九九七年七月版。

〔三〕 《宋史·高宗纪》。

〔四〕〔五〕〔六〕 徐杰舜主编：《雪球——汉民族的人类学分析》，上海人民出版社，一九九九年八月版。

第二节　拓土开疆　播迁异地

历代王朝或割据政权，为维护统治，保卫边防，或拓土开疆、扩展势力，往往调用大批军士、民众，留戍边防或移民屯垦。像秦代的留戍长城，移民巴蜀；汉代的抗击匈奴，平定岭南；唐代的沟通西域，入闽开漳；明代的远征川黔，驻戍辽东……动辄出兵数十万人，长期戍守，屯垦边地。这些将士军卒，有的举家随军，也有的在当地娶妻生子，世代相传，留居异域，其涉及的家族姓氏常以千百计，几乎涵盖了每一个姓氏。

一　戍边异地　蔚然雄起

拓土开疆，戍守边陲，是历代王朝长治久安的基本国策，也是姓氏传衍播迁的重要模式。然而史志文献无法对此一一记载，只有部分将帅、首领可载入史册，也有一部分因缘际会，或建立政权，割据称雄，成为当地之名门著姓。中华赵氏即是其中具有代表性的姓氏之一。

赵国原为战国七雄之一，公元前二二八年，秦兵攻破邯郸，赵王迁被迫降秦，其宗族家属被流放到房陵（今湖北房县）。赵王迁的兄长、废太子赵嘉率宗族数百人逃到代地，被宗族、大臣拥立为代王。另一赵国宗支赵喜也在燕地自立为王。公元前二二二年，秦将王贲先后将燕王赵喜、代王赵嘉俘获，代王嘉被掳至秦都咸阳，赵国从此灭亡。赵国宗室散处各地者，形成了天水、涿郡、南阳、下邳、颍川等五大郡望。

（一）天水赵氏　拓殖西域

当年，赵王嘉降秦后受到礼遇。后秦始皇开拓西北，派赵王嘉之子赵公辅率族人入主西陇。当时，西陇为荒凉、野蛮的边陲之地，戎蛮杂处，土著丛生。赵公辅作为亡国之君，励精图治，凝聚族人，善待土著，拓殖荒蛮，将赵氏之根扎于西北边陲，两汉之赵氏英贤多出于天水。据史书所载，汉代赵氏后裔封侯者多达三十余人，有十余位即出于『西陇赵王』赵公辅之后，其中以营平壮侯赵充国最为著名。

据《汉碑集释·三老赵宽碑》记载，赵充国曾祖赵仲况于西汉文、景之际官至少府，祖父赵圣为谏议大夫，叔父赵翁仲拜关内侯，父亲赵君宝『密请内侍，报怨禁中。徙陇西上邽，育生充国』。

赵充国之所以名垂青史，在于他做了三件大事：一是抚平匈奴，稳定了汉朝北边。二是与大司马霍光一起废掉荒淫奢靡的昌邑王刘贺，拥立汉宣帝刘询。此一『定国筹立之功』，使赵充国获得侯爵封号。三是赵充国首创屯田戍边之策，不仅对当时守边御敌起了巨大作用，而且在历史上产生了深远影响。汉之后历代王朝都沿用了这一基本国策。汉成帝时因羌人扰边，成帝追念充国当年功绩，命著名文人学士扬雄在赵充国画像上题写了《营平壮侯颂》一文，传颂至今。

赵充国死后，『营平侯』之爵位一直传袭到其曾孙赵伋。赵充国的兄弟、后裔中也不乏名人杰士：有敦煌太守赵子仁，护羌都尉司马赵佰然、赵子惠。可见赵充国之后五六代家族一直担当着汉朝的护边重任。

从秦代赵公辅徙边戍守西陇，到东汉灵帝时赵壹以文采名震京师，这支由戍边起家的天水赵氏历经两汉四百年的发展繁衍，一直以名门大姓著称于世。『天水赵氏』至今仍是海内外千百万赵氏子孙崇仰追思的根祖文脉。

（二）南越赵氏　威震边陲

南越赵氏也为赵国之宗支后裔，在秦国灭赵之前已析居于常山真定（今河北正定），世称常山赵氏，三国时名将赵云即常山赵氏后人。

秦始皇统一六国之后，常山真定赵氏中有一后裔赵佗从军远征，进入岭南，并因缘际遇，建邦立国，史称『南越武王』。

公元前二一八年，秦始皇派大将屠睢、军尉赵佗率五十万大军进军岭南，平定百越。设立了闽中、桂林、南海、象郡四郡，徙中原之民与越人杂处，设官治理，任命任嚣为南海郡尉，赵佗被封为南海郡龙川县令。

秦始皇死后，秦二世继位，更加残暴昏庸，激起了大规模的农民起义，秦王朝摇摇欲坠。重病在身的任嚣见回天无力，于是假借朝廷诏令，任命赵佗为南海郡尉。赵佗接任后，一面整顿军队，据险扼守，自保闽中；一面实施怀柔政策，安抚越民，割据自立。公元前二〇四年，正值中原楚汉相争之际，赵佗自立为王，创建南越政权，定都番禺。

汉高祖十一年（公元前一九六年），派陆贾为使臣正式册封赵佗为南越国王。汉高祖死后，吕后专权，一改汉初的和番政策，视南越为蛮夷之国，断绝了与南越的贸易往来，扣押了南越使臣，并派人到河北真定，诛杀了赵佗的兄弟宗族，掘毁其父母祖坟。赵佗一怒之下，自立为『南越武帝』，发兵攻打汉属长沙侯国。吕后也派兵南下，进击南越，双方相持一年之久，汉军始终未能进入南越。赵佗反而收服了闽越、西瓯、骆等相邻属国，国势日益强盛。

吕后死后，汉文帝继位，恢复了对南越的友好政策，赵佗也去掉『帝号』，与汉朝重修旧好。赵佗活到一百多岁时方才去世，由其孙赵昧继位，传到第五位君主赵建德时，始被汉武帝派兵征服。自赵佗称王到赵建德被杀，历经五帝九十三年，谱写了常山真定赵氏历史上的辉煌一页，也是汉族、汉姓在岭南拓土开疆，立国建邦的最早记录。近年来在广州发现了南越五墓，出土了『文帝行尔玉』和金缕玉衣等一批珍贵文物，印证了南越姓氏高度发达的文化。

二　中原豪士　入闽开漳

在魏晋南北朝大分裂、大动荡的二百年中，中原战乱，烽火连天，岭南土著民族也乘时而起，脱离中央政权。在隋末农民大起义中更是群雄割据，无暇顾及岭南。历经唐初贞观之治，天下大定，西北边患渐次平定。于是在唐高宗总章二年（六六九年），派河南固始人士、玉钤卫左郎将陈政率将士一百一十三员、府兵三千六百名进入岭南，平定蛮僚之乱。

进军途中，陈政染病身亡。军中无主，人心惶惶。于是陈政之妻又率其子陈元光和宗室子弟及五十八姓将校前往增援。经过艰苦征战，终于平定岭南，陈氏宗族子弟和随同南来的部属遂定居于福建漳州地区，并以先进的汉文化治理闽南，推动了当地的社会经济、文化发展，对于闽南地区乃至于海南和台湾的开发做出了重要贡献。因而陈元光被尊为开漳圣王，陈氏成为闽、台一带最大姓氏，林、黄、张、蔡等随军将校也成蔚然大族。至今闽粤一带仍有『陈林半天下，黄蔡满街走』的说法。

唐高宗驾崩后，武则天垂帘听政，并最后登基称帝，改唐为周。在李唐改为武周的政治斗争中，越王李贞起兵失败，牵连缘坐者五千余口，全部流放到丰州（今福建南安）。唐代中后期，也有一批大臣名士，被贬谪岭南，如大文学家柳宗元被贬到柳州，韩愈、名相李德裕被贬到潮州。这些被流放、贬谪的大臣，有的平反后返回京城，相当大一部分子孙后裔则留居于贬谪之地，成为落地生根的汉族姓氏。

唐天宝十四载（七五五年），『安史之乱』爆发，历时八年之久。嗣后，藩镇割据，王室衰微，终于导致了大规模的黄巢起义，中原一带战乱不已，民不聊生，中原士族再度大举南迁，分别迁居于江浙、湖广、云南、闽粤等地。

河南固始人王潮、王审知兄弟，先是在秦中权部下当兵，后率寿（州）、光（州）之民渡江南下，转战于江浙、湖广地区。唐光启元年（八八五年）进入闽南，后占领福建全境。于是唐昭宗任命王潮为福建观察使，后又封他为福州威武军节度使。王潮治闽期间，实行了一系列经济、文化措施，轻徭薄赋，休养生息，同时又创立了四门义学，传播推广先进的汉文化和制度礼仪。王潮死后，由其弟王审知承袭节度使之职。九〇七年唐朝灭亡，王审知被后梁太祖朱晃册封为闽王，成为割据一方的地方政权。其子孙后裔繁衍日盛，成为中华王姓中一大支派——『开闽王氏』。

随同王氏入闽的将士部属，计有陈、王、李、张、吴、蔡、郑、杨、曾、周、郭、谢、苏、何、廖、沈、施、卢、孙、傅、马、薛等二十七姓，且以河南固始人居多。由于王审知为人简约，好礼下士，不少士人皆自中原迁居福建。如唐代宰相王溥之子王淡，宰相杨涉之从弟杨沂，以及唐代名士徐寅等人前来投奔，即受到重用。王氏政权亦因其开创之功和桑梓情谊，对固始人特别优待。明清以来闽南人士在修撰族谱时，有的就把入闽的时间扯到唐末五代，将祖籍故地与固始强行联系，致使福建姓氏谱牒，时有攀附、冒姓之嫌，需参照正史、方志，详加考辨。

王审知死后，其子王延翰、王延钧先后继位。九三三年王延钧正式称帝，国号曰『闽』，建元龙启。但王审知诸子皆无政治才干，且自相内讧残杀，闽国朝政日益腐败。九四五年被南唐攻灭。是年为农历午马年，而王潮进入福建时恰好也是六十年前的农历午马年（八八五年），所以福建地区民间称王氏政权是『骑马来，骑马去』。这也成为一则历史趣谈。

历代的拓土开疆，屯田成守，移民实边，不仅促成了姓氏的传衍、流布，而且也在姓氏史上形成了一些奇特现象。如福建武平县中山乡就形成了一个汇集百家姓氏于一乡的人文景观。

通常一个乡村只有十姓八姓，三五十个姓的乡也并不多见，中山乡却有一〇一个姓氏，可谓国内绝无仅有。据户籍记载，一九八六年中山乡居民有：

陈、林、张、李、王、黄、刘、赵、徐、曾、赖、钟、凌、马、纪、戴、中、潘、程、廖、欧、蓝、危、丘、周、石、洪、谢、罗、修、吴、郭、贾、温、俞、阮、邬、萧、连、朱、蔡、何、舒、余、龙、翁、范、邓、熊、杨、饶、聂、董、胡、苏、任、龚、古、陶、卢、绿、许、童、邹、郑、吕、文、魏、巫、幸、车、卓、梁、涂、孙、莫、冯、田、曹、夏、池、练、汤、艾、雄、能、沈、傅、黎、高、叶、宋、江、倪、带、华、季、管、麦、祝等一〇〇个姓氏。

造成这一现象的原因，是因为武平中山乡地处闽粤交界的山区，为古汀州门户，历代驻军落籍为民。这些士兵来自五湖四海，汇集了百家之姓，语言庞杂，风俗各异，成为罕见而有趣的人文现象，也是姓氏传衍史上的一大奇观。

三　开发琼崖　拓殖台湾

琼、台地区自古以来就是我国领土。台湾古称『夷州』，唐宋时称为『流求』，元代称为『瑠球』、『澎湖』。明代后期，荷兰殖民者占领时，称台湾为『福摩萨』。据文献记载，早在三国时的东吴黄龙二年（二三〇年），『春正月，遣卫温、诸葛直将甲士万人，浮海求夷州及崖州。……得夷州数千人还』[二]。这是汉族进入台湾并将台湾山夷人带入大陆的第一次正式记载。

琼崖也称海南，先秦时被视为『南服荒徼』，未见文字记载。秦时属『南海外境』。西汉元鼎六年（公元前一一一年），汉武帝派伏波将军路博德、楼船将军杨仆平南越，次年（元封元年）在海南岛上设置珠崖、儋耳二郡，归交州刺史部管辖。至此，海南岛正式纳入中国版图。汉元帝初元三年（公元前四六年），撤珠崖郡置朱卢县，隶属合浦郡。近年在乐东县志仲区境内出土一枚『朱庐执刲』冥印，银质、兽头蛇纽，文作小篆，是汉置朱卢县的历史见证。东汉、魏晋、南朝时，海南建置屡有变更。梁武帝大同年间（五三五—五四六年），冯冼夫人统一百越，儋耳千余峒归附，由冯夫人请命于朝，在海南岛上重设崖州，归广州都督统领。唐代贞观五年（六三一年），在海南设琼、崖、儋、振四州，共十八县，隶属于岭南道管辖。

汉族迁入海南始于汉代路博德置珠崖、儋耳之时。宋代苏轼在《伏波庙记》中说：『自汉末至五代，中原避乱之人多家于此。』此外还有经商、仕宦、戍守、流放的各类汉人。因汉族多来自岛外，所以土著的黎族称海南汉族为『客』。

早期迁入海南岛的汉族多是广西、广东一带从战的军人。据明代唐胄的《正德琼台志》及清代张岳崧《筠心堂文集》和民间族谱记载，迁入海南的主要姓氏有王、符、董、李、杨、刘、林、韦等姓氏。

王姓：

王姓是较早迁琼的姓氏。东汉建武二年（二六年），临淄人王某与其子王祈、王律过琼，居家临高村。南宋绍兴二十一年（一一五一年），兵部侍郎王居正被秦桧诬陷贬至海南，携眷而来，居于琼山县咸舍村。王居正辞世后，其长子斗魁北上入仕，次子斗纠北上归居于浙江杭州。只有其孙（斗魁第八子）尚文留居琼山。稍后，尚文兄长尚仁又与第五子渡琼，居于文昌。此外尚有江南丹徒（今镇江）人、国子监学正王慎斋，澄迈西昌王氏渡海入琼。[二]

符姓：

符姓也是较早过琼的姓氏之一。北宋仁宗天圣三年（一〇二五年），福建莆田县符有辰被派入琼抚黎有功，封为万户，与其妻邢氏定居文昌淡水村。符有辰去世后，他的四个儿子都被赐袭万户，分管海南四州：长子宗系，领万州，统陵水岭脚峒；次子宗铭，领琼州，统琼山清水峒；三子宗举，领崖州，统琅温峒；四子宗安，领儋州，统七坊、大缘二峒。

另一支符氏是明代渡琼，入海口白沙村落籍。因家谱失传，遂以本户中之符椅立为过琼始祖。

李姓：

李姓也是较早迁琼的姓氏。唐朝宗室李孝逸在中宗时任左卫将军，被封吴国公。当时武后专权，李唐宗室被贬谪、流放。嗣圣元年（六八四年），李孝逸被诬告，除去宗室名籍，举家流放于儋州。此外，北宋至道年间（九九五—九九七年）福建人李三畏因入仕海南，落籍万州琉川。其后裔散居于琉川、澄迈倘驿、安定龙拔塘等地。李思迪，原籍云南，明初进士及第，分发到海南任职，遂落籍琼山。

杨姓：

杨姓入琼始祖有两支：一是隋代宗室杨伦，系隋朝滕楚王杨瓒之子，封邵国公。炀帝时被人诬告除籍为民，流放到广西始定，后到珠崖，又迁儋州。杨氏另一支始祖为杨炜，南宋越州人，初任黄岩县令，因得罪秦桧被革职为民，流放到万安。

刘姓：

刘姓入琼始于唐代。唐高宗时，有学者刘纳言，为教授宗室子弟的『宗师』，精通《汉书》，乾封年间（六六六—六六八年）以《汉书》教授沛王李贤。李贤被立为皇太子后，进封太子洗马，兼侍读。著有《俳偕》十五卷，进献太子李贤。后高宗废掉李贤，发现《俳偕》，怒其诱导太子于逸乐，下诏免去纳言官职，流放至振州。

刘其男，原籍广东潮州，南宋末避战乱而到万安。他博学多才，尤工词赋，任万安教谕，对于宣传汉文化有一定贡献。

韦姓：

韦姓过琼始祖为唐代被贬的两位京兆韦氏。韦方质，唐代京兆万年人，唐中宗时任尚书。时武氏专权，罢斥李唐王室之宰相、大臣。有次武承嗣前往韦家探视，卧病在床的韦方质未能起身相迎，武承嗣遂怀恨在心，唆使酷吏周兴构罪陷害，将韦家流放到儋州。

韦姓入琼另一始祖韦执谊，也是唐代京兆人，进士出身，授右拾遗。唐顺宗时，任尚书右丞同中书门下平章事。永贞元年（八〇五年）受王叔文案牵连，被贬崖州司户参军。

林姓：

林姓入琼三支始祖均是因做官入仕而来。林裕，福清人，唐昭宗乾宁年间（八九四—八九八年），赐进士出身，光化二年（八九九年）被赐为琼州同知，因而落籍居家于琼山。

林暹，原籍福建，南宋高宗时任琼州安抚使，落籍于琼山，子孙散居于文昌等地。

林庸，明代人，初任金坛县丞，后中进士，被授万州知州，后人遂落籍万州。

唐末五代时，由于中原战乱，且波及闽粤地区，于是大批中原、闽粤民众纷纷避难迁往海南。据司徒尚纪《海南岛历代氏族迁徙和人口分布初探》（《历史地理》第七辑，上海人民出版社，一九九〇年版）统计，五代时期中原之大家世族迁入儋州避难者即有杜、曹、陈、张、王等十二姓。

南宋也是汉族大量迁入海南的历史时期。据南宋绍兴年间谪居海南昌化军的李光：『近年风俗稍变，盖中原士人谪居者相踵，故家知教子，士风渐盛。』〔三〕明人丘濬也云：『海南故家多来自中原，其散在四州者，琼为多。琼属邑文昌大族可数者五六家，邢其一也。邢之先自汴梁来。盖在宋南渡初，至今子孙繁衍，散邑中者，殆居他姓什三四焉。』〔四〕《琼台风俗志》也云：『琼僻居海屿，旧俗殊陋，唐宋以来多名贤放谪，士族侨寓，风声气息先后濡染』；『建炎托名，避太学上书之祸，于是有苍黄陈家；汴都分飐，启万安文字之守，于是有水北邢家；纲使留子孙，大昌忠惠之宗，于是有叠树蔡家……』〔五〕

为与原住海南的土著黎族区别，这些先后迁入海南的移民后裔，被称为『熟黎』。据统计，北宋初年，海南琼州、昌化、万安、吉阳四个军州，共有民户一万零三百六十六户，到元世祖至元年间，增至九万九千八百八十五户。〔六〕不到二百年间，人口增加了近十倍，显然是汉、苗、壮、瑶等民族大批入琼所致，这也必然将众多姓氏播迁到海南，故而海南姓氏有『千家姓』之称。〔七〕

关于汉族入台，虽然早在三国东吴黄龙年间已有记载，但汉人大批入台却始于宋、元时期。据台湾历史学家连横在《台湾通史》中说：『历更五代，终及两宋，中原板荡，战争未息，漳、泉边民渐来台湾，而以北港为互市之口，故台湾旧志有台湾一名北港之语。』一九七九年陈立夫在为杨绪贤所著《台湾区姓氏堂号考》一书所写序言中也说：『台湾今虽悬隔海上……但史实记载自宋元以降，已有我族先民渡海来台经营。迨明季世，延平郡王郑成功驱走荷兰人，据之以为反清复明基地，闽粤义民大举渡海追随，是为我族移住暨开发台湾史上最重要之一页。』〔八〕

在福建、广东等沿海一带民间保存的族谱中，也可发现汉族居民宋代迁台的记载。如福建德化县城郊浔中乡宝美村苏氏的《德化使星坊南市族谱》中，由苏氏七世孙苏钦所写的谱序中就称：『南宋绍兴三十年（一一六〇年）苏氏一族分于仙游南门、兴化涵头、泉州晋江、同安、南安塔口、永春、尤溪、台湾，散居各处。』

由于汉族入台人口增长，南宋孝宗乾道七年（一一七一年）当地驻守大员汪大猷作屋二百区，遣将留屯，军民皆以为便。同时还在台湾、澎湖推行编户政策进行管理，『编户甚蕃』。[九] 于是南宋将台湾正式划归于福建晋江县，派员管理。及至元代，在澎湖设立巡检司，台湾仍归晋江县所管。

明末清初，由大陆迁台的民众更盛。据清代徐鼒《小腆纪年》中所收黄宗羲《赐姓始末》记载：崇祯年间熊文灿抚闽，时值大旱，『乃招饥民数万人，人给银三两，三人给牛一头，用海船载至台湾，令其芟舍，开垦荒土为田』。于是漳、泉之民前往台南安平镇者『赴之如归市』。

郑成功收复台湾后，从一六六二年至一六八三年的二十一年中，入台汉族移民约六万人，到康熙二十三年（一六八四年），郑氏归附清朝时，台湾汉族移民有十二三万。到清代中叶，解除『海禁』，入台民众更是猛增，道光二十三年（一八四三年），台湾包括高山族在内人口达二百五十万之多。[十] 大陆流行的《百家姓》中，常见常用的姓氏几乎全部传到了台湾。

近人杨绪贤编纂的《台湾区姓氏堂号考》中收录的『台湾区一百大姓考略』，全部来源于大陆，所使用之姓氏『郡望』、『堂号』，全部采用了大陆各姓传统的郡望、堂号。其所居住的村庄、乡寨也常常冠以姓氏，即『冠姓地名』，充分体现了台湾同胞怀念大陆祖庭的赤子情怀，体现了海峡两岸同源同根、血浓于水的历史渊源，也体现了姓氏文化增强民族凝聚力的核心价值。

四　客家姓系　来自中原

『客家』是中原汉族播迁南下而形成的民系分支。它们是一个相对稳定的社会群体，具有独特的民风习俗、语言体系，也具有自我认同的文化意识和精神理念。因祖居中原，客居异地，故称

『客家』。据相关资料统计，国内客家人数约五千五百万，主要分布于闽、粤、赣三省交界的广大地区。川、桂、黔及香港、台湾也有客家人分布。海外华人中也有近三千万的客家后裔。

据著名学者罗香林研究，客家民系北方汉族的屡次迁徙、繁衍而成。大体可分为五个时期：一是西晋末年的『永嘉之乱』和『五胡乱华』；二是唐代的『安史之乱』和黄巢起义；三是金、元入侵，宗室南渡；四是明末清初，满人入关；五是清代乾、嘉之后的大规模移民。

随着历次大规模移民，在湘、赣、闽、粤交界处的交通要冲、山区腹地，形成了以江西赣南道、闽西汀州府、粤东嘉应州（梅州）为集散地的客家三大人文中心。

江西赣南道地处江西省南部，『南抚北越，北望中州，据五岭之要冲，抚赣闽粤湘之咽喉』，是中原人士南下的第一栖息之地，是客家人播迁各地的大本营。现存方志和族谱资料表明，在今赣州市所辖十八个县市中，有十个县市为纯客家县市；在十八个县市的七百一十万人口中，客家人有六百八十多万，达人口总数的百分之九十五以上。由此迁往闽、粤、川、黔的客家连绵不断，故而赣南向有『客家大本营』的称誉。

闽西汀州府，为古代闽越人聚居繁衍之地。西晋末年『永嘉之乱』及唐末五代时，大批中原人士避乱南迁。隋末唐初就有三千多户、近万人迁入汀州。据史志文献所载，唐代汀州府有户数四千六百八十二户，人口一万五千七百零二口，而其中南下避难的就达三千多户，占户口总数的三分之二；历经两宋、元、明的发展，明洪武年间汀州府户数达六万零三十三户，人口增至二十九万零七百七十七人。明末清初，由于连年饥荒和战乱的影响，汀州府百姓向川、黔、粤、桂迁徙，使闽西汀州府成为客家又一发祥祖地。汀州府宁化县即是纯客家县之一。其中宁化县禾口乡石壁村就有一百六十个姓氏分迁到闽西、闽南、粤东、台湾，及湘、桂、川、浙等地。因此宁化县石壁村被尊称为『客家祖地』。一九九二年十一月十九日，宁化县人民政府在石壁村东北修建了『客家公祠』，举行了立碑奠基仪式，由开国上将杨成武题写了『客家祖地』牌匾。一九九五年十一月二十九日又在石壁村举行了客家公祠落成仪式暨世界客属祭祖大典，确立了宁化石壁村世界客家祖地的地位。而福建土楼，更成为客家代表性建筑。

广东嘉应州，即今广东梅州市，是我国客家人最大的聚居中心和客家文化中心。它位于广东省东北部，闽、粤、赣三省交界处，先秦时是百越之地，北宋皇祐四年（一〇五二年）筑城建州。南宋末元代初年间，梅州迭经战乱，人口仅剩十之一二。明清两代，随着外地客居人口的迁入，人口数量日增，雍正十一年（一七三三年）设置嘉应州，治所在程乡，民国年间改程乡县为梅县，一九八八年改为梅州市，辖七县一区。

嘉应州（梅州地区）人口在唐代以前较少，开元年间潮州府居于程乡县的仅一千八百户，潮阳、户阳二县为七千五百三十七户；宋初梅州有一千五百六十八户，其中客户三百六十七户，占总数的百分之二十三。到南宋末年，由于中原士民大举南下避乱，梅州户数增至一万二千三百七十二户，其中客户达六千五百四十八户，主户五千八百二十四户，客户占总数的百分之五十三。而整个元代，梅州人口一直处于低迷状态。明代初期，梅州接纳了大量来自闽西的客家人，人口直线上升，明洪武二十四年（一三九一年），户数增至一千六百八十六户，人口达六千九百八十九人。清代康熙年间，由于『平定三藩』，收复台湾，社会安定，人口激增。到嘉庆二十五年（一八二〇年），嘉应州及其所属四县人口总数达一百三十八万五千四百之多，人口密度达每平方公里一百三十五人，成为地狭人多的地区之一，人均田亩仅零点八七亩，迫使当地民众向海外谋生，侨居南洋，成为著名的侨乡之一。

而今梅州已成为广东客家最为集中的地区之一，所属一区七县有客家人四百三十余万，播迁海外的华侨、华人、港澳台同胞达二百三十多万，成为客家文化的中心。保留有浓厚中州音韵的梅州语言和山歌，成为客家方言和山歌的代表。戏曲、音乐等成为客家音乐的最高水准，岁时、节庆、红白喜事都传承了客家乡俗，而粤东围楼和闽西围楼都成为客家建筑的经典之作。

历代每次大规模移民都有数十万、上百万中原士民流徙江南，随之而来的则是中原姓氏的播迁流布。据客家族谱——《崇正同人系谱》所载，来自中原的姓氏达一百三十多姓，仅来自中原者即有方、丘、林、成、利、陈、唐、袁、黄、潘、廖、冯、叶、蔡、赖、郑、邓、谢、钟等二十余个姓氏，其余各姓则来自山西、陕西、山东、河北等中原地区。

考古学家吴炳奎先生曾对客家大本营——广东梅州（古称嘉应州）一百个客家姓氏的祖源和郡望作过调查分析，发现一百个客家姓氏祖源，有七十二姓属黄帝姓系集团，十二姓属于炎帝姓系集团，十二姓属于舜裔姓系，两姓属于蚩尤族系，两姓属其他祖源，表明梅州客家姓百分之九十六来自中原华夏集团。

客家人认祖习惯有两大特点：一是追认历史上显贵人物为本姓始祖。如郭姓以汾阳王郭子仪为远祖；李姓以南宋名臣李纲为远祖。二是以宁化石壁迁入闽粤的第一代为开派始祖或始迁之祖。因此客家姓氏所标郡望多为中原郡望。在上述梅州一百个客家姓氏中，属于河南的郡望有戴、邓、赖、叶、郑、谢、陈、丘等十七姓；属于山西的有王、郭、温、薛、林、连等十七姓；属于河北的有房、魏、张、崔等十五姓；属于甘肃的有董、李、秦、赵等十四姓；属于陕西的有杜、段、马、杨、白等十二姓；属于山东的有蔡、谭、管、丁、孙、徐等十一姓。以上所列八十六姓，均出自黄河流域六个省份。其余的十四个姓氏出自江、浙、湘、鄂、皖、赣六省。所以客家泰斗罗香林断言：『客家先民来自中州旧地。』

清代客家著名诗人黄遵宪也有诗云：

筚路桃弧展转迁，南来远过一千年。

方言足证中原韵，礼俗犹留三代前。

从而形象地描述了客家先民辗转迁徙，发展繁衍，传承中原文化，独守千处古风的历史轨迹。

尤为可贵的是，这些客家后裔在传承中原古朴民风的同时，又吸取了沿海开放、进取的风气，不畏艰险，漂洋过海，落地生根，走向世界。据统计，在当今全球海外华人中，约有三千万人系客家后裔。他们有的是金融实业界巨头，有的是科技、航天精英，有的是政坛首要，更多的则是平民百姓。他们都是炎黄子孙，都是龙的传人，都有一颗赤诚的爱国之心，都曾为中华民族的振兴做出过重大贡献。

【注释】

〔一〕《三国志·孙权传》。

〔二〕〔七〕 陈多余：《天涯海角的文化》，人民教育出版社，一九九五年十二月版。

〔三〕〔四〕〔九〕 转引自徐杰舜主编：《雪球——汉民族的人类学分析》，上海人民出版社，一九九九年八月版。

〔五〕 （明）唐胄：《正德琼台志》卷三十四。

〔六〕《元丰九域志》卷九《元史地理志》。

〔八〕〔十〕杨绪贤：《台湾区姓氏堂号考》，台湾省文献委员会，一九七九年六月版。

第三节　调控式移民　辐射式播迁

中国历代移民和姓氏播迁，大都发生于社会激烈动荡的历史时期，或是朝代灭亡、江山易主，或是拓土开疆、戍守屯垦。因而呈现出时间相对集中、数量相当巨大、流向较为明确、地域相对固定等明显特征。但是明清以来，多元一体的中华民族大一统的格局已经形成，戍边屯田已有成例。因而明清两代大规模的移民，主要是调节地域之间的人口平衡和经济发展，移民形式主要是由官方组织的统一调控，移民地域和流布方向也呈现出多方向、多渠道辐射的特色。明清两代由政府多次组织的大规模官方移民，形成了几个著名的移民出发地和集散点，如今成为海内外炎黄子孙寻根问祖、报本溯源的朝宗圣地。

一　山西洪洞大槐树

『问我祖先来何处，山西洪洞大槐树』，这一脍炙人口的民间俗语，极其生动形象地反映了山西洪洞大槐树在我国移民史上的重要地位和炎黄子孙对洪洞大槐树的眷恋之情。

据史、志、族谱等文献记载和众多的专家学者调查考证，洪洞大槐树移民，始于金初天辅年间（一一一七—一一二三年），延至清代乾隆时期（一七三六—一七九五年），历经金、元、明、清四个朝代，时间跨度达六百余年。移民次数在二十次以上，有确凿文献记载的即有十八次。其中以明朝洪武年间移民次数最多（十次），规模最大，移民量达八十万以上。移民姓氏达八百多个，涉及汉、满、蒙、回四大民族，几乎涵括了北方常见的姓氏。

洪洞大槐树移民，多为官方组织的强制性移民。每次移民都发给川资、路引，并在安置地根据人口，发给土地、种子、耕牛、农具，免除三至五年的钱、粮、税收，是历代移民中最为成功的范例。

洪洞大槐树被移百姓，多来自太原、平阳、泽、潞、辽、沁及汾州、代州等府州各县。基本上涵盖了发源于山西或著望于山西的一百多个姓氏。移民流向主要是山东、河南、河北、北京、安徽、江苏、陕西、甘肃、宁夏、内蒙古等地，而后辗转迁徙，播向神州大地，移民分布达十八个省市，五百多个县份，使洪洞大槐树成为中国历史上移民次数最多、规模最大、辐射地域最广、涉及姓氏最多、影响最为深远的移民点之一，也是炎黄子孙最为崇尚的寻根问祖的朝宗圣地。据贺栢寺所撰《古槐保障说》一文所载，在辛亥革命时，清政府派出陆军第三镇第五协卢永祥部前往镇压山西民军。该部在攻占赵城后，烧杀抢掠，无恶不作。但一进入洪洞县境后，突然变得规矩起来，官兵纷纷拜倒在大槐树下，致祭而去。于是洪洞县『城郭安堵』，有惊无险。究其原因，是因为卢永祥所部兵卒多系河北、河南、山东人士，其祖上多为洪洞大槐树移民。现在洪洞大槐树已被列入国家级非物质文化遗产，每年清明节当地政府都要组织大规模祭拜仪式，海内外都有炎黄子孙前来祭拜。

二　江苏苏州老阊门

苏州阊门是苏北民众心目中的移民圣地。据史籍、方志和族谱记载，苏州阊门移民集中于元末明初，当时群雄并起，割据称王，张士诚据苏州与朱元璋争衡天下。后张士诚兵败被俘，朱元璋『驱逐苏民实淮、阳二州』，苏州阊门遂成了移民的出发、集散之地。于是扬州、洪都、泰州、淮安、泗阳、高邮、宝应、盐城、阜宁、东海以至于连云港等地，都有了苏州阊门移民的后裔。如宝应县之刘氏、乔氏、王氏，兴化市之顾氏、张氏、朱氏、周氏、姚氏、杨氏，泰和县之葛氏、徐氏等，即是此次移民后裔，大名鼎鼎的《水浒传》作者施耐庵、『扬州八怪』之一的郑板桥等文人名士，其祖籍均来自苏州。

曾任国民党副主席、『台湾行政院院长』的郝柏村和现任台北市市长的郝龙斌父子，则是地道的阊门移民后裔。据江苏淮安《淮山郝氏宗谱五卷·首一卷》（清郝嵩云修，光绪二十八年木刻版）记载，明初洪武大移民时，苏州富户、『晒书堂』郝氏后裔郝贵四被迫从苏州阊门迁往江苏盐城，在盐都县葛武乡郝荣庄落户，是为盐城郝氏始迁之祖。郝柏村即为郝贵四第十八代传人。他早年考入黄埔军校第四期，开始了军旅生涯，后调入蒋介石侍从室任职多年。一九四九年随蒋氏父子撤至台湾，历任台湾『陆军总司令』『参谋总长』『国防部长』等职。李登辉上台后，出任『行政院院长』、国民党副主席。因不满李登辉的『台独』政策，一九九六年与林洋港搭档竞选正、副『总统』，竞选失利后，被免去一切职务，开除国民党党籍。一九九九年四月三日至四月十三日，郝柏村偕夫人郭苑华、子郝龙斌等亲属回大陆省亲，到葛武镇郝荣庄祭祖扫墓，实现了他多年的夙愿。

三　江西鄱阳瓦屑坝

江西瓦屑坝也是明初移民集散地之一，是当今湖南、湖北和安徽安庆一带众多姓氏所公认的始迁祖地。元朝末年，群雄并起，烽火连天，地处南北要冲的两湖地区和安庆府一带即成为群雄逐鹿的必争之地。徐寿辉、陈友谅、朱元璋你来我往，征战杀伐，致使两湖地区和安庆一带战乱不已，屡次易帜，人口锐减，土地荒芜。相形之下，江西饶州之鄱阳、万年、乐平、景德镇则较少受战乱波及，人口稠密。据洪武二十六年（一三九三年）户口统计显示，湖广布政司有七十七万五千八百五十一户，四百七十万二千六百六十口，人口密度为每平方公里十二点九八人；而江西布政司有一百五十五万三千九百二十三户，八百九十八万二千四百八十一口，人口密度为每平方公里五十八点三七人。[一] 于是战乱平息后，进行人口调控，向人烟稀少的两湖地区移民便势在必行。洪武初年明太祖『命户部遣官于江西，分丁多人民及无产业者于其地耕种』。[二] 明政府为鼓励向人口稀少的地区移民，制定了一系列奖励政策，形成一股『江西填湖广』的移民浪潮。江西瓦屑坝便是移民点之一。

瓦屑坝的此次移民，虽然史无明文记载，但在方志、族谱中却有大量资料足以证明。安庆市图书馆所藏三十六种族谱中，迁自瓦屑坝和鄱阳县的姓氏即达十八个，迁自饶州和江西的达二十六个，占安庆姓氏的百分之七十二以上。因此，安庆民众多把江西瓦屑坝视作自己的始迁祖地。由于历史的变迁，江西瓦屑坝的确切地址已难以确考。据移民史专家葛剑雄等调查考证，今江西鄱阳县之瓦燮岭即为当年瓦屑坝故地。

当然，『江西填湖广』移民并非全部来自江西，江、浙、皖、闽、粤各省也占有一定比例。而『江西填湖广』的调济性移民，使湖广地区经济得到了迅速的恢复和发展，在明代中叶以后出现了『湖广熟，天下足』的局面，体现了明初移民的巨大作用和历史意义。

四　湖北麻城孝感乡

宋元之际，经过长达半个多世纪的战乱和元兵的大肆烧杀，巴蜀人口跌入了历史低谷。入元之后，四川人口仅十多万户，将近一百万人。虽然经过元代数十年休养生息和多次移民屯田，四川人口有大幅度增长，但仍未恢复到宋代水平。于是从明代初年开始从湖广地区大规模移民补充巴蜀，形成了湖广填四川的移民风潮。

『湖广填四川』是流传于四川民间认祖寻根的俗语，意即四川民众来源于湖广。『湖广』一词为明代『湖广布政使司（即行省）』的简称，大致相当于今湖南、湖北两省行政区域。但元末明初迁入四川的移民多来自湖广北部，即今湖北。

元末大起义中，湖广一带是反元义军徐寿辉、彭莹玉等红巾军活动的主要区域。元至正十七年（一三五七年），徐寿辉部将随州人明玉珍率部西征，相继攻占重庆、成都。至正二十年徐寿辉为陈友谅所杀，明玉珍遂据蜀称王，国号为夏。明玉珍部多为湖北人士，徐寿辉被杀后，其旧部多入川投明氏政权。明氏政权在四川轻徭薄赋，保境安民，又吸引了大批湖北民众入川。

及至朱元璋攻灭陈友谅之后，纵兵烧杀，四川更成了湖北百姓避难的乐土。明洪武四年（一三七一年），明将汤和、傅友德率兵入蜀，攻灭明氏政权。连年的征战使四川人口又急剧下降。据《明太祖实录》记载：洪武五年二月，『四川民总八万四千余户，其伪夏故官占为庄户者二万三千余户』。

鉴于这种状况，从明代初年，多次『徙楚之麻黄人来实兹土』，如民国年间《广安县志》云：『明洪武十四年，徙楚实蜀。名山号为乐都，来者尤众。』《汉源县志》亦云：『明代之初，秦楚填蜀……时编户齐民，秦楚籍者十九焉。』由此可见，明代徙居巴蜀的移民多来自湖广地区，而湖广移民的重点又是『麻黄』，即湖广行省辖下之黄州麻城。

明清之际，四川再次遭受战乱，人口锐减。于是又有大批移民陆续入川。其中大部分来自湖广，形成了『湖广填四川』的基本格局。由于湖北麻城、孝感为移民入川的集散之地，故四川民众多把麻城孝感视作寻根问祖的朝宗圣地。

湖北麻城孝感究竟在何处，相当于今天的哪一个县市、乡镇，是历史学界、地理学界和谱牒学界多年来争论不休的一大疑点。因为早在元朝，孝感县、麻城县就同时存在，前者属德安府，后者属黄州府，从来没有统属关系。笔者接触到的一些川籍人士多次到孝感县（今改为市）寻根问祖，均不得要领。而今日麻城市又无孝感乡（镇）的建制。直到一九九一年，参与中国移民史编纂的李懋军先生深入四川、湖北等地进行实地考察，查阅地方文献时才发现，当年的移民集散地『麻城孝感乡』在今麻城市的邻县红安县（原黄安县）城关镇一带。原来明初麻城县辖有四乡：太平、仙居、亭川、孝感。明成化八年（一四七二年）因户口减少，孝感乡被划入新设的黄安县，其地相当于今红安县城关镇一带。至此，这段历史疑案，经李懋军先生的实地考证，才有了结论，也为众多寻根问祖的川籍人士提供了可靠的线索。

五 山东兖州枣林庄

山东枣林庄是中国移民史专家葛剑雄、曹树基先生近年来实地考察中新发现的明初移民集散地之一，在当今山东兖州北七里之遥的安邱王府庄。据明代石碑记载，该村原名枣林庄，明鲁王裔孙安邱王分封于此，始称安邱王府庄。

该村位于兖州东部丘陵山区，地处兖州府城郊，是济南各州县南下的交通要道。元末明初，未受战乱波及，人口较为稠密，具备了集中移民的基本要素。虽然在官方文献中未曾发现有关移民的记述，但在安徽濉溪县志中却发现了在明洪武年间和清初由山东迁民本县的记载，并标明占本县人口百分之八十以上的『周、吴、郑、王、李、丁、梁』七姓均为山东移民。笔者近年来在从事姓氏、族谱研究中，也曾多次收到辽宁、吉林等地民众的咨询电话、来函，称其祖籍原系山东枣林庄，清初移民充实边疆，迁居关外，要求帮助查证山东枣林庄确切位置和迁徙史实。这也可作为山东枣林庄为明清移民点的旁证。

六 广东南雄珠玑巷

广东南雄珠玑巷是宋元时期北方移民迁徙岭南的集散之地，是珠江三角洲众多姓氏念念不忘的发祥祖地。在众多的族谱资料和民间传说中，都大同小异地反映了南雄珠玑巷移民的历史事实。

据说，珠玑巷原为北宋京城开封府的一条巷名。当宋室南渡时，南迁臣民落足南雄之后，为表达对故都的怀念，将自己的聚居之地取名珠玑巷。这是效法东晋以来，偏安江南的历代王朝侨置郡县的传统做法。

另一说南雄珠玑巷原名敬宗巷。唐朝时该巷出了一户七世同居的张姓人家，朝廷特赐『珠玑』一串以示褒扬，故名珠玑巷。

珠玑巷为何会成为广大岭南人、客家人的寻根祖地？在众多的族谱资料里都大同小异地记载着这样一段传奇：南宋时皇宫中有一美貌宫人苏氏因奏乐失误，被打入冷宫，遂潜逃出宫，被南雄保昌县牛田坊富户黄贮万收为侍妾，改为胡氏。而朝廷也派兵部尚书张钦四处追寻苏氏。后得黄贮万家人告密，官府为灭口遮羞，准备调集兵马以剿匪名义，血洗牛田坊，而珠玑巷就位于牛田坊内。消息传进巷内，苏氏投井自杀，巷内之罗、湛、郑、张、尹、文、苏、谢、陈、麦、卢、汤、温、胡、赵、伍、曹、区、李、梁、吴、冯、谭、蔡、阮、郭、廖、黄、周、黎、何、陆、高共三十三姓九十七户居民，在贡生罗贵带领下集体出逃，最终繁衍成珠江三角洲的众多家族。

据专家考证，这段传说的原型是，金兵攻陷汴梁后，宋高宗率领百官逃往浙东，而隆裕太后率宫人宗属子弟和部分臣民流亡赣南，后南越大庾岭，寄寓南雄，随行臣民即流散于珠江三角地区，也即三十三姓九十七户由珠玑巷迁移各地之传说来源。

另据民国谱学家黄慈博先生收集到的家谱资料，从珠玑巷外迁之姓氏，除上述三十三姓以外，还有庞、康、唐、邝、丁、石、番、孔、司徒、邓、孙、朱、魏、邵、任、鲍、缪、侯、程、房、冼、潘、容、祁、袁、姚、蓝、萧、韩、甘、林、杨、梅、吕、严、刘、关、屈、余、简等四十姓，合计七十余姓。其中有的姓氏是同姓异宗，加起来接近百姓。[三]

然而南雄珠玑巷作为有限的地域，不可能会有如此众多姓氏、人口迁出。但因南雄地处南北往来交通要塞，由中原、两湖翻越大庾岭后，进入岭南第一站即为珠玑巷，而后由此分散流徙，广布于珠江三角洲、岭南各地，因而将初到岭南而由珠玑巷分迁之地，视作祖庭。

珠玑巷移民主要有两次高潮，第一次是南宋初年，金军南下入粤，追击隆裕太后所率之宗室臣民，遭到闽、粤、赣军民的激烈反抗，雄、诏、虔、汀一带沦为战场。南雄更是双方激烈争夺，数度易手的战略要冲。从咸淳末年（一二七三年）到祥兴二年（一二七九年）的六七年间，元军两过大庾岭，三占南雄、韶关，珠玑巷地处交通要道的战火中心，加之天灾频发，『天灾地劫，民不堪命，十存四五，犹虑难周』，于是纷纷南迁，由中原而来的难民随之流徙，形成了珠玑巷第一次移民高潮。

元末明初，地处南北要冲的南雄珠玑巷，再次陷入战火纷飞与天灾频发的灾难之中，在此情势下，南雄珠玑巷再次出现了移民高潮，据曾昭璇、鲁宪珊对家谱、方志等有关资料的整理统计和实地考察，由珠玑巷先后迁出的移民家族达七百九十七支。因而珠玑巷成为岭南人精神上的家园故乡和朝宗圣地，成为维系他们桑梓之情、宗族之谊的根之所在。

七　福建宁化石壁村

宁化石壁，原名玉屏，也名石碧，由二十二个自然村组成。它位于武夷山脉东麓、福建省西隅，北连江、浙，南接粤、桂，四周山环水绕，中间是开阔的平原、盆地，物产富饶，环境幽雅，堪称世外桃源，是历代南迁士民避乱求生、繁衍栖息的理想之地。因而早在秦汉之际，就有中原士民避乱迁徙于此。此后，在西晋永嘉之乱、唐末五代、宋室南渡及明清之际，每当中原动荡，社会剧变之时，都有一批又一批的大量移民涌入石壁，繁衍栖息，并由此而分迁闽南、闽西、粤东、台湾，及湘、桂、川、黔等地。据史志和族谱记载，在长达两千年的封建社会中，先后曾有一百零六个姓氏在此生存栖息，并由此播向东南沿海，繁衍海外。

由于宁化石壁独特的地理位置，在社会历史激烈变动的唐末五代，各割据势力均鞭长莫及，成为较为安定的世外桃源，凝聚了众多的北方移民。据史书记载，宁化在唐末人口仅一万余人，到南宋时已达十一万之多，其中土著仅五千余人。由于高山的阻隔和战乱频繁中断了与中原的联系，在封闭的世界里，他们以自己所拥有的传统文化、语言、习俗，与当地土著的民风习俗混合在一起，渐渐产生出一种新的、独特的，既有中原古文化的遗风又有区别和创新的文化，即『客家文化』，同时也形成了客家民系，并随着子孙后裔的播迁繁衍，撒向各地。而客家各姓氏族谱记载姓氏源流时，大多把从宁化石壁外迁的第一代祖先尊为家族始祖。因而福建宁化石壁被誉为客家文化的摇篮，客家民系的朝宗圣地。

八　河北滦平小兴州

河北滦平小兴州是明初洪武、永乐年间官方组织移民的又一集散之地。洪武初年，大将徐达攻克元大都北京，元顺帝北遁，元朝灭亡。元朝残余势力虽然退居漠北，但仍有相当的军事实力，对明王朝北部构成很大的威胁。为此洪武初年到洪武末年，在长城以外，东起辽东，西至山西北部、内蒙古西部，东西两千余里，南北数百里的广大地区，屯兵卫戍。同时，为恢复和发展北京地区因战乱遭受破坏的社会经济，多次从燕山以北广大地区（俗称山后）向北京附近移民。

及至永乐皇帝登基，为进一步巩固、发展北平地区社会经济，确保京城安全，先后抽调长城以北二十七个卫所的将士约十五万人，在北京附近屯边戍守。同时，多次组织大规模的强制性移民，安置于良乡、顺义、平谷、大兴、宛平、通州、蓟县、宝坻、香河、遵化、卢龙、武清、丰润、清苑、容城、新城、安国、徐水、任丘、涞水、霸州、定兴等地区和河北各县，移民总数达十万之多。涉及张、王、李、刘、梁、孙、崔、邓、杜、魏、邢、徐等数十个姓氏。

据《元史·地理志》所载：『兴州……金初为兴化军，隶北京，后为兴州，元中统三年隶上都路，领县二：兴安、宜兴。』明初为防御漠北元朝势力南侵，在兴州建立了左、右、中、前、后五个卫所，屯兵戍守。使元代的兴安小县发展成为人口密集的军事重镇，但当地民众习惯上仍以『小兴州』称之。

由于小兴州是长城古北口外的第一重镇，位于辽东、内蒙古南下北京的交通要冲，因而也就成为历次移民的集散中心。由于年久日深，历次移民后裔，难以确知其祖上原籍所在，往往把先祖迁徙的集散之地视作先人故籍祖地。因而在河北、山东、东北一带现存的众多族谱家乘中，追溯其家世渊源时，多称其『先世自小兴州，徙至××地』。久而久之，小兴州成为河北、内蒙古、山东、东北等地众多姓氏寻根问祖的朝宗圣地。

九　柳树湾与小云南

除上述八大移民祖庭之外，明、清两代还有一些姓氏播衍的集散之地。如当时应天府（今江苏南京）的柳树湾，也是江浙地区数十万戍边官兵及随军家属的出发之地。据《明太祖实录》记载，明洪武十四年（一三八一年），朱元璋命傅友德、沐英等率三十万大军进入云南，『云南既平，留江西、浙江、湖南、河南四都司兵守之，控制要害』。到洪武二十九年（一三九六年），云南境内共设立十八卫，一百一十七个千户所，驻守士卒达十二万人，连同家属约三十六万。云南境内的人口构成已是『兵多民少』。明代中后期，又陆续十次调集二十五万人进入云南，加上原先留驻的十二万多人，合计三十七万之众，连同家属达一百多万。云南境内汉族人口主导地位已经形成。〔四〕洪武年间的屡次派兵戍守云南，有相当一部分戍卒和随军家属是从南京柳树湾出发。有的学者认为柳树湾即今南京雨花台二郎岗一带。因这批移民来自南京，故其族谱都把南京应天府当作家世起点，当地人则称之为『京家人』。今福建武平县尚有一支京家人后裔，有二十多个姓氏：余、危、徐、舒、周、富、王、邱、洪、程、鄢、叶、夏、陶、侯、毛、贾、董、祝、莫、洛。

明清移民的另一个集散地是以『小云南』闻名的地方。山东登州、蓬莱、即墨一带方志、族谱中多有记载。这些移民后裔又由此出关，散落于东北大地，故东北地区相当一部分汉族后裔以『小云南』为『祖地』。关于『小云南』的具体位置，学术界众说纷纭。据辽宁鞍山谱牒文化研究会副理事长、原鞍山市铁西区史志办公室主任胡忠奎归纳：有『山东即墨说』『山西云中之南说』『山西洪洞大槐树说』『山西运城小云南说』『安徽凤阳说』『云南祥云说』『云贵边界乌撒卫说』等七种说法。〔五〕

辽宁本溪的边柏森先生在《〈明太宗实录〉中的『小云南』》一文中，则认为『小云南』是明代『云南府』与『云南县』大府、小县的泛称。原来朱元璋平定云南后，立即废除了元朝建置，将昆明地区的中庆路改为『云南府』，原设之云南州降为云南县。大府、小县同时名为云南，为加以区别，云南县别称为『小云南』。清光绪《云南县志》旧序中说：『云南县者，小云南也……别于大府曰小云南。』〔六〕这样就把『小云南』之建置渊源、历史称谓及地域位置基本上交代清楚。『小云南』之所以有『云南祥云』『乌撒卫』等不同地域的说法，应该是指从云南各地不同卫所抽调戍卒、家属集中于云南县而后遣发分配到山东、辽东等地。小云南的地理位置当在今昆明一带小云南县故地，其遣发的军民姓氏，也当在百姓之上，几乎可以涵括了当今东北地区绝大多数汉族姓氏。

此外，在一些族谱资料和地方史志中，还能见到一些明清时移民集散地的相关记载。如山西之朔州马邑，河南固始之白马，安徽之凤阳，山东之即墨、登州、蓬莱等。笔者认为这些地名，当是明清时期各大移民点的二级集散之地，或各省自行筹办的省内移民集散之地，即各地移民先就近集中，而后再由此集中到统一的、大的移民集散之地。由此可见，明清两代的移民和姓氏播衍，既有全国性的大规模移民，也有各省境内组织的小规模移民；既有戍守屯垦的军事性移民，也有调余济缺的经济式移民。而无论哪一类移民，必然会引发姓氏的传衍、播迁。移民已成为中华姓氏播衍的重要途径。

上述各移民祖地，北起关外的小兴州，南到广东的珠玑巷，东起山东枣林庄，西至湖北孝感乡，西南起于小云南，东北可达东三省，基本上概括了清代以前汉族活动的主要区域，反映了姓氏迁徙的大致脉络，是不同地域的家族姓氏寻根溯源的重要依据，也是海内外炎黄子孙朝宗谒祖的人文景点。

【注释】

〔一〕〔二〕 参见徐杰舜主编：《雪球——汉民族的人类学分析》（第二编），『汉族向华南的迁徙和发展』，上海人民出版社，一九九九年八月版。

〔三〕 参见完颜绍元：《姓氏百问》，上海古籍出版社，二〇〇二年四月版。

〔四〕 参见范玉梅：《移民与中国文化》，广西师范大学出版社，二〇〇五年八月版。

〔五〕 胡忠奎：《众说纷纭小云南》，鞍山市谱牒文化研究会、鞍山市图书馆编印内部资料《小云南探源》，二〇〇六年六月。

〔六〕 此文发表于《寻根》二〇一一年第一期。

第七章　姓氏的文化表征与延续传承

中华姓氏从起源发展，流传至今，经数千年的风雨沧桑，形成了内涵丰厚，博大精深的价值体系，同时也创立了一套自我完善、与时俱进的发展机制和文化表征，体现了民族性、大众性、科学性、系统性的文化特色，成为展示百姓风采、演绎华夏文明的历史舞台。在姓氏文化的诸多元素中，蕴含量最大、普及面最广、使用率最高、生命力最旺的文化表征，即是郡望堂号、姓氏楹联，宗祠、族谱及与之相关联的典章礼制和民风习俗，是我们解读姓氏文化必备的基本常识，也是寻根认祖常用的检索工具和基本技能。

第一节　郡望郡姓　家族表征

『郡望』『郡姓』，是姓氏文化中的重要内涵，是姓氏发祥、发展的地缘根脉和文化标志，也是寻根问祖、追源溯流的基本线索。在较为正规的族谱中，往往在姓氏前面冠以郡望或堂号，使人一看便知该姓氏的起源发祥、支派族属的基本脉络。因而郡姓、郡望就成为研究姓氏文化，查证家世渊源必备的基本常识。

『郡望』一词，是『郡』与『望』的合称。『郡』是行政区划，『望』是名门望族，『郡望』连用，表示某一地域范围内的名门大族，即显贵的世家大族聚居某地，为当地所仰望。形式上以郡姓来表示，如太原王氏、弘农杨氏、范阳卢氏、陇西李氏、荥阳郑氏、博陵崔氏等。郡望有时也称姓望（即姓氏所系之地望）、族望（家族之籍贯），此外尚有世家、世族、冠族、甲族、名门、大姓、著姓、右姓等称谓。『郡望』一词是血缘姓氏与地域分布紧密结合、交互作用的产物，是『胙土命氏』、『氏明贵贱』的文化传承，是秦汉以后区分姓氏等级、门第高低的重要标志。

秦汉以来，『氏明贵贱』的社会功能失去了社会基础，但区分姓氏贵贱的传统意识，仍然根深蒂固。随着家族的繁衍播迁，以血缘论亲疏的文化内涵逐渐淡化，以地望明贵贱就成了姓氏的文化特色。也是世家大族、达官显贵据以显耀其家世身份、社会地位的标志。凡被称为郡姓、郡望者，表明其列祖列宗，『太上有立德，其次有立功，其次有立言，其次有爵为公卿、大夫，世世不绝。』〔二〕因此崇尚渊源，注重地望，成为姓氏文化的一大特征和文化内涵。家族与姓氏、地域产生了固定的联系，姓氏郡望即是其经济实力、政治权势、文化积淀和地域范畴结合的产物。从而形成了姓氏郡望继承性、稳定性的文化表征，也是家族凝聚力、生命力的核心价值。

郡望、郡姓的形成发展演变，是伴随世家大族的出现和形成而逐步发展的，大体可分为魏晋南北朝、隋唐五代、宋元迄于明清三个历史时期。

一　魏晋南北朝的郡姓、郡望

早在东汉末年，南北各地就形成了一批声名卓著的世族大姓。据《魏略》所载：『天水旧有姜、阎、任、赵四姓，常推与郡中』[二]；桓、田、吉、郭为冯翊甲族[三]；又颍川荀、陈、钟、许；吴郡朱、张、顾、陆；会稽虞、魏、孔、贺，则世所习知。[四]三国时又进一步发展，仅《华阳国志》所记蜀地郡姓、县姓即达一百四十五家。及至魏晋南北朝，崇尚郡望门第蔚然成风。所谓『世重高门，人轻寒族，竞以姓望所出，邑里相矜。若仲远之寻郑玄，先云汝南应劭；文举之对曹操，自谓鲁国孔融是也。』[五]尤其是在魏文帝黄初元年（二二〇年），曹丕采纳吏部尚书陈群的建议，颁行『九品中正制』作为选拔任用官吏的依据，崇尚门第之风更是盛极一时。

西晋灭亡后，北方不少豪门大族跟随晋元帝司马睿逃到江南并大多聚族而居。虽侨居异地，『而称名所系，仍冠旧郡』，公然打出了『琅琊王氏』『陈郡谢氏』『汝南袁氏』『扶风杜氏』『河东温氏』等原来的郡望名号。为缓和这些南徙士族与土著士族的矛盾，东晋政权特意在南方划出一系列行政区域，而沿用北方的郡县旧名，用以安置北方士族及其族人。如在京口侨立徐州，在江乘（今句容）侨立琅琊郡与临沂县等。这些被安置在侨置州郡的原来的北方名门望族，史称『侨姓大族』。这些侨姓大族自西晋以来，就是中原的高门显贵，晋室南渡后，也一直是东晋、南朝政权的支柱和基石。对于这些家族来说，保持郡望，不失本贯，实属头等重要的大事。倘若他们附籍所居郡县，成了『丹阳王氏』『会稽谢氏』等，无异于摘去了郡望这块『金字招牌』，就很难在异土他乡保持其原有的政治地位和社会影响，于是就出现了『皆取旧壤之名』，而设立的侨置州郡。『庶邑居井里，以它为有』，各名门大族更利用政治权力，改侨为实，既保持了郡望，又获实利。

在南渡的侨姓中，以琅琊王氏、陈郡谢氏、陈郡袁氏、兰陵萧氏最为著称，其他尚有陈郡殷氏、颍川庾氏、高平郗氏、泰山羊氏、沛国刘氏、颍川荀氏、陈留阮氏等高门大族。其中王、谢二姓世代出任高官贵爵，几乎垄断了东晋一百余年的政坛。直到南朝齐、梁时才逐渐衰落，退出政坛。刘禹锡诗云『旧时王谢堂前燕，飞入寻常百姓家』，便是『侨姓』由盛转衰的历史写照。

与『侨姓大族』共同维护东晋政权的南方土著姓氏，因其久居吴之旧地，被称为『吴姓』，以『顾、陆、朱、张』四大姓为首。其他尚有吴兴沈氏，浔阳周氏，淮南吕氏，以及会稽虞氏、魏氏、孔氏、贺氏，广陵刘氏、蒋氏、鲁氏、谷氏等，都是自两汉三国以来便在长江中下游流域繁衍兴盛的郡姓大族。孙策、孙权兄弟能够在江东一隅之地创立与曹魏、蜀汉三足鼎立的东吴政权，就是依仗张昭、顾雍、周瑜、鲁肃、吕蒙、朱治、虞翻、陆逊等一批江东豪门才俊的支持。

晋元帝司马睿初到江东时，十分落魄，江东士族并不买账。于是王导等人便联络中原南迁之王、谢、袁、萧等世家大族，在公开场合拥卫司马睿出行，显示中原文化的威仪和士族的实力，才使江东士族改变了态度，支持东晋政权，使之在江东站住了脚跟。

同样，未随晋室南渡之中原士族，如博陵崔氏，太原王氏，荥阳郑氏，范阳卢氏，陇西李氏，以及京兆韦氏、杜氏，河东裴氏、柳氏、薛氏，弘农杨氏等『山东著姓』和『关中郡姓』，也受到了入据中原的北朝历代统治者的高度重视和极力拉拢。北魏孝文帝太和十八年（四九四年）迁都洛阳后，决定于次年重定士族的郡姓、郡望。当时『魏主雅重门族，以范阳卢敏、清河崔宗伯、荥阳郑羲、太原王琼四姓，衣冠所推，或纳其女以充后宫』[六]。将以『崔、卢、郑、王』排为汉族四大郡姓。陇西李氏得到这一消息后，为挤进四大郡姓之中，筹集了许多珍贵礼物，派人骑着『鸣驼』（可传示警号使路人避让）日夜兼程赶往洛阳。当他们千里迢迢赶到洛阳时，朝廷已把『四大姓』排序结果公示于众，陇西李氏空忙一场，反而被人冷嘲热讽，送了个『驰李』的绰号。

但陇西李氏毕竟树大根深，人才济济。孝文帝认为：『陇西李冲以才识见任，当朝贵重，所结姻连，莫非清望，帝亦以其女为夫人。诏黄门郎、司徒左长史崔弁定诸州士族，多所升降。』[七]陇西李氏被排进了『五姓七族』之中。即清河崔氏、博陵崔氏、太原王氏、荥阳郑氏、范阳卢氏、陇西李氏、赵郡李氏。前述鲜卑族之『勋臣八姓』：穆、陆、贺、刘、楼、于、嵇、尉，『一同四姓』（郡姓、侨姓、吴姓、虏姓），被列为最高等级的姓氏，『勋著当世，位尽王公』。并规定王国舍人应娶『八族及清修之门』。孝文帝之弟咸阳王禧娶了个隶户之女，受到严厉谴责；甚至下诏将六个皇弟原先所纳之妻降为妾媵，另聘汉族高门之女。通过联姻关系争取汉族高门大姓的支持。

在魏孝文帝和皇室的大力倡导下，注重门第之风十分盛行，即使是家势沦落之辈，亦不肯与庶民百姓结亲。元代王实甫所著《西厢记》中张生与崔莺莺之婚姻悲剧，即是典型一例，可见郡望门第等级观念影响之深远。而建立隋朝之隋文帝杨坚，奠定了李唐根基之李虎，一是弘农杨氏后裔，一是陇西李氏嫡派，均在北周时被列为『八柱国』之重臣。

由于某一姓氏的姓源或发祥、聚居、播迁之地并非一处，而宗支的繁衍、播迁、兴衰更迭，往往因政局变动和地域区分而变更，因而一姓常常不止一个郡望。但通常以其中一个郡望为主，以区别主从及尊卑。如赵姓有天水、南阳、金城、下邳四望，以天水赵最为尊荣。李氏有陇西、赵郡等三十余个郡望，以陇西李氏为显贵。而王姓由于姓源支脉繁多，分布广泛，郡望多达四十多个，其中以太原王、琅琊王最为著称。这样郡望成为区别宗支派系、亲疏、尊卑的一种重要标志，后世有关姓氏研究的著述，均把郡望列为主要内容，详加考辨。

清代学者周嘉猷曾将《南史》《北史》中『枝叶较繁、源流可溯者，缀姓别族』，著成《南北史世系表》和《南北史帝王世系表》，将同一姓族的人物集中在一起，剖视家族结构和传承世系。复旦大学周振鹤教授及卢云先生参照了《宋书》《南齐书》《梁书》《陈书》《北齐书》《周书》《隋书》、《新唐书·宰相世系表》、《晋书》及《十六国春秋》等历史文献，对周氏《世系表》作了若干补正，对具备四项条件的家族：一是有较长的历史；二是祖上曾有过高官厚爵的人物；三是族派较繁衍，枝叶较茂盛；四是聚族而居，族大势强，引人注意者，即两晋十六国的显姓大族，进行了梳理爬剔，合计共得九十八郡望，二百八十一郡姓，制成了『两晋南北朝时期郡望郡姓对照表』。现转录如下：

两晋南北朝时期郡望郡姓对照表

地区	郡望	郡姓
关陇	京兆	韦、杜、王、于
	始平	周、祝
	扶风	窦、鲁、马、苏
	冯翊	吉、郭
	北地	傅
	安定	邓、张、皇甫、梁
	天水	赵、姜、杨、尹
	略阳	垣、符、吕、郭
	陇西	辛、李、郑、乞伏
	南安	姚
	武都	王
河西	金城	麴、耆
	西平	源（秃发）、郭
	武威	阴、贾、段、张、李
	临松	沮渠
	酒泉	祈
	晋昌	唐
	敦煌	宋、索、氾、张、令狐、段

续表

地区	郡望	郡姓
荆湘	襄阳	杜
	永安	周
	江夏	李、徐、孟
	长沙	欧阳
河东 代北	河东	裴、薛、柳、卫、郭、韩、吕
	河内	司马、常、向、山、杨、温、张
	平阳	贾、敬、韦
	上党	韩、尧、石、续、崔、朱
	太原	王、孙、郭、温、白、狄
	新兴	刘、赫连
	雁门	侯
	神武	贺拔
	北秀容	尔朱
	代郡	穆、于、陆、长孙、尉
	云中	斛律、独孤、拓跋
	广牧	斛斯

续表

地区	郡望	郡姓
河北	渤海	高、封、石、刁
	乐陵	王
	中山	甄、杜、刘、张
	高阳	许
	广平	游、宋、程
	范阳	卢、祖、李、张、郦、魏
	上谷	张、寇、公孙、侯
	博陵	崔、冯
	河间	邢
	清河	崔、房、张、傅、窦、韩、孙、杨
	长乐	冯、张
	巨鹿	魏
	平原	刘、明、华、宋
	赵郡	李、崔、张
	魏郡	申、杜、冉、戴
	顿丘	李、窦
	北平	路、阳、西方
	辽西	宇文
	燕国	刘

续表

地区	郡望	郡姓
辽东	辽东	李、公孙
	乐浪	王
	昌黎	宇文、豆卢、慕容、盛
淮南	广陵	刘、戴、高、盛
	庐江	何、周、杜
河南	河南	褚、元、穆、独孤、贺若、刘、赵、长孙、房、阎、窦
	荥阳	郑、毛
	颍川	荀、庾、钟
	陈留	江、阮、蔡、高
	陈郡	谢、袁、殷、何
	汝南	周、和
	谯郡	桓、李、曹、夏侯
	彭城	刘、到
	沛郡	刘、武、朱
	兰陵	萧、缪
	东海	徐、王、何
	琅琊	王、颜、诸葛、孙
	东莞	刘、徐、臧
	城阳	娄

续表

地区	郡望	郡姓
河南	平昌	孟、伏
	北海	王、刘、逢
	东莱	刘
	乐安	任
	泰山	羊、胡母
	济北	氾
	东平	毕
	鲁郡	孔
	高平	檀、郗
	济阴	卞
	濮阳	宋、杜
	东郡	成公
	弘农	杨、王、董、郭
	南阳	刘、宗、韩、岑、范、庾、樊、来、赵、邓

续表

地区	郡望	郡姓
江南	丹阳	陶、甘
	义兴	周
	吴郡	张、陆、顾、范、杜
	吴兴	沈、姚、丘、陈
	会稽	孔、贺、虞、朱
	新安	程
	浔阳	陶
巴蜀汉中	巴西	李、侯、谯
	汉中	李
	广汉	李
	蜀郡	何、杜

（参见周振鹤主编《中国历史文化区域研究》）

周振鹤教授及卢云先生编制的这套图表，不仅较为详尽系统地列举了两晋十六国二百多年的郡望、郡姓，而且按照历史地域分类编排，是目前两晋南北朝郡姓、郡望研究的最新成果，为地域姓氏文化研究提供了翔实而又珍贵的统计资料。

二　隋唐五代的姓望变革

隋唐时期实行开科取士，任官取士不完全讲究出身，尽管门阀制度逐渐衰退，世家大族失去了政治特权，但却产生了一批新的宗室亲贵和功臣元勋，成为社会政治中新的豪门大族。然而魏晋以来的一些拥有高贵郡望的世家旧族，虽已『世代衰微，全无冠盖』，但『犹恃其旧地，好自矜大』[八]，不肯自掉身份，甚至把郡望看得比官位还重，认为：『立身在世，姓望为先，若不知之，岂为人子。』[九]民间也『慕其祖宗，竞结婚媾，不计官品，而上（尚）阀阅』。对这种只重郡望，不重功业，崇尚门阀，鄙视权要的遗风旧俗，李唐王朝的新兴权贵十分不满，于是在贞观十二年（六三八年），唐太宗敕令吏部尚书高士廉等撰修新的《氏族志》，予以修正。《氏族志》修成后，共收录二百九十三姓，六百五十一家，仍沿用魏晋南北朝旧例，以山东博陵崔氏为第一，皇族陇西李氏为第二。唐太宗对此十分不满，斥责高士廉等人因循守旧，无视天下大局的现实，不重视李唐王朝封爵等级，让他进行修改，标准是『只取今日官爵高下作等级』，并亲自干预，将皇室李姓定为第一，外戚王氏定为第二，崔姓降为第三。这就是历史上所说的『贞观条陈氏族事件』。武则天执政时，修纂《姓氏录》，改武姓为第一，武则天死后，仍以李姓为第一。在唐代，陇西李氏、赵郡李氏、清河崔氏、博陵崔氏、范阳卢氏、荥阳郑氏和太原王氏，并称『五姓七族』，门第最为清高。王士禛《池北偶谈》云：『唐人好标族望，如王则太原，郑则荥阳，李则陇西、赞皇，杜则京兆，梁则安定，张则河东、清河，崔则博陵之类，虽传志之文亦然。』因而也出现了冒附郡望的现象。如武则天的男宠冯小宝，出身寒微，没有郡望可标，于是武则天命其改名薛怀义，与太平公主的驸马薛绍合族，称『河东薛氏』，跻身贵族。

到了唐代中叶安史之乱后，特别是唐末五代，由于战乱的影响和巨大的社会政治变革，『故唐公卿之族』『衰亡且尽』，许多『衣冠旧族』在战乱中流离失所，背井离乡，『爵命中绝』，『世系无考』。尤其是在黄巢大起义中，已出现了『满街踏尽公卿骨』的惨状。以郡望门第为荣的世俗观念受到了一定打击。

但是，以郡望标示姓氏的发祥渊源及其祖庭所在的地域做法，却广泛地传播开来。在隋唐时期开始出现了专讲姓氏郡望的著述，即『郡望谱』。据台湾谱牒学家廖庆六先生所著《族谱文献学》（台北南天书局二〇〇三年五月第一版）所载，在敦煌发现的有关唐朝谱牒的八种手写残卷中，就有六种属于『郡望谱』。遗憾的是，这六种『郡望谱』中，只有《贞观氏族志》和《天下姓望氏族谱》两种收藏于国内，其余四种分别收藏于伦敦大英博物馆和巴黎法国国家图书馆。在廖先生转录的《贞观氏族志》中，就列举了当时四十七个州、郡，一百九十一个姓氏的郡望所属；在《天下姓望氏族谱》的一片残卷中，有『八十五郡，合三百九十八姓』的记载；另一片残卷中，则是按唐代十道所辖州、郡，列举各姓氏郡望所在。

周振鹤教授和卢云先生曾对藏于北京图书馆的《天下姓望氏族谱》残卷（以下简称《北谱》）做过仔细研究。他们依据卷后的抄写人题识『大蕃岁次丙辰三月庚午朔十六日乙酉鲁国唐氏苾刍悟真记』，断定『丙辰』年即唐文宗开成元年（八三六年），是为本卷抄写的年代，是当『大蕃』（吐蕃）统治末期，抄写人是为比丘尼（苾）悟真。其依据的『底本』编撰时间，当在长安年间（七〇一—七〇四年）以前，或开元、天宝年间（七一三—七五五年）。内容是条列天下郡望与郡姓。原件凡『八十五郡，合三百九十八姓』。现存残件，仅六十六郡二百六十七姓，二百六十七姓中又残缺十三姓，只存二百五十四姓，残卷的断烂部分，计缺失十九郡一百三十一姓，关内、陇右等道的郡望、郡姓，几乎全部缺失。

鉴于这种情况，周、卢两位先生又参照宋代乐史所纂《太平寰宇记·姓氏》（以下简称《乐姓》），唐李林甫等撰《天下郡望姓氏族谱》（以下简称《李谱》），以及伦敦大英博物馆、巴黎法国国家图书馆所藏的敦煌出土的有关唐代天下姓氏郡望、郡姓的两种残卷的『合谱』，对北京图书馆所藏的《天下姓望氏族谱》进行修补，编制成『唐前期郡望郡姓分道对照表』，对各郡的郡姓依次排列。

唐前期郡望郡姓分道对照表

道名	郡望	郡姓（依高下排列）
关内道	京兆	韦、杜、扶、段、宋、田、黎、金
	武功	苏、韩
	始平	冯、庞、阴、宣
	冯翊	郭、盖、雷、党、吉
	扶风	马、窦、班、辅、鲁、惠
	安定	梁、席、安、皇甫
	新平	古、附、异

续表

道名	郡望	郡姓（依高下排列）
陇右道	天水	权、赵、尹、庄、龙、狄、姜
	陇西	李、牛、彭、辛、闻、蹇、艾、盖
	西平	申屠、曹
	武威	贾、阴、索、安、曹、石
山南道	南阳	张、乐、赵、滕、井、何、白、邓、姬、韩
	武陵	供、伍
河东道	西河	任、临、栾、相里
	平阳	柴、贾、解、马、路、邓
	高平	米、范、巴、瞿、过、独孤
	河东	裴、柳、薛、贾、吕、满、聂、茹、廉
	晋阳	仪、景、鱼
	雁门	续、薄、解
	太原	王、郭、霍、廖郝、温、昝、阎、鲜于、令狐、尉迟
	上党	包、鲍、连、赫连、樊

续表

道名	郡望	郡姓（依高下排列）
河北道	中山	甄
	广平	宋、焦、啖、游
	渤海	吴、欧阳、高、刁
	高阳	纪、公孙、耿、夏
	上谷	寇、荣、侯、麻
	范阳	卢、邹、祖
	清河	崔、张、房、尚、傅、路、靳
	河间	邢
	巨鹿	莫、魏、时
	内黄	扈
	平原	师、雍、封
	赵郡	李、眭
	魏郡	申、暴、柏、畅、苌
	河内	宋、司马、苟、向、浩、淳于、车、寻、常
	黎阳	璩、桑
淮南道	山阳	巩、郤、蹇
	广陵	戴、高、盛

续表

道名	郡望	郡姓（依高下排列）
河南道	河南	贺兰、丘、士、穆、祝、窦、独孤
	弘农	杨、刘、张、晋
	荥阳	郑、毛、潘、阳
	颍川	陈、荀、韩、钟、许、庾、库
	陈留	阮、谢、卫、虞
	东郡	费、成公、上官
	梁国	宋、乔、张
	谯国	戴、夏侯、桓、嵇、曹、娄、庞、李
	济阳	蔡、丁、江
	汝南	殷、昌、袁、应、和、荆、梅
	濮阳	吴、徐、袁、扶、黄、庆
	济阴	董、卞、丁、郜、苗
	高平	郗、檀、徐、曹、孙
	济北	汜
	东平	万、吕、毕
	鲁国	夏、孔、车、唐、曲、栗、齐
	阳平	孟
	泰山	胡母、周、羊、鲍
	平昌	管

续表

道名	郡望	郡姓（依高下排列）
河南道	乐安	孙、任、商、元、薛、门、蒋
	千乘	倪
	临淄	史、宁、左
	城阳	成、盖
	彭城	刘、曹、袁、到、爰
	沛郡	朱、张、周
	琅琊	王、颜、诸葛、惠、符、徐
	兰陵	萧
	下邳	陈、祁、谷、国
	东莞	臧、关、竹、刀

续表

道名	郡望	郡姓（依高下排列）
江南道	长城	钱
	会稽	虞、孔、贺、荣、盛、钟离、谢
	吴郡	朱、张、顾、陆
	吴兴	姚、明、丘、钮、闻人、施、沈
	钱塘	全、褚、范
	余杭	暨、隗
	盐官	岑、邬、戚
	丹阳	纪、甘、许、左
	东阳	列、姚、刁、黄、留、难
	临海	屈、谭、靖、戈
	松阳	黄、赖、丰
	浔阳	陶、翟
	豫章	熊、罗、章、雷、谌
	长沙	刘、茹、曾、秦
	江夏	黄、喻、潘
	武昌	吴、伍、程、史、龙、郢
	南安	黄、林、单、仇、盛
剑南道	武都	冉

经过周教授和卢先生的悉心整理和补正，使这份出自唐代的《天下姓望氏族谱》残卷，以近乎完美的状态展现于世人面前，既弥补了历史文献的缺憾，又展示了大唐盛世的姓望风采。

较《天下姓望氏族谱》稍晚一点的另一件敦煌珍品，是唐代的《新集天下姓望氏族谱》一卷并序（现藏于伦敦大英博物馆）。据毛汉先生考证，此谱『撰成在元和十五年至咸通十三年间（八二〇—八七二年）。……流行于士大夫间的氏族谱』。[十] 该谱首尾俱全，共存一百零六行，对唐朝十个『道』的行政辖区，除『第十岭南道、五府邕、容、桂、广、安南等，都管七十州，并不出姓望外』，其余九道之九十郡望，七百九十九郡姓（尚缺七姓）均一一载列，具有很高的史料价值。周振鹤教授和卢云先生又据此绘制了『唐后期郡望郡姓分道对照表』，予以梳理和排列，大大便利了对唐代后期郡望、郡姓的查询和研究。

唐后期郡望郡姓分道对照表

道名	郡望	郡姓（依高下排列）
关内道	京兆	韦、杜、段、严、黎、宋、秦、钟、雍、车、田、粟、於、米、冷、支、员、舒、扈、皮、昆、申屠、康、别、夫蒙、郜、丰、杼、史、伦、邢、金、成公、第五、宗、宜、扶、栗、计
	始平	冯、庞、宣、阴
	武功	苏、韩、是、殳
	扶风	窦、马、曾、鲁、万、寇、井、苏、惠、班、辅
	新平	古、异、附、虢
	安定	梁、皇甫、席、伍、胡、安、蒙、程
	冯翊	鱼、吉、党、雷、印、合、力、寇
	郃阳	支、奉、公丸、骨
陇右道	西平	申屠、段、池
	武威	索、石、贾、安、廖、阴
	晋昌	唐、杜、乜、爨、灵
	陇西	李、牛、时、辛、董、艾、彭、关、蹇、阎、万、汜、边
	天水	赵、姜、尹、别、严、龙、权、秦、上官、狄、桂、庄、那、皮、双、智、昆、琴、蒙、玠

续表

道名	郡望	郡姓（依高下排列）
山南道	襄阳	荔非、蒯、辅、骞、蹇
	南阳	白、韩、滕、乐、邓、宗、叶、穰、岑、翟、旷、井、赵、姬、仇、鹿、张
	江陵	能、县、仵、戎、酒
	武陵	伍、龚、卜、冉、莘
河东道	河东	裴、柳、薛、储、蒲、卫、聂、应、廉、麦、扈、昏、满、朗、贾
	西河	靳、卜、宋、林、植、相里、任、临、栾、通
	平阳	汪、隽、余、乘、平、柴、巫、景、勾、贾、晋、风
	高平	范、巴、翟、过、独孤
	上党	鲍、包、陈、樊、上官、尚
	太原	弘、王、郭、温、尉迟、祁、令狐、武、阎、官、郧、孙、伏、昝、霍、闵、弓、师、乂、招、西、蓼、易、龙、韶、光
	雁门	续、解、田、文、狄

续表

道名	郡望	郡姓（依高下排列）
河北道	渤海	高、吴、欧阳、赫连、詹、喻、李、施、区、金、卿、甘、訾、凌、覃、封、刁、纥干、童、翾、冀、斯、衡、居、仓、关、凤、郯
	中山	甄、焦、蔺、仲、郎、官
	高阳	许、耿、纪、公孙、蒯
	广平	游、程、宋、谈、籍、啖、梁、焦
	范阳	卢、汤、祖、郢、范、简、张、厉、童
	上谷	侯、荣、麻、燕、寇、谷
	博陵	崔、鄘、寿、辛、濮阳
	河间	邢、俞、家、玄、尧、詹、税
	内黄	路、骆、扈、库
	清河	张、房、崔、戴、聂、孟、傅、盖、卓、隋、尚、汲、檀、且、贵、革、舒、路
	巨鹿	魏、耿、特、莫、时、舒
	平原	莘、敬、孟、常、东方、师、内、义
	赵郡	李、司徒、眭、郎、乜、问、闵
	魏郡	申、暴、柏、畅、顿、苌
	黎阳	璩、桑、卫、析、猗
	河内	司马、常、向、贺、平、车、善、宋、文、淳于、怀、茹、苟、枚、屈、容、□

续表

道名	郡望	郡姓（依高下排列）
淮南道	广陵	高、支、钱、盛、庆、于、立、戴、游、贡、莉
	山阳	曲、楚、巩、念、郤、蹇
	庐江	何、况、门、俞
	同安	舒、仆固
河南道	河南	褚、穆、独孤、丘、祝、元、闻人、贺兰、慕容、高、南宫、古、山、方、蔺、庆、闾丘、利、芮、侯莫陈、房、庸、宇文
	弘农	杨、谭、强、訾、虢、裘
	颍川	陈、荀、庾、库、钟、柏、许、韩、豆卢、鲜于、焉
	荥阳	郑、潘、毛、阳、牟、郏、干
	白马	成公、费、上官
	陈留	阮、何、谢、卫、殷、郭、蔡、典、虞、边、申屠、伊、智、曲、全
	梁国	乔、宋、葛、宾
	谯郡	曹、丁、娄、戴、夏侯、嵇、桓、奚、溥、汝
	汝南	周、殷、荆、项、盛、和、宣、南、蔡、梅、袁、邹、贝、应、汝、吴、言、昌、蓝、胙、沙、满、鞠、宁、仲

续表

道名	郡望	郡姓（依高下排列）
河南道	济阳	丁、卞、江、蔡、单、曹、郁
	濮阳	吴、文、扶、黄、庆、濮
	鲁国	唐、吕、孔、齐、俞、曲、冉、万、辛、曾、邹、夏、车、颜、栗、仙、濮、韶、巢、□
	泰山	鲍、羊、胡母、斛斯
	平昌	管、盖、牟、孟
	东平	魏、吕、万、平、戢、毕
	北海	史、成、盛、倪、盖、谭、邮、晏、查、莫、柯、汜、尺、花、左、宁、终、庚、然、范、娥、开、营、彭、鞠
	乐安	孙、任、陶、国、长孙、薛、蒋、种、公孙、佚、阎、房、贺、曹
	济阴	卞、单、东、门、信都
	彭城	刘、朱、到、徐、庄、宛、支、宋、政、龚、巢、奉、堪
	兰陵	萧、缪、万俟、端木
	下邳	开、余、沈、祁、谷、国、皮、滑
	琅琊	王、颜、诸葛、缪、胥、葛、支、干、惠、畅、符、乾
	东海	徐、匡、戚、竹、喻、关、綦母、麋、楚、茅

续表

道名	郡望	郡姓（依高下排列）
江南道	丹阳	甘、纪、那、洪、左、洗、鄢、广
	宣城	旷、贲、蔺、聚
	吴郡	朱、张、顾、陆、暨
	钱塘	范、岑、褚、盛、仰、全
	盐官	翁、戚、东关、忽延
	余杭	暨、隗、戢、监
	吴兴	沈、钱、姚、吴、靖、丘、施、宣、萠、金、银、阴、洗、钮、木、明
	晋陵	蒋、苻、英、周
	松阳	劳、赖、叶、瞿昙
	会稽	夏、谢、贺、康、孔、虞、盛、姿、钟离、骆、兹、俞、荣、汎
	临河	屈、冷、靖、谭、戈、叶
	东阳	蒯、刁、苗、姚、哀、难、黄
	歙郡	叔孙、方、涑、授、汪
	豫章	罗、雷、熊、除、璩、谌、洪、章
	鄱阳	饶、芮、铎、象
	浔阳	陶、翟、淳、瞿、骞、步
	江夏	李、黄、程、费、任、衙、喻
	宜春	袁、彭、易、邵
	长沙	曾、吴、罗、彭、茹、秦

续表

道名	郡望	郡姓（依高下排列）
江南道	南康	赖、叶、银、寻
	南安	林、仇、弘、单
剑南道	蜀郡	郗、文、费、任、郜
	梓潼	绵、景、文、麋

然而在历史发展的长河中，郡姓、郡望常常会随着时局的变化和王朝的盛衰、更替，沉浮升降。但总体来看，仍有相当一部分郡姓、郡望保持了累代簪缨、绵延不绝的势头。据周振鹤和卢云先生的研究统计，从两晋南北朝到唐代末期，一直维持强宗大族的郡姓有三十家之多。即赵郡李氏，清河崔氏，博陵崔氏，渤海高氏、封氏，范阳卢氏，高阳许氏，琅琊王氏，弘农杨氏，荥阳郑氏，彭城刘氏，兰陵萧氏，陈郡袁氏，河南元氏、于氏、长孙氏、源氏、宇文氏，河内司马氏，河东裴氏、薛氏、柳氏，太原王氏，陇西李氏，京兆韦氏、杜氏，扶风窦氏，吴兴沈氏，吴郡陆氏。其中琅琊王氏官居五品以上者一百九十九人，居于首位；最末者颍川陈氏任官五品以上者也有二十二位。另外还有三十个郡望、郡姓虽不及上述三十个郡姓强盛，但在这三百年中也名人辈出，声名显赫。这六十个郡望，构成了这一历史时期政治社会中的重要角色。[十二]

三 宋元明清的姓氏郡望

到宋代，虽然郡的行政区划已经取消，但由于长期形成的姓氏、郡望标明出身门第贵贱和社会地位的传统影响，以及区分姓氏宗支亲疏地域分布的实际需要，特别是科举考试，选派官员需详细填写祖籍所在，故而以郡望标注姓氏的习俗，仍然流行。由宋代儒生编撰的《百家姓》一书，仍沿袭魏晋以来至隋唐时期所形成的姓氏郡望，表明其历史渊源和地理分布。只是按照当时各姓氏在社会中的等级地位，重新进行了排列。所以《百家姓》的前八姓是『赵钱孙李，周吴郑王』。赵姓是国姓，当然位居榜首，钱为吴越王钱镠之姓，李姓为南唐国姓，其余五姓为皇后外戚之姓。

宋代文人亦常以郡望自标，比如，刘攽有两部著作分别题为《彭城集》和《中山诗话》，这里，彭城和中山均为刘氏郡望，并非其人籍贯，刘攽之籍贯在临川新喻（今江西新余）。姚铉本是庐州人，却自题郡望曰『吴兴』。

明清时人也不乏标识郡望之例。如明代郑真本是浙江鄞县人，其别集却题为《荥阳外史集》，荥阳者，郑氏郡望也。流传至今的明清族谱、家乘中，也大多标以姓氏的郡望所出。

讲究郡望门第的这种社会风气，从秦汉肇始，延续到明清时期，从王侯之家普及到平民百姓，两千多年来沿用不衰。除历代官方的倡导推崇和以家族为中心的文化形态这两大原因之外，更深层次的原因是中华民族的寻根情结。因为通过『郡望』的标示，既可以了解姓氏的分布情况，也可借此追溯姓氏的发祥渊源、宗支派别的来龙去脉。

如陇西李氏，系皋陶后裔，因子孙世袭理官之职，以官为氏称理氏；商末纣王无道，理征直谏被杀，其妻契和氏携子利贞逃难于伊侯之墟，食木子得全，遂改为李氏。其十七世孙李昙生四子崇、辩、昭、玑。李崇后裔世居陇西，或为镇将，或为郡守，遂以陇西为郡望；李玑后裔则世居赵郡，遂成赵郡李氏。及至李唐王朝建立，追尊西凉武昭王李暠为其远祖，追谥为『兴圣皇帝』，陇西李氏遂成天下第一望族，赵郡李氏也被列为『五姓七族』（博陵崔氏、清河崔氏、太原王氏、范阳卢氏、陇西李氏、赵郡李氏、荥阳郑氏）之一，十分显贵。陇西李氏各宗支衍派，如敦煌李氏、姑臧李氏、平凉李氏、武阳李氏均被视为天潢贵胄，宠荣无比。而柳城李氏、略阳李氏、鸡田李氏等则是由李唐王朝赐姓而来。因此陇西李氏和赵郡李氏被视为李氏正宗，是李氏的主流支派。标示『陇西李氏』、『赵郡李氏』不仅有光耀门庭之意，也蕴含了区分源流、世系及历史渊源的用意。

又如王氏，也是中华大姓之一，姓源繁多，各有所自，郡望多达二十四望，后增至四十余望。只要一提『太原王氏』，便知是周灵王太子晋后裔；汲郡王氏，则是殷商王子比干后裔；元城王氏，则为帝舜后裔；京兆王氏，则是毕公高后裔；营州王氏，则系出高丽；冯翊王氏，则为钳耳族支系……同一王氏，只要一标郡望，即可明了其历史渊源。

再如『河东柳氏』，其先本鲁国公子展氏之后。裔孙展禽食邑柳下，遂为柳氏。春秋时，楚灭鲁国，迁柳氏于郢（楚都），战国时秦灭楚，迁柳氏于关中，汉时定居河东（今山西晋南），遂称河东柳氏。还有『弘农杨氏』，本春秋时晋国公族羊舌氏之后，后遭灭族之祸，有裔孙逃居华山之阴，为华阴杨氏，西汉时华阴属弘农郡，故称『弘农杨氏』。

从上所述也可以看出，郡望可表明某一姓氏的地理分布、社会地位及宗支衍派的迁徙、繁衍等多层次的文化内涵，是解读中华姓氏的锁钥，也是寻根问祖的重要凭借。

及至现在，炎黄子孙仍然十分重视自己姓氏的来历和郡望所出，特别是寓居异国他乡的华裔侨胞，大都把自己的姓氏、郡望、家谱视为命根子，常常以同姓、同郡望来联宗认亲。几乎每一个家族都保留着传统的姓氏郡望，以示不忘对故土先人的眷恋之情。家族每遇红白之事或节庆之日，多在门前悬挂标有郡望的灯笼，以示世人。

尤其是二十世纪七十年代以来，随着全球寻根热的兴起，海外炎黄子孙纷纷归国，旅游观光，寻根问祖。姓氏郡望成为他们追寻家世渊源，谒祖朝宗的重要依据。

山西省社会科学院家谱资料研究中心自二十世纪八十年代以来，即依据海外华裔侨胞提供的姓氏郡望，通过查阅族谱资料、史志文献和实地考察，为一批华裔侨胞实现了寻根认祖的夙愿。除前述『太原王氏』之外，先后为散居于泰国、新加坡、马来西亚、印尼等海外的『太原郭氏』、『汾阳郭氏』和台湾的『上党连氏』，找到了根在山西的发祥祖地。印尼糖王郭鹤年、台湾科技首富郭台铭、中国国民党原主席连战等知名人士先后回乡朝宗谒祖，促进了两岸和海内外的经济文化交流，增强了中华民族凝聚力的血缘纽带。

【注释】

〔一〕〔七〕《新唐书·高俭传》。

〔二〕〔三〕《三国志·王肃传》，《三国志·裴潜传》裴注引。

〔四〕唐长孺：《东汉末年的大姓名士》，收入所著《魏晋南北朝史论拾遗》，中华书局，一九八三年版。

〔五〕《史通·邑里篇》。

〔六〕《资治通鉴》卷一百四十，齐明帝建武三年。

〔八〕〔九〕敦煌文书，斯二〇五二号，《新集天下姓望氏族谱》。

〔十〕毛汉光：《敦煌唐代氏族残谱之商榷》，载《历史语言研究所集刊》四十三册，台北一九七一年版。

〔十一〕周振鹤主著：《中国历史文化区域研究》，复旦大学出版社，一九九七年九月版。

第二节　堂号门榜　字辈排行

堂号门榜，字辈排行，既是载录姓氏渊源、传承世系、家族风范、名贤圣德、遗闻轶事的重要内容，又是区分姓氏、族别、宗支衍派、亲疏、长幼的重要依据，具有凝聚血亲、寻根认祖的社会功能，是宗祠、族谱中不可或缺的重要款项。汉魏以来迄于清代，无论是小姓大族、高门寒第，都有其约定俗成的堂号、门榜、字辈排行和姓氏楹联。及至现代，仍有相当一部分姓氏、家族延续使用。在港台地区和海外侨胞中更是十分普遍。

一　堂号门榜　族徽标记

堂号、门榜，是中国姓氏文化的表征之一，是同姓氏族或家族中某些支派共有、共用的族徽标志。它具有血缘、地缘、文缘、神缘、业缘『五缘文化』的丰厚内涵，广泛运用于住宅庭堂、宗祠祖庙、族谱家乘、行业店铺、生活用具等多个场所。如果说郡姓、郡望是寻根认祖、敬宗收族的广泛地域坐标，那么堂号、门榜及与之相匹配的姓氏楹联则是认祖归宗、辨识血缘亲疏及宗支衍派的重要凭据。

堂号本义是厅堂、居室的名称。因古代同姓族人多聚族而居，往往数世同堂，或同一姓氏的支派、分房集中居住于某一处或相近数处庭堂、宅院之中，堂号就成为某一同姓族人的共同徽号。同姓族人为祭祀供奉共同的祖先，常在其宗祠、家庙的匾额上题写堂号，因而堂号也含有祠堂名号之义，不仅是表明一个家族源流世系、祖宗功德，区分族属、支派的标记，而且是家族文化中用以敦宗睦族的符号标志，是寻根意识与祖先崇拜的具体体现。

堂号不仅书写于宅院厅堂、宗祠祖庙、族谱封面，而且作为本族标记也题写于店铺、字号、别墅书斋、文集书画及日常生活用具（如车舆、灯笼、钱袋、家什）上面，用以区别姓氏族别，具有深厚的文化内涵和实际意义。

堂号，有广义和狭义之分。广义的堂号与姓氏的地望相关，或以其姓氏的发祥祖地，或以其声名显赫的郡望所在作为堂号，亦称『郡号』或总堂号。同一姓氏的发祥祖地和郡望不同，会有若干个郡号，而且随着宗支的繁衍不断地产生新的郡望、郡号。如李姓郡望（号）先后有陇西、赵郡、顿丘、渤海、中山、江夏、范阳、汉中、代北、鸡田、柳城等三十余个，王氏先后有太原、琅琊、京兆、元城、汲郡等四十多个，张姓有清河、范阳、太原、京兆、南阳、中山、安定、河内等四十余个。

狭义的堂号，也称自立堂号。在同一姓氏之间，除广义的郡号之外，往往以先世之德望、功业、科第、文学或祥瑞典故自立堂号，其形式多样，五花八门，不胜枚举。若按每姓一个堂号来计算的话，全国至少有数千至一万个堂号，是姓氏文化中有待开发、整理、研究的资料宝库。

现依据各姓氏堂号的来历、特色，将其分为几大类型：

（一）以血缘关系命名堂号

中国的姓氏文化，首先表现出来的社会心态就是对血缘关系的高度重视，不仅同一姓氏使用相同的（一个或若干个）堂号，而且同一血缘关系的不同姓氏也会使用同一堂号。如著名的『六桂堂』，就是闽粤一带洪、江、汪、龚、翁、方六个姓氏共用的堂号。据文献记载，这六个南方家族，虽然姓氏不同，但却是一个先祖所出的同一家族，追本溯源都是翁姓的后裔。又如福建诏安的『盛衍堂』，是伍、游两族共祀的宗祠。据族谱记载，两姓自明初迁入诏安后，子孙曾相互过继承祧，因而子孙繁衍、人丁兴盛，故用『盛衍』二字作为堂号。

（二）以地域命名堂号

以地域命名的堂号最为普遍，往往和各姓氏的郡望相关，也就是以郡号或地名作为堂号。如前述之陇西李、赵郡李、中山刘、太原王、琅琊王、京兆王、清河张、安定张、河内张等皆是其例。又如诸葛氏，系出葛伯，望于琅琊，发祥地是山东诸城，后世遍布全国各地的诸葛氏，绝大多数都世代沿用『琅琊』的堂名。此外，海氏的『薛郡堂』、陈氏的『颍川堂』、徐氏的『东海堂』、欧阳氏的『渤海堂』以及呼延氏的『太原堂』、林氏的『西河堂』等，也都是以地望为堂号。而福建、广东等东南沿海地区及台湾，多是以较近的可知的发祥祖地为地名堂号。如福建、台湾的庄姓『凤田堂』即是以宋代末年领兵驻扎漳州、开基龙溪『凤田』的庄公望为始迁之祖，以『凤田』为宗祠堂号的。

（三）以先世的嘉言懿行为堂号

中国人向有慎终追远的美德，往往为先世祖宗的嘉言懿行深感自豪，故多以此命名堂号，千古流芳。如弘农杨氏的『四知堂』、『清白堂』即是以东汉太尉杨震的美德作为堂号。据文献记载，杨震为东莱太守时，道经昌邑，县令王密深夜求见，以黄金十斤贿赂杨震。杨震严词拒绝说：作为故人知交，我对您是了解的，而您怎么对我的人品不了解呢？王密说：我深夜而来，无人知道这回事情。杨震回答说：此事天知、神知、你知、我知，怎能说是无人知晓？王密只好羞愧而退。杨氏后代子孙为尊崇和怀念这位拒腐蚀、不受贿的先祖杨震，便以『四知堂』、『清白堂』为堂号。

而范氏『麦舟堂』则是来自北宋名臣范仲淹济危扶困的典故。有一次范仲淹遣子纯仁，至姑苏运麦，舟至丹阳，遇石曼卿无资葬亲，纯仁即以麦舟相赠。纯仁回家后告知其父，深得范仲淹嘉许。故后世以此为典，以『麦舟堂』为堂号。

（四）以祖上的功业勋绩为堂号

在中华民族五千年的历史长河中，各个姓氏在不同历史时期都涌现出一批功勋卓著、名垂青史的历史人物，后人往往以此作为堂号。如东汉名将马援，战功卓著，名闻遐迩，『马革裹尸』便是其脍炙人口的历史典故。后因功封『伏波将军』，马氏后人中有一支便以『伏波堂』为堂号。楚大夫屈原曾任『三闾大夫』，屈氏遂以『三闾堂』为堂号。

又如唐代郭子仪，因平安史之乱，屡立战功，出将入相二十余年，是维系李唐王室的功勋大臣，被封为『汾阳王』。其后子孙繁衍，遍布各地，多以『汾阳堂』为堂号。至今海内外郭氏子孙，也多以『汾阳郭氏』为荣。

（五）以传统伦理规范为堂号

在封建宗法社会，各个家族多用传统的伦理道德规范作为堂号，以劝诫训勉后代子孙。如李氏『敦伦堂』、张氏『百忍堂』、朱氏『格言堂』、任氏『五知堂』、刘氏『重德堂』、郑氏『务本堂』、周氏『忠信堂』、蔡氏『克慎堂』、许氏『居廉堂』等，都体现了传统的伦理道德观念。在各氏自立堂号中，十分普遍。

如商末周初，周太王长子吴太伯、次子仲雍，为让位给其弟季历，遂奔荆蛮。其后裔季札也曾三让王位，故吴氏后人以『让德堂』为其堂号。

又如唐代郓州寿张人张公艺，九世同居，麟德年间唐高宗祭祀泰山，路过郓州，至其家，问何以能九世同居，安然相处。张公艺于纸上连写百余『忍』字，道出其中诀窍全在于百事忍让。故名之为『百忍堂』。

（六）以祖上情操雅量、高风亮节为堂号

在封建社会中，有一批文人学士才华横溢、品格清高，深为世人所推重，其后代族人也引以为荣。

如宋代著名理学家周敦颐，品格高雅，酷爱莲花『出淤泥而不染』的清高品格，以所居之处为『爱莲堂』，其后世族人遂以此为堂号。又如晋代陶渊明因不肯为五斗米折腰，遂辞官归里，赋《归去来辞》以明其志。因陶渊明号五柳先生，其后人以『五柳堂』为堂号。再如唐代大诗人李白，自号『青莲居士』，李氏族人中遂有『青莲堂』堂号。

（七）以祥瑞吉兆为堂号

古代人对祥符瑞兆十分重视，常认为是上天预示吉祥的征兆，往往以之为本族堂号。如宋代王祜曾手植三槐于庭院，言其子孙必有位居三公者（古代百官朝会，三公对槐树而立，故以三槐象征三公），其子王旦果然位列宰相，当政十余年，深为朝廷器重。其后人便以『三槐堂』为堂号，成为中国王姓中名人辈出的名门望族，与太原王氏、琅琊王氏并列为王氏三大支派。又如，颍川陈氏以东汉名士陈寔为始祖。据说陈寔曾率弟子与荀淑同游许昌西湖，太史夜观星相，奏称有『德星聚会』于此，于是皇帝下令在湖边建『德星亭』以资纪念。到唐代陈寔的二十二世孙陈邕在福建漳州定居后，修建宗祠，便以『德星堂』为号。[一]

（八）以先世名人的厅堂别墅为堂号

为表示对同姓先世名人的仰慕之情，其后人多以其厅堂、居处为堂号。唐代大诗人白居易，晚年隐居洛阳香山，号『香山居士』，其后人便以『香山堂』为堂号。

又如唐代宰相裴度，以宦官当权，时事已不可为，乃自请罢相，在洛阳午桥创建别墅，起造凉亭暑馆，植花木万株，绿荫如盖，名为『绿野堂』。裴氏一支遂有『绿野堂』之堂号。

（九）以家族中科举功名为堂号

在封建社会，一些名门望族人才辈出，科第连绵，为世人称羡，遂以之为堂号。如唐代泉州人林披，有子九人，俱官居刺史（俗称州牧），门庭显赫，世人敬仰，这支林氏遂以『九牧堂』为其堂号。又如宋代临湘人徐伟事母至孝，隐居教授于龙潭山中，有子八人，后皆知名，时称『徐氏八龙』，后人即以『八龙堂』为堂号。

（十）以垂戒训勉后人的格言礼教为堂号

此类堂号在各姓氏自立堂号中较为普遍，如『承志堂』『务本堂』『孝思堂』『孝义堂』『世耕堂』『笃信堂』『敦伦堂』『克勤堂』等。

（十一）以良好祝愿为堂号

此类堂号也较为常见，如『安乐堂』『安庆堂』『绍先堂』『垂裕堂』『启后堂』等。

（十二）以封爵、谥号或旌表褒奖为堂号

此类堂号由历代朝廷或地方政府封赏、恩赐、旌表而来。如『忠武堂』『忠敏堂』『节孝堂』『孝义堂』等。

门榜和堂号相似，也具有标识使用者姓氏的作用，其规制略同匾额，横书在住宅大门或厅堂的门楣上。由于门榜内容常常与使用者所属祠堂的堂匾相一致，故也有人把门榜称作堂匾或姓匾。其实称门榜为『姓匾』更加确切一点，因为它所书的内容都是显扬家世或追溯族源的，只属于本氏族所有而不能为他姓使用。

二　读联知姓　含义隽永

楹联俗称对联，表明家族姓氏的楹联则称为『家联』『堂联』。题写、张贴于家居民宅门上的谓之『门榜』『门联』，悬挂、镌刻于宗祠、祖庙的匾额、门庭、廊柱之上的多称为『堂联』『祠联』。

姓氏楹联发轫绵远，流传广泛，内涵丰富，文辞精美，多为文人学士、名流巨匠所题铭，有很高的艺术价值和学术价值，历来深受文人雅士和研究工作者的重视和青睐。早在二十世纪三十年代，上海会文堂新纪书局出版的《联对作法》中，就将姓氏楹联列为专章，予以评介。一九九九年九月，河南中州古籍出版社出版的《中华姓氏对联鉴赏》（李文郑编著），收录的姓氏楹联达两千余副。近年来，在新修、续修的各姓氏族谱、家乘中，也多附有姓氏楹联专章。如河东裴氏在整理、编撰裴氏宗谱时，就曾专门编撰出版了一本数十万字的《绿野堂楹帖》（裴显生、裴国昌编审，香港明星国际出版公司印行），辑录了两汉至现代的裴氏楹联。〔二〕

姓氏楹联从其内容和用途来看，大体可分为通用楹联、专用的门榜堂联、杂咏题联三大类别。通用楹联即各个姓氏可以通用的姓氏楹联，主要题刻于宗祠、祖庙或刊印于族谱、家乘中。其内容多为崇拜祖先、报本思源、敦宗睦族、光耀门庭、戒勉子孙的传统伦理。如：

『祖宗功德源流远，子孙贻谋世泽长』；

『祖恩浩荡绵世泽，宗德无疆裕后人』；

『身范克端绳祖武，家规垂训贻孙谋』；

『黄子炎孙，孝友一堂，赫赫矣紫云百姓，

宗功祖德，蒸尝万古，巍巍乎佳里宗祠』。

这些都是各姓氏家族可以使用的常规套语，是姓氏楹联中的通用模式。

专用的『堂联』『家联』『门榜』则是只能用于某一特定的姓氏或某一特定的堂号，甚至仅限于某一支派，不得张冠李戴、随意滥用。

比如『三省传家』，这是曾姓的专利。其典故出自孔门高足曾参的名言：『吾日三省吾身，为人谋而不忠乎？与朋友交而不信乎？传而不习乎？』稍有点国学、古文知识的人，一看便知这是曾子的后裔。若『门榜』题为『三余门第』，则是董姓后人，典出三国时魏人董遇，因其常教子弟利用『三余』时间读书，即『冬者岁之余，夜者日之余，阴雨者时之余』。

又如『阙里一脉』是孔姓的专利。因孔子世居山东曲阜阙里，为名扬海内外的『至圣先师』、儒家鼻祖。天下孔姓后人多与曲阜孔氏通谱，以此来标榜出身高贵，是孔圣人族属和后裔。

再如『弘农世泽』、『清白传家』则是杨姓的门榜、堂匾。其典故出自后汉太尉杨震。杨震世居陕西弘农，一生为官正直清白，故以『弘农世泽』、『清白传家』享誉后世。

『越国世第』是钟姓的专利。唐朝时虔州钟绍京以擅长书法入值皇城凤阁，诸宫殿题匾，皆出其笔。后升为宫苑总监。未几，安乐公主与韦后合谋杀害唐中宗，李隆基带羽林军进宫锄韦后与安乐公主，钟绍京把宫苑里的花匠、役夫等组织起来以为内应。大功告成后，钟绍京『进中书令、越国公』（《新唐书·钟绍京传》）。其后人遂以『越国世第』夸耀门楣。

还有，『玉树流芳』是谢姓的专利，典出《晋书·谢玄传》：东晋名相谢安在教诲子侄辈时，提了个问题：『按说你们都还未成人，品学如何，也不会影响父辈，何以我这般期望你们有出息呢？』谢玄应声答道：『这就好比芝兰玉树，是人人喜见的瑞草佳木，但谁都更希望看见它们生在自家的庭前阶下。』后人遂以『芝兰玉树』比喻子弟成器，而谢姓则用为本家门榜。

此外，如张氏的『清河世泽』、李氏的『凤鸣世第』、刘氏的『彭城世系』、牛氏的『五经传家』、卢氏的『范阳名族』、董氏的『江夏世家』、邓氏的『南阳世泽』、吴氏的『延陵世泽』、郑氏的『荥阳世家』、郭氏的『汾阳世泽』、蔡氏的『儒林门第』、范氏的『文正家声』……都是某一姓氏的专用门榜和匾额。

由于门榜和匾额字数所限，因而内容较为贫乏，多是标明姓氏的郡望所在。相形之下，祠联、堂联就显得丰富典雅，内涵深厚广博。

如朱姓家族常用的堂联是：『鹅湖世族，鹿洞家声。』这说的是南宋理学大师朱熹。上联的

『鹅湖』是指今江西铅山，朱熹曾在此与陆九渊讲论理学；下联的『鹿洞』是指今福建厦门的风景名胜区白鹿洞，是纪念朱熹振兴白鹿书院的事迹。

又如冯氏有一副祠联是：『父号万石，子通四经。』上联说的是西汉时繁阳人冯杨，汉宣帝时官弘农太守，五个儿子都做到二千石年俸的大官，父子总年俸在万石以上，故称『万石君』；下联说的是西汉上党潞城人冯奉世，宣帝时出使大宛，击破莎车，因功封为左将军，四个儿子各精通一门经学：冯野王通《诗经》，冯逡通《易经》，冯参通《尚书》，冯立通《春秋》，故称『子通四经』。

姓氏楹联中还有一种题材更为广泛，形式上也较为自由，那就是不受宗祠堂号制约的『杂咏题铭』。举凡姓氏源流，英贤俊杰，轶闻掌故，皆可入联。但其内容相对集中，更加凝练，既可用作堂联、祠联，也可入选文集、杂录，多是咏史、怀人的即兴之作。

如赵氏有一副对联是：

『乃祖曾以半部论语治天下，

后人当以千秋俎豆祭堂前。』

本联所题咏的主人公是北宋年间宰相赵普，他先任赵匡胤的掌书记之职，策划了陈桥兵变，助赵匡胤夺取天下，在宋初任宰相，多有政绩。他年轻时读书不多，喜欢《论语》，他曾对宋太宗说：『我生平所学，都不出《论语》一书，我过去以半部《论语》助太祖而得天下，现在我要用半部《论语》助陛下治理天下。』

又如，孙氏有一副楹联是：

『兵家之祖，循吏之宗。』

上联说的是春秋时期的军事家孙武，字长卿，齐国人，以《孙子兵法》十三篇著名于世，被后世尊为『兵家之祖』；下联说的是春秋时楚国令尹孙叔敖，他执政期间，吏无奸贪，盗贼不起，被列为做官典范，《史记·循吏传》将他列为循吏第一，故称为『循吏之宗』。

从传世的姓氏楹联来看，通用楹联较少。大多是专用堂联、祠联和杂咏题铭。从其内容来看，大致可分为咏人、铭史、载物、记事、弘扬传统、敷陈教化等类型。

（一）弘扬家世　光耀门庭

如王姓，向有『中华第一姓』的称誉，人才辈出，代有英贤，以文治武功著称于世，有的王氏子孙便撰成一联，显耀门庭：

『辅国有先声，宋相元藩明督抚，

传家无别业，唐诗晋字汉文章。』

这是湖南邵阳王氏的一副祠联。上联的『宋相』是指北宋政治家、文学家王安石，为江西抚州临川人，庆历年间进士，宋神宗时拜相，极力提倡变法革新，实施了青苗法、保甲法、均输法、农田水利法等一系列新法。史称『王安石变法』，后封荆国公。王安石在文学上也颇有声誉，被称为『唐宋八大家』之一。『元藩』是指元代沈丘人王保保，为平章察罕帖木儿外甥、养子，元顺帝赐名扩廓帖木儿，历官太尉、中书平章政事（即宰相），封河南王，总督天下兵马，屡与明将徐达交战，被明太祖朱元璋称为『奇男子』，为元代著名人物。『明督抚』指明代哲学家、文学家王廷相，字子衡，仪封人，弘治年间进士，曾任四川巡抚，官至南京兵部尚书，与李梦阳、何景明等并称『前七子』，著有《雅述》《慎言》等。下联『唐诗』指唐代诗人王勃、王维、王之涣、王昌龄等；『晋字』指晋代书法家王羲之、王献之父子；『汉文章』指东汉哲学家、思想家王充，字仲任，浙江上虞人，少时游学洛阳太学，博览群书而不拘泥章句，一生致力于反对宗教神秘主义和唯心论，是我国古代著名的唯物主义无神论者，著有《论衡》一书。

再如，湖北黄山萧氏祠堂有这样一副楹联：

『汉代宗臣裔，梁朝帝子家。』

上联说的是西汉开国功臣萧何，原为沛县小吏，后随汉高祖起兵，诛除暴秦，入据关中，在楚汉相争中屡立战功，汉高祖即位后，拜为丞相，建章立制，总揽朝政，是汉代第一名相。下联说的是南北朝时梁武帝萧衍，立国称帝，划江而治，建立了南梁王朝。江南萧氏多为其裔孙衍派。萧氏子孙遂以之显耀门庭。

再如，单于氏本为匈奴王族姓氏，久居朔方塞外，被视为蛮夷部族。但在汉代，与汉天子多次联姻和亲。为此，单于氏后裔遂撰成一副楹联，以示其血统高贵，家世显赫：

『联姻汉室，系出朔方。』

还有卢氏家族在魏晋、隋唐时期，一直是数一数二的名门望族，位列『崔卢李郑王』五姓七族第二，因此，卢氏族人便撰写了这样一副楹联，以示门第清高：

『范阳名族，涿郡高楣。』

（二）仰慕先贤　缅怀列祖

有的家族将历史上本姓氏、家族的英贤俊杰、名人巨子的事迹凝练升华，编撰成文，题咏镌刻。

举凡王侯公卿、名臣武将、高人隐士、孝子节妇的言行事迹，在姓氏楹联中都有反映。如东汉名将马武、马援，大唐名相马周、马燧；前者以战功显赫，名垂青史；后者以文韬武略，拜相封侯。马氏子孙，引以为荣，撰成两副楹联，以记其事：

『云台列像（马武）、铜柱标功（马援）。』

『龙虎出谷（马燧）、鸾凤冲霄（马周）。』

唐代林披，生有九子，俱官刺史，人称『九龙』，号为『九牧林家』；其次子林藻与弟林蕴，均以文才著称，人称『双桂』，更为林氏族人津津乐道。其后人撰成一副楹联，流传至今：

『九龙衍派（林披）、双桂遗风（林藻、林蕴）。』

又如张氏，族大人多，英贤辈出，汉有大司马、富平侯张安世，子孙七代俱为高官；唐有名相张九龄，不仅位高权重，而且才华出众，著有《千秋金鉴录》传世。张氏裔孙十分敬慕他，撰成楹联，以记其事：

『簪缨七叶（张安世）、金鉴千秋（张九龄）。』

（三）报本思源 传承世泽

报本思源、落叶归根是炎黄子孙固有的传统美德和文化情结，因而在姓氏楹联及宗祠题铭中，不乏追源溯流、尊祖敬宗的佳作名句。

如成都太平巷李氏，就以一副十分精粹的楹联，记述了李氏自唐尧时世任理官，以官为氏理（变为李）、周代柱下史李耳（老子）开宗立派的渊源所自，以及唐代临淮王后裔，南迁闽粤，入居川中的迁徙历史：

『自唐及周，理官柱史遗恩远，由粤而蜀，祖德宗功沛泽长。』

又如，安徽铜陵西王村王氏，则以一副长联概括了王氏自周灵王太子晋（王子乔）得姓受氏之后，历经两汉、三国、唐宋各代由太原王到元城王、三槐王、铜陵王的基本脉络，以及西村王氏，支分派别，八股一祠，子孙昌盛，门第清白的家世渊源：

『自东周受姓以来，功名及五侯三公，才学列七贤四杰，文韬武略，代有英豪，祖德溯渊源，俎豆馨香，凛凛乎秋霜春露。

从西村卜居而后，支系分千流万派，睦宗合八股一祠。瓜衍椒繁，世相继续，子孙庆昌炽，门庭清白，蒸蒸焉身显家齐。』

再如，印尼郭氏华侨系周文王之弟虢叔后裔，为报本思源，认祖归宗，在雅加达郭氏大宗祠中便用了这样一副楹联：

『姓氏自姬周西虢叔而彰，历秦汉魏晋隋唐宋元明清，以迄乎今朝，奕叶相承，迭有贤豪兴异代；

祠宇据印尼雅加达之胜，由高曾祖考伯仲昆季子孙，更传于后世，一龛共祀，还期俎豆享千秋。』

（四）光前裕后　垂范千秋

姓氏楹联，作为家族文化的一个组成部分，除缅怀先贤、追溯家世渊源之外，还具有光前裕后、垂范子孙的教化功能，故在相当一部分宗支家族中，都有劝勉、训诫子孙后裔的楹联，寄托了列祖列宗祈求人丁兴旺、事业有成的期望和祝愿。

如清代名臣左宗棠，在为湖南湘阴左氏家族题写的楹联中，就以其亲身阅历，谆谆告诫后代子孙：

『纵读千卷奇书，无实行，不为识字；

守六百年家法，有善策，还是耕田。』

表述了其历经宦海沉浮、世态炎凉的心态，期望后世子孙耕读传家、身体力行的处世方略。

又如，贵州普定伍氏宗祠楹联，则以孝悌和睦、诗书相继为其祖宗遗训，诫勉子孙：

『必孝友乃可传家，兄弟式好无他，即外侮何由而入；

惟诗书方能格后，子孙见闻只此，虽中才不致为非。』

再如，江西万载《张氏六支族谱》所录楹联，则劝勉子孙以『忠厚』为传家之本，『勤俭』为发家之道：

『忠厚近鲁愚，毕竟传家在是；

勤俭似艰苦，须知奋迹由斯。』

还有，湖南宁乡县箭楼黄氏祠堂有一副楹联，告诫子弟，需勤劳俭朴，居安思危：

『念祖父勤劳，苦作室，苦作田，燕子诒孙，总廑绸缪于未雨；

维桑梓恭敬，如临深，如履薄，服畴食德，敢忘陟降在庭阶。』

（五）摭拾轶闻　载录掌故

宗祠楹联，家族题铭，多是某一姓氏的文化结晶，具有浓厚的家族特色。不少家族往往将其族中的轶闻掌故、嘉言懿行或遗迹胜景撰成楹联，以记其事。

如，弘农杨氏，汉时有太尉杨震，未仕时就读于学堂，有鹳鸟衔三鳝鱼飞集讲堂，塾师取之进贺曰：『蛇、鳝者，卿大夫之服象也。数三者，法三台也，先生（指杨震）自此升矣。』后杨震任莱州刺史时，有故旧昌邑令王密，深夜带十斤黄金送他，被杨震严词拒绝，王密说：『我深夜而来，无人知晓。』杨震当即指斥他说：『天知、神知、我知、你知，怎么说无人知道？』王密羞惭而退，后人便以他的这个典故撰成一联：

『三鳝呈祥，四知传家。』

又如，宋代有学者周敦颐，性爱莲花，筑室于濂溪。曾作《爱莲说》，推崇莲花『出淤泥而不染，濯清涟而不妖』的品格。汉代有名将周亚夫，为太尉周勃之子，曾率军驻守细柳，汉文帝亲自前往视察，守门将士不得亚夫将令，不敢开门迎驾，因以治军严整著称。周氏后人便将这一文一武两位名人的典故撰写成一联，引以为荣：

『爱莲世泽，细柳家声。』

再如苏氏，战国时有洛阳人苏秦，头悬梁，锥刺股，发奋苦读，终于学成纵横之术，身佩六国相印。又西汉时有苏武，持节出使匈奴，被扣留于北海苦寒之地，十九年持汉节牧羊，匈奴多次劝降，均严词拒绝，忠贞不屈。后人遂将苏秦、苏武二人的典故撰成一联，激励后人：

『引锥刺股，仗节全忠。』

又如温氏，为太原望族，晋怀帝时有温羡兄弟六人，皆雄武才俊，深受朝野推重，号称『温氏六龙』，遂以『六龙堂』为堂号。唐代温氏又有温彦博、温彦宏、温彦将兄弟三人，均为一代名臣，人称『温氏三彦』，故以『三彦堂』为堂号。后人撰成一副楹联：

『六龙家声远，三彦世泽长。』

由于中华民族姓氏繁多，代有英贤，几乎每个家族都有引以为荣的人物、典故，此类姓氏楹联和宗祠题铭，真是数不胜数，难以一一列举，可谓中华姓氏文化和家族文化中尚待开发、整理的一大宝库。

三　字辈排行　长幼有序

字辈排行，是同一姓氏家族中按世系班辈、兄弟排行取名的一种习俗，即家族成员在血缘传承的链条中所处的位置。字辈排行又称派语、行第，是表示辈分高低、长幼序列的专用文字。如明代崇祯皇帝朱由检与其兄朱由校，堂兄朱由榔、朱由崧等的姓名中共用一个『由』字，这个『由』字就是朱氏字辈之一，而『校』、『检』、『榔』、『崧』每一个字都带有『木』字偏旁，表示这一辈取名按『金、木、水、火、土』五行轮回中的『木』字旁命名。

字辈谱的用字，一般是由开派之祖，即始迁祖定的；也有在修纂家谱时，合族议定，写进谱书，具有法定的权威性。后裔子孙，依照字辈取名，一辈一字，世次分明，即使迁居他乡异地，关山阻隔，年代久远，支派浩繁，只要按字辈谱取名，就可保证同宗血脉一气贯通，班辈不乱。正如明代《太原郡王氏宗谱》所说：『行第原为合族定名分而设，使子子孙孙，承承继继，不致有干犯之嫌。故凡世家巨族，莫不皆然。事为至巨而非泛立也。』

字辈作为中国姓名系统中的重要组成部分，每一姓都有自己的字辈谱，每一男性都有自己的字辈。它充当了宗族的世系链条和血缘纽带，强有力地维系了族姓集团、血亲集团的等级身份秩序，表明了血缘关系生生不息、循序渐进的传承。至今许多姓氏仍有自己的字辈谱，仍有一些家族、家庭按字辈取名，充分显示了这种传统文化的生命力和其重要的文化功能。

字辈、排行是以血缘关系为基础的宗法制度及其等级观念的产物。由于宗法制度的核心是嫡长子继承制，只有嫡长子才天生具有对君权、族权、父权的继承权利，因此，在宗法制度盛行的先秦时期，同父、同族兄弟之间的嫡庶、长幼的区别十分重要，兄弟排行重于辈分排行。先秦文献典籍中常见表示兄弟长幼顺序的用字：伯（孟）、仲、叔、季，而少见表示辈分的派语，往往只用『昭』、『穆』二字来区别其辈分及传承关系。伯、仲、叔、季的兄弟排行，相当于后世的老大、老二、老三、老四的称呼，明确界定了其嫡长子与众庶子的身份、地位。如周太王古公亶父的三个儿子分别叫『太伯』、『仲雍』、『季历』，表明太伯为嫡长子，享有继承权利。因幼弟季历之子姬昌（即周文王）十分聪慧，富有才干，太王欲传位于姬昌，于是太伯、仲雍远窜荆蛮，断发纹身，表示主动放弃权利，太王才传位于季历，再传而至姬昌。由此，可见先秦时的兄弟排行十分重要，被看作君位传承、宗族兴亡的头等大事。

班辈排行源于周代祭祀制度中的『昭穆制度』。《礼记·王制》载称：『天子七庙，三昭三穆，与太祖之庙而七。』这里指的是宗庙或陵墓的格局：太祖居中，以下逐代分列左右。昭辈（二、四、六、八）居左，穆辈（三、五、七、九）居右，以便区分宗族内的长幼、亲疏。因此『昭穆』被泛指后世的辈分，并在人的名字中直接体现出来。

辈分字的命名，萌芽于宗法制度解体的东汉末年，形成于魏晋南北朝时期。唐宋以来，日渐盛行，明清两代形成定制。其发展轨迹与姓氏制度的发展密切相关。其显著特点是：不同辈分中的人，名字体现出纵向的、前后相承的关系；同一辈分的人，名字体现出横向的、平行配合的关系。两者相互配合，共同构成了中国人姓名中特有的辈行关系，体现出中国姓氏的民族特色。

如东汉末年荆州牧刘表有两个儿子，分别叫刘琦、刘琮，二人的名字都以『玉』字为偏旁；蜀后主刘禅的七个儿子，分别叫刘璿、刘瑶、刘琮、刘瓒、刘谌、刘恂、刘璩，其中五人名字中含有王字旁，二人都有言字旁，说明名字中表示辈分的现象在东汉时已经出现。

到魏晋南北朝时，辈分字的使用逐渐广泛，尤其是王侯贵族中使用辈分字已蔚然成风。如东晋豪门桓彝，其三个儿子叫豁、秘、冲，相互间无统一的字辈标志。但到了第三代，即桓豁的六个儿子，分别取名为石虔、石秀、石民、石生、石绥、石康，『石』字成了他们的字辈标志。又如南朝宋武帝刘裕的七个儿子，分别叫义符、义真、义隆、义康、义恭、义宣、义季，以『义』字为辈分字。梁武帝萧衍有八个儿子，分别名为续、综、统、纲、绩、纶、绎、纪，都以绞丝旁表示辈分用字。

但是从魏晋到隋唐，在相当长的一段时间里，字辈并不被人们普遍接受，自身也未形成严谨的格式，前后字辈间无明显联系。如唐高祖李渊诸子多以『元』字为辈分标志，有元吉、元霸、元庆、元景、元昌、元亨、元礼、元嘉、元祥、元则、元懿等一大串，但也有建成、世民、云智、灵夔等例外。太宗诸子多从『心』字，如恪、愔、恽、慎等，但也有宽、治、泰、贞等例外。而且从『元』、从『心』都看不出前后世之间有什么内在或外在的联系。到中晚唐时，字辈的使用日渐规范。如平定安史之乱的功臣郭子仪，其子侄辈都从『日』字，如晤、旰、映、曜、晞、昢、暧、曙、昕，孙子辈都从『金』字，如钊、铦、钢、锋、锐、锜、铸等。

但是在唐代的文人学士中也往往出现大、小排行混用的现象，甚至一个人有两个排行。如白居易有兄弟四人，按理应排行为四郎；但从其祖辈算起，他在堂兄弟中排行为二十二郎，因此诗文酬唱中又被称作白二十二郎。又如杜牧称杜十三牧，贺知章为贺八知章……究其原因乃是科举考试中要填写三代祖先的籍贯、履历，考中后雁塔题名，不以名称，而以数字排行表示。

到宋代，由于程朱理学的盛行，『君臣父子』的伦理观念深入人心，而私家族谱的大量修纂，促使辈分字制度日趋完善：不仅同一辈分字要求统一，而且上下世系（即辈分）之间也要求有一定的内在联系和外部表征。此时的辈分字不再是由父辈临时确定，而是已形成了整个家族的辈分字序列，列入了宗祠、族谱的规范之内。如赵宋皇族宋太祖赵匡胤的后代，其辈分字定为德、惟、从、世、令、子、伯、师、希、与、孟、由、宜，每一辈占一个字。北宋名将杨业的八个儿子，分别叫延平、延定、延光、延辉、延昭、延朗、延兴、延玉，均以『延』字排名。到南宋时，此风更盛，并吸收了『木火土金水，五德终始，五行相生』的理念。如南宋大儒朱熹，其父名朱松，五行占『木』字；朱熹本人从『火』；儿子朱塾、朱埜、朱在，皆从『土』；孙子朱钜、朱钧、朱鉴等皆从『金』；曾孙朱洽、朱济等皆从『水』。五代人占了五行相生的五个字，既能贯穿五代世系，又很容易区分五个辈分。实在是严谨、巧妙，颇具匠心。

元、明两代，也继承发展了这一姓氏文化特色。如明代，自朱元璋以下，一概用五行字辈：明成祖朱棣一代从『木』，仁宗朱高炽一代从『火』，宣宗瞻基一代从『土』，英宗祁镇、景泰帝祁钰一代从『金』，宪宗见深一代从『水』。然后又是一个循环，到熹宗由校、思宗由检（崇祯）时则是第三个循环开始。

字辈谱在明代发展的另一特点是民间也开始普遍采用字辈谱的命名方式。如元末明初，与朱元璋同时代的福建学者吴海，在为《吴氏世谱》所作『谱例』中，就明确规定：『子孙名次，从水木火土金，行为一世，五行相生，循环无穷。』由此可见，最晚从元代起，民间已普遍采用了这种『以名系世』，预为子孙拟定字辈的做法。在传世的明、清族谱中，也往往可见到字辈的记载。如创修于乾隆二年的《韶山毛氏族谱》中，就载有中湘韶山毛氏『派系诗』一首：

『立显荣朝士，文方运际祥。
祖恩贻泽远，世代永承昌。
孝友传家本，忠良振国光。
起元敦圣学，风雅列明章。』

毛泽东、毛泽民、毛泽覃三兄弟即为『泽』字派的排行。

通常，我们从独立于一代又一代家族成员姓名中的每一个辈分字里看不出有什么深刻的含义，但纵观字辈谱就会发现，字辈谱的排行、用字不仅仅是子孙后代的血缘网络，而且有着丰富的思想内涵和鲜明的时代特征。其中儒家宣扬的仁、义、忠、孝等观念，在长期的封建社会里受到特别的推崇，于是以此为内容的字辈谱甚多。如江西吉安梁氏的字辈谱『道显家必兴，仁昌礼义乘』，把『道显』看作是『家兴』的必然条件，把『仁』看作是『至德』，而将『礼』与『义』归结于『仁』之下。又如江西九江田氏字辈谱『世业绍宗先，忠信立之本。仁义致胜全』，把『忠』与『信』看作是安身立命之本，把『仁』与『义』看作是致胜的良方。

『忠君』、『孝亲』是封建时代伦理学说的主体，这在字辈谱中也有反映。如南昌罗家集韩氏的字辈谱『廷岁约用，惟君仁见』，强烈地表示只有国君才是效忠的对象。又如江西靖安熊氏的『孝友贤孙子』及江西九江吴氏的『孝友祯祥集』二谱，充分表达了只有『孝』才能确保富贵安康的宗族观念。

此外，作为儒家学说创始人的孔子、孟子，在中国传统社会中历来享有至高无上的地位，所以字辈谱中崇尚孔孟便占有一定的内容。如南昌市罗家集李氏的字辈谱『孔孟薪传日，一宗道光真』就是明显的例子。

对祖先的顶礼膜拜，祈求祖先的保佑以使子孙后代繁荣昌盛，这种传统的社会心态在字辈谱中也有反映。如江西高安、奉新、靖安、九江等地的罗氏字辈谱『亨元会来时，贤嗣遂昭穆』。『昭穆』是宗庙里祖先的牌位排列次序，左昭右穆，代表祖先。这两句话的意思为交了好运一定不要忘了祖先，虔诚地祭祀祖先，就能交上好运，就能保佑兴旺发达。又如江西靖安钟氏的『子孙永昌，宗先富长，顺龙有庆，发荣万方』，意思是说，子孙永远繁荣昌盛，是祖先恩泽绵延的结果。

另外，还有一些为当朝歌功颂德的字辈谱，如江西会昌县肖氏『大元宏运兴，开科登第显』。肖氏字辈谱作于元朝，谱中把元朝称为大元，感谢大元给肖氏带来幸福，带来家庭兴旺，带来及第荣耀。

在中国封建社会里，『光宗耀祖，扬名显亲』是儒士们的奋斗目标，是教育子女的行为准则。在他们看来，自己的生命是祖先给予的，自己取得的地位越高，越是对祖先的忠孝。字辈谱中表现这一思想观念的甚多，如江西会昌县麻川乡林氏的『传宗衍祥长，世代振家兴』，湖南宁乡县谢氏的『光昌兴宗德，富贵古流传』就是典型的例子。又如江西龙南廖氏『绍庭为国瑞，兴彩振家声』，将一个衣锦还乡、光宗耀祖的世家形象跃然纸上。诚实可靠、忠厚老实是中国人历来崇尚的美好品德，字辈谱中对这一民族性格极为推崇。如江西九江县阳氏与冯氏的字辈谱中都有『永正大光明』一句，告诫后代要永远光明磊落。

社会和平与稳定，是每一个时代人们安居乐业的基本条件，江西九江高氏『万世愈昌宁，至道登朝贵』的字辈谱就表达了这种强烈的愿望。又如江西瑞昌县周氏的『洪宇庆升平』，表达了庆贺太平社会的喜悦心情。

字辈谱一般是由家庭中有权势的或辈分高、有一定文化修养的人商量而定的。只有孔姓的字辈谱是由皇帝亲自赐给的。元代，孔氏的第五十四代衍圣公孔思晦开始使用字辈，并定第五十五代为『克』，从第五十六代起，使用由元仁宗颁赐的字辈，即现在仍在使用的字辈谱：『希言公彦承，弘闻贞尚衍。兴毓传继广，昭宪庆繁祥。令德维垂佑，钦绍念显扬。』后来，孔门的三大弟子孟轲、颜回、曾参三姓后裔也使用这一字辈，这四姓字辈谱称为『通天谱』，即全世界的这四姓都用这套字辈。一九二〇年，孔氏续修宗谱时，第七十六代衍圣公孔令贻又续订了五十六代至一百零五代的字行：『建道敦安定，懋修肇益常，裕广焕景瑞，永锡世绪昌。』按字辈推算，全国政协委员孔德懋应是孔子的第七十七代裔孙。

按字排辈，在中国这个历史悠久、幅员辽阔、人口众多的多民族大家庭中，不仅在汉族家庭中普遍存在，在少数民族中亦时有所见，只是在表现形式与内容上有所不同。

生活在汀西的土家族人，称讲究字辈为『论字辈』，同样是为了长幼有序、血脉分明、族系巩固。这些字不是随意取的，一般都有一定的来历。所用的字代代相传，每隔数代，轮回反复，这样就出现了年龄、辈分混乱的现象，如土家族俗语所说：『四字轮，七字转，孙孙把做太公喊。』

畲族内部为了统一辈分，辨别是否为本族或本姓人以及血缘的亲疏远近，各祠堂每若干年祭祖后便排行次。排字行时只有族长或参与排行之事的几位长辈才知内情，一般不向外宣布，因此畲族男女在生前都不知自己的行次，只有死后才由族里告诉家人。排行时，先把本堂若干年内出生者的年、月、日登记出来，按辈分和出生前后进行排行。排行中辈分的区别，蓝姓以大、小、百、千、万、念六个字为行次，周而复始；雷姓以大、小、百、千、万，钟姓以大、小、百、万、念五个字为行次。在一些民族中也往往用以代替某一代祖先的名讳记入族谱家乘，如『大三郎、小三郎、念七郎』等。

西南地区的少数民族如贵州台江一带的苗族、大小凉山的彝族，排行是以父子连名的方式来表达的。不同的是苗族为子名在先，父名在后，相互称呼时一般只呼本名；彝族是父名末一个或前末两个音节与子名前一个或前两个音节相同，如以古候氏为例，其祖、父、子三代的排行：阿土古候——古候吼兹——吼兹伦得。

在一些受汉族姓氏制度影响较深的少数民族中，其使用的字辈谱，无论在内容上，还是在文字上几乎与汉族一样。如广西罗城仫佬族银姓的字辈就是：

『文章亨道法，老大聚恩廷，
济佩如良玉，安敦应景星，
邦家恒盛当，有则兆咸宁，

运启昌隆会，立朝万代兴。』

在现代新修的族谱家乘中，大多也按传统字辈取名。作为中国家族文化形式之一的字辈谱，像连绵不断的生命之链，将同姓、同宗族人紧密地贯通在一起，具有很强的凝聚力和向心力。在当代海外华人中对字辈谱尤为重视，往往成为寻根认祖的重要依据。

【注释】

〔一〕参见彭桂芳：《唐山过台湾的故事》，转引自完颜绍元：《姓氏百问》，上海古籍出版社，二〇〇二年四月版。

〔二〕裴显生、裴国昌编审：《绿野堂楹联》，香港明星国际出版公司，二〇〇四年四月版。

第八章 族谱宗祠 凝聚血亲

姓氏是人类社会区分群体、族别的标志，族谱是载录宗族繁衍、世系传承的历史，宗祠则是凝聚血亲、朝宗谒祖的圣殿。如果说中国姓氏学是研究整个中国的姓氏，谱牒学则是研究一家一姓的历史，而宗祠祖庙则是体现某一姓氏文化内涵和宗法礼仪的殿堂。在中国古代宗法社会里，建宗祠、修族谱是族人的两件大事，都具有慎终追远、报本思源、敦宗睦族、凝聚血亲、光前裕后、规范伦理的教化功能。因此探讨、考察宗祠、族谱的文化内涵及其发展、演变的历史，就成为中国姓氏研究的一个基本内容。

第一节 展示家族风貌 载录传承谱系

族谱，也叫家谱、宗谱、家乘、世谱，是记载家族或宗族的家世渊源、传承世系、支派繁衍及宗族事迹、名贤俊杰的典章文献。简而言之，家谱（族谱）就是血脉的谱系，是某一个姓氏的家史或族史。它和姓氏、郡望、堂号、宗祠等姓氏文化的其他内容一样，既是构成宗法制度的基本要素，又是考辨姓氏源流、敬宗收族的重要凭借。

一　载录谱系　资政育人

族谱、家乘，作为载录家族（宗族）源流世系及其发展兴衰的文化载体，由来已久。早在氏族社会时期，文字尚未产生之前，我国的先民就以『口传心授』的方式将自身的根祖文脉一代一代传承下来。我国现存的第一部神话传说——《山海经》中，以『连名制』形式载录的炎帝神农氏的家族世系，就是在其『口传家谱』的基础上整理而成的；在我国一些少数民族中，口传家谱的习惯一直流传和遗存到近代和现代。在怒族、苗族等少数民族中，有的老人能背诵四五十代，甚至七十多代的祖先世系和名讳。在瑶族、畲族中流行的《盘王歌》《过山榜》及蒙古族的《江格尔》，藏族的《格萨尔王传》，柯尔克孜族的《玛纳斯》三大英雄史诗中，都有丰富的口传家谱的素材。

由此可见，在文字出现之前，我国曾经历过结绳记事、刻木记事的时代，人们不但用绳子打结来记事、记数，而且用不同的打结方式来记载本家族成员的情况、世系传承。如满族、锡伯族至今还留存着年长妇女——『喜利妈妈』掌管结绳家谱的习俗。其结绳家谱是一条约两丈长的绦绳，每有一代传人，即在绦绳上拴一块『辈式骨』（猪、膝骨），生一男孩拴一张小弓箭，生一女孩拴一条红布。平时将之收藏在纸袋中，挂于屋梁之上，每年春节取出来，由屋里东北角扯到西南角悬挂起来，阖家焚香磕拜，到二月初二再郑重收藏起来。在满族中也有类似的结绳家谱。而鄂伦春族到十八世纪时，仍然使用在马鬃绳上打结的办法来记录家族的世系。

关于古代『刻木记事』的家谱，由于不易保存，目前尚无实物发现。以『傩文化』形式出现在少数民族中的『图腾柱』和畲族刻有龙头的木质『祖杖』，当是木刻家谱的遗风。

进入阶级社会后，随着国家的出现，载录帝王世系的各类谱牒也应时而生。早在四千多年以前，中国出现第一个奴隶制王朝——夏朝时就已经出现。据《礼记·礼运篇》记载，自大禹家传天下之后，『各亲其亲，各子其子』，王位世袭，子孙相继，就有了专门记载帝王世系的谱牒。《史记·夏本纪》即据此记述了夏王朝的世系：自禹至桀共传十四世，十七个帝王，说明夏代已有了帝王谱系，即最早的家谱。而太史公司马迁对于夏王朝帝王世系的记述，已被晋代出土的《竹书纪年》所证实。

至于商代的家谱，则有考古发现的『甲骨家谱』可资证明。据有关学者研究释读，共有三件甲骨片可以确认是最古老的家谱：一件见于容庚等编的《殷契卜辞》中，序号为二〇九；一件收录于《库·方二氏藏甲卜辞》中，序号为一五〇六；一件见于董作宾的《殷墟文字乙编》，序号为四八五六。其中第二件『库一五〇六』所载是极为完整的、典型的商代家族世系，共记录了儿氏家族十四个人名，其中父子关系十一人，兄弟关系二人，关系不明者一人。据专家断定是商代第十世二十三任国王武丁时代所刻，距今约有三千两百余年。可叹的是，这一珍贵的甲骨家谱，现收藏在伦敦大英博物馆中。

在现存的商代青铜器中，也有几件是专记商人家族世系的家谱。如现存于辽宁省博物馆的『六祖戈』『六父戈』『六兄戈』，记载了同一家族六到八代的谱系。谱学界将之称为『青铜家谱』。『青铜家谱』在存世的周代青铜器中也有发现。如一九七六年在陕西扶风县庄白村出土的微氏家族的《墙盘》和《痶钟》，不但准确无误地列举了周初文王、武王、成王、康王、昭王、穆王六代世系，而且记述了微氏家族的七代世系。

二〇〇三年一月九日，在陕西眉县马家镇杨家村又发现了一个西周青铜器窖藏，在出土的二十七件铜器铭文中有一件记述单氏家族世系的《逨盘》，盘内铸有铭文二十一行共三百七十二字，是记述周代显赫贵族单氏家族世系和活动事迹的青铜家谱。该谱记述单氏第一代先人『单公』辅佐文王、武王灭商建国；第二代先人『公叔』辅佐成王治理国家；第三代先人『新室仲』辅佐康王处理朝政；第四代先人『惠仲盠父』辅佐昭王、穆王讨伐荆楚，经营四方；第五代先人『零伯』尽心尽责辅佐龚（共）王、懿王；第六代先人『懿仲歧』辅佐孝王、夷王，成就周邦；第七代先人『龚叔』辅佐厉王，德行卓著；第八代即在世的『逨』也即铸造《逨盘》的主人，辅佐宣王，出任管理农林的官员……〔一〕

这件青铜家谱世系清晰，内容翔实，记载单氏家族八代人辅佐周朝十二位帝王的史实，以第一手的考古实物资料，证实了《史记·周本纪》所记周王室世系准确无误，扫除了疑古学派对东周以前历史的疑问，在中国史学界引起了轰动，也堪称是谱牒学上的一大奇迹。

由于周初建立了一套严格的封建宗法制度，为了『奠系世，辨昭穆』，区分庶嫡之大宗、小宗，确认血缘关系的亲疏远近，周王朝设立了掌管王族谱牒的『小史』。『奠系世』就是确定谱系、世系，『辨昭穆』就是按辈分大小、长幼次序以及血缘远近而决定在宗祠、祖庙中的排列地位。对于诸侯、卿大夫的谱系，周王朝中央设有史官记录管理，称为太史。天子谱系谓之『帝系』，诸侯卿大夫谱系谓之『世本』。各诸侯国也设有专职记录、管理谱系的官员、机构。如鲁国称之为『二史』，楚国称之为『三闾』，屈原即曾任『三闾大夫』，负责掌管楚国王族昭、屈、景三姓的谱系。一旦发生继承问题，便据此来决断，确定继承人选和次序，以确保封建宗法制度的实施。而周代的『胙土命氏』，封邦建国，最重要的依据便是谱牒载录的相关世系。可见谱牒、世系在当时社会政治生活中所占的重要位置。从某种意义上来讲，谱牒文化是封建社会的催生剂和助产士。

现存最早的文字家谱，是由后人辑录的《世本》十五篇。该书约成书于战国末期，记录了从三皇五帝到春秋战国时期历代帝王、诸侯卿大夫的姓氏渊源、世系源流、迁居本末、生前创制、死后名号等事迹，集各家各代的分散世系于一书，是我国谱牒学的开山之作。后世的谱学家、史学家追述古代历史和各姓渊源时，多以此为历史依据。太史公司马迁编纂《史记》时，即曾参阅、引证了《世本》的大量文献资料。

流传至今的另一部周代谱学著作是《大戴礼记·帝系篇》，系统地记载了黄帝以来至周代帝王的血缘谱系。从中可以看出，黄帝之后一脉相承的颛顼高阳氏、帝喾高辛氏、唐尧、虞舜、夏禹，都是黄帝子孙后裔。所谓『禅让』之说，实质上是父子、兄弟、叔侄之间权力的转让、交替，夏、商、周三代，仍是黄帝后裔之间权力、地位的更替。另外，相传在春秋时期荀子曾编有《春秋公子血脉谱》，此书今散佚不存，但从其『血脉谱』三字，可知是载录血缘传承的家乘谱牒。

秦汉时期，家谱编纂有了进一步发展，秦代曾设有『宗正』管理皇族事务和皇家谱牒，因时代短促，未见秦代家谱的记录。

汉承秦制，仍由『宗正』掌管皇亲贵族的谱系，同时设有诸王世谱，收录同姓诸侯王的世系谱籍。异姓王侯也有专门的『侯籍』，载录其家族世系。如《汉书》《后汉书》的《帝王诸侯世史公自序》即是其例。与此同时，私人修纂的家谱也开始出现，其发凡起例者，即司马迁的《史记·太史公自序》。该文上溯颛顼，下及自身，是一种以自叙方式撰成的家谱。此后文人学士纷起仿效，较著名的有《扬雄家牒》、《邓氏官谱》等。此外，还有一些碑刻实物，也载录了家族世系。如东汉《孙叔敖碑》，记述了春秋时楚相孙叔敖十余世孙和东汉渤海太守孙武以下的家族世系。《三老赵宽碑》，完整地记录了西汉名将赵充国到赵宽数百年间的家世渊源。

魏晋南北朝时，由于门阀制度的盛行和『九品中正制』的实施，选拔官吏，婚姻嫁娶，都十分注重门第，都要以家谱为凭据。无论是政府官方还是世家大族，都十分重视家谱的编纂。官方设有谱局，委任专人掌管谱牒的修纂；各级地方政府均设『谱库』收藏家谱，以备查验。风气所及，谱学大盛，形成了中国历史上第一次修纂家谱的高潮，也涌现了一批修谱名人和修谱世家。如东晋贾弼一门七代从事谱学，被称为『贾学』；而另一谱学世家王弘、王僧孺、王逡之则被称为『王学』。官私修纂的家谱也大量出现。据郑樵《通志·艺文志》所载，从魏晋到隋唐，官私所修谱书达一百五十五种，二千三百六十五卷。其中贾弼的《百家谱》共一百册，七百一十二卷，包括十八州一百一十六郡大族，被当作东晋和南朝各代选官任职的重要依据。南朝梁武帝时又命王僧孺、王逡之修订、编纂《百家谱集抄》《百家姓拾遗》。从此之后，谱学成为一种专门学问，被归为史学的一个门类。阮孝绪的《七录》将之列为第十一类，称为谱状，著录谱牒四十二种，一千余卷，成为著录谱牒的首创。

由于当时的谱牒著述，主要是载录帝王权贵和世家大族的谱系，因而一直到隋唐之际，虽然废除了九品中正制，改为科举取士，但谱牒的修纂仍多由官方谱局派员编纂。如唐代贞观年间的

《氏族志》，高宗、武后时的《姓氏录》，开元中宗时修的《大唐姓族系录》以及其后的《元和姓纂》《皇室永泰谱》《皇唐玉牒》，均由官方谱局修纂而成。唐代私家修谱之风也很盛行，较著名的有柳冲的《大唐姓氏录》、路敬亭的《衣冠谱》、韦述的《开元谱》、柳芳的《永泰谱》等。日本多贺秋五郎在其《中国家谱之研究》一书中，依据相关文献统计，魏晋隋唐时期，谱牒类著述总数达二百七十七部，重复者不计，但未标明其卷数。及至唐末黄巢起义，连年战乱，大批的豪门权贵、世家大族被扫荡殆尽，经五代十国长期战乱，旧的家族势力遭到毁灭性打击，『士族亡其家谱』，『失其世次』，官修谱牒由是废弃。

入宋以后，随着社会经济的发展和世家大族的形成，私家修谱之风再度复兴，促使『敦宗睦族，尊祖敬宗』的伦理观念成为修谱的宗旨，因而受到了政府的提倡和支持。宋真宗于天禧五年（一〇二一年）颁发了《敕文武群臣修家谱诏》，明确指出：『其有关世教之大者，莫若谱也。』『尔在朝文武百官，亦必各有原委，其各述祖宗本末，以进朕省览，以知我朝人物之盛。』〔二〕

在官方的倡导之下，私家修谱之风日渐盛行，并形成一整套体例完备、格式规范、内涵丰富的谱学体系。其中影响最大，为后人所推崇的是欧阳修、苏东坡分别创立的『欧、苏谱例』。欧、苏谱例都是『五世则迁』的小宗谱法：每图只谱五世，五世以后，格尽另起。欧式谱例是『谱图之法，断自可见之世，上自高祖，下至五世玄孙，而别自为世』；苏式谱例是『凡嫡子而后得为谱，为谱者皆存其高祖，而迁其高祖之父』。比起动辄追溯数十世、旁及各疏支的大宗谱法来，具有详近略远、亲疏各别的优点。在形式上重在图表之创新，欧体是左右横列表格式，每图五格，格尽另起；苏谱是上下直行的吊线图，每图五世。

在内容上，欧、苏谱例由谱序、谱例、世系图（世系表）、世系录、先世考等五项内容构成，记述原则是只书男与嫡妻，不书生女，不书继娶，不书妾，体现了浓厚的封建宗法观念。

综上所述，宋代家谱在中国谱学发展史上处于官谱废止、私谱兴起的变革与转型时期。宋代家谱奠定了后世民间修谱的基本格局，为元、明、清及民国时期家谱的完善与普及奠定了基础。

元、明两代家谱体例沿着欧、苏谱例发展，记事范围进一步扩大，增加了谱论、像赞、族规、家训、恩荫录、五服图、字辈排行、人物传记、文约契据、艺文著述等多项内容，成为名副其实的家族历史。有些族谱开始记载女儿的名字，特别是女婿是有功名的名门望族，其名字载入岳家族谱也可增光添彩。继室、侧室也可入谱，尤其部分小妾也因生有儿子，『母以子贵』，而特许入谱。入继子嗣和入赘女婿，有的也允许入谱，但要记注分明，加以区别。如同姓人入继，仍用红线联结世系，异姓人入继则用黑线。有的宗谱仍坚持不许『异姓乱宗』，不予记载，或在宗谱之末附加一卷，专载螟蛉之子及其后裔。

元明之际谱学的发展，不仅突破了欧、苏谱例，而且出现了房谱（支谱）、族谱、统谱及异姓联谱等多种形形色色的谱牒。其中房谱为族谱之支谱，专记某房某支谱系。统谱（通谱）为统宗世谱，把分布于各地的同姓各宗支汇总、统贯于一谱，几乎是某一姓氏的历史渊源、迁徙分布及繁衍变迁的历史总汇。如明代张宪、张阳辉主修的《张氏统宗世谱》，从黄帝时赐姓记起，直到明嘉靖年间，时期跨度达数千年之久。包括了全国十五个省份，一千四百七十多个州、县的张姓一百一十七个支派。

明代中叶以来，这种同姓联修的统宗大谱日渐盛行。究其原因是程朱理学的盛行，『三纲五常』成为修谱的宗旨，并将正史体例引入族谱。族权的正式确立和族谱功能的强化，导致了对家族世系、宗支流派的延伸追述和横向联络，致使『会千万人于一家，统千百世于一人』的统宗大谱日渐流行。如上述《张氏统宗世谱》、河南洛阳的《汪氏统宗正脉》、安徽歙县的《新安黄氏会通谱》即是其例。

其中以孔子家谱的修纂最为典型。在宋代以前，孔谱只收录直系的长子、长孙的谱系。北宋时，山东曲阜孔氏始合修族谱，支、庶兼收。及至元成宗大德十一年（一三〇七年），敕封孔子为『大成至圣文宣王』，孔子身价倍增，全国孔姓之人都深感荣耀，孔谱一修再修，旁支近族，疏属远裔，逐渐收入到孔谱之中。据钱大昕《补元史艺文志》考证，在元史著录的三十二部谱牒中就有八部是孔子的家世谱系。明代以来，孔谱仍是续修不辍，并规定六十年一大修，刊印谱籍，三十年一小修，仅做登录。到清代咸丰年间，入谱的孔姓人丁已达四万之多。《孔子世家谱》的最后一次大修是一九三〇年—一九三七年，历时七年方告完成，由孔子七十七代裔孙孔德成总主其事。谱本共分四集一百零八卷，加卷首共一百零九卷，分装成一百五十四册，九千九百多页。除传统的二十支、六十户全部收入外，历代外迁各支也尽可能收入。分支族谱达一千八百一十三部，堪称是当时民间最长的谱书。

明代谱牒，在同姓联宗、合修统谱（通谱）的同时，还出现了一种异姓联宗、联谱的现象。即自认为是出于同一远祖，而后分成不同姓氏的具有血缘关系的若干家族联修合纂宗谱。这种异姓联谱是谱学史上的一大突破，不仅打破了地域界限，而且打破了姓氏界限。将起源于同一祖先的不同姓氏宗族编撰成一部大谱。如宋代福州人翁乾度生有六子，各得一姓，分别是洪姓、江姓、汪姓、翁姓、龚姓、方姓，兄弟六人同列进士，皆是显贵。其后六姓异姓联谱，号为『六桂堂』。又如，张、廖、简三姓，董、杨二姓及柯、蔡二姓等，皆因先世或出自同一始祖或有较深的历史渊源，故有异姓联宗、联谱之举。尤为特殊的是，明代凌迪知撰修的《古今万姓统谱》认为，『五帝三王，无非出自于黄帝之后，黄帝二十五子，而得姓者十四』，十四姓又支分派别，衍生出千家万姓，若追根溯源，同为黄帝后裔，同是黄帝一人所分，因此应联天下万姓为一家，故此名之为《古今万姓统谱》，俗称《万家姓》，计一百四十卷，收录姓氏三千七百多个，另附《历代帝王姓系通谱》六卷、《氏族博考》十四卷。

谱学发展到清代以后，在数量和质量方面都达到了一个新的高度。据廖庆六先生的《族谱文献学》统计，在已知现存的族谱中，清朝谱本占百分之五十三点九二，民国谱占百分之四十，明谱占百分之四，宋、元谱占百分之零点一。而清谱在体例、内容与装帧方面更是严谨、充实、美观，而且还出现了纪昀、章学诚、张澍、朱次琦四大谱学名家。但由于清代学者多崇尚考据之学，对族谱予以排斥和藐视，对谱学成就未予关注。在《四库全书》中，对谱牒学一类未予收录，实是一件憾事。

民国以来，虽然辛亥革命推翻了数千年的封建统治，但民众对于修谱的热情并未减退，族谱数量增加之速度，比历代更为惊人，目前存世的族谱中，百分之四十为民国族谱。新中国成立后，修谱之风一度趋于沉寂，大量族谱遭到毁弃。但进入二十世纪八十年代以后，随着全球寻根热的兴起，修谱、续谱之风悄然复苏，作为中国传统文化的一个重要组成部分，日益受到各方面的关注。

由于家谱具有维系血亲、载录家史、规范伦理等特殊的社会功能，各个宗族对于家谱的创修极为重视。每隔三四十年都要重修、续修一次。

家谱的纂修是宗族的大事，不仅要有严密的组织机构、严格的工作程序，也要有一定的人力、财力基础。

首先，要组建以族长为首的家谱编委会（俗称开设谱局），由主修（一般由族长担任）、倡修、编修、监修、协修、校阅等组成，编委会人数多少主要看宗族大小、门派多少而定。

其次，筹措修谱经费。一般由族田、祭田和其他族产的收入来支出，以及族中有钱人的捐助。此外每个入谱的男丁都须交纳一份谱银。

再次，将拟定的谱例，分发各个支房，要求族众主动提供相关资料，尤其是族众散居于众多州县的大族，各房支都要责成专人限期登录、收集相关资料。

最后，谱书修成后，要举行隆重的祭谱、拜谱仪式，族众齐集祠堂，祭告祖先。先将谱本一套存放祠堂，然后由族长按房、支发谱，每房（支）一套，并编列序号，记录在案。每年元旦、清明或春、秋两季祭祖时，要求藏谱之家携带谱本，入祠堂查验，谓之『会谱』。如保存不善或有遗失篡改，会受到严厉惩罚。

在门第等级观念盛行的宗法社会中，族谱是血缘传承世系的重要凭借，也即家族或家庭档案。一些原来贫贱之家的宗族在暴发后，往往要攀附名门，冒认祖先，以显示其高贵的血统、祖宗的阴德。因此名门望族都强调秘藏族谱，严禁示人，以免同姓异宗攀附冒认。即使是庶民百姓，也将族谱视为家族的根本所在，是祖传的圣物，绝不可轻易损毁丢失，因而加意保存和收藏，除非有朝宗祭祖、婚丧大事，否则绝不轻易出示。故而有『黄金犹可借，家谱不可借』的古训，使家谱成为秘不示人的传家之宝。

二　解读历史　传承文明

家庭是社会的基本细胞，宗族为血缘传承的载体。五千年的华夏文明，就是不同血缘姓氏的宗族，在各个历史时期繁衍生息、播迁交融、兴衰更替的总汇。举凡改朝换代的军国大事，外交内政的种种措施，往往可在族谱、家乘中寻觅到蛛丝马迹。从某种意义上讲，族谱、家乘是剖析社会的微观窗口，是解读重大历史事件的佐证。

如《黑龙江瑷珲郭氏家传》（民国·郭德权纂），在追述其家世迁徙的历史时，就印证了中俄外交史上的一段重要史实。撰修者郭德权在家传简介中称：『瑷珲郭族，初为汾阳王郭子仪之后裔。其一支远年迁至山东省登州府蓬莱县，康熙初年，权之高祖由蓬莱渡海入东北，先卜居于吉林省宁古塔（今宁安县），因习造船，乃赴船厂水师营，任造船工程师。康熙二十四年（一六八五年），随清军沿松花江、黑龙江而上，战胜俄军，毁雅克萨城，乃定居于黑龙江省瑷珲县。』『咸丰八年（一八五八年），中俄瑷珲条约在此签定。』

这部来自于黑水之畔的郭氏家谱，不仅为我们提供了清初移民关外的实例，而且见证了清初康熙王朝国力强盛，抵御沙俄，大获全胜，拆毁沙俄非法所建的雅克萨城，并在此基础上签定尼布楚划界条约的史实。到清末国势日衰，被迫割地求和，签订丧权辱国的《瑷珲条约》。将二百年来清王朝由盛到衰的历史浓缩到一部家谱之中，使我们能进一步领悟到家史与国史、族谱与正史相互印证的历史价值。

另一部由清代郭赓堂、郭中吉纂修的《津门郭氏族谱》亦以其家族历史补充了地方史志的不足。该谱谱序称：『津门（天津）郭氏本江南新城旧族，其始祖尚智公于明万历年间贸易至「小直沽」遂家焉。彼时津门尚未建城立县，犹以小直沽名之。郭氏居此，历三百数十年，传十二世，是为津门郭氏。』这就说明，在明代万历年间，天津尚未建城、立县。为考证津门（天津）的历史沿革提供了历史依据。

还有一部《黑水郭氏世德录》（郭克兴辑，民国十五年铅印本），是一部硕果仅存的达斡尔族郭氏族谱。该谱在追述其先世渊源时称：『黑水郭氏，旧作郭博勒氏，本达呼尔（即达斡尔）之支族。系出大贺氏，契丹国族也，远祖早年徙居黑龙江郭博勒屯，因以著姓。共和（辛亥革命，民国成立）以后，弛冠姓之禁，族人仿古人复姓从简之例，以郭为氏，系黑水地望，所以别太原郭也。』

这段短短的文字记述，蕴含了丰富的文化内涵，给我们以深刻的启迪：第一，印证了姓氏学中『以地为氏』『以地著望』这一常用的分类方法；第二，印证了中华姓源中『夷夏交融，百川汇海』的论断，为郭氏姓源多元说提供了实证；第三，体现了中华民族大家庭多元化的文化特征，提供了民族学研究中『胡姓汉化』、多字姓改为单字姓的实例；第四，反映了『共和之初，弛冠姓之禁』，倡导民族平等的历史背景。

一部薄薄的七十二页的家谱，短短百余字的谱序，就有如此丰厚的文化内涵。族谱、家乘的社会功能、史学价值、文化价值，于此可见一斑。

在其他姓氏的族谱、家乘中，这种很有价值的文献资料，也俯拾皆是。现举两部李氏族谱，更能说明问题。

其一是清代李广齐纂修的《泉州李氏家谱》，载录了一则中国航海史上和中外文化交流史上难得一见的珍贵史料。泉州李氏是唐代武阳懿公李大亮后裔，唐末随王审知入闽，先居汀漳，再迁泉州，子孙多以经商为主，向海外发展。至元明之际，其十二世孙李驽（字景文）已成为专事航海贸易，较早接受西方文化的泉州巨商。

据《李氏族谱》所载，明洪武十七年（一三八四年），李驽『奉命发舶西洋，远航海外』。不料，这次远航，李驽竟然娶了一个色目女子为妻，并『习其俗，终身不革』，『子孙蕃衍，犹不去其异教』。被族人视为『夷狄异端』，开除『族籍』，不得姓李，并将其原委写成《垂戒论》记入族谱。李驽被『除籍』后，只得改从母姓，为林氏，成为福建『清源林李宗支』的开派之祖，其后裔散居泉州、安南等地，多以海外贸易为生。

李驽此次『奉命发舶西洋』所奉之命出自何人，其性质是纯粹的商业贸易，还是外事考察，史无明文可考。但有一点十分清楚，就是此次『奉命发舶西洋』比著名的『郑和下西洋』的首次出航（一四〇五年）早了二十二年，是中西交通史上值得大书特书的一件大事。该谱对李驽所娶色目女子的家世、国籍未作明确交代，但从其《垂戒论》中所描述的衣着饮食、丧葬礼俗中，可见端倪。该文称其俗：『缠头披褐而跣足也，七戒三斋不饮酒，不茹荤。……斋，昼则不食，夜则食之；市则不食，自屠乃食之；豢则不食，刍则食之』；『不圭其身不为成人也』；其治丧『笙歌鼓舞，实之以汞，赠之以华。无丧无服，桐棺不掩，而瘗之中野，不为主也，不为祀也』。

一幅伊斯兰教信徒的形象活脱脱地跃然纸上。这是研究中西文化交流的一份珍贵资料。

其二是近年新发现的海内唯一的关于世界著名水利学家李冰家世的《李氏世谱》。该谱由李冰六十七世裔孙李待庆于同治十一年（一八七二年）修纂。李冰是战国时期秦国著名的水利学家，由他主持修筑的都江堰水利工程，两千多年来造福后代，创造了水利史上的奇迹，成为科技史上的瑰宝，被列为世界文化遗产，深受中外学者关注。但由于历史文献阙略，李冰的身世籍贯成为世界科技史、水利史和史学界的千古之谜，甚至有人认为李冰、李二郎父子仅是神话传说人物，并无真人真事。及至一九七四年三月三日，在整修都江堰水利工程时，发现了一千八百多年前东汉时期雕刻有李冰姓名的石像，才确定李冰真有其人，但其祖籍、身世仍是哑谜，直到一九九六年在山西运城盐湖区郊斜村发现了《李氏世谱》，才断定李冰就是今山西运城盐湖区郊斜村人。

《李氏世谱》共分《李氏东分家谱》《李氏中分家谱》《李氏西分家谱》三册，分别由李氏东、西、中三支保存。这三册家谱的谱序中，都开宗明义地写道：『余李氏始祖讳冰，又名李冰，号称陆海，谥封金山顺泽侯，二郎，其子也。按秦时冰为蜀郡太守，见四川成都府属灌县都江堰口水患甚巨，因使其子二郎，凿山导江，保全成都等县，蜀人德之，不惟家立冰像，且于都江堰口庙祭二郎为神，至今香烟弗替。』至宋末，其裔孙『五十二世维渊公』『五十三世如岗公』『父子俱以孝廉补平阳府教授，方告任归里，爰卜居是村，创立始祖家庙』『彼时每岁春秋犹遣司官致祭』。这就清楚讲明了李冰的身世、籍贯以及修谱、建庙的历史始末。笔者曾前赴郊斜村实地考察，有幸目睹了《李氏世谱》和大清康熙二十五年重修的『李氏家庙』，以及雍正年间敕封神主灵牌和御批抄件。两千多年的历史谜团，借助一部家谱、一座家庙而得以澄清。这部《李氏世谱》

不仅填补了正史、方志的遗漏，而且是涉及世界水利史、科技史的重要文献。

正因为如此，族谱、家乘，被有识之士称为『平民史册』，列为与正史、方志互为表里、相互补充印证的三大历史典籍，也对族谱资料的搜集、整理、研究予以高度评价。

伟大的民主主义革命家孙中山先生说过：『寻根觅本，追源溯流，为人之天性，中外皆然。由宗族的大团结，扩大到国家民族的大团结，这是中国人具有的良好传统观念，应妥加保护。』〔三〕毛泽东主席在一九五八年成都会议上的讲话中也曾说道：『收集家谱、族谱，加以研究，可以知道人类发展的规律，也可以为人文地理、聚落提供宝贵的资料。』新中国成立以来，由于极左思潮的影响，族谱、家乘的修纂、整理、研究，一度被视为『封资修黑货』遭到摧残，一大批珍贵的族谱文献被付之一炬。但广大民众仍然甘冒风险，对族谱、家乘妥为保存。尤其值得大书特书的是上海图书馆，在老馆长顾廷龙先生的率领下，冒着重大的政治风险，从废品站、造纸厂抢救了一大批族谱文献，为保存中华民族的传统文化立下了历史功勋。

到二十世纪八十年代，随着改革开放的深入发展和全球寻根热的兴起，弘扬优秀的传统文化，倡导中华民族固有的传统美德，受到各界人士的高度重视，谱牒文化得以解冻复苏。族谱、家乘的社会价值和现实意义，日益显现出来。为此，一九八〇年国家档案局在大陆范围内调查统计各藏书单位的家谱收藏情况，获得家谱目录四千余条。一九八四年春，国家档案局二处、南开大学历史系、中国社会科学院历史所通力合作，决定联合编纂《中国家谱综合目录》，国家档案局、教育部、文化部等部委联合发布了《关于协助编好〈中国家谱综合目录〉的通知》，明确指出：『家谱是我国宝贵文化遗产中亟待发掘的一部分，蕴藏着大量人口学、社会学、民族学、民俗学、经济史、人物传记、宗族制度以及地方史的资料，它不仅对开展学术研究有重要价值，而且对当前某些工作也起着很大作用。』要求各省、市、自治区和相关部门协助做好家谱综合目录的调查统计编目上报工作。经过多年的努力，《中国家谱综合目录》终于在一九九七年问世，收录中国家谱目录一万四千七百一十九条。

目前，我国已形成了以北京国家图书馆、上海图书馆、山西省社会科学院家谱资料研究中心为主的三大家谱收集、整理研究基地，并推出了一批研究成果，编纂了各自的家谱收藏目录。其中山西省社科院收藏家谱已由二千八百部增加到近四千部，出版编纂了《中国家谱目录》（山西人民出版社，一九九二年四月第一版）、《中华族谱集成》（巴蜀书社一九九六至一九九七年陆续推出）等大型家谱专著。北京国家图书馆在二十世纪八十年代中期对馆藏家谱进行大规模整理，历时三年，完成了《北京图书馆馆藏家谱提要》的编写，著录各种家谱二千二百二十八种。上海图书馆是目前国内收藏家谱最多的部门，藏谱总量约占全国已查明家谱总数的一半以上，并于二〇〇〇年五月整理出版了《上海图书馆馆藏家谱提要》。同年十一月，上海图书馆受文化部的委托，负责牵头编撰《中国家谱总目》，邀约全国各省、市、自治区大型图书馆参与其事。历经八个寒暑，在海内外六百一十四家谱牒文献收藏单位、千余名《总目》编纂人员的积极参与、共同协作下，十卷本的大型《中国家谱总目》于二〇〇八年十二月由上海古籍出版社正式出版，共收录了家谱条目五万二千四百零一种，成为中国目前收录家谱最多的专题性目录。

【注释】

〔一〕〔二〕 参见王鹤鸣：《中国家谱通论》，上海古籍出版社，二〇一〇年一月版。

〔三〕 《孙中山集外集》，上海人民出版社，一九九〇年七月版。

第二节　维系宗法的圣殿　朝宗谒祖的祖庭

宗祠，也称祠堂、家庙，是宗族祭祀祖先的厅堂，被视为血缘崇拜的圣殿。在古人看来，祠堂是宗族的象征，是先祖英灵安居的场所。因此祠堂的第一要义和主要作用，就是朝宗谒祖、祭祀先人。祭祀的对象主要有得姓受氏之祖、开宗立派之祖、本宗始迁之祖，以及有功业、德行的历代先人。

由于祠堂祭祀祖先的范围、内容不同，所以祠堂有总祠、支祠、分祠等不同类别和称谓。由同姓合族合祀者称为总祠或宗祠，祭祀祖先往往追溯到数十世、上百世之远。如周姓以后稷为始祖，吴姓以太伯为祖，姜姓以姜尚为祖，王姓以王子乔为祖，陈姓以陈胡公为祖，林姓以比干为祖，李姓以皋陶为祖。浙江淳安的江姓太宗祠中，则一直追溯到轩辕黄帝的世系。江苏无锡梅里的吴氏大宗祠，也是吴太伯为吴氏得姓受氏之祖，追溯到商末周初，距今已有近三千年历史。分支各祀者称为支祠、分祠，一般祭祀为本支派、本家族的开宗立派之祖或始迁之祖。祠堂的规模和建制，视家族人口的众寡、支派的大小和族田、族产的丰盈、实力而定。一般为数开、数进的宫殿式建筑，富裕家族的祠堂异常富丽堂皇，有二三十区的房宅。

各个家族的各类祠堂，虽然类型不一，规模不同，但其所展示的文化内涵、所具有的社会功能，主要有以下几个方面：

一　朝宗祭祖　报本思源

人类对祖先的崇拜，由来已久，早在氏族社会已经盛行。在殷墟遗址中，就发现有祭祀墓主而建造的享堂。殷商时期，同姓者有共同的『宗庙』，同宗者有共同的『祖庙』，同族者有共同的『祢庙』。到周代，由于宗法制度的确立，庙制逐步完备，据《礼记·王制》云：『天子七庙』『诸侯五庙』『大夫三庙』『士一庙』『庶人祭于寝』。这里所说的『七庙』『五庙』『三庙』『一庙』，是根据不同的社会地位，可在宗庙中分别设置和祭祀七代、五代、三代、一代以上祖先的亡灵。庶民不设宗庙，在寝堂中祭祀祖先。宗庙是宗族血脉所系，也是宗族盛衰的标志。兴旺的家族，四时祭享，香火不断；衰败的家族，则宗庙残颓，香火断绝。尤其是帝王的宗庙（也称太庙），不仅是宗族的象征，也是国家政权的象征，还是国家举行大典、宣布重大决策、新君继位、策命大臣、召会诸侯的场所。历代帝王都将宗庙看作是王权统治的精神支柱，是国家权力的重要标志。『宗庙社稷』的存毁往往成为一个朝代、政权兴亡更替的代名词。所以《左传》中说：『国之大事，在祀与戎。』意思是说，敬宗祭祖与整军经武，都是关乎国家兴亡的大事。每当改朝换代之际，新的统治者在营建宫室时，首先要营建宗庙。今北京天安门广场的劳动人民文化宫就是明、清的太庙。

民间的祠堂，是西汉时才发展起来的。秦汉时，往往在帝王陵墓所在之地建立祠堂，以便祭祀，故也称为『享堂』，因所用建筑材料多为石块，也称『石室』。民间也有仿效。现存于山东长清县孝里铺孝堂山的郭氏墓祠，是已知的国内保存最为完整、建筑年代最早的民间祠堂实物。孝堂山原名巫山，因山上有郭孝子墓和祠堂而改称孝堂山。根据其祠内存有『泰山高令明永康元年（一六七年）十月二十一日故来观记之』，『平原湿阴邵善君以永建四年（一二九年）四月二十日来过此堂叩头谢神』的两幅题铭，以及祠内的画像风格推断，其建筑年代约为一世纪前后。石祠坐北朝南，面阔四点一五米，进深二点一五米，室高二点六四米。石祠内部三个壁面及石梁两侧，刻满各种历史故事和反映当时现实生活的画面，据此，可以了解风行汉代的民间石祠的具体形象和构造。一九六一年被国务院列为全国第一批文物保护单位。

与孝堂山郭氏石祠齐名的还有嘉祥武氏石祠。嘉祥武氏石祠位于山东省嘉祥县翟山麓，建造于东汉，因祠内保存有价值极高的汉代石刻艺术而驰名中外，被列为全国重点文物保护单位。

嘉祥县武氏石祠，由武梁祠、武荣祠、武班祠和汉代石刻组成。武梁，字绥宗，曾任州从事，卒于汉桓帝元嘉元年（一五一年）；武荣为武梁之侄，武班生卒年不详，与武梁当为同族。武梁祠最有价值的是先后发掘出来的四十三块汉代画像石刻，既有祠主人的主要经历和生活场景，也有古代的历史故事，而且每幅画像上都有隶书题字，共一千零六十九字，是十分珍贵的历史资料，也是稀有的艺术珍品。

东汉以后，魏晋南北朝、隋、唐、五代至北宋，朝廷虽然容许民间修建祖庙，但等级规定很严，有资格修建祖庙的人物寥寥无几。因此祠堂的发展相对缓慢。至宋代，由于理学盛行，儒家『三纲五常』伦理道德观念得到加强，『孝为百行之首』。所以朱熹在《家礼》中规定：『君子将营宫室，先立祠堂于正寝之东。』而且，『或有水盗，则先救祠堂，迁神主遗书，次及祭品，后及家财』。祠堂被视为高于一切，为家族命运之所系，具有神圣不可侵犯的地位。因此，名宦巨贾、豪门望族增建祠堂，以显其本，以祭其祖，宗法、血缘观念由此得以强化。自《家礼》问世之后，臣民祭祖的建筑才被称作祠堂。

明清时代，宗族制度处于成熟发展阶段，祖先祭祀作为家族的重要活动，受到人们的高度重视，祠堂作为家族具有凝聚力的象征，其营建就成为全体族人共同的意识。官方当局也予以足够的关注和重视。明洪武初年规定：官家祠堂按《家礼》旧制，庶民可祭祀祖父母、父母二代。洪武十七年（一三八四年）又采纳唐县知县胡秉中的建议，将庶民祭祀二代改为曾、祖、祢（父）三代。成化十一年（一四七五年）国子监祭酒周洪谟建议整顿祠堂之制：『令臣、庶祠堂之制悉本《家礼》……令一品至九品各立一庙。』嘉靖十五年（一五三六年），明王朝重建九庙，朝廷议定庙制，礼部尚书夏言同时呈上《令臣民得祭始祖立家庙疏》：『臣忝居礼官，躬逢圣人在天之位，又属当庙成……乞诏天下臣民冬至日得祭祖……乞诏天下臣工建立家庙。』[二] 嘉靖皇帝准照颁行，庶民之家建祠之风由此盛行。尤其是明代中后期到清代中叶，在人文发达的江南地区，祠堂的修建更是十分普遍。以江西为例，据乾隆二十九年（一七六四年）统计，全省七十八个州县中，各姓修建的总祠达八十九处，由一姓一族修建的支祠达八千九百九十四个，几乎所有村镇都有祠堂，有的一个村庄即有数个之多。再比如安徽省，不仅祠堂众多，而且规模宏大，远近驰名，有的一直留存至今。如安徽黟县的南屏村，从村口到村中，就有叶氏、程氏、李氏等八个祠堂，南屏村也以『祠堂村』闻名遐迩。又如安徽歙县的富堨村，是汪姓聚居的村庄，除全族共建的『大本堂』之外，又按照分支派别建起了『绥仁堂』『仁安堂』『敦本堂』『余庆堂』『嘉德堂』『仁清堂』『仁和堂』七个支祠。安徽黟县西递村也以祠堂众多，且规模宏伟久负盛名，如村中的『明经胡氏宗祠』，据族谱记载，明经胡氏乃唐昭宗李晔后裔，因唐末避难，育于婺源胡氏，遂以胡为氏。宋元年间迁黟县西递，为西递始祖，在西递村中即建有『本始堂』『追慕堂』『敬爱堂』『仁让堂』『七贤祠』『霭如公祠』等众多祠堂，均为江南祠堂的经典之作。因此，西递村于二〇〇〇年被列入联合国人类文化遗产名录。还有安徽绩溪的龙川胡氏宗祠、周氏宗祠，婺源江口的俞氏宗祠，宁波的秦氏宗祠，苏州的王家祠堂，无锡的吴太伯祠，江西流坑的董氏大宗祠，福建邵武的董氏宗祠……都是久负盛名的江南名祠。二〇〇四年十二月，笔者应无锡祠堂文化研究会之邀前往无锡实地考察时，发现仅在无锡惠山公园不足零点三平方公里的范围内就留存有七十一个姓氏的一百一十八座祠堂的遗迹、实物，江南祠堂之盛于此可见一斑。

明清时期在全国各地创建或重修的各类祠堂为数众多，留存至今的也为数不少，如山西晋城皇城村的陈氏祠堂、代县的杨业祠，广州的陈氏祠堂，台南的延平郡王（郑成功）祠，都是享誉海内外的著名宗祠。

祠堂里一般塑有先祖塑像，或悬挂祖宗图像，安放祖先的神主牌位，书写祖宗名讳、生卒年月，原配、继配的姓氏。有的红底黄字，有的蓝底黑字，其被认为是祖先的亡灵所在，因而也叫『灵位』。灵位的安放也有一定的规矩，正中神龛最为崇重，安放、供奉本族始祖，左龛为『崇德』，供奉有功名出仕、德泽于民的先祖；右龛为『报功』，供奉捐资赠产、大修祠堂、购置族田、创办义学等有功于本族的先祖。此外，其他的历代祖先则按『左昭、右穆』的顺序分别安放于偏殿、侧室。除受到出族之罚外，一般男子死后其神主牌位都进入祠堂。也有部分族人，因不敬祖宗，出家为僧，或娶娼妓为妻及操业卑贱因而不得参加考试者，均不得在宗祠立位。

宗祠中举行的最隆重的仪式是对祖宗的祭祀。大多数宗族每年举行春、秋两祭。也有些宗族只举行春祭，也有的宗族实行四时祭祀，即每年春、夏、秋、冬各祭一次，具体时间无统一规定，多在民间传统节日，如清明、夏至、秋分、冬至、春节进行。遇有子孙科举，或晋升官爵，或受朝廷的恩荣赏赐，也可开祠堂特祭。在祭祀日的前夕，有关执事人员应清扫宗祠，布置祠内的享堂，并按照本族的祭规准备好各色祭品。祭品不应过奢，但也不得数量不足或质量稍次。大祭前执事的子孙应事先练习祭仪，『务令骏奔娴熟，赞唱清明』，不得在祭祀时出差错。并有明确分工，有主祭人、分祭人、司赞、司祝、司爵、司筵、纠仪等执事人员，分别负责主持、司仪、读祝词、管祭品祭器、纠察纪律等。在祠祭日，合族成年男子都应与祭。即便散居到数十里、数百里以外，每年或两三年也须与祭一次。族众于祭日的清晨务必风雨无阻按时毕集，不得迟到。与祭者必须身着礼服，衣冠整肃，不得蓬头赤足或身着短衣小帽。同时，不少宗族除禁止妇女入祠与祭外，还禁止孩童与祭。这是唯恐小孩不懂事，会吵闹、捣乱，破坏祭祀的肃穆气氛。祭祀开始后，族众应依照辈分来列队，不得先后羼越。在按祭规行礼时，不得草草敷衍，也不得乱言、戏谑、喧哗。

祭祖的原则是『必丰、必洁、必诚、必敬』。其中最根本的是『敬』，就是对冥冥之中的祖先心存敬畏，虔诚信奉，『事死如事生』。祭祀祖先最主要的礼仪是『三牲』『三献』与『尸祝』。『三牲』是指牛、羊、猪三种供品，也称『太牢』，古代只有帝王、圣贤才能享用。二品以上官员可用猪、羊各一只，五品以上用羊一只，五品以下人家，只用猪一只，猪、羊供品，统称『少牢』。『三献』是『初献』『二献』『终献』三道上供程序。『尸祝』是指替死者受祭，象征死者的人，称为『尸』，对『尸』致祝词和向鬼神传话的人为『尸祝』。『尸』一般由臣下或晚辈充任，后世改为用神主、画像来代替。

祭祖的大致程序是：（一）主祭人向祖宗神位行礼；（二）族长离开享堂，迎接牺牲供品；（三）初献，在供桌上摆放筷子、匙勺、盏碟；（四）宣读祝词；（五）焚烧明器纸帛；（六）奏乐；（七）族人拜祖；（八）二献上羹饭、肉；（九）三献上饼饵菜蔬、果品。在初献、二献、三献之间，都有上香、礼拜等仪式；（十）撤去供品；（十一）族人会餐（古人称为享胙），分发供品（也称散胙）。

但在实际祭祖程序中，三牲、供品、祭器、香烛都是事先陈设整齐，届时由主祭人带领族人跪拜、致词。程序上大为简化。祭祖的经费开支，一般由族田、族产公共收益中支出，若有不足部分则由族人捐助或摊派。

二　维系宗法　凝聚血亲

宗祠、祖庙是朝宗祭祖的圣殿，也是族权宗法的象征。凡是族中的重大事宜，均要在祠堂中议定，按族规宗法进行处理，因而宗祠也成为行使族权宗法的场所，具有宣扬教化伦理、凝聚约束族人的重要功能。在『宗君合一，家国同构』的封建社会里，族权和宗法乃是政权和国法的延伸和补充。宗族组织就是维护国家机器、推行政策法令的基层组织和有效工具。在长达两千多年的封建宗法社会中，宗族作为社会特有的普遍性组织，对社会的政治、经济、文化的发展有着很大影响。尤其是明清以来，族权被官方正式承认，成为辅助国家政治、维护封建统治、推行各种制度的有效的组织机构。

首先，宗族内实行严格的族长制，族长集一切权力于一身，避免了族内因权力之争引起的混乱。祠堂的设置，各类族规的制定以及其他典章制度的实行，对族人的思想、言行严格控制，将其约束在封建伦理道德的说教下，使等级差异、贫富不公等许多矛盾相对得到掩盖，避免因其激化而引起的社会动荡。另外，宗族的势力始终与国家政权密切相连，宗族内部政治、经济的稳定发展，保证了国家政治的稳定延续，二者相依相辅。

祠堂的管理之权，一般由长门嫡派出任族长，主持管理，并选派族中子弟负责日常有关事务，按照族规家法严加管理。在平时，族众应维持宗祠庄严、清静的氛围。祠堂应锁闭大门，从耳门出入。在祠内不得堆放粮食、柴草、棺木及其他杂物，不得让人借宿，不得让工匠做工，特别是不得在祠内聚赌，或是将宗祠赁于他人。有些宗族特许族内的文人在祠内读书或会文。到清末民初，不少宗族还利用祠内的空房来兴办小学。不过，有的宗族认为宗祠『永宜清静』，唯恐『异姓杂处，有亵先灵』，因而一直禁止将宗祠作为办学的场所。对于祠内的财产，禁止族人私自借用。也有些宗族允许族人在婚丧诸事时借用祠内器用什物，但在事毕后应立即送还。为维护宗祠，有些宗族雇佣专人来进行管理。一些宗族则由各房或各支来轮流『值年』。在宗祠的房屋有所损坏时，他们就应及时进行维修。

其次，在传统农业经济的结构中，宗族促进了小农经济的稳定发展。小农经济的特点是以家庭为单位的一家一户的自给自足，既直接影响了先进技术和经验的推广，又不利于水利、道路等公共设施的建设。另外，以家庭为单位的个体小农在与自然的抗争中，常显得力量不足。个体小农力所不及之处，正是宗族发挥特具功能的地方。宗族利用自己的群体形式，联合各自独立的家庭，在一定程度上缓解了个体小农因自我封闭在提高生产率与发展经济上造成的阻碍。特别是宋代以后，范仲淹创办了义田、义庄，许多强宗大族纷纷仿效。义庄、义田的设置，既能赈济贫困的族人，又发挥了经济上自助救济的社会职能，从而使族人在维护极低生活水平的基础上，稳定了家庭和个体小农经济。

一些较大的宗族都有其公共族产，而这些公共族产的收入相当一部分是用来维修宗祠、祭祀祖先的。族产主要有以下几个来源：其一是捐助和摊派。例如，开沙许氏规定，有家资五百贯的族人，每岁捐钱五百文；一千贯者，每岁捐钱一千文；有万贯者，每岁捐钱一万文。每有男婴出生，也须向宗族交纳五百文。其二是罚款。罚款是很多族规普遍采用的惩罚方式。对违反家法族规者几乎都处以罚款，罚款的条款各族不同，金额多少不等。其三是办事费。在很多宗族中，族人死后的神主进祠堂都要交纳一定的钱款，作为宗族经费。如甬东湖下应氏规定，要将一个牌位放进祠堂，须付进主钱一千二百文。此外如续修家谱、举办慈善事业及涉及全族的大事，都要向族人摊派。其四是瓜分或占有遗产。不少宗族都规定，如死者要立继，应将部分遗产归公；无后的族人，其财产均收归祠有。其五是族田、房租等固定的收入。大多数宗族的族产是土地。这些土地主要用于维修和祭祀祖墓的，叫作墓田；主要用于学塾开支的，叫作学田；主要用于救济贫苦族人的，叫作义田。同时部分宗族在城镇里还有一些房产及店铺。一些大族，特别是南方大族，还有一种特殊产业，叫作义庄。义庄与义田的收入都用于救济贫苦的族众。对于族产，几乎所有宗族都奉行只许买进不许卖出这一单向流动的原则。子孙有『永远保守』族产的职责，典卖这些产业者，即会被视为不孝子孙。

一般情况下，族产由尊长们选择正直老成的族人来经理。另一些宗族的产业则由各房轮流掌管，这叫作『值年』。为了防止经理者贪污舞弊，很多宗族备有专门的账册，要求经理者详细登录开支情况。到来年初，他们应将开支项目向族众公布，或由接替者仔细查核。如发现滥用或侵吞族产的行为，不仅当事者会受到赔偿、罚款、出族等惩罚，甚至该房也会受到永远取消值年资格之类的惩处。

三　规范伦理　注重教化

宗祠祖庙，既是维系宗法的圣殿，也是宣扬教化的场所。一般的宗祠、祖庙里都列有族规、祖训、家诫、箴言，有的立碑刻石，约束族人，也有的载入族谱、家乘，教化后人。

中国传统社会是一个家天下的社会。在『宗君合一，家国同构』的封建宗法社会里，家庭和宗族就成为国家的基石，直接关系到政权统治和长治久安，经过历代王朝的倡导和经营，形成了一套以『保家为经，宗法为纬』的基层统治网络。皇权依赖于族权，国法得益于家法。家法、族规成为国法的延伸和补充。

一个以血缘传承为脉络的家族，把众多族人团聚在一起，形成一个同财共居的大家庭之后，族大人多，关系复杂。这就需要制定一些规范族人的相互关系，约束族众的思想行为、伦理道德的规矩、办法。这些规矩、办法，开始是习惯上的约定俗成，即由族长口头上规定几条，族人共同遵守。后来形成条文，写在纸上，就是成文的族规、家训、家诫。

族规、家训作为宗法制度的产物，在封建社会前期就已经出现。例如东汉马援的《诫兄子严、敦书》，就是讲的子侄等晚辈如何读书做人的道理，就其内容而言，可以说是封建家训的雏形。而北齐时颜之推编撰的《颜氏家训》，则已经是比较完整意义上的家训了。在宋代以后的封建社会后期，在程朱理学的影响下，家训、族规迅速发展起来。每个家族必有一部以至数部家训、族规，大部分被编辑在各个家族的家谱之中，是家谱的重要组成部分，有的还被传抄、翻刻，在社会上广为流传。内容一般都有所谓重纲常、祭祖宗、孝父母、友兄弟、敬长上、亲师友、训子孙、睦邻里、肃闺阁、慎婚姻、严治家、尚勤俭、力本业、节财用、完国赋、息争讼等项目，是家族、家庭中父祖等长辈教育子孙如何做人和修身齐家的诫勉之辞，以及规范家族和族众思想行为的道德原则和注意事项。不同家族的族规、家训有着不同的侧重点。有的侧重在思想修养方面，教育子孙按照封建道德的要求，做正人君子；有的侧重在礼节仪表方面，要求子孙如何对待父祖和晚辈，对长辈态度要顺从、谦逊、恭敬。更多的则是侧重在行为准则方面，告诫子弟族众哪些事应该做，哪些事不能做，明清时期各地家谱中所收载的家训、族规大都属于这一类。由于各地区的风俗习惯不尽相同，各宗族、各家庭的政治、经济、文化等背景也不相同，因而他们订立族规家法时的指导思想并不完全一致。不过，绝大多数族规家法都体现了下列三个基本原则：

第一，合乎礼教。当时社会上占统治地位的思想，是孔子的儒家思想，在订立族规家法时，大多参考了宋代理学家朱熹撰写的《朱子家礼》，使这些规范体现了礼教的精神，其核心即三纲五常。尽管族规家法很少涉及国家，并没有积极宣扬『君为臣纲』思想，但是众多的族规家法确以

『父为子纲』、『夫为妻纲』为基调，充分体现了父子、男女之间的不平等。例如，几乎所有的族规家法都将忤逆父母列为最严重的罪行，要予以笞责、鸣官直到处死等最严厉的惩罚。而大部分族规家法几乎都没有提及父母对子女包括继子的虐待也是罪恶，没有规定对这些凶狠的父母也应予以惩罚。

第二，注重教化。绝大多数家庭和宗族订立族规家法的主要目的之一，就是『明刑弼教』、『修身齐家』，用大量的篇幅谆谆教诲子孙如何立身处世，并作出对于违反者应予处罚的规定，寓教于罚，旨在使失足的后裔迷途知返，并起到惩一儆百的作用。此外，大多数族规家法还十分注重奖励，以多种方式奖励能提高家庭、宗族社会地位和声望，拯救家庭、宗族于危难之中的人物，为之树碑立传，载入家谱，从而树立正面典型，供合族、全家效仿，甚至作为子子孙孙学习的楷模。

第三，符合国法。我国很多族规、家训的制订者都认识到，族规家法应参照国法、合乎国法。如宜荆朱氏指出：『家法必遵国宪，方为大公。』使族规家法符合国法，不与国法相冲突，这是当时的宗族、家庭能够在社会中安全地生存、发展下去的前提之一。否则，后果是不言自明的。可见，国法也是族规家法的源头之一。同时，有些族规家法的订立者还将这些规范当作国法的补充。

族规、家训作为家族文化的重要内容，既有宣扬纲常名教、维护封建等级秩序的消极因素，但也总结了历代『修身齐家』的历史经验和教训，蕴含有中华民族的许多传统美德，对于今天加强家庭道德教育、规范青少年的社会行为、巩固安定团结的政治局面、促进精神文明、建设和谐社会都有一定的现实意义和积极作用。

从历代族规家法的内容来看，主要包括以下四个方面：

第一，倡导尊老敬长，团结友爱，和睦相处，和衷共济的伦理道德。几乎在所有的族规家训中，都把『孝悌』二字作为治家教子的基本格言。孝，是指儿女子孙对父母长辈的尊敬和奉养；悌，是指兄弟间友爱团结。『孝悌』是人类进入文明社会以来的基本伦理，尤其是宋代程朱理学盛行之后，更成为评判人格、品德的重要标准，成为封建伦理的核心，故有所谓『百善以孝为先，忠臣出于孝子之门』的说法。常州《陈氏家谱·家规》明确规定：『小儿甫能言，则教以尊尊长长，稍就学，则教以孝悌忠信礼让廉节。』要求子女对父母长辈赡养要丰、侍奉要敬。根据礼教，卑幼者对尊长必须毕恭毕敬，不得与长辈平肩并坐，不得直呼长辈的名字，也不得呼其名号、表字，否则就是『以卑狎尊』。在卑幼与尊长有所纠纷时，幼辈必须处处忍让，不能顶撞尊长。要是卑幼与尊长发生了冲突，即便错在尊长，卑幼也往往会首先受到惩罚。如章溪郑氏规定，尊卑发生争论时，尊长『如恃尊凌卑，有所侵夺』，卑幼可告诉宗长，由宗长来处理；但『若卑犯其尊』，宗长就要『先责其犯上之罪』，而后再辨别这一争论的曲直。与此同时，很多族规家法还规定，尊长应自重自爱，切不可以尊凌卑。对于无理欺压卑幼的尊长，不少宗族还会予以惩罚。如峒岐谢氏规定：『若恃尊凌卑，恃长凌幼，甚或藉端起衅，谋害族中，此等尊长，实为族蠹』，『理宜公同议逐，使无贻害于后』。可见，虽然卑幼必须敬重尊长，但在族规家法面前卑幼和尊长仍是相对平等的。

为了便于区分族人的辈分，很多宗族都设定了本族的『字派』，即同一辈的子孙，其名字的中间一字必须使用同一个字。不少宗族还将它们编成押韵的诗歌。如韶山毛氏的『字派』：『立显荣朝仕，文方运际祥。祖恩贻泽远，世代永承昌。孝友传家本，忠良振国光。起元敦圣学，风雅列明章。』在规定了字派的宗族中，族人在取名时不得犯字派，不得犯祖宗的名讳；若遇上这种情况，宗族就会要求他们改名，否则，便会予以革谱等惩罚。

众多的族规家法都强调，族人应互相关心帮助，这叫『敦族谊』、『和宗族』。这是因为合族之人都是始迁祖一人的后裔，因而对一家一房来说，族中人有亲有疏；而对祖宗来说，所有的族人都是他的后裔，他都是一视同仁的。因此，作为同一祖先的后人，就应该互相关心，不能『鸡犬之声相闻，老死不相往来』。族中人有婚丧嫁娶等大事，都应该积极参加，尽力帮助。

很多族规家法都规定，对于屡遭颠沛、迭遇凶荒的族人，以及父母早丧、家业凋零的孤儿，血缘关系较近的族人应助其衣食，或动用宗祠的公积金来加以周恤。建有义庄的宗族通常也给孤儿寡母以及孤寡老人分发较多的粮食、棉花及钱物。

若干宗族不仅为贫苦的族人救一时之急，还帮他们成家立业。对贫苦的子弟，紫江朱氏将视其『才力』，即看他们适合从事什么职业，来决定如何设法帮助。经过考察，或是凑集本钱，让他们做点小买卖；或是划出些田地，让他们承租耕种；如果是聪颖的子弟，则出资帮助他们就学，『俾得发名成业』。徽州等地一些注重经商事贾的宗族，则会给族中贫苦的子弟提供进店学艺的费用，并在他们满师时再为他们提供一点经商的本钱。对于节妇的子弟，不少宗族给他们以更多的帮助。常州屠氏就特设恤孤家塾，免费让贫苦节妇之子入塾读书，并在他们出塾谋生时赠送『衣履之费』。还有些宗族设立了一些专门用于济贫的基金。例如，丹徒陈氏规定，资产素丰的族人在婚娶之时应『输赀于祠』，作为宗族的积累。日后族中有贫不能娶者，宗族即以此款酌量资助，使他们得以成家。

第二，教育子弟『力农务本』，克勤克俭，宽厚忍让，严于律己，读书上进，光宗耀祖。

历代族规家训大多有『劝勤俭』或『戒奢侈』的条目，阐述勤俭为本、勤俭持家的道理，提出骄奢可以败家亡身的警告，劝谕子孙族众克勤克俭、戒骄戒奢。会稽《顾氏家训》说：『勤俭二字，古人谓众宝之门，入之则成，出之则败。是以大贤君子，虽处卿相之位，而俭约如布衣。』昆山《朱氏家训》专列『论勤俭』一章，详细论述治家持身的勤俭之道：『勤与俭，治生之道也。不勤则寡入，不俭则妄费，寡入而妄费则财匮，财匮则苟取，愚者为寡廉鲜耻之事，黠者入行险侥幸之途，生平行止，于此而丧。』在这里，把治家和持身的勤俭与奢侈同人的品行修养联系起来。一味追求生活上的奢侈享受，经济条件又不允许时，就必然会走到鼠窃狗偷的路上去，干出丧失廉耻的事，教育子孙本分地读书做人，加强品德修养，莫如从提倡勤俭开始。这种见解是相当深刻的。所谓『黎明即起，洒扫庭除』，『一粥一饭当思来之不易，半丝半缕恒念物力维艰』，就是昆山朱氏提出来的，后来成了人们常用的勤俭持家的格言。

人和人的相互关系上能否做到忍让宽厚，严己宽人，从根本上说，是表明了人们对于金钱、物质利益的态度。这是区别君子、小人的一块试金石。族规家训中有大量的内容是提倡这种乐于吃亏、莫占便宜，宁人负我、勿我负人的传统品德的。如宁都《魏氏家训》说：『我不识何等为君子，但看日间每事肯吃亏的便是；我不识何等为小人，但看日间每事好占便宜的便是。』明代杨继盛在狱中写的《训子语》，是一部很有社会影响的家训，其中他教育儿子们的『与人相处之道』，就充分地体现了那种乐于吃亏、不贪便宜，宁人负我、勿我负人的传统品德：『与人相处之道，第一要谦下诚实。……宁让人，勿使人让我；宁容人，勿使人容我；宁吃人亏，勿使人吃我亏；宁受人气，勿使人受我气；人有恩于我，则终身不忘，人有怨于我，则即时丢过。』忍让、宽厚、吃亏、不占便宜等道德观念，在阶级社会里是有阶级性的。封建族规家训提倡这些东西，即使在当时的历史条件下，真正做到的也微乎其微。但作为一种处理人际关系的道德原则，确是值得提倡的优良品德。

教育子孙读书明礼，处世做人，是历代族规家训中的一大特色。如任丘《边氏家训》说：『天下事利害常相半，有全利而无少害者惟书。能令子孙饱读古人书，便是人间三岛。』又如五华《缪氏家训》说，子孙虽守本分，『若不读书晓理，块然如土俑木偶，则亦何用』。常州《周氏家训》也说：『子孙赋性虽愚，父兄即家贫力薄，经书不可不读。』封建家族势力认为有百利无一害的书，自然是指语录时文、四书五经，他们并不主张凡书皆可读（例如许多族规家训在提倡认真读书的同时，严禁子弟读淫书、邪书），但他们确实比较深刻地认识到读书好坏对于一个家族兴衰的重大关系，所阐述的道理也比较深刻。

关于读书的目的和态度，多数封建家族固然都十分卖力地鼓吹『万般皆下品，唯有读书高』，『祖宗富贵自诗书中来』，『光大门户，断在读书』，要求子孙族人努力读书，应举做官，光宗耀祖，扬名显亲。但也有一些颇有头脑的家长、父辈主张读书应先求义理，变化气质，探寻学问，学做好人，教导子孙、族人正确处理读书和做人、读书和科举的关系，千万不要单纯追求功名利禄，忘记了书中的道理和做人的品格。如昆山《朱氏家训》，明确提出子孙读书的目的应是讲求义理，学做好人，反对单纯追求章句辞藻，更反对专为科举而读书：『圣贤之书，不为后人中举人进士而设，是教千万世做好人。』又说：『读书先论其人，次论其法。所谓法者，不但记其章句；做好人之读书，未尝不解章句，而其重究竟只在义理。』那种义理、章句都不探求，只以读书来装点门面，文过藏拙，『胸中记得几句古书，出口说得几句雅话』，别的都不知道，是子孙们尤要切忌的。《五华缪氏家训》也告诫子孙：『若读书不务学问，徒藉此为名者……不若做一闲人。』

这种教子读书，求知识、学做人的家庭教育，不仅在当时有其积极的作用，即使在当今社会中，也是值得借鉴和继承的优良传统。

第三，讲究文明习俗，注重社会风尚，劝诫子弟不要沾染恶习，是历代族规家训的又一特色。封建族规家训主张整顿不良的社会风气，要求革除的恶习陋俗，主要有以下一些：

（一）反对迷信阴阳风水、讲求厚葬、大办佛事道场的殡葬陋俗。主张从速从俭葬亲，切莫因丧事弄得破产丧家。如前所述，在封建社会中，对父母祖先生养死葬，是孝的起码要求，也是子女晚辈应尽的社会义务。因此葬亲是家庭、家族中的一件大事。长期以来，社会上形成一种追求厚葬，大做佛事道场，追荐超度亡灵的陋俗，弄得有的人破家葬亲，甚至以此为荣。那种迷信风水阴阳，认为祖坟葬于吉地，子孙必然大富大贵的风气亦十分流行。有的子孙为等到风水宝地，长期停柩不葬；有的为谋取他人的所谓吉地，设谋陷害，甚至伤天害理，诉讼连年。面对这些坏的社会风气，许多族规家训都主张进行整顿，革除这些陋俗。如西林《岑氏家训》规定，亲死要从速下葬，不准『用僧道，设斋醮』，教育子孙不要相信超度亡灵、忏罪资福的无稽之谈。如果死者生前确有过恶，孝子贤孙就应当加倍修德行善来弥补，这是对死者的最好的超度。如果族中有『或羁束于仕宦，或拘忌于阴阳，或贪求夫吉壤，至有累年而不葬者』，『绅则不许入官，士人则不许赴举』，并『严立禁约，毋染颓风』。

（二）主张男婚女嫁，注重人品，莫贪钱财。如昆山《朱氏家训》要求：『嫁女择佳婿，勿索重聘；娶媳求淑女，勿计厚奁。』长沙《谢氏家训》把计厚奁、索重聘陋习的危害说得十分透彻：『近来俗尚侈靡，富者踵事增华，贫者亦强求饰美，每因婚嫁之受累，遂致家用之空虚，甚至门户萧条，亲戚相弃，悔之晚矣。』并劝谕族人：『与其奢侈而取困穷，曷若节省以重久远，且为儿女惜福！』

第四，严禁子弟沾染社会上的恶习，主要是禁止子弟嫖妓、赌博、酗酒、吸毒、斗殴等。嫖、赌、酗酒、斗殴等恶习，在任何时代，均为法律和道德所不容，但它们仍然像瘟疫一样在社会上传播，对人们尤其是年轻子弟起着腐蚀作用。封建的族规家训倡导正风澄俗，整顿社会不良风气，也包括打击和革除这些社会上的恶习。不少族规家法对于犯禁子弟，轻则训诫、责打，重则送官究治，革除族籍。

综上所述，我们不难看出，族规家训，作为家族文化的重要内容、家庭教育的基石，虽然产生于封建宗法社会，带有浓厚的封建意识和等级观念，特别是『三纲五常』等庸俗、陈腐的道德观念，更是长期以来束缚人们思想的精神枷锁、维护封建统治的工具，含有大量的封建糟粕，但其中也饱含了历代人生哲理和历史经验的总结，保存了中华民族的许多优良传统美德，对于强化家庭美德教育，规范伦理道德，促进社会主义精神文明建设，仍有一定的现实意义。

【注释】

〔一〕夏言：《桂川文集》十一卷。

第九章　历代姓氏学概述

姓氏学是专门研究姓氏的起源形成、发展演变的历史规律及其文化内涵和社会功能的传统学科，也是与历史学、地理学、社会学、人类学、民族学、民俗学、人口学、伦理学、谱牒学等多种学科相互交叉的综合学科。由于它关乎国之『存亡继绝』、家之血脉传衍，与每个人都息息相关，世世代代瓜瓞绵延，一直受到社会各界的高度重视。先秦时期曾设置『奠系世，掌谱系』的专职机构，秦汉以来历代也有『掌户籍，理百姓』的各级官员，广大民众也十分注重『别婚姻，明继嗣』的宗法礼仪。因而对姓氏的研究，由来已久，代有传人，形成了一个学人众多、著述颇丰的文化体系。

中华姓氏代代传承，历经五千年来发展演变，博大精深。依据我国姓氏发展的历史脉络和姓氏学研究的情况，大致可分为先秦时期、两汉时期、魏晋南北朝时期、隋唐宋元时期、明清至民国时期和当代若干阶段。

这一时期姓氏谱系的主要功能是『崇恩爱，厚亲亲』『别婚姻，明贵贱』。姓氏既是血缘和地域的标志，也是社会地位、身份权势的象征，因而姓氏谱牒的修纂著录，多由官方掌管，组织专人编纂，形成了世代传承的姓氏谱牒世家，也有少量的私人著述问世。

第一节　先秦至南北朝时期

一　先秦时期

据文献记载，早在先秦时期，就设有专门执掌帝王、诸侯血缘谱系、姓氏传承的史官。如周之史伯、鲁之众仲、晋之胥臣、郑之公孙挥、楚之观射父，均专司其事，『皆能探讨本源，自炎、黄而下，如指诸掌』[一]。三闾大夫屈原也是专掌楚国王族昭、屈、景三姓的官员，故在其不朽的文学名著《离骚》的开篇首句即云『帝高阳之苗裔兮，朕皇考曰伯庸』，追述自己的姓氏源流。秦时的《公子血脉谱》，也是载录相关姓氏的专门著述。

然而由于秦始皇焚书坑儒，致使一大批珍贵的文献资料付之一炬。我们现今所能见到的最早记载姓氏的著述，大概只有《大戴礼记·帝系篇》和《世本》两部。

《大戴礼记》是现在幸存的比较完备系统的先秦著作，虽编纂于汉代，但书中很多篇章是春秋战国时期的作品。其中《帝系篇》系统地载录了远古传说时代的血缘谱系，是对远古先民口述历史的整理和综汇，蕴含了中国古史的丰富信息，上起黄帝轩辕氏，下迄夏王朝创立者禹、启父子，是第一部系统地记述上古姓氏渊源和传承谱系的历史文献。

据《帝系篇》所载：『少典产轩辕，是为黄帝，黄帝产玄嚣，玄嚣产蟜极，蟜极产高辛，是为帝喾。帝喾产放勋，是为帝尧。黄帝产昌意，昌意产高阳，是为颛顼。颛顼产穷蝉，穷蝉产敬康，敬康产句芒，句芒产蟜牛，蟜牛产瞽叟，瞽叟产重华，是为帝舜，及产象、敖。颛顼产鲧，鲧产文命，是为禹。黄帝居轩辕之丘，娶于西陵氏之子，谓之嫘祖氏，产青阳及昌意。青阳降居泜水，昌意降居若水。昌意娶于蜀山氏。蜀山氏之子谓之昌濮氏，产颛顼。颛顼娶于滕奔氏，滕奔氏之子，谓之女禄氏，产老童。老童娶于竭水氏，竭水氏之子，谓之高緺氏，产重、黎及吴回。吴回氏产陆终。陆终氏娶于鬼方氏之妹，谓之女嬇氏，产六子，孕而不粥，三年，剖其左胁，六人出焉：其一曰樊，是为昆吾；其二曰惠连，是为参胡；其三曰篯铿，是为彭祖；其四曰求言，是为郐人；其五曰晏安，是为曹姓；其六曰季连，是为芈姓……昆吾者，卫氏也；参胡者，韩氏也；彭祖者，彭氏也；云郐人者，郑氏也；曹姓者，邾氏也；季连者，楚氏也。帝喾卜其四妃之子，而皆有天下：上妃，有邰氏之女也，曰姜嫄氏，产后稷；次妃，有娀氏之女也，曰简狄氏，产契；次妃，陈锋氏女也，曰庆都氏，产帝尧；次妃，陬訾氏之女也，曰常仪氏，产帝挚。帝尧娶于散宜氏之子，谓之女皇氏。帝舜娶于帝尧之子，谓之女匽氏。鲧娶于有莘氏，有莘氏之子，谓之女志氏，产文命（禹）。禹娶于涂山氏，涂山氏之子，谓之女蟜氏，产启。』

《帝系篇》的上述内容，载录了中华民族的『人文初祖』轩辕黄帝和颛顼、帝喾、尧、舜、禹『五帝』三王及夏、商、周三代的历史渊源和姓氏谱系，展示了母系氏族社会末期、父系氏族社会初期姓氏『同存并用』『姓氏双轨』的文化形态，也印证了上古时期男女均可称『氏』这一历史现象，是我们解读远古姓氏文化的重要依据和珍贵典籍。

《世本》为我国第一部，也是世界第一部系统性的姓氏、谱牒学著作。《汉书·艺文志·六艺略》著录有《世本》十五篇，内容有帝系、传谱、氏姓等，记录了黄帝以来迄于战国时期帝王诸侯及卿大夫的世系、谥号等。可惜《世本》原书在宋代散佚，清代有八种辑本，其中以雷学淇、茆泮林两种辑本较佳。

关于《世本》的作者有两种说法：一说为战国时期史官所作，托名为左丘明所撰。西汉刘向《别录》云：『《世本》，古史官明于古事者之所记也。录黄帝以来帝王诸侯及卿大夫系谥、名号，凡十五篇也。』刘向之说，汉魏学者大多认同。近代学者也多从此说。陈梦家在《六国纪年》所附《世本考略》一文中，以《世本》涉及赵王迁事，并称为『今王』，认为其是战国末赵人所作。目前学术界大致推定《世本》为春秋末期或战国初期某史官所作。另一说《世本》成书于汉代初年。唐代刘知幾在其《史通·正史篇》中称：『楚汉之际有好事者，录自古帝王公卿大夫之世系，终乎秦末，号曰《世本》。』刘知幾为著名历史学家，可能得见全书原貌。而该书中所记姓氏『终于秦末』，其成书年代当在汉初。

《世本》一书的主要内容，顾名思义，『世』就是世系，『本』就是本源。『世本』二字的含义就是追溯世系的本源及其传承原委。它记录了自三皇五帝一直到春秋战国，迄于秦末的历代帝王、诸侯、大夫的姓氏起源、世系传承、分支衍派、迁居本末、生前创制、死后名号，以及其他事迹。集各代、各家分散的世系于一书，使之流传后世。后世的姓氏学家、谱牒学家、历史学家及先秦史研究的众多学者，莫不以此书为必备的参考文献，也多由此书作为研究的切入点和解析渊源。

因此《世本》既是我国先秦史的文献宝库，也是我国古代集王侯显贵家族、世系、谱牒大成的总结性著作，是后代从事姓氏谱牒学研究宗师、祖述的开山之作，在我国姓氏谱牒学史上具有承前启后的奠基作用和示范作用，标志着中国的姓氏谱牒学研究已初现端倪。

《世本》一书，后人多有集注、考释和续作。如西汉时刘向续编《世本》二卷、《世本王侯大谱》二卷；东汉时宋衷撰《世本》四卷、《世本别录》一卷；还有王氏注《帝谱世本》十卷；另有《世本谱》二卷。都是根据春秋时的《世本》体例续成。《世本》曾经散佚，所幸清代王谟、孙冯翼、陈其荣、秦嘉谟、张澍、雷学淇、茆泮林、王梓材八家有辑本，商务印书馆于一九五七年合成《世本八种》出版，才使这一名作传之于世。

关于三皇五帝及夏、商、周三代的历史渊源及传承世系，《国语·鲁语上》也有记载：

『有虞氏禘黄帝而祖颛顼，郊尧而宗舜；夏后氏亦禘黄帝而祖颛顼，郊鲧而宗禹；商人禘喾而祖契，郊冥而宗汤；周人禘喾而郊稷，祖文王而祖武王，幕能帅颛顼者也，有虞氏报焉；杼能帅禹者也，夏后氏报焉；上甲微，能帅契者也，商人报焉；高圉、大王，能帅稷者也，周人报焉。凡禘、郊、祖、宗、报，此五者国之典祀也。』

此外在《尚书》《诗经》《春秋》《左传》《礼记》《国语》及《竹书纪年》等先秦经籍中，亦可寻觅到有关姓氏的论述。其中《左传》对姓氏的起源、类别及社会功能的论述，较为精辟、系统，有较高的学术价值。

二 两汉时期

秦汉以来，中国进入封建社会的发展时期。由于秦灭六国，使大批世家贵族失去了原有的社会地位，同时也产生了大批新的统治阶层。『因生赐姓，胙土命氏』『姓别婚姻，氏明贵贱』的姓氏内涵和社会功能已失去原有的意义，姓氏通用，姓氏合一，已成为姓氏演变的一大特征。

在这一时期，有关姓氏的著述，主要是对先秦时期姓氏文化的总结、回顾，以及对当时姓氏发展演变的记录和论述。

如司马迁《史记》就引述了《帝系篇》和《世本》中黄帝以来至春秋战国时期帝王、诸侯及卿大夫的姓氏、谱系、居邑、名号等有关资料，并以『本纪』『世家』『世表』等体例，分门别类地记述了其姓氏源流、传承世系及支派繁衍的基本史实和发展脉络，是对先秦姓氏文化研究的高度概括和总结。并率先使用了『姓氏合一』的表述方式：称秦始皇『姓嬴氏』，汉高祖『姓刘氏』。清代学者顾炎武在《日知录》中说：『姓氏之称自太史公始混而为一』，『自汉代以后，姓氏合二为一，遂成一代之制』。高度评价了司马迁在姓氏学发展史上的重要地位。

由先秦时的『姓氏双轨』到汉代的『姓氏合一』，既是中国姓氏发展过程中的一大转折和变革，更是中国姓氏史上的一大飞跃和进步。

汉代为我国姓氏体系基本确立的重要时期，姓氏学研究已初具规模。如《史记》一书就曾记有大量关于姓氏谱系的资料。汉元帝时黄门令史游，为适应朝野姓氏文化的需求，撰写了《急就篇》，全书共三十一章。书中所列姓氏一百三十姓，共两千零一十六字，除开头六句开场白外，以下就是以『三言诗』的形式编排的汉代百家姓：

『宋延年，郑子方。卫益寿，史步昌。周千秋，赵孺卿，爰（袁）展世，高辟兵，邓万岁，秦眇房，郝利亲，冯汉疆，戴护君，景君明，董奉德，桓贤良，任逢时，侯仲郎，田广国，荣惠常，乌承禄，令狐横……程忠信，吴仲皇，许终古，贾友仓，陈元始，韩魏唐，掖容调，柏杜阳，曹富贵，李尹桑，萧彭祖，屈宗谈……』

从上述引文，可看出该书的几大特点：

（一）是除少数几个双音复姓（如令狐）外大多采用了单音姓、双音名的形式，表明春秋战国时期各种复姓改为单姓的历史轨迹，反映了汉代民间开始流行的姓名模式。

（二）是在三字姓名中，第二、第三个字也往往是当时的姓氏，如方、常、魏、唐、杜、阳、尹、桑等。这样《急就篇》实际所收姓氏就不仅是一百三十个而是二百多个。

（三）是《急就篇》中的姓氏大都收入了宋代编撰的《百家姓》中，它是我国第一部通俗的『姓名三字经』，对宋代《百家姓》有很大影响。

东汉以后，随着门阀制度的形成，为适应门阀世族特权阶层的需要，班固等编撰的《白虎通义》、王符撰写的《潜夫论·志氏姓》、应劭编撰的《风俗通义·姓氏》篇等姓氏专著应运而生。宣扬了门阀世族的高贵血统，为豪强大族的联宗叙谱提供了历史依据，并在姓氏文化研究中融入了浓厚的宗法色彩和等级观念，同时也开创了姓氏学中『考源类』和『姓氏分类学』的雏形。如《风俗通义·姓氏》篇和《潜夫论·志氏姓》，将先秦的姓氏按照其得姓受氏的来源，分为九大类型：

氏于号、氏于爵、氏于居、氏于谥、氏于官、氏于国、氏于事、氏于序、氏于职。

宋代郑樵的《通志·氏族略》将姓氏分为三十二类的分类法，可说是在此基础上的进一步充实和发展。

汉代私家修谱的情况较为罕见，见于典籍载录的，有汉朝外戚邓氏撰写的《邓氏官谱》、扬雄撰写的《扬雄家牒》。此外司马迁在《史记·太史公自序》中也追述其祖上出自颛顼之后司马程伯休父的历史渊源，记述了其祖上九世连续传承的姓源谱系，开创了史书载录家族谱系的先例。

在皇室宗支的管理上，汉高祖承循秦朝旧制，设立『宗正官』，由皇族中选人充任，『掌序录王国庶嫡之次，及诸宗室亲属远近』。分别设立了皇帝属籍、诸王世谱和诸侯侯籍，从而形成了大量的官修族谱。同时汉高祖刘邦还开创了『赏赐国姓』的制度，如赐予鸿门宴上护驾有功的项伯和献计先取关中的娄敬为国姓刘氏。

综上所述，两汉王朝是中华姓氏发展、演变、转折的历史时期，在中华姓氏学上占有重要的地位。

三 魏晋南北朝时期

魏晋时期，以『九品中正制』选官任职，将士人划分为九个等级，登记入簿，作为选用官吏的依据。各级政府设置谱官、谱局，负责姓氏、谱牒的登录、编撰、厘定、收存。既包括各豪门大姓的姓源谱系，也包括其人物传记，具有官方的性质，必须得到朝廷的批准，否则视为非法。其间有山涛编撰的《山公集注》、管宁撰写的《氏族昭穆》十卷、皇甫谧集录的《帝王世纪》及其弟子挚虞撰写的十卷本《族姓昭穆记》。但挚虞所撰之《族姓昭穆记》成书后进呈朝廷，『以定品违法』，不准使用。

到西晋末年，五胡乱华，中原动荡，中原华夏衣冠多随晋室南渡，以南朝为正统，更是提倡姓氏谱牒之学，以便与北朝胡人划清界限。

为适应社会的需求，东晋、南朝涌现出了一批专门从事姓氏谱牒研究的世家、大师。如被称为『贾王之学』的贾弼、王僧孺即为代表人物。东晋太元中，贾弼广泛搜集当时的许多姓氏族谱，对十八州一百一十六郡的世家大族的门第等级，予以具体划分，编成《姓氏簿状》，共七百一十二卷，由朝廷批准颁发，是当时最重要的官方巨著，成为选官任职的重要依据，也是集古今姓氏学大成的辉煌巨著。书成后，朝廷给令史书，撰定缮选，藏之秘阁及左右二曹。

贾弼传其学于子匪之，其孙贾渊（希镜）继承家学，『凡十六州氏族谱，皆其所参校缮定』。贾氏父子又与王僧孺合撰《百家谱集抄》十五卷、《东南谱集抄》十卷。贾渊之子贾执、孙贾冠，皆承其家学，祖孙六七代皆以姓氏谱牒学知名于世。可谓历史上成就最大、传承最长的姓氏谱牒世家。

与贾氏齐名的另一姓氏谱学世家是王氏谱学世家。以王弘、王俭祖孙成就最大，世称王氏『青箱学』。王弘喜好其书，贯通其学，他身为太尉，『日对千客，不犯一讳』，即熟悉各家的姓源谱系和家族史事。王俭则在贾弼原著的基础上，改写扩充为《百家集谱》十卷。王僧孺为南朝梁武帝时谱官，『知撰谱事，著有《百家谱》三十卷、《梁武帝总责境内十八州谱》六百九十卷、《范氏谱》若干卷、《徐文伦家谱》一卷等六种』。

在南朝姓氏谱系学兴盛的同时，北朝的历代政权也大力提倡姓氏谱系之学，以宣扬其血统高贵和王朝的正统地位。如北魏拓跋氏自认为是黄帝后裔，北魏孝文帝曾大力推行汉化政策。当时撰有《魏孝文列姓族牒》一卷（即《后魏谱》二卷）、《后魏皇帝宗族谱》四卷，收录了『十姓八族』的姓氏谱系。在太和十九年（四九五年）推行汉姓改革时，又制作了《官氏志》，收录了三十六族、九十九姓，皆以河南洛阳为郡望。嗣后有宗室元晖撰写的《后魏辨宗录》四十卷、《后魏方司格》一卷。此外尚有《后齐宗谱》《齐高氏谱》《周宇文氏谱》《冀州姓谱》《诸州杂谱》以及何承天的《姓苑》、徐勉的《百官谱》。[二]

南北朝时著录的姓氏谱书虽然浩繁众多，也有的著录于《隋书·经籍志》中，但流传至今的却只有何承天的《姓苑》一种而已。

经历魏晋南北朝近三百七十年的分裂局面，到隋文帝开皇九年（五八九年）才重新统一中国。但隋朝立国不长，姓氏谱牒学未能发展。但在《隋书·经籍志》中却著录了秦汉以来留存的谱牒四十一部，三百六十卷，散佚的有五十三卷。并著录家世、家传二百一十七部，一千多卷。

【注释】

〔一〕邓名世：《古今姓氏书辩证·序》。

〔二〕参见何光岳：《中华姓氏源流史·前言》，湖南教育出版社，二〇〇三年九月版。

第二节　隋唐宋元时期

隋唐至宋元时期，是姓氏谱牒学上又一重大转折、变革的历史时期。其基本特色：一是由官修谱牒转为私家修谱；二是姓氏学由谱牒学中渐次分离，形成了一种与谱牒学既紧密相关，又独立发展、自我完善的文化体系。

学术界的传统说法常把魏晋南北朝视为我国姓氏、谱牒学的极盛时期，五代以后则为衰微时期。如郑樵《通志·氏族略》称：『自五季以来，取士不问家世，婚姻不问阀阅，故其书散佚，而其学不传。』《四库提要·史部·宗序》也说：『自唐以后，谱学殆绝，玉牒既不颁于外，家乘亦不上之官』，『洎于两宋，谱学遂绝』。

但是也有许多学者对此表示异议，笔者也认为上述说法欠妥。首先是谱牒之含义应包括官修与私修两大类别，不能以官修谱牒的废止而抹杀了唐宋以来大量私修谱牒这一历史事实；其次，官修谱牒并未停止，宋元以来还先后编纂了一批官方谱牒；再次，宋元以来，虽然族谱不必上呈官府，选士与婚姻也不必讲究门第，可是族谱之盛行与普及，无论在数量上、质量上都远远超过了魏晋南北朝时期。据《通志·艺文志》所载，宋代所修的各类谱牒多达一百七十种，二千四百一十二卷；明代焦竑所著《国史·经籍志》著录的谱牒亦有一百九十种，二千七百六十九卷之多。尤其是姓氏谱牒之著述，在格式、体例、内涵、功能及品类上，更是后来居上。因此，姓氏、谱牒学亡于五代之说显然不妥。

一　隋唐时期

唐代，由于实行了科举制度，魏晋以来的九品中正制完全废弃，世家大族失去了以往的社会地位。但一批新的权贵登上了政治舞台，因此，也产生了对姓氏门第重新诠释的社会需求。姓氏谱牒学仍然盛行。在贞观、开元盛世，『言谱学者，以路敬淳为宗，柳冲、韦述次之，李守素亦谙其学。后有公淹、萧颖士、殷寅、孔至，为世所称』。〔一〕其中李守素『尤工谱学，自晋代以来，四海士流，及诸勋贵，华戎阀阅，莫不详当』。当时号为『行谱』，也号『肉谱』。〔二〕意即李守素是一部活的谱书。孔至则撰有《姓氏杂录》《百家类例》，『品第海内族姓。因燕公张说为近代新门，不入百家之数。时驸马张垍，燕公之子也，甚见宠幸。见至所撰，颇生忿疾。时工部侍郎韦述，谙练士族。至闻垍言，惧将改之，以情告韦。』韦曰：『孔至休矣，大丈夫奋笔，将为千载楷则，何以人之言，而且动摇。有死而已，改不可也。』〔三〕可见唐初对阀阅血统、门第等级的重视程度。

就连一代英主唐太宗李世民也难免俗。据《古今图书集成·氏族典》卷二记载：『贞观六年（六三二年），太宗谓尚书左仆射房玄龄曰：「比有山东崔、卢、李、郑四姓，虽累叶凌迟，犹持其旧地（望），好自矜大，称为士大夫。每嫁女他族，必广索聘财，以多为贵，论数定约，同于市贾，甚伤风俗，有紊礼径。既轻重失宜，理须改革。」乃诏吏部尚书高士廉、御史大夫韦挺、中书侍郎岑文本、礼部侍郎令狐德棻等刊正姓氏。』令他们『广征天下谱牒，质诸史籍，以考其真伪，辨其昭穆，第其甲乙，褒进忠贤，贬退奸逆』，编纂新的《氏族志》。

然而，当贞观十二年（六三八年）《氏族志》修成后，进呈御览。唐太宗见《氏族志》仍以山东崔干居第一，皇族李姓居第二，十分不满。对众大臣说：『吾与山东崔、卢、李、郑岂有旧嫌？为其世代衰微，全无官宦，犹自云士大夫，婚姻之际，则多索财物。或才识庸下，而偃仰自高，贩鬻松槚，依托富贵。不解人间何为重之？』『我今定氏族者，诚欲崇树今朝冠冕，秉之不朽。何因崔干犹为第一等？只看卿等不贵我官爵耶？不论数代以前，只取今日官品人才作等级。』[四]据《氏族典》载称，《贞观氏族志》全书共一百卷，收录二百九十三姓，一千六百五十一家，取其德功、时望、国籍之家等而次之。于是皇族李姓列为第一，外戚列为第二，山东崔姓降为第三。《贞观氏族志》修成后，即向全国颁布，以法令的形式对社会上各族姓地位重新排列，提高了皇族李氏和关陇新贵的政治地位，巩固了新王朝的统治。这场风波才告结束，即史书上所说的『贞观条陈氏族事件』。

到武则天当政时，身为宰相的李义府『耻其家无名』，于是联合中书令许敬宗，以《贞观氏族志》中没有记载武后世家为名，奏请对《贞观氏族志》进行『刊定』。在武则天的支持下，由孔志约、杨仁卿等十二人，对《贞观氏族志》大加篡改，改名《姓氏录》，『凡任唐官至五品者皆升为士流』，『合二百三十五姓，二千二百八十七家』。原来在《贞观氏族志》中无名的武姓列为第一，其余皆以官职高下为标准。同时将《贞观氏族志》收缴焚毁。由于《姓氏录》纯粹以官职、勋爵为标准，被人讥为『勋格』。

唐中宗景龙年间（七〇七—七〇九年），著名谱学家柳冲奏请重修《氏族志》。于是中宗命柳冲、魏元忠、吴竞等人依据《贞观氏族志》重加修纂。到开元二年（七一四年）七月修成，定名为《大唐姓族系录》，共二百卷。

除上述三种大型的官修姓氏谱牒外，尚有几部较有价值的官修姓氏谱书。如：林宝的《元和姓纂》，柳芳的《永泰新谱》（一作《皇室新谱》），贾至所纂的《百家类例》，李衢、林宝合纂的《皇唐玉牒》，从而开创了宋、元、明、清历代王朝修纂皇室族谱——《玉牒》的先河。此外，尚有李林甫的《天下郡望姓氏族谱》、李利涉的《姓氏秘略》、陈湘的《姓林》等。据《新唐书·艺文志》所载，唐代的姓氏谱牒学著述，共有十三家、三十九部，一千六百七十一卷。其中林宝的《元和姓纂》最有价值，也最有特色。首先它突破了历代官修姓氏谱牒『姓分等级』、『族有高下』的旧例，改以姓氏的音韵编排，使姓氏学摆脱了依附政治、权势的桎梏，获得了自由发展、自我完善的时空，形成一个相对独立、自成体系的学科领域，为唐宋以来姓氏学的创立和发展奠定了模式、范例和运行轨迹。其次收录了大量庶民百姓的姓氏条目，开创了不论贫富贵贱皆可收入姓氏谱牒的先河，极大地拓展了姓氏著录和姓氏研究的范畴，使姓氏谱系学成为民众共享、共用的文化体系，在中国姓氏学发展史上具有划时代的里程碑作用和深远的历史意义。

林宝为唐宪宗时济南人，官居朝议郎、太常博士。该书因成于宪宗元和七年（八一二年），故名《元和姓纂》。其内容先列皇族李氏，余者依唐韵二百零六部，分别排列，每韵之内以大姓为首，记载姓氏来历及各家谱系，对唐人姓氏尤为详尽，共计收录姓氏一千二百三十二个，实为《新唐书·宰相世系表》之主要文献资源。

书中论得姓受氏之源，多取材于《世本》《风俗通》，并引证《世本族姓记》《三辅决录》《百家谱》《英贤传》《姓源韵谱》《姓苑》诸书，旁征博引，资料宏富。宋代郑樵所作《通志·氏族略》，多取材于该书，足见此书对后世姓氏学研究影响甚大。但林宝编写该书时，历时仅二百余天，其考辨、援引尚有谬误、缺漏之处。且当时矜尚门第之风盛行，取材多据各家谱牒陈述，附会攀援，均所不免。故宋代洪迈《容斋随笔》称：『《元和姓纂》，诞妄最多。』

但《元和姓纂》脱胎于谱牒，独立于谱牒，创立了以韵编排的第一部姓氏专著，其开创之功实在值得充分肯定。

《元和姓纂》原书在宋代已佚，今存本系清代孙星衍和洪莹从《永乐大典》中辑出，并以《古今姓氏书辩证》所引各条补其缺失，分为十八卷。今人岑仲勉撰有《元和姓纂四校记》，对该书大有纠谬、补缺之功效。

正是在官方倡导、组织大修姓氏谱书的政治气候下，唐代私家修纂姓氏谱系的风气迅猛发展。近代著名的谱牒学家杨殿珣在《中国家谱通论》中指出：『《唐书·宰相世系表》共著录宰相三百六十九人，凡九十八族。则此九十八族者，自用九十八族之谱牒无疑。史局所存者，当不仅为曾任宰相之谱牒，其余为数当亦不少也。』另一位谱牒学大师潘光旦也指出：『唐书宰相世系表蓝本私家谱牒。于得姓及由来，亦颇能悉载。』[五]据《新唐书·艺文志·谱牒类》载录，唐代的姓氏谱牒著作达九十五种，计一千六百一十七卷。而这些谱书的内容格式比较广泛自由，家族中大小事务都可入谱。

近百年来，在陆续出土的敦煌文献中，也发现了唐代姓氏谱牒的资料。据王鹤鸣先生的《中国家谱通论》统计，有七种之多：

《翟氏家谱》《汜氏家谱》《贞观氏族志》《天下郡望氏族谱》《新集天下姓望氏族谱》《敦煌望族谱》《氏族志》。[六]

这些珍贵文献分藏于伦敦大英博物馆和巴黎法国国家图书馆。其中《新集天下姓望氏族谱》两处均有收藏。北京图书馆也藏有《新集天下姓望氏族谱》抄本残卷。

二　宋元时期

宋代，随着中央集权制的加强和科举制度的盛行，魏晋以来的门阀制度完全衰落，唐代的世家大族经历五代时期的长期战乱，几乎完全消失。王明清的《挥麈录》云：『唐朝崔、卢、李、郑，及城南韦、杜两家，蝉联珪组，世为显著，至本朝（宋）绝无闻也。』也就是说，在宋代世族姓望与谱牒已失去了政治上的作用和婚姻嫁娶上的优越地位，士人进取主要靠科举途径。官府既无必要，也不可能像魏晋六朝和唐代去修纂百家谱之类的大型官谱、图谱，官方谱牒之局也随之俱废。

宋代修谱既不讲究『次族望之高下』，也不忌讳『婚宦之失类』，而转为『敬宗收族』之功效及人伦孝悌之教化，以适应程朱理学之『三纲五常』的主流社会。于是只注重宗法伦理，而不追溯姓源门阀的『欧苏谱例』便应运而生。

正是基于这种姓氏与谱牒日渐分离、自成体系的社会背景和历史根源，宋代专讲姓氏学的著述便开始出现，并逐步形成可与谱牒学相互关联，且又各自独立发展的局面。

据文献记载，在宋代专论姓氏的著述较隋唐时期有大幅增长，其质量和成就也达到了历史最高水平。主要著述有邵思的《姓解》、钱明逸的《熙宁姓纂》、孔仲平的《姓系氏族》、王应麟的《姓氏急就篇》、丁继皋的《皇朝百家姓》、采真子的《千姓篇》、郑樵的《通志·氏族略》、邓名世的《古今姓氏书辩证》、无名氏的《百家姓》等。由官方组织编修的，则有北宋欧阳修、宋祁等人编纂的《新唐书·宰相世系表》，收录的姓氏族谱也多达二百多种。

在上述的姓氏学专著中，以郑樵的《通志·氏族略》和邓名世编纂的《古今姓氏书辩证》最为著名，号称宋代『姓氏学双璧』，是继唐代林宝的《元和姓纂》之后，最有价值的姓氏学著述。

《古今姓氏书辩证》，宋代邓名世纂，其子邓椿袠补成。本书共四十卷。作者对《元和姓纂》一书采录、考辨尤为详博，同时又以《熙宁姓纂》、《宋百官公卿家谱》二书互为参校，往往足以补史传之不足，对有关姓氏著作，取其长而辨其误，故名《古今姓氏书辩证》。

该书从北宋政和年间即开始着手编撰。成书于南宋绍兴四年（一一三四年），父子相继，历时二十余年，所以比其他姓氏书著作较为详细、精确。原书久已散佚，今存本系乾隆年间从《永乐大典》中辑出，仍为四十卷，保留了原书的内容、风貌，是研究姓氏文化不可缺少的重要著作。

《通志·氏族略》，南宋著名史学家郑樵纂，宋高宗绍兴三十一年（一一六一年）成书。《通志》为通史性的志书，共二百卷，其中《氏族略》为考辨、论述姓氏的专著，共收录姓氏二千二百五十五个。该书参照《元和姓纂》，将姓氏以其起源分为三十二类，缀以总论，附以四声，并列举姓氏混淆实例十二种，旁征博引，考释甚详。尤其是总论十三篇，对姓氏作了系统的学术探讨，对中国姓氏源流、氏族分合及世系衍派均有较详尽论述，在中国姓氏学研究中有很高的学术价值，凡研讨姓氏文化者均以其为发凡起例之蓝本。流传甚广的《百家姓》一书中，所收四百三十八姓，其姓氏源流的分类，均可归入《通志·氏族略》所列三十二类之中。该书在姓氏学中的地位和影响，于此可见一斑。

此外，郑樵还著有《氏族志》《氏族源》及《氏族韵》等相关的姓氏学专著，是我国姓氏学研究中承前启后的著名学者。

从以上所列著述中，可以看出一个明显的特色，即姓氏著述已呈现出与谱牒著述完全分离、自成体系的状况。如《通志·氏族略》和《古今姓氏书辩证》专讲姓氏，很少涉及谱学。前者是姓氏分类学的巨著，后者则是姓氏考辨学的总汇。

宋代无名氏编纂的《百家姓》也堪称姓氏通俗学的传世之作，千百年来广为流传，成为家喻户晓的启蒙读物，享有『天下第一经』的称誉。

《百家姓》为何人所作、成书于何时，未有定论。学术界较为一致的看法是：该书在宋代以前就有底本，北宋初年由吴越地区的某位老儒生编辑加工而成。同时分析该书开篇首句『赵钱孙李』，是因为『赵』为宋朝之国姓，『钱』则是吴越王钱镠的姓氏，『孙』为吴越王妃的姓氏，『李』则是取自南唐李氏的姓氏。

该书收录姓氏四百三十八个，编为四言韵文，但无文理可循，旧时作为启蒙读物。一千年来，《百家姓》翻印多次，版本众多，并有各种《续百家姓》《增广百家姓》等先后问世。明、清两代学者曾对《百家姓》进行考证，其中以康熙初年山东琅琊人王相所著《百家姓考略》影响较大。《百家姓考略》对《百家姓》所列姓氏先注五音、郡望，而后考其姓源的所出，并列举各姓的著名人物，有一定的学术价值。

现存最早的《百家姓》版本有元代至元刊本和泰定刊本。而现代较为通行的则是清代的《增广百家姓》，其中共收录姓氏五百零四个（其实应为五百零七个姓氏，末句『百家姓续』中，除家姓与正文重复，『百、姓、续』三字也是姓氏），其中单姓四百四十四个，复姓六十个，大体上包括了日常通用的姓氏，有较大的实用价值。

一二七九年，元兵攻陷南宋都城临安，南宋名臣陆秀夫背负宋末帝赵昺投海身亡，中国历史进入由蒙古族统治的大元帝国时期。

在蒙古族统治的元代，由于实行民族歧视政策，将全国民众分为蒙古人、色目人、汉人、南人四等，汉民族的传统文化受到摧残、压抑，族谱、家乘『十失其九』，『士大夫家能有其谱者，百不一二』。然而也有一部分有识之士，为存续文化传统和民族意识，续修、新修族谱、家乘。据日人多贺秋五郎在《中国宗族谱的研究》一书中统计，元代各文集所录族谱篇名达一百八十八部，何光岳先生在《中华姓氏源流史》中也指出：『在《四库全书》所收的一百六十九种元代别集中，有四十余部收录有谱序、题跋等相关资料，并据此列出了六十二种家谱目录。』王鹤鸣先生在《中国家谱通论》中也说：『估计元代存世家谱种数当在二百种以上。』可见元代谱牒处于曲折发展的过渡阶段，与之相关的姓氏学也未有大的发展。

【注释】

〔一〕《新唐书·柳冲传》。

〔二〕《新唐书·李守素传》。

〔三〕何光岳：《中华姓氏源流史·前言》，湖南教育出版社，二〇〇三年九月版。

〔四〕《古今图书集成·氏族典》卷二。

〔五〕潘光旦：《家谱与宗法》，刊于《东方杂志》卷二十一号，一九三〇年版。

〔六〕王鹤鸣：《中国家谱通论》，上海古籍出版社，二〇一〇年一月版。

第三节 明清至民国时期

一 明代姓氏学著述

元朝末年，各地农民起义风起云涌。雄才大略的朱元璋扫灭群雄，并于一三六八年攻克元大都，推翻蒙元帝国的统治，建立了大明王朝。为医治战争创伤，巩固新的统治地位，大明王朝采用了程朱理学所倡导的『三纲五常』的理念，作为治国方略和维护社会伦理道德的行为准则，强化了宗法观念和族权势力。因而具有『敬宗收族，资政育人』功能的族谱编修之风再度盛行。

先是明太祖朱元璋于洪武年间颁布了以『三纲五常』为核心内容的《圣谕六言》，倡导『以孝治国』。明代的不少家谱都将《圣谕六言》刊在卷首，或载入族规、家训。同时明太祖又命吴沈、刘仲质、吴伯宗等人仿照宋代《百家姓》格式体例，依据户部的户籍黄册撰写了《皇明千家姓》一卷，凡一千九百六十八姓，广为传播。万历年间又命工部员外郎凌迪知在章定《氏族言行类稿》的模式上，广征博收，纂成了《古今万姓统谱》一百四十卷，附《氏族博考》十四卷，《历代帝王姓系统谱》六卷。

《古今万姓统谱》简称《万姓统谱》，俗称《万家姓》，收录姓氏三千七百多个。该书将古今姓氏分韵编排，以姓氏为目次，每姓下先注郡望和五音（阴平、阳平、上声、去声、入声），并考姓氏所出，而后依时代先后，分列各姓著名人物，从先秦至万历年止，记述人物生平事迹。实则合谱牒传、记共成一书，所以有较高的学术价值和实用价值。

该书最大的特色和功用，就是『联天下为一家，统万姓于一源』，将历朝帝王统绪、亿兆万民之根祖文脉追溯到黄帝一人之身，既适应了明王朝『四海一家』大一统的政治需求，也体现了炎黄子孙同源同根的民族理念和文化认同的人文情结，对于增强中华民族的凝聚力、向心力，都有重大的历史意义和深远而持久的影响。尤其值得注意的是，明朝当局在宋、元两代废止官方修谱的情势下，却组织文人学士依据政府的户籍黄册，编修具有官方性质的大型的姓氏学巨著，表明了姓氏文化在国家的政治生活和管理机制中仍占有重要的一席之地，已成为维护国家统一，增进民族团结，宣扬教化，规范伦理，资政育人的一项重要举措。

继凌迪知之后，明代另一姓氏学家陈士元也编纂了《姓汇》四卷，凡二千五百余姓。后又编成《姓觿》十卷，收录单姓二千一百七十九、复姓一千四百四十六，共三千六百二十五姓。此外尚有廖用贤的《尚友录》、杨信民的《姓源珠玑》、邢参的《姓氏汇典》、周星的《姓氏百家新笺》、李日华的《姓氏谱纂》以及佚名氏的《氏族类稿》《氏族大全纲目》等。

专门著录稀僻姓氏的著述则有杨慎的《希姓录》五卷、刘文相的《希姓存参》二卷、夏树芳的《奇姓通》十四卷。专讲某一个地域姓氏的则有《新安氏族志》；贯通某一姓氏源流及传承谱系的则有张宪、张阳辉主修的《张氏统宗世谱》。至于专记一姓、一族的家谱多如牛毛，几乎达到了姓姓有谱、家皆藏谱的地步。〔一〕

上述情况表明，明代的姓氏学著述不仅在数量上、质量上有很大的发展和提高，而且在品种上、门类上也是更加齐全。不仅有『联千家万姓于一体』的《万姓统谱》，也有收录稀奇姓氏和涵盖某一地域姓氏的各种专著，而对于姓氏的分类、姓源的考辨、姓韵的排列，都有了一套较为科学、系统的体系，已具备了构建一个单独学科的基本要素。

二　清代姓氏学著述

一六四四年，清兵入关，明王朝寿终正寝。在清朝统治的二百六十七年中，姓氏学又有了长足的发展。

早在清初康熙年间，即在全国颁布了《御制万家姓》读本，并以『孔师阙党，高山詹仰』的开篇首句，昭示了『尊孔读经，尊师重道』的治国方略，借以笼络和取信汉族士人和广大民众，同时也反映了清朝统治者仰慕和学习汉族先进文化的心态。

乾隆年间，又命嵇璜、刘墉、王杰、黄文直等人，仿宋郑樵《通志·氏族略》体例，编纂了《续通志·氏族略》八卷，其中有辽、金、元氏族三卷，序、论各一卷，补遗三卷。另外又编纂了《八旗满洲氏族通谱》八十卷，包括汉军旗、蒙古军旗、高丽军旗及早期归附满洲的锡伯族、达斡尔族、赫哲族等东北地区的少数民族。该书于雍正十二年（一七三四年）敕撰，乾隆九年（一七四四年）告成，历时近十年。书中对满族等北方各族的源流世系、世居地方，以及归附满洲（女真）年月做了详细记载。此外还有《清朝通志》，原称《皇朝通志》，共一百二十六卷，系乾隆三十二年敕撰。该书中的《氏族略》为十卷，首卷载爱新觉罗氏，二卷至五卷为满洲八旗姓，六卷为蒙古八旗姓，七卷为附载满洲八旗姓，八卷为满洲八旗内高丽、汉人姓氏，九卷为汉姓，十卷为总论，载赐氏、改氏、以部族为氏、以地为氏、以姓为氏、同姓异氏等情况。以上二书是明清以来重要的官修姓氏书，对北方各族姓氏的研究颇有参考价值。而清王朝也借助这些姓氏书的编纂，对其统治下的各族各部民众，进行了整顿和编制，充分发挥了姓氏文化、姓氏制度的社会功能。

私家修撰的姓氏著作有陈廷炜的《姓氏考略》、黄本骥的《姓氏解纷》、颜光敏的《姓氏考》等。

此外，在明、清两代的文集笔记、类钞、杂录等著述中，也载录了不少有关姓氏的文献史料。如钱大昕的《十驾斋养心录》、顾炎武的《日知录》、赵翼的《陔余丛考》、徐珂的《清稗类钞》、章学诚的《文史通义》等，多是学者大家的治学心得，从不同角度对历代姓氏进行了收集、整理、考辨，对近代姓氏学研究有很大的启迪。

在清代私家姓氏学人中，以武威人张澍成就最大、著述最多。他编纂的『姓氏五书』共三百余卷。其中《姓氏寻源》四十五卷、《姓氏辨误》三十卷，已有刊本行世，《姓韵》《辽金元三史姓录》《古今姓氏书目》近年来已和前两书集结出版，但笔者惜未能目睹全貌。现只能将《姓氏寻源》简介如下：

《姓氏寻源》，清代张澍编撰。张澍，甘肃武威人，字时霖，号介侯，嘉庆进士，著有《姓氏寻源》、《姓氏辨误》等『姓氏五书』三百余卷，以《姓氏寻源》最为详博。《姓氏寻源》共四十五卷，收录姓氏近四千个，依韵分编。该书在吸取历代姓氏书精华的基础上，广征博引，不仅搜集了经史、文集、州郡方志、族谱家乘中的相关资料，而且对碑铭、墓志、金石题铭、稗官野史，甚至医药经典中有关姓氏的资料也收录采辑，详细考证。每一姓氏之下，都引证相关文献，详述其姓氏起源，发展脉络，及其在历史上有影响的代表人物。对生僻姓氏给予注音，对尚有争议的姓源，诸说并列，旁参旧闻，给予考证。张澍治学严谨，言必有据，引证的经史文集达数百种之多。读者不仅能从中知晓、辨识各姓之渊源、世系、支派迁徙，而且能领略中华姓氏学的博大精深，是姓氏研究工作者不可不读的经典之一。该书由张氏自刊于道光戊戌年间（一八三八年），一九九一年由岳麓书社点校印行。〔二〕

在清代，私家纂写的另一重要的姓氏书是《史姓韵编》。由清代鲍廷博、汪辉祖等撰，章学诚作序，共六十四卷。该书把二十四史中的人物列传、附传中的人物，标姓汇录，依韵分编，并叙述其生平梗概，以便翻检查阅，因而是阅读二十四史人物传记的辅助性工具书。该书客观上起到了『兼详世系』的作用。其性质与明代凌迪知所编《古今万姓统谱》相似，但搜罗内容不如《古今万姓统谱》广博。汪辉祖另著有《二十四史稀姓录》，也利检索之用。

一八四〇年鸦片战争后，中国逐渐变成了半殖民地半封建社会，封建宗法思想虽然还很顽固，但学术文化领域出现了『经世致用』、维新改良和辩证唯物主义等思想。这些新思想对姓氏的研究产生了不可忽视的影响。例如维新派人物谭嗣同在就义前，撰作四卷本《浏阳谭氏谱》，对谱学、姓氏学的意义和研究方法，进行了不同以往的阐述。谭嗣同在其《浏阳谭氏谱》序例中指出『斯谱牒之学，史之根渊，何啻支流余裔』，把姓氏谱牒与史学结合起来，认为史学『不能不赖乎谱』。

另一位维新派人物梁启超在《饮冰室合集》第十八册中对姓氏的起源、发展以及历代命名的沿革进行了较为系统的解释。他认为『今世姓氏同物，古则不然，姓为母系时代产物，氏为父系成立以后产物，姓久已亡，今所谓姓，皆以氏而冒称耳』。梁启超认为『氏盖部落之称』，郑樵的三十二种分类『不免琐碎』。他提出周代受氏之途有四：其一，天子以命诸侯，以国为氏；其二，侯国之支庶，以王父字为氏；其三，世其官者，以官为氏；其四，受其有采邑者，以邑为氏。此类氏始于周代，与封建宗法相辅。

清代末期，文网消失，政禁大开，民间的修谱之风蔚然大盛，同时也出现了一些相关的姓氏学论著，其中也不乏佳作精品。

三 民国时期的姓氏学概况

辛亥革命推翻了清王朝的腐朽统治，结束了中国长达两千多年的封建制度。民国肇基，五族共和，思想文化领域有了较为宽松的社会环境。民间修谱之风再度勃兴，一些少数民族也纷纷仿效汉族家谱的格式、体例，纂修族谱，成为民国谱牒的一大特色。在中西文化交流的影响下，一些新的人文学科，如田野考古学、图腾文化学、人类社会学、人类遗传学、人口统计学相继运用于姓氏研究，从而拓展了姓氏研究的领域，改进了传统的研究方法，姓氏文化研究开创了一个新的局面。

如史学大师王国维的《殷商制度论》，即是运用考古发现的成果研究姓氏。他通过对甲骨文、金文的研究，发现殷人以『天干命名』，『男女皆以日名』，而未见姓氏制度。提出了『殷代女子无姓』的论断，认为『男子称氏，妇人称姓』是周代才建立的姓氏制度，从而对『女生为姓』、『同姓不婚』等中国姓氏制度始于远古『三皇五帝』时期的传统观点提出质疑。

又如，运用图腾文化的原理解读姓氏。郭沫若在二十世纪二十年代写的《甲骨文字研究》中就指出，凤姓起源于凤鸟图腾，『古有凤姓之国，春秋时有任、宿、须句、颛臾皆凤姓。古云太昊之胤，案其实乃以凤为图腾之古民族也。』文化学家丁山认为：『中国古姓多为图腾。』社会学家李伯玹也说：『姓即图腾的结果。』闻一多先生也从图腾文化的角度解读伏羲、女娲兄妹相婚、传衍人种的神话传说。

在民国时期的二三十年代，有关姓氏学的研究还曾引起社会各界及政府的关注。如民国政府立法院曾在一九三〇年四月十八日，邀请教育界人士举行了所谓姓、婚姻、家庭存废问题的座谈会。会上出现多种不同意见，主要有：一、有姓好，没有姓也好；从父姓好，从母姓亦好。二、为了维护社会秩序，应有姓，以父、母之姓为限。三、用父姓不公道，用母姓不妥当，可设法用别的符号来代替。四、在重要社交场合，或签署重要的文书、证件时，可用姓氏，平时则可称名而不道姓，或使用其他符号代替。可谓是七嘴八舌、五花八门。

为此，潘光旦先生在《新月》杂志第二十卷十一期上发表了《姓、婚姻、家庭的存废问题》一文，对姓氏文化提出了自己的见解。他认为姓在中国至少有三千年的历史，姓分为氏，氏分为族，后来又统称为姓，此中变迁并不是凭空产生的，也不是少数人有权力强制命定的，实在是各时代里政治的、经济的，甚至是自然环境的、与生物的种种势力推移鼓荡而成的。姓氏的产生、发展、存废不是人们的凭空想象，不是随意就可存废的问题。

此外，潘光旦先生还著有《中国家谱学略史》（一九二九年刊于《东方杂志》）、《明清两代的望族》（一九四七年商务印书馆出版），及《家谱还有什么意义？》（一九四七年刊于《东方杂志》）等十余种论著，是民国时期最著名的姓氏谱牒学家。

潘光旦先生对姓氏、谱牒学最大的贡献，是运用其长期从事生物学、遗传学（曾获留美硕士学位）的知识，把原本属于自然科学的优生学、遗传学应用到姓氏谱牒学研究中来。比如，在《明清两代嘉兴的望族》一书中，即通过大量的史志文献和族谱资料，把明、清两代的望族人物归并成九十七个血缘系统，认为人才出现和产生的诸多因素中，遗传因素『最为基本』，从而奠定了近现代姓氏遗传学的基础。

民国时期，另一位姓氏谱牒学大师是罗香林先生。他以毕生精力广泛搜集族谱资料，深入研究谱牒理论，撰写名著四十余种、论文二百余篇，为姓氏谱牒学研究做出了重大贡献。尤其是对客家历史的研究，先后撰写了《客家研究导论》《客家源流考》和《客家史料汇编》三部著作，对客家的发祥渊源、社会组织、生活习俗、文化模式、迁徙分布及客家在历史上的地位和作用，进行了全面、深入的探讨。其中对于孙、李、王、张、郑、吴、何、陈、华、邹等四十个客家姓氏的记述，多是依据族谱资料综合而成，具有很高的史料价值，是姓氏文化研究中不可或缺的重要文献。

民国时期，姓氏研究中值得关注的另一本著作是袁业裕的《中国古代姓氏制度研究》，该书虽然是根据日本学者田崎仁义的《中国古代政治思想及制度》翻译和编著的，但是作者对其内容进行了订正和补充。该书提出了『姓氏』由母系生身之标志演化为父系血统之名称这一姓氏发展的过程，并得出了姓氏是社会发展的产物，并随着社会的历史进程而发展、演进的观点，在当时的历史条件下，可说是很有见地的科学论断。

关于我国的少数民族姓氏的研究，一向很少有人问津。《魏书·官氏志》，可说是我国古代最早的一本关于少数民族姓氏的史书。此外，在《金史》中列述了女真人的姓氏，《八旗满洲氏族通谱》也列有满族人的姓氏。到民国年间，一些社会学家通过对少数民族地区的实地调查研究，发表了一批调查报告和学术论文。如著名语言学家罗常培教授，从二十世纪四十年代初就开始研究藏缅族的父子连名制，共收集了缅人支三例、西番支三例、倮倮支七例、民家（僰人）六例的相关资料，发表了三篇藏缅父子连名制的重要论文。

此外，台湾学者凌纯声、芮逸夫、杨希枚（后回到大陆）也通过实际社会调查，对高山族及其他少数民族姓氏制度、父子连名制等形式进行了探讨，先后发表了《东南亚父子连名制》、《中国民族及其文化论稿》、《连名与姓氏制度的研究》等著述，对少数民族姓氏制度的研究有一定的参考价值。

总而言之，民国时期关于姓氏制度的研究，已突破了传统姓氏学研究的窠臼，借助、引进了西方先进的科学理念和研究方式，也推出了一批令人耳目一新的研究成果，拓展了姓氏研究的领域，创立了新的研究体系，对中国姓氏学的发展具有承前启后的历史作用。

【注释】

〔一〕参阅何光岳：《中华姓氏源流史》，湖南教育出版社，二〇〇三年九月版。

〔二〕参阅张澍：《姓氏寻源》，岳麓书社，一九九一年点校本。

第四节 当代姓氏研究

一九四九年新中国成立之后，各项文化事业都有一定的发展。但是在极左思潮的影响下，谱牒学研究被视为禁区，姓氏文化研究也受到冷遇。在二十世纪五六十年代只有极少数的论著发表。如五十年代初期，丁山在《新建设》第三卷第六期发表了《姓与氏》一文，依据恩格斯《家庭私有制和国家的起源》的理论观点，对中国古代的姓氏起源进行了论述：姓为母系血统的氏族遗迹；氏为父权时代氏族组织的标志。陈梦家的《殷墟卜辞综述》，也对姓氏起源问题作了论述。他不同意王国维在《殷商制度论》中所提出的『女子在殷代无姓』的说法，认为姓氏在殷代已经出现。殷代卜辞中『姓』的表述虽不明显，但殷代卜辞中的女名多带有女字偏旁，实际上即是姓的标志。当时，对我国古代姓氏文化论述较多的著作，是杨宽的《古史新探》。该书对姓氏起源及二者的区别提出了较为科学的解释：姓是出于同一远祖的血缘集团的名称；氏是西周和春秋时贵族所特有的『徽号』。

一九五八年姚薇元出版了《北朝胡姓考》（科学出版社，一九五八年版）一书，主要是对南北朝时期北方的各少数民族的姓氏来源、种族变迁及胡姓汉化等进行考辨，对《魏书·官氏志》的缺漏也作了补充，有一定的学术价值。

总之，在新中国成立初期的二十世纪五六十年代，有关姓氏研究的著述较为稀少。在『文革』的十年动乱中，许多珍贵的文献资料被扫荡殆尽，姓氏文化研究更是无从谈起。

进入二十世纪八十年代后期，随着思想文化战线的拨乱反正和改革开放的深入发展，特别是随着海外侨胞和台湾同胞寻根热的兴起，姓氏、谱牒文化也随之解冻、复苏，各种类型的姓氏研究应运而生，有关姓氏学的著述相继问世。就目前所掌握的情况来看，主要有以下几种类型：

一 综合性的辞书、字典

主要有汪宗虎、陈明远的《中国姓氏辞典》，窦学田的《中华古今姓氏大辞典》，石玉新、徐俊元、张占军的《华夏姓氏考》，袁义达、杜若甫的《中华姓氏大辞典》，巫惠声的《中华姓氏大典》。其中以后二者的蕴含量较大，实用性较强。

《中华姓氏大辞典》，由中国科学院遗传研究所的袁义达、杜若甫编纂，教育科学出版社一九九六年十月出版。是当今最为广博、最有权威的姓氏辞典之一。该书共收录古今姓氏一万一千九百六十九个，是根据一九八二年第四次全国人口普查数据，按二千分之一的比例，随机抽样调查了二百九十七个县市五十七万余人的姓氏资料，以及一百二十三个县（市）史志办公室提供的最新姓氏统计资料（约五千七百万人），同时参阅了三百二十余种古今姓氏书及文史资料，综合统计所得。其姓氏统计的全面性、准确性、系统性、科学性堪称中国姓氏研究的创举。

该书从姓氏人口的地域分布、各大姓氏所占比例、不同时期姓氏出现频率等人类遗传学和人口学的全新角度切入，运用现代数理统计和分析比较的方法，从当代中国姓氏人口的分布、比例、播迁演变、发展交融等方面进行综合统计、比较分析，得出了当今一百个大姓的人口比例，排列出三百个姓氏人口多少的次序，对于姓氏人口的多学科研究有相当的参考价值。

该书编纂体例新颖，内容丰富，各姓氏依汉字的笔画结构排列，每一姓氏条目下分为：音（读音）、源（起源）、变（演变）、望（郡望）、布（分布）、人（始祖、名人）、它（其它）、综（综合）等八项内容，涵括了姓氏文化的主要项目。书后附有汉语拼音，以便检索。

因该书具有以上特色，因而深受姓氏研究人员和社会各阶层人士的欢迎和推崇，是从事姓氏研究必备的工具书之一。

《中华姓氏大典》，由巫惠声编著，河北人民出版社二〇〇〇年六月第一版，是一部传统的大型姓氏辞典。该书共收录古今姓氏七千多个，以传统的汉字部首笔画编排（书后附录有音序检索），先单姓，后复姓。条目释文包括『主要资料』、『补充资料』、『按语』三大部分。『主要资料』撷取、汇录了唐宋以来的主要姓氏书文献资料，直接原文引用，或者节录，使读者可以领略原文、原著的精要，自己咀嚼、体味。『补充资料』则汇集了先秦典籍、历代史志、文集杂录及近现代相关文献。一册在手，概览古今，融会百家，使用者省时、省力，十分方便，也可弥补个人藏书的不足。但因篇幅所限，『资料』较为简略，有时因技术原因，偶有失误和漏字、错别字等现象，从事专业研究时，应查对原著原文。『按语』则是编著者的辨析和综述，往往有独到的见解，有助于读者加深理解。

该书的前言和按语均有相当的学术价值，其中的《中华姓氏总论》是作者多年的研究心得，可见作者的治学功力；书后附录的《中华历代主要姓氏集团表》，精要地勾勒出中华古今姓氏渊源、派别、传承谱系及相互关系，具有知识性、可读性诸多优点。

二　单一姓氏的研究

对某一姓氏的专门研究，已出版的有海南出版社、湖南出版社的《中华姓氏通书》，东方出版社的《中华姓氏通史》，现代出版社的《中华姓氏谱》，广西人民出版社的《华夏姓氏丛书》，新蕾出版社的《百家姓书系》，气象出版社的《寻根认祖》，山东出版社的《中华名门望族丛书》，陕西人民出版社的《百家姓书库》，上海文艺出版社的《吾祖·吾宗》。以上各丛书的特色是一姓一本，对各姓氏作深入系统的研究，对进一步深化姓氏研究有一定的推动作用。但其缺憾是各丛书多集中在一些史料文献较多的名门大姓，一套丛书少则几姓，多则二三十姓，涵盖面不广。有时改易书名，略加增删，难免有雷同之感。加之各丛书编撰有相对固定的作者群体或地域群体，而每一群体的作者、功力不等，水平不一，难免有良莠不齐的现象。

三　姓名学、姓氏学著述

主要有张联芳主编的《中国人的姓名》，袁玉骝的《中国姓名学》，何晓明的《姓名与中国文化》，完颜绍元的《中国姓名文化》《姓氏百问》，刘宗迪的《姓氏名号面面观》，潘英的《台湾人的祖籍与姓氏分布》，陈连庆的《中国古代少数民族姓氏研究》，魏德新的《中国回族姓氏溯源》，纳日碧力戈的《姓名说》，雁侠（赵艳霞）的《中国早期姓氏制度研究》，王泉根的《中国姓氏文化的解析》。

这一方面的研究，以何光岳先生用力最勤、成果最丰，自成体系，卓然大家。何先生以数十年的精力，广征博引，搜罗梳剔，不仅从经传史籍中搜集了大量有关民族源流、姓氏谱系的宝贵资料，而且引证了岩画、岩文、陶文、帛文、甲骨文、金石文、简牍文等考古发现，对中华民族数千年的姓氏谱系、民族源流进行了系统的综合性研究，先后出版了《炎黄源流史》《南蛮源流史》《百越源流史》《楚源流史》《东夷源流史》《夏源流史》《商源流史》《周源流史》《秦赵源流史》《汉源流史》（均为江西教育出版社出版）等数百万字的中华民族源流史丛书。二〇〇三年九月又推出了一套七百余万字的四卷本《中华姓氏源流史》（湖南教育出版社出版）巨著，对构成中华民族的数千个姓氏谱系追源溯流，分类统属，以姓氏源流、民族谱系的形式，展示了中华姓氏文化多元一体、连续传承的两大特色，再现了五千年华夏文明。

该丛书最大的特色，是大量地引用了一向被传统史学、儒家经典贬斥鄙薄的纬书稗史、族谱家乘、野老之言，使这些尘封遗弃多年的珍稀资料展现出其历史价值和科学内涵，运用『经、纬并重』的方法，填补了许多姓氏学研究的空白，开创了姓氏谱系和姓氏源流史研究的新型体系。

此外，马世之先生的《中原古国历史与文化》，以历史为经，以地域为纬，以历史文献学、考古新发现为据，系统地论述了中原地区（主要是河南）、黄河中下游、淮河上游诸流域内古代方国、部族及相关姓氏的兴衰历史、发展脉络和历史文化遗迹，是区域姓氏学研究的代表，具有较高的学术价值。

四　姓氏人口统计学和姓氏遗传学

二十世纪八十年代，有关姓氏的人口统计工作已经开始。一九八四年中国文字改革委员会依据一九八二年的全国人口普查资料，进行分省区抽样调查，共抽查十七万四千九百人，得到姓氏七百三十七个。一九八六年，中国科学院遗传研究所也对这些普查资料进行抽样调查，随机取样的县市达二百九十七个，五十七万余人，并参阅了一百二十三个县（市）史志办公室所提供的最新姓氏统计资料（约五千七百万人），以及三百多部古今文献，共收集到中国古今汉字姓氏一万一千九百六十九个。这是我国历史上第一次大规模、有组织的姓氏人口学调查统计，也是当前最权威的人口姓氏统计。

依据上述统计资料，中国科学院遗传研究所的袁义达、杜若甫二位先生，编撰出版了《中华姓氏大辞典》一书，对中国现行的一百个大姓的人口比例、排列顺序、分布情况作了综合统计。

嗣后，袁义达、张诚两位先生又于二〇〇二年推出了《中国姓氏：群体遗传和人口分布》（华东师范大学出版社）研究成果。该书分上、下两编，上编共四章，介绍姓氏的起源和群体遗传学的重要内容，下编共七章，叙述中国一百个大姓的历史、分布和图谱。这是中国第一部从人类遗传学角度进行姓氏研究的学术专著。

此外，由秦耀普主编的《山西人口姓氏大全》（山西经济出版社，一九九一年六月第一版），由李玉文编著的《山西近现代人口统计与研究》（中国经济出版社，一九九二年二月第一版），由潘英编著的《台湾人的祖籍与姓氏分布》（台原出版社，一九九一年版），也是有关姓氏人口统计学的重要著述。

五　姓氏制度的研究

姓氏制度是姓氏文化的社会构建形态和管理运行机制，是姓氏文化成熟、发展、自我完善的重要标志，也是姓氏文化社会功能和历史作用的集中体现。姓氏制度如何，往往会牵涉或影响到当时社会的各个方面，诸如政治制度、社会结构、阶级关系、血缘组织、社会思想意识、婚丧习俗，以及民族融合、文化传承等，无不与之密切相关。因此，历代学者很早就对姓氏制度给予足够的重视和研究。

但是从先秦的《世本·氏姓篇》到清末张澍的『姓氏五书』、陈廷炜的《姓氏考略》，虽然对我们了解历代姓氏制度有重要参考价值，但是这些研究大多停留在对姓氏起源的表述和一些具体姓氏的考辨上。直到『五四』以后，西方的社会科学理论和研究方法被引入姓氏研究领域，姓氏制度研究才进入多学科综合性研究的新阶段。在民国时期和新中国成立之初，出现了少量姓氏制度研究的专题著述，如前述袁业裕的《中国古代姓氏制度研究》、丁山的《姓与氏》及《甲骨文所见氏族及其制度》等即是代表。

『文革』以后，国内有关姓氏制度的论著如雨后春笋，层出不穷，如曹涛《中国姓氏的演变》、李向平《春秋战国时代的姓氏制度》、李学勤《考古发现与古代姓氏制度》[一]、张联芳《中国人的姓名》等。

二十世纪九十年代由中国谱牒学研究会主办的《谱牒学研究》组织、邀请了全国姓氏、谱牒学的多位名家、学者，分别撰写了《周代家谱研究》（杨冬荃）、《汉代家谱研究》（杨冬荃）、《北朝家谱研究》（李裕民）、《元代家谱研究》（常建华）、《明代家谱概说》（张海瀛）等系列文章，再加上瞿林东的《唐代谱学简论》、龚鹏程的《唐宋族谱之变迁》（两文均收入邢永川主编的《中国家族谱纵横谈》），从而形成了从先秦直至明代的姓氏、谱牒史的完整链条，汇集了历代姓氏制度的大量文献资料。

在这一时期关于姓氏制度研究较有特色的专题著述，一是雁侠（赵艳霞）的《中国早期姓氏制度研究》，一是王泉根的《中国姓氏文化的解析》。

《中国姓氏文化的解析》，王泉根著，团结出版社二〇〇〇年一月第一版。全书共七章二十点三万字。该书是一部『深具创见，可读性强』的学术专著，它以中国历史发展的不同时代为背景，以中华传统文化的特色为注脚，解析了中国姓氏的发展规律和文化现象。该书认为：

原始图腾崇拜是中华古姓起源的根本原因。『姓』的本义是源于同一女性始祖的、具有共同血缘关系的族属所共有的符号标志；中国的姓氏制度确立于秦汉之际；由姓氏相别到『姓氏合一』，是中华姓氏来源的基本途径；魏晋六朝的门阀制度造成了姓氏贵贱之别；而兼容并包的华夏文化和民族交融，则形成中华姓氏的民族特色；中华姓氏史是中华各民族共同创造、共同演进的历史，是我们剖析社会、认知历史的微观窗口，是炎黄子孙认同中华文明，增强民族凝聚力、向心力的桥梁和纽带。

书中还列有『先秦姓氏制度解密』『魏晋门阀与姓氏贵贱』等章节，专论姓氏制度。

该书最大特色是注意了学术性与通俗性的有机结合，每一个学术观点都以形象鲜活的历史事例来解析，对姓氏文化的研究和普及都有相当大的促进作用，是姓氏文化研究中并不多见的精品之作。

《中国早期姓氏制度研究》，雁侠（赵艳霞）著，天津古籍出版社一九九六年八月第一版，全书十五万字，是南开大学历史系博士论文。作者认为，姓氏学作为一门独立的学科，还处于草创阶段，姓氏制度的研究在姓氏学中占有重要地位，先秦姓氏制度是中国姓氏制度的产生和早期阶段，是姓氏学研究中的重大课题。而历代姓氏学著述和研究的目的，在于『赞圣贤之后』，多为门阀服务，因而对先秦姓氏制度的研究没有实质性的突破。因此，作者用了整整四年时间，系统地综合分析了大量的古籍文献和古文字中有关资料，运用现代科学理论、方法及考古成果，深入探讨了姓、氏的本质及中国姓氏制度的起源、早期发展演变及历史作用等姓氏学研究中的诸多难点问题，在某些方面提出了自己的独特见解。其中主要是对姓、氏的本质的研究，认为姓与氏两者既有共同特点和内在联系，也有本质上的区别：『姓主要是属于血缘性的，氏则更多属于政治性的。』同时对有关五帝时期姓氏制度的传说、商周姓氏制度的演变，提出了新的见解，是研究先秦姓氏制度与姓氏起源的重要著述。

六　通俗性姓氏读物

为适应改革开放以来人们对姓氏谱牒文化知识的需求和寻根热的时代潮流，二十世纪九十年代以来，姓氏谱牒类论著的发表和图书的出版形成一股热潮。据山西省社会科学院家谱资料研究中心的不完全统计，一九七八至二〇〇八年三十年中，各类报刊公开发表的姓氏谱牒类论文达三千四百五十九篇，另有台湾地区的五百四十四篇。出版的书籍三百三十余种，[二] 出现历代无可比拟的空前盛况。尽管这些书的质量良莠不齐，雷同重复者不少，但由于中国姓氏众多，人口庞大，仍然十分畅销，甚而供不应求。

其中出版较早，且有一定影响的有谢均祥主编的《中原寻根》、高剑峰编著的《中国一百大姓》、完颜绍元编著的《姓氏百问》、刘黎明编著的《祠堂·灵牌·家谱》、徐寒主编的《中华百家姓秘典》等上百种之多。

其中以《中华百家姓秘典》篇幅较大、内容较详，特简介如下，以便了解这类通俗读物。

《中华百家姓秘典》，徐寒主编，延边大学出版社一九九九年十月第一版。全书共分四卷，精装四册，十六开本，计三百五十万字，内容浩繁，涉及面较广，是综合性的、通俗性的姓氏读物代表作之一。

该书分编为三大部分：

第一部分：『百家姓姓氏解密大寻踪』，选取了当今人口最多的中华一百大姓，以『赵钱孙李、周吴郑王』的《百家姓》读本次序排列，不入一百大姓者，略而不计。每一姓氏分别从姓氏的『起源发展』，氏族的『宗堂郡望』，各姓的『家谱寻踪』『字行辈分』『迁徙繁衍』『适用楹联』『名人集粹』『风流撷英』等方面加以介绍、评述，以展示各姓氏文化的内核及风格、特点。

第二部分：『百家姓氏族文化秘考大博览』，分别从『命名艺术探秘』『族规家法揭秘』『宗祠故居纵览』『姓氏字频考证』四个方面，对于姓氏家族文化相关的各个领域和常识进行专题介绍。

第三部分：『百家姓姓氏增补探微举要』，精选当今一百个常用姓氏之外的三百个姓氏，予以介绍，基本上是传世的《增广百家姓》读本所含姓氏。

七　姓氏寻根与旅游开发

这是二十世纪九十年代以来刚刚兴起的与姓氏研究密切相关的新兴领域。自二十世纪七十年代全球寻根热兴起之后，姓氏寻根成了各地发展旅游经济、开发人文历史资源的重要内容。举凡中华姓氏的发祥祖地、名人故居、宗祠陵墓，都成了炙手可热的开发项目。许多地方政府均将其视为提高本地区社会形象，振兴社会经济，促进中外文化交流的一项重要内容，投入大量的人力、物力予以开发，也收到了一些预期的效益。如河南太昊陵、陕西黄帝陵、湖南炎帝陵、临汾尧庙、洪洞大槐树等都成为海内外炎黄子孙寻根谒祖、旅游观光的胜地。至于山西灵石的王家大院、甘肃陇西的李氏龙宫、郑州荥阳的郑氏祖庭、无锡梅里的太伯祖庙等，某一个姓氏的寻根祖地，更是多不胜数。而这些寻根祖地和开发景区均编印了各自的图书、画册，大力宣传推广，或免费赠送。二〇〇二年，《中国姓氏寻根游》编辑部推出了《中国姓氏寻根》（陕西师范大学出版社出版）一书，收录了当代中国一百大姓的发祥祖地、人文景点的简略内容，并配以旅游路线介绍和图片，是一种姓氏寻根自助旅游的地图手册。二〇〇四年，由翟文明编撰，中国书籍出版社出版的《中国姓氏地图》，则是介绍姓氏起源和各姓名人的通俗读物。与寻根旅游相关的姓氏家族也编纂出版相关的姓氏专辑。其数量之庞大、品类之庞杂，实是难以估量。各个姓氏的宗亲社团和姓氏寻根网站应运而生，已达数百个之多。姓氏寻根已成为弘扬中华传统文化、发展旅游经济、开发人文资源的一道亮丽风景。

【注释】

〔一〕参见雁侠：《中国早期姓氏制度研究》，天津古籍出版社，一九九六年八月版。

〔二〕参见《谱牒学论丛》第三辑，《谱牒学论著目录索引》，三晋出版社，二〇〇八年十二月版。

附录一

中华一百大姓堂号表

（以第四次全国人口普查的人口数量排列）

姓氏	地望堂号（州郡号）	自立堂号（家族号）
一、李姓	陇西　赵郡　范阳　顿丘　渤海　丹阳　安邑　平凉 姑臧　敦煌　绛郡　武陵　中山　颍川　常山　平棘 辽东　江夏　广陵　汉中　柳城　略阳　鸡田　武威 高丽　三田　代北　河南　京兆　南阳　梁国　广汉 四明　霍山　襄城　白茫	绵远堂　平棘堂　衍庆堂　笃谊堂　立本堂　雍穆堂 培元堂　善庆堂　世美堂　介祉堂　追远堂　师俭堂 敦复堂　崇礼堂　如在堂　敦本堂　青莲堂　叙伦堂 四平堂　百德堂　敦睦堂　三鉴堂　西平堂　龙门堂 五经堂　思孝堂
二、王姓	太原　琅琊　北海　东海　高平　京兆　天水　东平 新蔡　新野　山阳　中山　陈留　章武　东莱　河东 金城　广汉　长沙　堂邑　河南　河间　乌丸　冯翊 安东　营州　华阴　广陵　聊城　郯郡　广平　乐陵 河内　汲郡　济阳	双桂堂　留余堂　承德堂　五果堂　宝善堂　积德堂 存厚堂　敦睦堂　余庆堂　三槐堂　宗德堂　燕翼堂 太原堂　天全堂　源远堂　槐政堂　绍兴堂　思明堂 怀德堂　五孝堂　绍槐堂　梓谊堂　听槐堂　槐荫堂 忠懿堂

续表

姓氏	地望堂号（州郡号）	自立堂号（家族号）
三、张姓	清河 范阳 太原 京兆 南阳 敦煌 安定 襄阳 洛阳 河东 始兴 冯翊 吴郡 平原 河间 中山 魏郡 蜀郡 武威 犍为 沛郡 梁郡 汲郡 河内 高平 上谷 马邑	嘉言堂 崇本堂 余庆堂 世美堂 开业堂 敬思堂 禄宜堂 贻谷堂 资敬堂 敦善堂 贻德堂 承德堂 百忍堂 寿康堂 著易堂 萃雅堂 留余堂 树德堂 追远堂 承恩堂 永思堂 笃亲堂 敦睦堂 金鉴堂 都会堂 一铭堂 三省堂 孝友堂 叙彝堂 忠恕堂 鉴湖堂 源流堂 志合堂 冠英堂 清河堂 亲睦堂 燕贻堂 宗岳堂 敬祖堂
四、刘姓	彭城 沛郡 弘农 河间 中山 梁郡 顿丘 南阳 东平 高密 竟陵 河南 尉氏 广平 丹阳 广陵 长沙 临淮	青云堂 敦睦堂 藜照堂 再思堂 树德堂 守三堂 传经堂 五忠堂 怀贤堂 施义堂 叙伦堂 谱寿堂 恒德堂 藜阁堂 彭城堂 崇让堂 光藜堂 敦伦堂 天录堂 亲亲堂 授经堂 敦本堂 怡怡堂 庆元堂 道胜堂 墨庄堂 德馨堂 青藜堂
五、陈姓	颍川 东海 庐江 汝南 河南 冯翊 下邳 武当 京兆 广陵 新安	建业堂 德星堂 映山堂 忠节堂 延庆堂 余庆堂 报本堂 星聚堂 三义堂 树本堂 燕贻堂 湄武堂 笃庆堂 光裕堂 崇义堂 崇本堂 世德堂 仁趾堂 毓庆堂 德聚堂 世德堂 敦厚堂 奉先堂 聚原堂 传义堂 三和堂 培德堂 三相堂 义门堂 道荣堂 聚星堂 淳庸堂 双桂堂 徽五堂 绍德堂 怀忠堂

续表

姓氏	地望堂号（州郡号）	自立堂号（家族号）
六、杨姓	弘农 天水 河内 代州	光裕堂 赐书堂 崇本堂 清白堂 务本堂 四知堂 三鳝堂 瑞本堂 绍先堂 敦睦堂 遗道堂 信海堂 克勤堂 叙伦堂 衔鳝堂 关西堂 河东堂 栖霞堂 鸿山堂 鸿仪堂 安阳堂 新扬堂 道南堂 忠武堂
七、赵姓	天水 涿郡 南阳 下邳 颍川 金城	孝思堂 绵远堂 谷诒堂 沭思堂 萃涣堂 爱日堂 永厚堂 琴鹤堂 敬彝堂 创基堂 半部堂
八、黄姓	江夏 会稽 零陵 巴东 洛阳 晋安 濮阳 东阳 南安 上谷 房陵 栎阳	诚明堂 古本堂 四元堂 一诚堂 惇伦堂 月会堂 望烟堂 聚斯堂 五桂堂 永思堂 彝伦堂 叙伦堂 德永堂 志坚堂 云积堂 崇德堂 双非堂 追远堂 忠孝堂 种德堂 两义堂 保粹堂 思敬堂 逸敦堂 敦睦堂 炽昌堂 紫云堂
九、周姓	汝南 沛郡 陈留 浔阳 临川 庐江 泰山 淮南 永安 河间 临汝 华阴 河东 清河 江陵 长安 河南	世德堂 爱莲堂 亦政堂 诵芬堂 清白堂 继述堂 绍濂堂 世善堂 大本堂 承志堂 景濂堂 雍睦堂 惇叙堂 忠存堂 敬爱堂 集贤堂 永思堂 承恩堂 濂溪堂 敦稼堂 孝思堂 叙伦堂 笃佑堂
一〇、吴姓	延陵 濮阳 渤海 陈留 吴兴 汝南 长沙 武昌	源远堂 至德堂 思敬堂 怡德堂 有秩堂 三让堂 崇礼堂 让德堂 思让堂 均安堂 履成堂 敦厚堂 德让堂 源德堂 树德堂 世德堂 观乐堂 双合堂 思源堂 崇本堂 瑞本堂 听彝堂 种德堂 洽平堂

续表

姓氏	地望堂号（州郡号）	自立堂号（家族号）
一一、徐姓	东海　高平　东莞　琅琊　濮阳	敦睦堂　世德堂　存桂堂　垂裕堂　追远堂　崇雅堂　礼耕堂　惇五堂　怀德堂　雍肃堂　南陵堂　崇本堂　修吉堂　八龙堂　文敬堂　鹤衍堂　永思堂　鸿绩堂　叙伦堂
一二、孙姓	汲郡　陈留　太原　乐安　富春　吴郡	惇叙堂　积善堂　鹤衍堂　嘉会堂　乐安堂　映雪堂　燕翼堂　万石堂　垂裕堂　安庆堂　富春堂　永思堂
一三、胡姓	安定　新蔡　淮阳　吉州	乐善堂　思贻堂　安定堂　敦本堂　敦睦堂　清润堂　春秋堂　念祖堂　继序堂　思诚堂　联桂堂　寿安堂　惇庸堂　崇德堂　勋贤堂　仁德堂　惇叙堂　华桂堂　崇阳堂　华林堂　春秋堂　启俊堂　亲睦堂　世德堂　敬享堂　怡爱堂
一四、朱姓	吴郡　沛郡　河南　凤阳　丹阳　太康　钱塘	注经堂　敬义堂　彝伦堂　叙伦堂　在兹堂　紫阳堂　德彝堂　白鹿堂　宗德堂　一本堂　同本堂　思成堂　治善堂　玉泉堂
一五、高姓	渤海　渔阳　辽东　广陵　河南	敦睦堂　绿野堂　报本堂　有继堂　供侯堂
一六、林姓	南安　西河　济南　下邳　晋安	九牧堂　绍闻堂　问礼堂　九龙堂　忠孝堂　双阙堂　青龙堂　永泽堂　崇本堂　善庆堂
一七、何姓	庐江　东海　陈郡　扶风	求言堂　扶远堂　惕策堂　福庆堂　庆远堂　仁义堂　永庆堂　崇本堂　缵续堂　敦睦堂　四友堂　咏梅堂

续表

姓氏	地望堂号（州郡号）	自立堂号（家族号）
一八、郭姓	太原 华阴 冯翊 西平 河内 广平 敦煌 中山 昌乐 颍川	汾阳堂 诒政堂 绥古堂 七凤堂 世德堂 敬爱堂 由义堂
一九、马姓	扶风 东平 茌平	晞眩堂 志诚堂 宝善堂 善述堂 铜柱堂 绛纱堂 刻鹄堂 诚忍堂 静业堂 敦伦堂
二〇、罗姓	豫章 长沙 襄阳 太原	嘉德堂 贻谷堂 柏林堂 明德堂 锦厚堂 崇文堂 永祭堂 归厚堂 光裕堂 青云堂 怀远堂
二一、梁姓	安定 扶风 天水 河南	集贤堂 梅镜堂 仪国堂 保善堂
二二、宋姓	京兆 西河 广平 敦煌 河南 弘农 扶风 乐陵 江夏	赋梅堂 善继堂 秉德堂 阳春堂
二三、郑姓	荥阳 洛阳 高密 雍州 陇西 南阳 会稽	孝义堂 孔安堂 书带草堂 复训堂 立本堂 锡类堂 翼经草堂
二四、谢姓	陈留 陈郡 下邳 会稽 冯翊	哲经堂 宝权堂 存著堂 敬业堂 阁老堂 起凤堂 东山堂 宝树堂
二五、韩姓	颍川 南阳	福荫堂 恭寿堂 继锦堂 昼锦堂 永思堂
二六、唐姓	晋昌 北海 鲁国 晋阳	晋昌堂 思本堂 忠恕堂 敦睦堂
二七、冯姓	始平 杜陵 颍川 上党 长乐 京兆 弘农 河间	大树堂 四德堂 树德堂 瑞锦堂 天宝堂 三元堂 继立堂 四山堂
二八、于姓	河南 东海 河内	祀先堂 驷马堂 敦伦堂 忠肃堂

续表

姓氏	地望堂号（州郡号）	自立堂号（家族号）
二九、董姓	陇西 济阳	苍梧草堂 正谊堂 三余堂
三〇、萧姓	兰陵 广陵 河南	美美堂 芳远堂 八叶堂
三一、程姓	广平 河南 安定	尚义堂 敦睦堂 伊洛堂 文贤堂 二贤堂
三二、曹姓	谯郡 彭城 高平 巨野	敬思堂 崇孝堂 宁寿堂 四正堂
三三、袁姓	陈留 汝南 河南 东平 彭城 华阴 濮阳 京兆 太原 襄阳 宜春	怀楚堂 维则堂 介禳堂 介江堂 介祉堂
三四、邓姓	南阳 安定 高密 平阳 长沙 陈留 洛阳 宜春 南雄	十贤堂 讲学堂 集文堂 两秀堂 三登堂
三五、许姓	汝南 高阳 河南 太原 会稽 平舆	叙伦堂 敦本堂 麟振堂 惜阴堂 希范堂 怀义堂 绍鲁堂 承文堂 聚族堂 长兴堂
三六、傅姓	北地 清河	行恕堂 敦睦堂 百岁堂 敦本堂 永锡堂 畏德堂 惟训堂 双凤堂
三七、沈姓	吴兴 汝南	三易堂 九思堂 肃雍堂 承裕堂 忠清堂 树本堂 文肃堂 永思堂 聚顺堂 叙伦堂 敦伦堂 憩石堂
三八、曾姓	鲁郡 天水 鲁阳 庐陵 武城	敦本堂 宗圣堂 守约堂 追远堂 三省堂
三九、彭姓	陇西 淮阳 宜春	述古堂 尚贤堂 敦本堂 光裕堂
四〇、吕姓	河东 东平 淮南 金华 晋江 东莱	明烟堂 敬和堂 三相堂 著存堂
四一、苏姓	武功 扶风 蓝田 河内 河南 洛阳	忠孝堂 白玉堂 芦山堂

续表

姓氏	地望堂号（州郡号）	自立堂号（家族号）
四二、卢姓	范阳　河南　河间	敦本堂　敬承堂
四三、蒋姓	乐安	居易堂　亦政堂　慎枢堂　追远堂　敦睦堂　三径堂　忠雅堂　雍集堂　惇叙堂　观德堂　沛丰堂　一梅堂　以文堂　九侯堂　钟山堂
四四、蔡姓	济阳	福谦堂　九贤堂　惟寅堂　承启堂　亲贤堂
四五、贾姓	武威	维则堂　孝友堂　治安堂
四六、丁姓	济阳	双桂堂　留余堂　承德堂　五果堂
四七、魏姓	巨鹿　任城	敬爱堂　治礼堂　九合堂
四八、薛姓	河东　新蔡　沛郡　高平	崇礼堂　慎德堂　三凤堂
四九、叶姓	南阳　下邳	敦睦堂　点易堂　缕古堂　继美堂　百忍堂　天叙堂　承恩堂　惇裕堂　天秩堂　青枝堂　济美堂　崇本堂　双留堂
五〇、阎姓	天水　河南　太原	丹青堂　右相堂
五一、余姓	新安　下邳　吴兴　高阳　武溪	敬义堂　敦睦堂　亲睦堂　四谏堂　风采堂
五二、潘姓	广宗　河南　荥阳　豫阳	承志堂　如在堂　花县堂　笃庆堂　优肃堂　永言堂　司谏堂
五三、杜姓	京兆　襄阳　濮阳　汉阳　南阳	永言堂　振德堂　少陵堂

续表

姓氏	地望堂号（州郡号）	自立堂号（家族号）
五四、戴姓	清河 谯郡 广陵 济阳	清华堂 赐礼堂 荣席堂 紫薇堂 惇礼堂
五五、夏姓	会稽 谯郡 高阳 鲁郡	务本堂 源远堂 尚忠堂 思孝堂 明德堂 聚奎堂
五六、钟姓	竟陵 颍川	敬爱堂 大宗堂 知音堂
五七、汪姓	平阳 新安	敦伦堂 余庆堂 培元堂 敦本堂 务本堂 景微堂 六桂堂 六州堂
五八、田姓	北平 雁门 京兆 平凉 太原 河南 天水	凤翔堂 紫荆堂 骄贫堂 荆茂堂
五九、任姓	乐安 东安	玉知堂 叙伦堂 贻谷堂 水韮堂
六〇、姜姓	天水 广汉	敬胜堂 云磬堂 森阳堂 龙泰堂
六一、范姓	南阳 高平	后乐堂 芝本堂 鸡黍堂
六二、方姓	河南	敦本堂 观礼堂 伦叙堂 垂裕堂 思孝堂 六桂堂 壮猷堂
六三、石姓	武威 渤海 平原 上党 河南	思成堂 敦睦堂 三典堂
六四、姚姓	吴兴 南安 上郡	世德堂 藻镜堂 谐孝堂 耕山堂 承德堂 重华堂
六五、谭姓	济阳 齐郡 弘农	六升堂 双桂堂 壹本堂 源本堂 敦伦堂 敦本堂 思亲堂
六六、廖姓	济南 巨鹿 武威	世采堂 垂裕堂 清武堂 崇远堂 承佑堂
六七、邹姓	范阳	敦睦堂 显忠堂 中和堂 敦本堂 元恺堂
六八、熊姓	江陵 南昌	孝友堂 典裕堂 思孝堂 敦必堂 思诚堂 绍远堂 重庆堂

续表

姓氏	地望堂号（州郡号）	自立堂号（家族号）
六九、金姓	彭城　京兆	怀德堂　世耕堂　忠孝堂　敬爱堂　聚源堂
七〇、陆姓	吴郡　河南　颍川　平原　河内	怀忠堂　三德堂　源本堂　绳武堂　咸秩堂
七一、郝姓	太原	山阳堂　晒书堂
七二、孔姓	鲁郡　京兆　河南　会稽	诗礼堂　积善堂　阙里堂　至圣堂
七三、白姓	太原　南阳	香山堂　治生堂　五瑞堂　峻德堂
七四、崔姓	清河　博陵　荥阳	叙伦堂　默荫堂
七五、康姓	京兆　东平　会稽	龙丘堂　东阳堂
七六、毛姓	西河　荥阳　河阳　北地	永思堂　睦族堂
七七、邱姓	河南　吴兴　扶风	思敬堂　敦睦堂
七八、秦姓	天水　太原	咏烈堂　敦伦堂
七九、江姓	济阳　淮阳	余庆堂　六桂堂　彩笔堂
八〇、史姓	建康　宣城　高密　京兆　河南	怀溧堂　承泽堂　德馨堂　报本堂
八一、顾姓	会稽　武陵	惇叙堂　怀远堂　裕昆堂　永思堂　格思堂　凝薇堂
八二、侯姓	上谷　丹徒　河南	却币堂　救赵堂　善行堂
八三、邵姓	博陵　汝南　安阳	嘉会堂　天远堂　安乐堂
八四、孟姓	洛阳　平陆　东海　巨鹿　武康　安平　江夏	浩然堂　平昌堂　仁义堂　仁寿堂
八五、龙姓	武陵　天水　武阳　太原　武昌	纳言堂　敦本堂　敦厚堂

续表

姓氏	地望堂号（州郡号）	自立堂号（家族号）
八六、万姓	扶风　河南	滋树堂　永思堂　敦睦堂
八七、段姓	京兆　武陵　扶风	余庆堂　多寿堂
八八、雷姓	冯翊　豫章	三翊堂　丰城堂
八九、钱姓	下邳　彭城　吴兴	锦树堂　惇彝堂　燕诒堂
九〇、汤姓	中山　范阳	叙睦堂　光裕堂　双桂堂　丹桂堂
九一、尹姓	天水　河间	肆好堂　一经堂　明经堂
九二、黎姓	京兆　九真　宋城	敦本堂　礼序堂
九三、易姓	济南　太原	忠裔堂　聚英堂　富厚堂　贻庆堂　纯孝堂　忠思堂
九四、常姓	太原　平原　河内　武城	知人堂　敦亲堂
九五、武姓	太原　沛郡	鬻薪堂　聚顺堂
九六、乔姓	梁国　冯翊	金陵堂　善益堂　文惠堂
九七、贺姓	会稽　河南　广平	百岁堂　赐曲堂　镜湖堂
九八、赖姓	颍川　南康　河南　河内　四川　松阳	秘书堂　敦本堂
九九、龚姓	武陵	六桂堂　宝经堂　贻德堂
一〇〇、文姓	雁门	久大堂　崇本堂　六义堂　三山堂

注：本堂号表主要依据山西省社会科学院家谱研究中心所藏数千种族谱资料检索编制而成，并参阅了台湾地区姓氏堂号表等相关资料。

附录二

百家姓

赵钱孙李　周吴郑王　冯陈褚卫　蒋沈韩杨　朱秦尤许　何吕施张
孔曹严华　金魏陶姜　戚谢邹喻　柏水窦章　云苏潘葛　奚范彭郎
鲁韦昌马　苗凤花方　俞任袁柳　酆鲍史唐　费廉岑薛　雷贺倪汤
滕殷罗毕　郝邬安常　乐于时傅　皮卞齐康　伍余元卜　顾孟平黄
和穆萧尹　姚邵湛汪　祁毛禹狄　米贝明臧　计伏成戴　谈宋茅庞
熊纪舒屈　项祝董梁　杜阮蓝闵　席季麻强　贾路娄危　江童颜郭
梅盛林刁　钟徐邱骆　高夏蔡田　樊胡凌霍　虞万支柯　昝管卢莫
经房裘缪　干解应宗　丁宣贲邓　郁单杭洪　包褚左石　崔吉钮龚
程嵇邢滑　裴陆荣翁　荀羊於惠　甄麹家封　芮羿储靳　汲邴糜松
井段富巫　乌焦巴弓　牧隗山谷　车侯宓蓬　全郗班仰　秋仲伊宫
宁仇栾暴　甘钭厉戎　祖武符刘　景詹束龙　叶幸司韶　郜黎蓟薄
印宿白怀　蒲邰从鄂　索咸籍赖　卓蔺屠蒙　池乔阴郁　胥能苍双
闻莘党翟　谭贡劳逄　姬申扶堵　冉宰郦雍　郤璩桑桂　濮牛寿通

边扈燕冀　郑浦尚农　温别庄晏　柴瞿阎充　慕连茹习　宦艾鱼容
向古易慎　戈廖庾终　暨居衡步　都耿满弘　匡国文寇　广禄阙东
欧殳沃利　蔚越夔隆　师巩厍聂　晁勾敖融　冷訾辛阚　那简饶空
曾毋沙乜　养鞠须丰　巢关蒯相　查后荆红　游竺权逯　盖益桓公
万俟司马　上官欧阳　夏侯诸葛　闻人东方　赫连皇甫　尉迟公羊
澹台公冶　宗政濮阳　淳于单于　太叔申屠　公孙仲孙　轩辕令狐
钟离宇文　长孙慕容　鲜于闾丘　司徒司空　亓官司寇　仉督子车
颛孙端木　巫马公西　漆雕乐正　壤驷公良　拓跋夹谷　宰父谷梁
晋楚闫法　汝鄢涂钦　段干百里　东郭南门　呼延归海　羊舌微生
岳帅缑亢　况后有琴　梁丘左丘　东门西门　商牟佘佴　伯赏南宫
墨哈谯笪　年爱阳佟　第五言福　百家姓终

附录三

当代三百大姓排列

（录自《中华姓氏大辞典》）

一、李（七点九四）
二、王（七点四一）
三、张（七点零七）
四、刘（五点三八）
五、陈（四点五三）
六、杨（三点零八）
七、赵（二点二九）
八、黄（二点二三）
九、周（二点二一）
一〇、吴（二点零五）
一一、徐（一点六六）
一二、孙（一点五四）
一三、胡（一点三一）
一四、朱（一点二六）
一五、高（一点二一）
一六、林（一点一八）
一七、何（一点一七）
一八、郭（一点一五）
一九、马（一点零五）
二〇、罗（零点八六）
二一、梁（零点八四）
二二、宋（零点八一）
二三、郑（零点七八）
二四、谢（零点七二）
二五、韩（零点六八）
二六、唐（零点六五）
二七、冯（零点六四）
二八、于（零点六二）
二九、董（零点六一）
三〇、萧（零点五九）
三一、程（零点五七）
三二、曹（零点五七）
三三、袁（零点五四）
三四、邓（零点五四）
三五、许（零点五四）
三六、傅（零点五一）
三七、沈（零点五零）
三八、曾（零点五零）
三九、彭（零点四九）
四〇、吕（零点四七）
四一、苏（零点四七）
四二、卢（零点四七）
四三、江（零点四七）
四四、蔡（零点四六）
四五、贾（零点四二）
四六、丁（零点四二）
四七、魏（零点四二）
四八、薛（零点四二）
四九、叶（零点四二）
五〇、阎（零点四一）
五一、余（零点四一）
五二、潘（零点四一）
五三、杜（零点四零）
五四、戴（零点三九）
五五、夏（零点三九）
五六、钟（零点三九）
五七、汪（零点三八）
五八、田（零点三八）
五九、任（零点三八）
六〇、姜（零点三七）
六一、范（零点三六）
六二、方（零点三六）
六三、石（零点三五）
六四、姚（零点三五）
六五、谭（零点三四）
六六、廖（零点三四）
六七、邹（零点三三）
六八、熊（零点三二）
六九、金（零点三二）
七〇、陆（零点三一）

续表

七一、郝（零点三零）
七二、孔（零点二九）
七三、白（零点二九）
七四、崔（零点二八）
七五、康（零点二八）
七六、毛（零点二七）
七七、邱（零点二七）
七八、秦（零点二六）
七九、江（零点二六）
八〇、史（零点二五）
八一、顾（零点二五）
八二、侯（零点二五）
八三、邵（零点二四）
八四、孟（零点二四）
八五、龙（零点二四）
八六、万（零点二四）
八七、段（零点二三）
八八、雷（零点二三）
八九、钱（零点二二）
九〇、汤（零点一九）

九一、尹（零点一九）
九二、黎（零点一八）
九三、易（零点一九）
九四、常（零点一八）
九五、武（零点一八）
九六、乔（零点一八）
九七、贺（零点一八）
九八、赖（零点一八）
九九、龚（零点一八）
一〇〇、文（零点一七）
一〇一、庞（零点一七）
一〇二、樊（零点一七）
一〇三、兰（零点一七）
一〇四、殷（零点一六）
一〇五、施（零点一六）
一〇六、陶（零点一六）
一〇七、洪（零点一六）
一〇八、翟（零点一五）
一〇九、安（零点一五）
一一〇、颜（零点一五）

一一一、倪（零点一四）
一一二、严（零点一四）
一一三、生（零点一四）
一一四、温（零点一四）
一一五、芦（零点一四）
一一六、季（零点一三）
一一七、俞（零点一二）
一一八、章（零点一二）
一一九、鲁（零点一二）
一二〇、葛（零点一二）
一二一、伍
一二二、韦
一二三、申
一二四、尤
一二五、毕
一二六、聂
一二七、丛
一二八、焦
一二九、向
一三〇、柳

一三一、邢
一三二、骆
一三三、岳
一三四、齐
一三五、尚
一三六、梅
一三七、莫
一三八、庄
一三九、辛
一四〇、管
一四一、祝
一四二、左
一四三、涂
一四四、谷
一四五、祁
一四六、时
一四七、舒
一四八、耿
一四九、牟
一五〇、卜

一五一、路
一五二、詹
一五三、关
一五四、苗
一五五、凌
一五六、费
一五七、纪
一五八、靳
一五九、盛
一六〇、童
一六一、欧
一六二、甄
一六三、项
一六四、曲
一六五、成
一六六、游
一六七、阳
一六八、裴
一六九、席
一七〇、卫

续表

一七一、查
一七二、屈
一七三、鲍
一七四、位
一七五、覃
一七六、霍
一七七、翁
一七八、隋
一七九、植
一八〇、甘
一八一、景
一八二、蒲
一八三、单
一八四、包
一八五、司
一八六、柏
一八七、宁
一八八、柯
一八九、阮
一九〇、桂

一九一、闵
一九二、欧阳
一九三、解
一九四、强
一九五、柴
一九六、华
一九七、车
一九八、冉
一九九、房
二〇〇、边
二〇一、辜
二〇二、吉
二〇三、饶
二〇四、刁
二〇五、瞿
二〇六、戚
二〇七、丘
二〇八、古
二〇九、米
二一〇、池

二一一、滕
二一二、晋
二一三、苑
二一四、邬
二一五、臧
二一六、畅
二一七、宫
二一八、来
二一九、缪
二二〇、苟
二二一、全
二二二、褚
二二三、廉
二二四、简
二二五、娄
二二六、盖
二二七、符
二二八、奚
二二九、木
二三〇、穆

二三一、党
二三二、燕
二三三、郎
二三四、邸
二三五、冀
二三六、谈
二三七、姬
二三八、屠
二三九、连
二四〇、郜
二四一、晏
二四二、栾
二四三、郁
二四四、商
二四五、蒙
二四六、计
二四七、喻
二四八、揭
二四九、窦
二五〇、迟

二五一、宇
二五二、敖
二五三、糜
二五四、鄢
二五五、冷
二五六、卓
二五七、花
二五八、仇
二五九、艾
二六〇、蓝
二六一、都
二六二、巩
二六三、稽
二六四、井
二六五、练
二六六、仲
二六七、乐
二六八、虞
二六九、卞
二七〇、封

续表

二七一、竺
二七二、冼
二七三、原
二七四、官
二七五、衣
二七六、楚
二七七、佟
二七八、栗
二七九、匡
二八〇、宗
二八一、应
二八二、台
二八三、巫
二八四、鞠
二八五、僧
二八六、桑
二八七、荆
二八八、谌
二八九、银
二九〇、扬
二九一、明
二九二、沙
二九三、薄
二九四、伏
二九五、岑
二九六、习
二九七、胥
二九八、保
二九九、和
三〇〇、蔺

图版

孙氏始祖——孙书

杨氏始祖——杨伯侨

李氏始祖——李利贞

赵氏始祖——少昊

周氏始祖——后稷

钱氏始祖——钱孚

王氏始祖——太子晋

吴氏始祖——泰伯

郑氏始祖——郑友

沈氏始祖——沈季载

陈氏始祖——陈胡公

韩氏始祖——韩侯

卫氏始祖——卫康叔

褚氏始祖——褚子石

朱氏始祖——朱扶

冯氏始祖——冯文孙

秦氏始祖——伯益

蒋氏始祖——蒋伯龄

吕氏始祖——伯夷

尤氏始祖——沈季载

施氏始祖——施父

许氏始祖——许由

张氏始祖——张挥

何氏始祖——何庶

华氏始祖——华督

孔氏始祖——孔父嘉

金氏始祖——金日磾

曹氏始祖——曹振铎

魏氏始祖——魏毕万

严氏始祖——严忌

谢氏始祖——伯夷

陶氏始祖——虞阏父

邹氏始祖——朱挟

姜氏始祖——炎帝

喻氏始祖——俞跗

戚氏始祖——孙林父

章氏始祖——鄣子侯

柏氏始祖——柏皇（柏芝）

云氏始祖——陆终

水氏始祖——共工

苏氏始祖——苏忿生

窦氏始祖——夏少康

鲁氏始祖——姬旦

薛氏始祖——奚仲

潘氏始祖——潘崇

范氏始祖——范士会

葛氏始祖——葛伯

彭氏始祖——彭祖

马氏始祖——马服君

郎氏始祖——费伯城郎

苗氏始祖——苗贲皇

韦氏始祖——韦元哲

凤氏始祖——少昊

昌氏始祖——昌意

任氏始祖——任不奇

花氏始祖——华督

袁氏始祖——袁涛涂

方氏始祖——方雷

柳氏始祖——柳下惠

俞氏始祖——俞跗

唐氏始祖——唐尧

鄤氏始祖——鄤侯

费氏始祖——大费

鲍氏始祖——鲍叔牙

廉氏始祖——伯益

史氏始祖——仓颉

贺氏始祖——贺纯

岑氏始祖——岑子渠

倪氏始祖——倪宽

薛氏始祖——奚仲

汤氏始祖——商汤

雷氏始祖——雷公

毕氏始祖——毕公高

滕氏始祖——滕叔绣

郝氏始祖——帝乙

殷氏始祖——殷契

邬氏始祖——邬侯（求言）

罗氏始祖——颛顼

于氏始祖——于叔

安氏始祖——安清

时氏始祖——申叔时

常氏始祖——常先

傅氏始祖——傅说

乐氏始祖——乐父

康氏始祖——康叔

皮氏始祖——仲山甫

伍氏始祖——伍员

卞氏始祖——卞庄

余氏始祖——由余

齐氏始祖——姜子牙

孟氏始祖——孟轲

元氏始祖——元铣

平氏始祖——晏平仲

卜氏始祖——滕叔绣

黄氏始祖——陆终

顾氏始祖——顾摇

尹氏始祖——伊尹

和氏始祖——羲和

姚氏始祖——虞舜

穆氏始祖——秦穆公

邵氏始祖——姬奭

萧氏始祖——萧大心

湛氏始祖——大禹

汪氏始祖——汪满